지금 피타

"피터 린치는 마젤란펀드에서 연간 29.2% 수익률을 올리며 투자자의 권위를 내세웠다. 그리고 그 경험을 이 책에 고스란히 담았다." ―《U.S News》

"피터 린치가 은퇴한 지 수십 년이 지났지만 그는 여전히 가장 유명하고 존경받는 펀드매니저다." ― 경제 주간지 《배런스(Barron's)》

"그는 1987년 대폭락 때도 투자에 주력해 높은 수익률을 올렸다. 대다수 펀드매니저들과 반대의 길을 걸은 게 그가 전설로 남은 이유다." ―《매일경제》 '당신도 피터 린치가 될 수 있다.'

"이 책을 통해 포트폴리오를 어떻게 구성해야 할지 방법론을 배웠다." ― 박세익(애널리스트, 《투자의 본질》 저)

"피터 린치가 딸들과의 쇼핑을 통해 종목 선택에 도움을 받는다는 것을 알고, 나도 주변의 젊은 직원이나 인턴들의 관심이 높은 상품과 회사에 대해 알아본다." ― 김현준(더퍼블릭자산운용 대표, 《부자들은 이런 주식을 삽니다》 저)

"나는 투자 공부를 할 때 피터 린치에 대해 먼저 배웠다." ― 김동환(삼프로TV_경제의신과함께 김프로)

"피터 린치의 투자 접근법은 늘 실행력이 이론을 앞선다."

— 와이민(《스스로 좋은 투자에 이르는 주식 공부》 저)

"시장 전반에 하락이 왔을 때 피터 린치의 법칙을 적용해서 좋은 주식을 찾을 수 있었다."

— 레인메이커(경제 유튜버)

"피터 린치 책은 밑줄 긋고 틈틈이 복습해야 할 명저다."

— 오박사(《내가 주식을 사는 이유》 저)

"젊은 잠재적 투자자를 위한 책. 내 딸에게도 읽게 할 것이다."

— 아마존 서평 Cullen J. Waters

"피터 린치의 이름을 한 번이라도 들어봤다면 반드시 읽어야 할 책. 실제 주식을 선택하는 방법을 알려주는 진짜 투자 실용서다."

— 아마존 서평 Vadim

"그 어떤 투자 서적을 읽더라도 피터 린치 책을 가장 먼저 읽어야 그 다음 책들이 이해가 된다."

— Amazon Customer

"초보 투자자와 중급 투자자 모두에게 유용하다."

— 아마존 서평 Johnny

피터 린치의 이기는 투자

—

개정판

PETER LYNCH

월街의 영웅, 피터 린치의 개인 투자자를 위한 주식·펀드 투자법

피터 린치의
이기는 투자

피터 린치·존 로스차일드 지음
권성희 옮김 | 이상건 감수

2021
최신개정판

BEATING THE STREET

흐름출판

주식에 미친 사나이,
피터 린치의 투자 무용담

이 책과의 개인적인 인연부터 이야기하는 게 좋겠다. 나는 13년 전인 2008년, 이 책의 완역판 작업에 참여한 적이 있다. 원래《피터 린치의 이기는 투자》는 1999년에 국내에서 번역 출간됐던 책이다.

그때나 지금이나 가끔 별다른 이유 없이 서가에 빼곡히 들어찬 책들을 훑곤 하는데, 어느 날《피터 린치 주식 투자》라는 책이 눈길을 끌었다. 자석에 끌리듯 펼쳐 들었다. 갸우뚱했다. 다 자라지 않은 나무들이 모여 있는 것처럼 듬성듬성했다. 아마존에 접속해 목차를 들여다보았다. 그제야 의문이 풀렸다. 완역이 아니었던 것이다. 이 책을 처음 읽었을 때의 느낌도 돌아왔다. 맞다. 뭔가 이상했었어. 읽다 만 느낌, 화장실에서 휴지가 부족해 뒷마무리를 덜 한 느낌이랄까.

욕심이 생겼다. 내가 이 책 작업을 직접 해보면 어떨까. 피터 린치의 책만큼 흥미진진하고 속도감 있게 읽히는 주식 책이 어디 있단 말인가. 이 책은 주식 무협 소설이라 불려도 좋을 만큼 한 번 손을 잡으면 놓을 수 없는 마력이 있다. 재무제표를 볼 줄 몰라도, 기업 분석을 할 줄 몰라도, 심지어 주식 용어를 잘 몰라도 읽는 데 큰 불편함이 없을 정도이다. 어떤 주식 책이 이런 미덕을 갖고 있단 말인가.

평소 친분이 있는 흐름출판의 유정연 대표에게 연락했다. "이 책의 판권 좀 확인해줘요. 그리고 내가 기획하게 해줘요. 번역자도 제가 섭외하고, 추천사를 쓰실 분들도 제가 선택할게요." 유 대표의 노력으로 어렵사리 판권을 사 올 수 있었고, 훌륭한 번역자인 권성희 기자를 만나 다행히 이 책은 완전한 모습으로 세상에 다시 태어날 수 있었다.

첫 완역판이 나온 후 10년이 넘는 세월이 흘렀다. 처음엔 기획자로 참여했지만 이번엔 개정판의 추천 글을 부탁받았다. 다시 책을 펼쳐 들었다. 예전과 마찬가지로 손을 놓을 수 없었다. 평소대로 누워서 책을 보다가 벌떡 일어나 책의 절반을 한달음에 읽었다. 역시나 하며 미소를 지었다. 흡입력에 있어서는 예나 지금이나 최고였다.

또 하나, 감탄에 감탄을 거듭할 수밖에 없었던 건 린치의 주식에 대한 신념 때문이다. '주식에 투자하라! 여러분이 이 책을 읽고 유일하게 이 한 가지 교훈을 건졌다면 이 책을 쓴 보람이 있다.' 어느 누가 이렇게 강한 어조로 주식 예찬론을 펼칠 수 있단 말인가. 이뿐만이 아니다. 나는 마치 이 책을 처음 읽는 사람처럼 밑줄을 긋기 시작했고, 나중에는 거의 모든 페이지에 밑줄을 그었다. 여기서 린치가 운용했던 펀드의 수익률이나 종목 분석 기법에 관해선 굳이 얘기하고 싶지 않다. 이런 내용은 독자 여러분이 이 책을 읽으면서 자연스레 만나게 될 것이고, 나는 린치의 마인드 혹은 신념에 대한 얘기를 나누고 싶다.

세월이 흐를수록 느끼지만 주식시장에서 살아남기 위해선 주식에 대한 신념, 장기적으로 주식이나 주식형 펀드에 투자하면 보상을 받을 수 있다는 믿음이 중요한 것 같다. 투자 방법도 적립식 투자와 같은 간단한 방법이 결국에는 승자가 될 수 있는 방법인 듯하다. 기술적 분석이니 저가 매수니 하는 복잡한 방법보다 규칙적인 시간표에 따라 투자하는 것이 평범한 개인 투자자들을 승자로 만든다. '정해진 시간표에 따라 투자하면 주가가 앞으로 오를지 떨어질지 고민하느라 쓸데없이 수고할 필요가 없고, 주식을 충동적으로 샀다 충동적으로 팔아치워 손해 볼 위험도 없다'라는 린치의 말처럼 말이다.

나도 처음에는 주식이나 펀드를 그저 사고파는 것으로 바라봤다. 하지만 지금은 수집가처럼 투자하려고 노력한다. 좋은 주식이나 펀드를 만나면, 적립식으로 투자하거나 가격이 내려갈 때 더 투자하는 식으로 계속 투자한다. 린치의 얘기처럼 쉽지는 않지만 경제와 시장 상황에 무심한 채(절대 쉽지 않은 일이지만) 계획에 따라 정기적으로 투자하려고 한다. 이렇게 그의 신념을 따른 후부터 나의 투자 성적도 차츰 좋아지기 시작했다.

개인 투자자들이 자산을 불릴 수 있는 수단은 주택과 주식이 전부라도 해도 과언이 아니다. 린치는 주택을 마련하는 것이 가장 좋은 투자이고, 그다음이 주식이라고 한다. 나는 린치의 이런 믿음을 절대적으로 신뢰한다. 주택이 있으면 장기적으로 인플레이션 리스크를 헤지할 수 있다. 문제는 주택을 사기 위해서는 큰돈이 필요하다는 점이다. 그래서 개인 투자자들은 주식으로 종잣돈을 만들어야 하고, 또 주식으로 자산을 불려 나가야 한다. 거창한 종목을 발굴하지 못해도 좋다. 좋은 주식과 좋은 펀드, 그리고 이것도 어렵다면 S&P500 같은 인덱스펀드에 계속해서 장기투자를 해야 한다. 가장 중요한 것은 인내다. 인내심은 반드시 보상받게 되어 있다. 그리고 이 마음은 주식 투자자들의 신앙이 되어야 한다. 또한 주가가 하락하는 것을 견뎌낼 수 있는 배짱도 필요

하다. 린치의 말마따나 다이어트와 주식투자에서 결과를 결정짓는 것
은 머리가 아니라 배짱이기 때문이다.

이상건 미래에셋투자와연금센터 전무

차 례
CONTENTS

이 책을 함께 완성해준 존 로스차일드에게 감사의 뜻을 전한다. 그의 놀라운 재능과 노력, 그리고 훈훈한 유머 감각이 있었기에《전설로 떠나는 월가의 영웅》과《피터 린치의 이기는 투자》가 세상에 나올 수 있었다.

페기 말라스피나에게도 정말 감사하다. 그녀의 문제 제기가 있었기에 내가 책에 소개한 여러 가정들과 아이디어들이 구체적이고 논리적인 틀을 갖춰나갈 수 있었다. 그녀가 이끄는 리서치 팀에도 고마움이 크다. 그들은 수많은 자료를 수집해 정리해주고 주식시장의 여러 이론을 증명할 근거들을 찾아주었다. 다비나 셔먼, 앤드류 울프, 그리고 이 두 사람과 함께 일한 마이클 그레이버, 크리스틴 코인, 린 해든, 에릭 매시, 이 자리를 빌려 정말 감사하다는 말을 전한다.

책을 쓰는 데 많은 도움을 준 피델리티의 직원들에게도 감사한다. 특히 나의 동료였던 에블린 플린, 피델리티 차트부의 밥 빌과 그 직원들, 가이 시룬돌로, 밥 벡위트, 로렌 앨런스미스, 필 테이어, 자크 퍼롤드에게 큰 신세를 졌다.

정보를 수집하고 정리하는 데 최강의 능력을 자랑하는 피델리티의 채권 및 주식 리서치 정보센터 직원들에게도 많은 도움을 받았다. 특히 정보센터의 숀 배스티엥, 캐런 오툴, 실라 콜린스에게 감사의 뜻을 전한다. 그리고 경영정보 및 분석그룹의 제프 토드와 크리스토퍼 그린은 수많은 그래프를 찾아 수익률을 계산하는 까다로운 일을 너무나 훌륭하게 해줬다. 그리고 이 책을 출간해준 사이먼&슈스터의 편집자 밥 벤더와 그를 도와준 조안나 리, 교열 편집자인 스티브 메시나에게도 깊은 감사를 드린다.

보스턴의 저작권 대리인 도 쿠버에게도 감사의 말을 빼놓을 수 없다. 기획 단계에서 수차례 아이디어를 정제하고 체계화하도록 도와준 그의 노력이 없었다면 이 책은 결코 세상에 나오지 못했을 것이다.

피터 린치와 함께 이 책을 쓴 존 로스차일드는 저작권 대리인인 엘리자베스 다언소프에게 감사의 뜻을 전하고 싶다.

서문

피델리티를 떠나며

1990년 5월 31일 나는 피델리티의 마젤란펀드를 떠났다. 마젤란펀드를 맡은 지 정확히 13년 만이었다. 마젤란펀드를 처음 맡을 당시에 미국 대통령은 지미 카터였다. 그는 자신의 마음속에 강한 열정이 있다고 말했다. 나 역시 마음속에 강한 열정이 있었다. 주식에 대한 열정이었다. 나는 투자자들이 마젤란펀드에 맡긴 돈으로 1만 5000개 이상의 주식을 샀다. 그중에서도 상당수는 한 번 이상 샀다. 그러니 피터 린치가 싫어하는 주식은 단 하나도 없을 것이라는 평판도 전혀 이상할 것이 없다.

피델리티를 떠나기로 한 나의 결정은 갑작스럽게 이루어졌다. 그러나 그만둬야겠다는 생각이 하루아침에 들었던 것은 아니다. 1980년대 중반에 다우존스지수는 2000을 넘어섰고 나는 마흔세 살이 되었다. 수많은 기업을 분석하고 파악하고 기억해야 하는 일은 이미 그때쯤 내

생활에 심각한 영향을 미치기 시작했다. 나는 에콰도르의 국민 총생산 (GNP)에 해당하는 엄청난 돈을 운용했다. 물론 나는 그 일을 즐겼다. 그러나 그 대가로 소중한 세 딸이 자라는 모습을 곁에서 지켜볼 수 없었다. 아이들은 빠르게 자라고 변했다. 매주 주말마다 아이들을 만나면 새로운 사람을 소개받는 듯한 느낌이 들 정도였다. 나는 아이들보다 주택금융회사인 패니 메이, 프레디 맥, 샐리 메이와 더 많은 시간을 보냈다.

어느 순간 패니 메이, 프레디 맥, 샐리 메이와 가족들의 이름이 헷갈리기 시작했다. 2000개 기업의 종목코드는 일일이 외우면서 정작 아이들의 생일은 잊어버리는 일이 생겼다. 그 정도로 나는 일에 열중해 있었다.

1987년 10월에 있었던 블랙 먼데이의 주가 대폭락이 기억 속에 까마득해지고 주식시장은 기분 좋은 활황세를 이어가고 있던 1989년, 나는 아내 캐롤린과 세 딸 메리, 애니, 베스와 함께 나의 46번째 생일을 축하하고 있었다. 생일 파티의 흥겨운 분위기에 푹 젖어 있다가 문득 내 아버지가 돌아가셨을 때 나이가 46세였다는 생각이 떠올랐다. 자신의 나이가 부모님 살아생전의 나이보다 더 많아졌다는 사실을 깨달으면 누구든 인생의 유한함을 느끼게 된다. 죽어서 땅 속에 누워 있을 시간은 영원처럼 길겠지만 앞으로 살아갈 날은 얼마 남지 않았을지도 모른다는 두려움이 엄습해온다. 그리고 아이들의 학교 행사에 더 자주 참석하고 아이들과 오후에 더 자주 축구를 하고 아이들과 더 자주 스키를 타러 갔더라면 얼마나 좋았을까 후회하게 된다. 이 세상 어떤 사람도 죽음이 임박했을 때 '사무실에 더 늦게까지 남아 좀 더 열심히 일했어야 했는데……'라고 후회하는 사람은 없을 것이다.

아이들이 이미 꽤 자랐으니 어렸을 때보다는 내 관심이 덜 필요할 것이라고 생각하려 했다. 그러나 마음속 깊은 곳의 진실은 아이들이 자랐으니 관심이 더 많이 필요하다는 사실을 알고 있었다. 미운 세 살이라고 하는 시기의 아이는 서툰 걸음으로 돌아다니다가 부딪히고 넘어지기 십상이기 때문에 아이가 다치지 않도록 잘 보살펴야 한다. 그러나 아장아장 걷는 아이를 쫓아다니며 돌보는 것이 이미 까맣게 잊어버린 스페인어나 수학 공식을 떠올리며 중학교 다니는 아이의 숙제를 도와주는 것보다는 시간이 덜 든다. 10대 아이를 테니스 코트로, 쇼핑몰로 운전해 데려다주고 예민한 사춘기에 자칫 자신감을 상실하지 않도록 격려해주는 것보다는 시간이 덜 든다.

10대 아이를 가진 부모는 아이의 생각과 행동과 생활방식을 이해할 수 있기를 바란다. 10대들이 좋아하는 음악을 듣고 록그룹의 이름을 억지로 외우고, 아이 때문이 아니라면 절대 보러 가지 않을 시시한 영화를 아이와 함께 보러 가야 한다. 나 역시 이 모든 일을 했다. 하지만 아주 드물게 했다. 나는 거의 매주 토요일마다 책상 위에 히말라야 산맥처럼 쌓여있는 보고서와 씨름해야 했다. 아주 가끔 아이들을 데리고 극장이나 피자 가게에 가는 경우에도 펀드매니저의 관점에서 사물을 바라봤다. 사지 말았어야 했다고 후회하는 주식 '피자 타임 시어터'와 사지 못해서 후회하는 주식 '치치스'를 나에게 소개한 이도 아이들이었다.

1990년에 메리와 애니, 베스는 각각 열다섯 살, 열한 살, 일곱 살이 되었다. 메리는 집을 떠나 기숙사에서 생활하고 있어 첫째, 셋째 주말에만 집에 왔다. 가을에 메리는 7개의 축구경기에 출전했으나 나는 단한 경기밖에 구경하러 가지 못했다. 린치 가족의 크리스마스 카드가 3개월이나 늦게 나온 것도 그해였다. 우리 부부는 아이들의 그림이나 상장, 졸업장 등 기념이 될 만한 것들을 모아 스크랩북에 정리해 놓는데 나중에 정리하려고 끼워놓기만 한 것들이 쌓여갔다.

내가 바빴던 이유는 회사 일만이 아니었다. 일이 일찍 끝나는 날에는 내가 관여하고 있는 각종 자선단체의 행사나 모임에 참석해야 했다. 나는 이런 비영리단체에서 기금을 운용하는 투자위원회 위원으로도 활동했다. 다른 사람을 돕는 단체를 위해 좋은 주식을 고르는 일은 펀드매니저로서 무척 보람된 일이다. 그러나 좋은 일에 동참하고 싶어 자발적으로 하는 이런 활동에 대해서도 해야 할 의무와 책임이 점점 늘어갔다. 마젤란펀드에서 요구하는 업무 강도도 점점 더 높아졌으며, 그와동시에 딸들의 학교 숙제는 점점 더 어려워졌고 다녀야 하는 학원과 각종 방과 후 활동도 많아져 나의 도움이 더 많이 필요했다.

그러는 동안 나는 꿈에서도 샐리 메이를 만났고, 아내 캐롤린과는 집앞 진입도로를 오가며 만나는 것이 고작일 정도로 같이 보내는 시간이 절대적으로 부족했다. 건강검진 때 무슨 운동을 하느냐는 의사의 질문에 치실을 이 사이에 넣어 닦는 것이 유일한 운동이라고 고백했다. 그러다 문득 지난 18개월간 책을 단 한 권도 읽지 못했다는 자각이 들었다. 그동안 오페라는 〈방황하는 네덜란드인〉과 〈라보엠〉, 〈프로스트〉세 편을 관람했으나 미식축구는 단 한 경기도 보지 못했다. 이런 생각이 꼬리를 물고 떠오르자 피터 린치의 첫 번째 원칙이 떠올랐다.

오페라 관람 횟수가 미식축구 관람 횟수를 3:0으로 압도적으로 앞선다면
당신의 인생은 뭔가 잘못 돌아가고 있는 것이다.

1990년 중반에 마침내 회사를 그만둘 때라는 결심을 굳혔다. 내가
운용하는 마젤란펀드의 이름을 따온 탐험가 페르디난드 마젤란 역시
일찍 은퇴해 태평양의 머나먼 섬에서 살았다. 물론 훗날 그가 당한 일
(그는 성난 원주민들의 손에 찢겨 죽는다)이 떠올라 잠시 멈칫하긴 했다. 나
는 마젤란펀드의 성난 투자자들에게 둘러싸여 마젤란과 비슷한 운명을
맞고 싶지는 않았다. 그래서 상사인 네드 존슨과 경영관리 이사인 게리
벅헤드를 만나 마젤란펀드를 무리 없이 떠날 방법을 의논했다.

우리의 만남은 솔직하고 우호적이었다. 네드 존슨은 나에게 피델리
티의 주식형 펀드 전체를 총괄하는 책임자로 회사에 머물러 있어 달라
고 했다. 또 지금까지 내가 운용했던 120억 달러 규모의 마젤란펀드 대
신 규모가 훨씬 작은 1억 달러 정도의 펀드를 하나 맡아달라고 제안하
기도 했다. 하지만 자산규모가 두 자릿수 줄어든다고 해도 펀드를 운용
하기 위해서는 마젤란펀드를 운영할 때와 똑같은 정도의 노력과 업무
가 필요할 것이고, 나는 또다시 거의 매주 토요일마다 사무실에 나와
일해야 할 것이다. 나는 네드의 고마운 제안을 거절할 수밖에 없었다.

거의 알려지지 않은 사실이지만 나는 코닥과 포드, 이튼 등의 기업이
참여하는 10억 달러 규모의 퇴직연금 펀드를 운용하고 있었다. 투자규
모는 코닥이 가장 컸다. 마젤란펀드는 일반 대중을 상대로 자금을 모아
운용하는 뮤추얼펀드이기 때문에 규제가 많지만 퇴직연금 펀드는 규제
가 많지 않아 수익률이 마젤란펀드보다 더 좋았다. 예를 들어 뮤추얼펀

드는 전체 펀드 자산의 5% 이상을 한 주식에 투자할 수 없으나 퇴직연금 펀드는 가능하다.

코닥과 포드, 이튼 등은 내가 마젤란펀드를 떠나든 떠나지 않든 관계없이 그들의 퇴직연금 펀드를 계속 운용해주기를 원했다. 하지만 나는 그들의 고마운 제안 역시 거절했다. 또한 내 이름을 걸고 중도에 환매가 불가능한 폐쇄형 펀드를 만들어 뉴욕증권거래소NYSE에 상장시키자는 제안도 수없이 많이 받았다. 그들은 몇몇 도시에서 간단하게 투자설명회(로드쇼)를 하기만 해도 '린치펀드'에 수십억 달러의 투자 자금이 몰릴 것이라고 장담했다.

펀드매니저 입장에서 폐쇄형 펀드는 매우 매력적인 제안이다. 폐쇄형 펀드는 수익률이 아무리 나빠도 고객이 중간에 투자자금을 찾아 빠져나갈 염려가 없다. 대신 폐쇄형 펀드는 주식시장에 상장돼 코카콜라나 GM 주식처럼 거래된다. 폐쇄형 펀드에 투자한 사람이 자금을 회수하고 싶으면 주식시장에 상장된 이 펀드의 주식을 살 사람을 찾아야 한다. 따라서 폐쇄형 펀드의 경우 처음 자금을 모을 때 판매한 주식의 수, 즉 펀드의 좌수가 언제나 똑같이 유지된다.

마젤란펀드와 같은 개방형 펀드는 이와 달리 고객이 투자한 자금을 찾아가고 싶을 때 언제든지 자신의 몫을 빼갈 수 있다. 펀드는 중간에 돈을 찾고자 하는 고객이 있으면 그 고객이 투자한 몫에 해당하는 만큼의 가치를 계산해 돌려줘야 하고 펀드의 좌수는 그만큼 줄어든다. 인기가 없는 개방형 펀드는 고객들이 투자자금을 회수해 다른 경쟁 펀드나 머니마켓펀드MMF 등으로 옮겨갈 수 있기 때문에 자산규모가 급격히 줄어들 수 있다. 개방형 펀드의 매니저가 폐쇄형 펀드의 매니저보다 밤에 편안하게 잠들지 못하는 이유도 이 때문이다.

20억 달러 규모의 피터린치펀드를 만들어 뉴욕증권거래소에 상장시키면 이 펀드는 앞으로도 계속 투자원금이 20억 달러로 유지될 것이다. 끔찍한 실수를 연발해 투자원금을 계속 잃어버리지만 않는다면 말이다. 그리고 나는 매년 0.75%(1500만 달러)의 운용보수를 꼬박꼬박 받을 것이다.

폐쇄형 펀드를 만들자는 제안을 받고 잠시 마음이 흔들렸던 것은 사실이다. 직원들을 채용해 종목 발굴을 맡기고 나의 근무시간은 여유를 즐길 수 있도록 최소한으로 줄일 수 있을 것이다. 나는 가족과 더 많은 시간을 보내고, 골프를 치고, 레드삭스가 출전하는 야구경기와 보스턴 셀틱스의 농구경기 그리고 오페라 〈라보엠〉을 보러 다닐 수 있을 것이다. 린치펀드가 주식시장의 평균보다 더 좋은 수익률을 올리든 올리지 못하든 나는 변함없이 똑같은 운용보수를 받아 높은 급여를 챙길 수 있을 것이다.

하지만 이런 환상적인 제안에도 두 가지 문제가 있었다. 첫째, 주식시장을 이기고 싶다는 나의 욕망이 너무 크다는 점이다. 나는 펀드 수익률이 좀 나빠도 무심하게 넘길 수 있는 여유로움을 갖고 있지 못하다. 둘째, 나는 펀드매니저란 자신이 투자하고 싶은 주식을 직접 골라 투자해야 한다는 신념을 갖고 있다. 이런 성격 탓에 린치펀드를 폐쇄형으로 운용한다 해도 변함없이 토요일마다 사무실에 틀어박혀 산처럼 쌓인 기업의 연차보고서를 분석하느라 여념이 없을 것이다. 좀 더 두꺼워진 돈다발로 물질적으로는 여유로워지겠지만 시간은 예전과 변함없이 부족한 채 살아갈 것이 분명했다.

나는 백만장자들이 더 많은 돈을 벌 수 있는 기회를 스스로 포기했다며 자랑스럽게 얘기하는 것을 보면 이해할 수가 없었다. 미래에 더 많은 돈을 벌 수 있는 기회를 버리는 것은 소수의 사람들만이 누릴 수 있는 사치일 것이다. 하지만 금전적으로 크게 부족함이 없는 상황이 되면 자신의 나머지 인생을 돈의 노예가 되어 돈을 더 많이 버는 데 바칠 것인가, 아니면 지금까지 벌어놓은 돈을 쓰면서 인생을 누릴 것인가 결정해야 하는 순간이 찾아온다.

톨스토이의 단편소설 중에 욕심 많은 농부에 대한 이야기가 있다. 요정이 나타나 농부에게 하루 동안 걸어서 해가 지기 전에 출발한 지점까지 돌아오면 그가 걸었던 범위 내에 있는 땅을 모두 주겠다고 제안한다. 농부는 몇 시간 동안 전속력으로 달려 그가 평생 경작한 땅보다 훨씬 더 넓고 그의 자손이 몇 대에 걸쳐 부자로 살기에도 충분할 만큼의 넓은 땅을 확보했다. 몇 시간을 달린 이 불쌍한 농부는 땀에 흠뻑 젖은 채 숨을 헐떡거렸다. 그는 여기에서 멈출까 잠시 생각했다. 더 멀리까지 가봤자 무슨 소용이 있단 말인가? 하지만 그는 더 갖고 싶은 욕망을 억제할 수 없었다. 그는 자신에게 주어진 기회를 최대한 활용하고 싶어 앞으로 계속 나아갔고 마침내 지쳐 쓰러져 죽고 말았다.

이 이야기의 결말은 내가 정말 피하고 싶은 것이다.

오해 3가지

보급판이 출간된 것을 정말 기쁘게 생각한다. 특히 보급판 출간을 기회로 앞서 나온 양장본에 대한 독자들의 반응에 답할 수 있어 더욱 기쁘다. 신문은 물론 늦은 시간대 라디오 프로그램에 전화를 걸어 내 책에 대해 얘기하던 독자들을 통해서도 책에 대한 반응을 파악할 수 있었다.

독자들의 반응을 보니 나는 이 책에서 너무 강조했다고 생각했지만 독자들은 전혀 언급하지 않는 점이 몇 가지 있었다. 반면 나는 전혀 의도하지 않았지만 독자들이 뜨겁게 반응하는 부분도 있었다. 보급판 출간을 계기로 다시 서문을 쓸 수 있게 되어 기쁘게 생각하는 것도 이 책에 대한 세 가지 오해를 바로잡을 수 있는 기회를 얻었기 때문이다.

세 가지 오해 중 가장 큰 것은 나를 투자세계의 홈런왕 베이브 루스 같은 존재로 높이면서 내가 마이너리그 선수들(개인 투자자들)에게 메이저리그 선수들(전문 투자가들)처럼 경기할 수 있다는 헛된 희망을 심어

주고 있다는 것이다. 나를 베이브 루스와 비교하는 것은 영광이긴 하지만 두 가지 점에서 잘못됐다. 첫째, 나는 '장타의 제왕Sultan of Swat(베이브 루스의 별명)'과 비교되기엔 스트라이크 아웃과 땅볼 아웃을 너무 자주 당했다. 둘째, 나는 마이너리그 선수들, 다시 말해 개인 투자자, 일반 투자자, 평범한 대중들이 메이저리그의 프로 선수를 모방하려고 노력할 필요가 없다고 생각한다.

내가 이 책에서 이야기하려 했던 것은 개인 투자자는 월스트리트의 전문 펀드매니저와 다른 운동장에서 경기를 한다는 점이었다. 프로의 세계에서 뛰고 있는 펀드매니저는 수많은 규제에 시달려야 하지만 개인 투자자는 이러한 규제에서 자유롭다. 개인 투자자는 많은 종목을 보유할 필요가 없다. 종목을 고르기 위한 기업분석은 여가를 이용해 하면 된다. 지금 당장 마음에 드는 기업이 없으면 주식을 사지 않고 더 좋은 기회가 올 때까지 현금을 갖고 기다리면 된다. 또 펀드매니저는 수익률이 공개되어 다른 펀드매니저와 비교되지만 개인 투자자는 이웃과 수익률 경쟁을 벌일 필요가 없다.

각종 규제로 운신의 폭이 좁은 펀드매니저보다 개인 투자자가 주식 투자를 더 잘할 수 있다는 증거도 있다. 미국 각 지역 개인 투자자들의 모임 1만여 개를 대표하는 전미투자자협회NAIC에 따르면, 회원들끼리 자금을 모아 직접 투자하는 모임 중 69.4%가 1992년에 S&P500지수보다 더 높은 수익률을 얻었다. 개인 투자자들의 모임 절반 이상이 지난 5년 중에서 4년간 S&P500지수를 이겼다. 미국 각 지역의 투자 모임은 아마추어 투자자라는 위치를 십분 활용해 종목 선정에 점점 더 숙련돼가고 있다.

개인 투자자가 종목을 잘 고른다면 아마추어 투자자라는 장점을 잘 활용하고 있기 때문일 것이다. 수많은 기업들을 직접 분석해 월스트리트에서는 무시당하는 좋은 기업을 발굴하고 투자하기 때문일 것이다.

개인 투자자들의 투자모임이 높은 성과를 거둬왔다는 사실은 지방의 작은 상호저축은행이나 저축대부조합S&L이 놀랄 만한 수익률을 기록해왔다는 점에서도 증명된다. 이런 상호저축은행이나 S&L은 그 지역에 살고 있는 사람들은 잘 알고 있지만 월스트리트의 전문 투자가들은 잘 모르고 넘어가는 경우가 많다.

두 번째 오해는 내가 모든 사람들이 계산기를 손에 들고 기업을 조사하고 대차대조표를 분석해 주식에 투자해야 한다고 생각한다는 것이다. 나는 오히려 지금 주식에 투자하고 있는 미국인 중 수백만 명은 주식 투자를 그만둬야 한다고 생각한다. 이들은 기업을 조사하는 데 관심이 없고 대차대조표를 보면 움찔 뒤로 물러서며 기업의 연차보고서에서는 사진과 그림만 보는 사람들이다. 최악의 투자는 제대로 알고자 하는 노력이 없고 자신이 전혀 모르는 기업에 투자하는 것이다.

아직도 많은 미국인들이 여가시간에 재미 삼아서 잘 모르는 기업의 주식을 사고 있다. 어떤 사람이 취미로 야구나 하키를 시작했는데 자신에게 소질이 없다는 사실을 깨닫게 되었다고 가정해보자. 그럼 그는 골프로 취미를 바꾸거나, 아니면 우표를 수집하거나 정원 가꾸기 같은 것으로 자연스럽게 관심 분야를 바꿀 것이다. 그러나 사람들은 자신이 종목을 고르는 데 소질이 없다는 사실을 알고 난 뒤에도 유독 주식 투자만은 포기하지 않고 계속한다.

종목 고르는 데 소질이 없는 사람들은 주식을 마치 게임처럼 갖고 논다고 말한다. 주식을 갖고 논다면 어떤 분석이나 조사도 없이 곧바로 만족을 추구하게 된다. 이번 주에는 이 종목, 다음 주에는 저 종목으로 갈아타는 데서 오는 흥분과 선물이나 옵션에 투자할 때 얻는 짜릿함을 추구한다.

주식을 갖고 논다는 것은 엄청나게 치명적인 오락이다. 사람들은 어떻게 하면 항공 마일리지를 최대한 잘 활용할 수 있을까 고민하는 데 몇 주를 쓰고 여행 안내서를 뚫어져라 살펴보며 여행 경로를 효율적으로 짜기 위해 노력하면서도 주식에 투자할 때는 전혀 모르는 기업에 선뜻 1만 달러를 질러버린다. 휴가계획은 신중하게 짜는 사람들이 주식은 갖고 논다는 생각으로 투자한다. 투자하는 과정 전체가 무계획적이고 발상 자체가 잘못된 것이다.

내가 특히 잘못되었다고 지적하고 싶은 부분은 자신의 감만 가지고 투자하면서 지속적으로 손해를 보는 유형이다. 이런 사람들은 그동안 수익률이 저조했으니 이젠 오를 때가 됐다는 이유만으로 IBM을 1주당 100달러에 사고, 주변에서 잘나간다는 말만 듣고 생명공학 주식이나 카지노 주식을 쉽게 산다.

그들은 이렇게 투자해서 손해를 본 뒤에도 얼마가 남든 남은 돈으로 독일 마르크화 선물을 사거나, 이번 달에는 어쩐지 S&P500지수가 오를 것 같은 느낌이 든다며 S&P500지수 콜옵션을 사버린다. 그들은 이런 연속된 실패의 경험 끝에 주식 투자는 게임이라는 믿음을 더욱더 굳히게 된다. 그러나 정작 주식 투자를 게임으로 만들어버린 것은 바로 그들 자신이다.

내 책에 대한 세 번째 오해는 내가 뮤추얼펀드를 싫어한다는 것이다.

26

이건 정말 말도 안 되는 오해이다. 나는 펀드매니저였다. 내가 왜 나를 먹여 살려주던 직업을 비난하겠는가? 주식형 펀드란, 주식 투자는 하고 싶은데 어떤 이유에서든 직접 기업을 분석하고 연구하기 어려운 사람들이 선택할 수 있는 완벽한 해결책이다. 주식형 펀드에 투자한 사람들은 상당히 높은 수익을 거두며 성공해왔다. 주식형 펀드 투자자들이 앞으로도 계속 성공할 것이라고 생각하지 않을 이유가 없다. 주식과 펀드에 동시에 투자할 수 없다는 규정도 없다. 동시에 여러 펀드에 투자할 수 없다는 규칙도 없다. 주식형 펀드의 수익률이 지금은 주식시장 평균보다 저조하다 해도 장기적으로는 만족스러울 만큼 회복될 수 있다. 단기 수익률은 예측하기가 쉽지 않다. 따라서 돈을 몇 년간 찾지 않고 계속 펀드에 넣어둘 수 없는 사람이라면, 또 주식시장의 등락을 견뎌낼 수 없는 사람이라면 펀드에 투자하지 말아야 한다.

나는 1987년 10월 블랙 먼데이 때처럼 주식시장이 급락할 때도 겁에 질려 주식을 팔거나 펀드를 환매해서는 안 된다는 사실을 개인 투자자들이 배워가고 있다고 생각한다. 1989년에도 다우존스지수가 200포인트 추락한 적이 있었고 1990년에도 다우존스지수가 500포인트 떨어진 적이 있었다. 그러나 이 두 번의 하락 때 개인 투자자들은 주식을 순매수(주식을 팔지 않고 사들이기만 하는 것)했다. 주가 조정은 겨울에 눈보라가 날리는 것처럼 일상적인 일이며, 주가 폭락이 곧 세상의 끝은 아니라는 사실을 점점 더 많은 투자자들이 이해하고 있기 때문일 것이다.

하지만 아직도 받아들여지지 않고 있는 투자의 진리가 한 가지 있는데 장기적으로는 주식이 채권이나 양도성예금증서CD보다 수익률이 훨씬 더 높다는 사실이다. 최근 피델리티에 퇴직연금 계좌를 개설한 수천 명 중에 극히 일부만이 순수 주식형으로 가입했다는 사실을 알고 매우 놀랐다. 대부분의 돈은 MMF나 채권형 펀드, 이자와 배당 수입을 목표로 하는 인컴 펀드Income Fund에 투자됐다. 그러나 투자의 역사는 돈을 100% 주식에 투자할 때 더 빨리 불어난다는 사실을 증명하고 있다. 퇴직연금 계좌는 10년에서 30년까지 장기간 운용되기 때문에 주식 투자를 하기에 완벽한 상품이다.

채권으로부터의 탈출

퇴직한 펀드매니저에게 설교는 어울리지 않을 것이다. 그러나 대다수 사람들이 여전히 주식보다는 채권을 더 좋아하는 현실이 바뀌지 않고 있기 때문에 나는 다시 단상에 올라가 설교를 하고자 한다. 많은 사람들이 내가 지난번에 《전설로 떠나는 월가의 영웅 One Up on Wall Street(피터 린치의 첫 번째 저서)》이란 제목으로 설교할 때 좋았던 것 같다. 나는 그때 채권, CD, MMF보다 주식이 훨씬 더 높은 수익률을 선사한다는 사실을 증명하려고 노력했다. 그럼에도 미국의 금융자산 90%가 여전히 수익률이 열등한 투자자산에 묻혀 있는 것을 보면 많은 이들이 나의 첫 설교를 제대로 듣지 않은 것 같다.

1980년대는 미국 근현대사에서 주식시장의 수익률이 두 번째로 좋았던 때다(1980년대보다 수익률이 더 좋았던 때는 1950년대밖에 없다). 그럼에도 가계 자산에서 주식이 차지하는 비중은 계속 줄어들었다. 가계

자산에서 주식의 비중은 1960년대에 거의 40%에서 1980년대에는 25%, 1990년대에는 17%로 낮아졌다. 다우존스지수를 포함한 미국의 주요 주가지수가 모두 4배로 급등하는 동안 대다수 투자자들은 주식시장에서 빠져나오고 있었다. 심지어 주식형 펀드에 투자된 자산도 1980년대에는 거의 70%였으나 1990년에는 43%로 줄었다. 이러한 주식 비중의 감소는 향후 개인과 국가 자산 측면에서 큰 불행이 될 것이 틀림없는데도 별다른 문제제기 없이 지나가고 있다. 지난번 책이 끝난 부분에서 다시 얘기를 시작하도록 하자. 오늘보다 내일 더 많은 돈을 갖기를 원한다면 재산의 상당 부분을 주식에 투자해야 한다. 향후 2, 3년간, 심지어 5년간 주가가 계속 떨어지는 약세장이 이어질지도 모르고 이런 주가 하락 속에서 주식이라면 진절머리가 날지도 모른다. 20세기는 경기 침체와 주가 하락으로 가득했다. 그럼에도 20세기의 투자 결과는 논란의 여지가 없어 보인다. 조만간 주식이나 주식형 펀드가 채권이나 CD 또는 MMF보다 수익률이 훨씬 더 좋다는 사실이 증명될 것이다. 나는 이전부터 이렇게 말해왔다.

내가 가장 설득력 있는 증거라고 생각하는 것은《이봇슨 SBBI 연감》1993년판 제1장 17쪽에 나와 있는 '1926~89년까지 10년 단위의 연평균 수익률'이란 제목이 붙은 표이다. 이 표는 S&P500지수, 소형주, 장기 국채, 장기 회사채, 단기 국채 등에 투자했을 때 매 10년의 기간마다 얻을 수 있는 수익률을 일목요연하게 보여준다.

투자에 천부적인 재능을 가진 사람이라면 1920년에 전 재산을 S&P500지수에 투자했다가 1929년에는 회사채로 바꿔 1930년대 말까지 쭉 보유하고 1940년대에는 소형주로 갈아탔을 것이다. 이어

연평균 수익률

		1920년대*	1930년대	1940년대	1950년대	1960년대	1970년대	1980년대
주식	S&P500	19.2%	0.0%	9.2%	19.4%	7.8%	5.9%	17.5%
	소형주	-4.5%	1.4%	20.7%	16.9%	15.5%	11.5%	15.8%
채권	장기 국채	5.0%	4.9%	3.2%	-0.1%	1.4%	5.5%	12.6%
	장기 회사채	5.2%	6.9%	2.7%	1.0%	1.7%	6.2%	13.0%
	미국 재무부 채권	3.7%	0.6%	0.4%	1.9%	3.9%	6.3%	8.9%
	물가 상승률	-1.1%	-2.0%	5.4%	2.2%	2.5%	7.4%	5.1%

※ 1926~29년까지
자료: 《이봇슨(Ibbotson) SBBI 연감》, 1993년

1950년대에는 S&P500지수로 복귀한 뒤 1960년대와 1970년대에는 또다시 소형주로 갈아탔다가 1980년대에는 다시 S&P500지수로 돌아갔을 것이다. 이런 놀랄 만한 예측력으로 투자한 사람이 있다면 지금쯤 억만장자가 되어 프랑스 해변에 으리으리한 집을 짓고 살고 있을 것이다. 앞으로 어떤 일이 일어날지 미리 알 수만 있다면 나도 이 전략을 실천할 것이다. 하지만 어떤 투자대상이 가장 뛰어난지는 시간이 지나고 난 뒤에야 알 수 있다.

나는 미래를 예측하여 투자하고 부를 일군 사람을 단 한 명도 만난 적이 없다. 따라서 이런 뛰어난 예지력을 가진 사람은 극소수에 불과할

거라고 추측만 할 뿐이다.

우리는 채권이 주식보다 수익률이 더 높은 10년이 언제일지 예측할 수 없다. 1920년대부터 1980년대까지 일곱 번의 10년 주기 동안 채권이 주식을 이긴 경우는 딱 한 번, 1930년대밖에 없었다(1970년대는 주식과 채권의 무승부라고 할 수 있다). 이 사실은 헌신적인 주식 투자자들에게 매우 큰 위안이 된다. 주식에 투자하면 채권에 집착하는 사람들보다 더 높은 수익률을 올릴 수 있는 확률이 6:1로 높기 때문이다.

게다가 1930년대처럼 극히 이례적으로 채권이 주식을 이긴 기간에도 채권의 수익률은 1940년대와 1960년대에 주식이 보여준 엄청난 수익률을 따라잡기에는 역부족이다. 이 표에 기록된 1926년부터 1989년까지 64년 전 기간에 걸쳐 10만 달러를 장기 국채에 투자했다면 160만 달러가 되어 있을 것이다. 반면 10만 달러를 S&P500지수에 투자했다면 2550만 달러가 되어 있을 것이다. 따라서 다음과 같은 피터 린치의 2번째 원칙을 세울 수 있다.

채권을 선호하는 사람은 자신이 무엇을 놓치고 있는지 모른다.

그럼에도 미국은 계속 채권 투자자들의 나라였다. 수백만 명의 사람들이 앞으로 수년간 물가상승률보다 훨씬 높은 5~6%의 실질자산 증가율을 누릴 수 있음에도 물가상승률보다 소폭 높거나 오히려 더 낮을 수도 있는 금리에 집착해 이자 챙기기에만 급급한 실정이다. 주식에 투자하라! 여러분이 이 책을 읽고 유일하게 이 한 가지 교훈을 얻었다면 이 책을 쓴 보람이 있다.

소형주에 투자할까, 대형주에 투자할까, 또는 가장 좋은 주식형 펀드
는 어떻게 고를까 등에 대한 논란은 핵심 쟁점에 비하면 부차적인 문제
일 뿐이다(물론 이 모든 주제에 대해서도 후에 다룰 것이다). 어떤 주식을 선
택하든, 대형주든 소형주든 중형주든 주식을 사라! 나는 여러분이 현명
한 방법으로 주식이나 펀드를 선택해 투자하고 시장이 조정을 받을 때
도 두려움에 떨며 주식을 팔거나 펀드를 환매해버리지 않을 것이라고
생각한다.

내가 이 책을 쓰기로 결심한 두 번째 이유는 아마추어 투자자들이 취미 삼아 돈을 벌 수 있는 주식 투자를 포기하지 않도록 격려하기 위해서이다. 약간의 시간을 투자해 자신이 잘 아는 산업에 속한 기업을 분석한 결과, 아마추어 투자자들이 펀드를 운용하는 전문 투자가 95%보다 더 높은 수익률을 올린 사례가 있다. 게다가 이 아마추어 투자자들은 주식 투자를 하면서 재미까지 느꼈다.

상당수 펀드매니저들이 이런 생각을 바보 같다며 무시해버리고 일부는 이를 '피터 린치의 허황된 텐배거ten-bagger(10배 수익률 종목)'라고 평가절하한다. 그러나 나는 마젤란펀드를 떠난 뒤 2년 반 동안 아마추어 투자자들이 주식 투자에 큰 강점을 가지고 있다는 생각을 더욱 확고히 갖게 됐다. 그리고 이를 믿지 않는 사람들에게 제시할 수 있는 확실한 증거를 우연히 발견했다.

이 증거는 이 책의 1장에 자세히 소개되었다. 1장에서 나는 보스턴 지역 가톨릭계 학교인 성 아그네스 7학년(우리나라의 중학교 1학년 – 역자) 학생들이 어떻게 2년간 펀드매니저들이 부러워할 만한 뛰어난 수익률을 기록할 수 있었는지 설명할 것이다.

성인 아마추어 투자자 중에도 지난 몇 년간 연속해서 전문 투자가들을 앞서왔다고 주장하는 사람들이 상당수 있다. 이들은 전미투자자협회에 가입돼 있는 수백 개의 지역 투자모임에서 활동하는 사람들이다. 이들의 연평균 수익률 역시 성 아그네스 학생들 못지않게 부러운 수준이다.

이렇게 주식 투자에서 성공을 거둔 아마추어 투자자들 사이에는 공통점이 있다. 이들이 종목을 고르는 방법은 고액의 연봉을 받는 펀드매니저들이 사용하는 복잡하고 형식적인 기법에 비해 훨씬 더 단순하고 성과도 더 좋다는 것이다.

주식이나 주식형 펀드를 고를 때 어떤 방법을 사용하든 궁극적으로 투자의 성패는 투자가 성공을 거둘 수 있을 만큼 오랫동안 세상의 비관론을 무시할 수 있는지 여부에 달려 있다. 주식 투자자의 운명을 결정하는 것은 머리가 아니라 배짱이다. 겁 많은 투자자는 아무리 머리가 좋아도 불길한 운명을 예고하고 다니는 사람들의 말에 넘어가 주식시장에서 도망쳐 나온다.

투자전문 주간지 《배런스》는 매년 1월에 나를 포함한 몇몇 투자 전문가들을 초청해 주식시장을 분석하고 전망하는 토론회인 '라운드테이블'을 개최한다. 우리가 라운드테이블에서 추천한 종목 몇 개를 샀다면 큰돈을 벌었을 것이다. 그러나 전문가들이 내놓은 주식시장과 경제 전망에 초점을 맞췄다면 지난 7년간 두려움 때문에 주식을 살 수 없었을 것이다. 2장에서는 주말에 집에서 쉴 때 더 잘 빠져드는 비관론, 즉 '주말걱정 증후군'의 함정과 이를 극복하는 방법을 설명할 것이다.

3장은 펀드 유람기이다. 3장에서 나는 펀드 투자전략을 세워보려고 시도했다. 나는 예나 지금이나 직접 종목을 골라 투자하는 직접 투자자이다. 은퇴하고 나니 펀드매니저로 일할 때는 다루기 껄끄러웠던 주제, 펀드 투자에 대해서도 마음 편하게 논할 수 있어 이 기회를 놓치고 싶지 않았다. 펀드매니저로 일할 때는 펀드 투자전략에 대해 얘기하면 마치 내 펀드를 홍보해서 더 많은 고객을 끌어들이려는 수법처럼 받아들여졌다. 하지만 지금은 이런 비판을 피해 갈 수 있다.

주제와 무관하므로 이름을 밝히진 않겠지만, 최근 나는 뉴잉글랜드 지역에 있는 어느 비영리재단이 투자전략을 새로 수립하는 일을 도왔다. 우리는 우선 주식과 채권에 각각 얼마씩 투자할지 결정한 다음 주식과 채권에 할당된 돈을 구체적으로 어디에 투자할지 논의했다. 모든 가정이 이와 같은 결정을 내려야 하기 때문에 나는 이 문제에 어떻게 접근하는 것이 좋은지 자세히 설명했다.

4장부터 6장까지는 내가 마젤란펀드를 13년간 어떻게 운용하고 아홉 번의 주식시장 조정기를 어떻게 헤쳐 왔는지 소개하는 펀드매니저의 회고 3부작이라고 할 수 있다. 나는 마젤란펀드를 운용하던 시절로 돌아가 정확히 어떤 요인이 높은 수익률을 안겨줬는지 분석했다. 일부 결론은 나조차도 놀랄 정도였다.

나는 펀드를 운용하던 시절을 회상하면서 나른하게 옛 추억에 빠져들지는 않았다. 다만 구체적인 주식 투자 방법론을 설명하려고 노력했다. 내가 성취한 몇 번의 승리와 내가 저지른 수많은 실수를 통해 여러분은 투자의 소중한 지혜를 배울 수 있을 것이다.

이 책의 절반에 해당하는 7장부터 20장까지는 내가 1992년 1월에 《배런스》 독자들에게 추천한 21개 종목을 어떻게 골랐는지 설명하는 내용이다. 이들 종목을 선정하기까지의 과정을 세세하게 기록했다. 나는 이 기록을 통해 종목을 고를 때 내 습관이 무엇인지 자세히 분석하려고 노력했다. 유망한 경영 환경을 파악하고 이런 여건에 처한 기업들을 분석하는 방법을 구체적으로 밝혔다. 주식 투자의 방법론을 설명하기 위해 예로 든 21개 종목은 은행, S&L, 소비재, 유통, 공공서비스 등 사람들이 많이 투자하는 주요 산업을 거의 포괄한다. 각 장에 한 기업씩 배치해 이 기업을 발굴하고 분석한 과정을 상세히 소개했다. 이 책의 마지막 장인 21장 '6개월 정기점검'에서는 내가 추천한 21개 종목의 이후 상황과 수익률을 살펴보면서 투자한 종목을 정기적으로 점검하는 방법을 설명했다.

내가 주식 투자의 방법론을 완벽하게 제시할 수는 없다. 어떤 주식을 샀을 때 잘 샀다고 알려주는 벨도 없다. 설사 어떤 기업을 너무나 잘 알고 있다 해도 막상 그 기업에 투자했을 때 수익을 거둘 수 있을 것이라는 절대적인 확신도 가질 수 없다. 그러나 어떤 유통회사나 은행, 자동차회사가 이익을 내는 이유, 또는 이익을 내지 못하는 이유를 파악할 수 있다면 투자의 성공 확률을 높일 수 있다. 그런 요인의 대부분이 이 책에 소개되었다.

또한 책 중간 중간에 피터 린치의 투자 원칙을 설명하여 특히 강조하고 싶은 내용이 잘 전달되도록 했다. 이미 여러분은 앞서 피터 린치의 원칙 두 가지를 접했을 것이다. 나는 이러한 원칙 대부분을 경험을 통해 얻었다. 그리고 경험은 언제나 값비싼 대가를 요구한다. 여러분은 이 책에서 엄청 싼 가격에 값진 투자교훈을 얻는 셈이다.

(책에 소개된 21개 기업의 주가는 내가 조사하고 분석하는 동안에도 계속 변했다. 예를 들어 피어1은 처음 발굴했을 때 주가가 7.50달러였고 《배런스》에 추천했을 때는 8달러였다. 따라서 어떤 부분에서는 피어1의 주가를 7.50달러라고 소개하고 다른 데서는 8달러라고 썼을 수도 있다. 이런 식으로 안 맞는 부분이 몇 군데 있을 것임을 양해해주길 바란다.)

제1장

—

성 아그네스 학교의 기적

상식으로 친 홈런

BEATING THE STREET

한때 파이는 집에서 직접 구워 먹는 음식이었다. 하지만 지금은 어떤가? 파이 전문회사인 사라 리가 등장하면서 파이를 집에서 직접 구워 먹는 사람은 찾아보기 힘들게 되었고, 사라 리는 파이를 대량생산해 떼돈을 벌고 있다. 주식 투자에서도 비슷한 일이 벌어지고 있다. 개인의 직접 투자는 점점 더 설 자리를 잃어가고 있다. 펀드매니저들은 여러 사람을 대신해 주식을 골라 투자해주는 대가로 상당히 높은 급여를 받는다. 개인 투자자들은 전문 투자가인 펀드매니저와 경쟁해 이길 수 없다는 인식이 늘어나며 개인의 직접 투자는 점점 자취를 감추고 있다. 이런 상황이 참 유감스럽다. 펀드매니저였을 때도 이런 현실이 불만스러웠지만 펀드매니저를 그만두고 개인 투자자가 된 지금은 더 불만스럽다.

주식에 직접 투자하는 개인 투자자는 1980년대 주식시장이 엄청난 상승세를 기록했을 때 급속하게 줄었고 이후 계속 감소하고 있다. 나는 왜 이런 일이 벌어지는지 알아내려 노력했다. 대개의 경우 언론에서 펀드매니저를 대단한 인물인 것처럼 소개해온 것도 한 가지 원인이란 생각이 들었다. 펀드매니저들은 주식시상의 스타로 마치 인기가수 같은 대우를 받고 있다. 그 결과 개인 투자자들은 명품 버버리 코트를 입고 주식 시세 단말기인 쿼트론으로 무장한 MBA(경영학 석사) 출신 천재들과는 도저히 경쟁할 수 없다는 잘못된 생각을 갖게 됐다.

대부분의 개인 투자자들은 명품 코트를 입은 천재들과 싸우기보다는 차라리 소중한 돈을 그들이 운용하는 펀드에 맡기는 편이 더 낫겠다는 결론을 내렸다. 하지만 이러한 펀드 가운데 많게는 최대 75%가 주식시장 평균만큼의 수익률도 올리지 못한다. 천재라고 다 잘하는 것은 아니다.

하지만 개인 투자자가 줄어들게 된 더 큰 이유는 계속된 손실 때문이라고 생각한다. 사람은 천성적으로 스스로가 즐거운 일, 성공하는 일은 계속하게 마련이다. 인구가 빠른 속도로 늘어난 것도 이 때문이다. 마찬가지로 사람들은 야구 카드나 고가구, 낡은 낚싯대, 동전, 우표 등을 모으는 취미를 계속해왔다. 심지어 집 꾸미기와 집을 사고파는 일도 반복하고 있다. 이러한 활동이 재미가 있을 뿐만 아니라 돈도 되기 때문이다. 따라서 개인 투자자가 줄어들고 있다면 이는 그들이 경제적으로 손해 보는 데에 지쳤기 때문이라고 할 수 있다.

처음 주식 투자를 시작한 사람들은 상대적으로 더 부유하고 성공한 사람들이었다. 이런 사람들은 학교에서 늘 A학점을 받으며 잘했다는 칭찬을 듣는 데 익숙해져 있다. 주식시장은 높은 성과를 올리는 사람들이 돋보이는 곳이다. 이곳에서는 F학점을 받기가 쉽기 때문이다. 선물이나 옵션에 투자하거나 증시의 등락을 맞히려 하다간 F학점을 받기 십상이다. 주식에 직접 투자하다 펀드로 옮겨간 많은 사람들이 F학점을 받았을 것이다.

그렇다고 이런 사람들이 직접 투자를 완전히 그만뒀다는 의미는 아니다. 모임에 나갔다가 아는 사람이 하는 이야기를 듣고, 또는 버스 안에서 남들이 하는 이야기를 엿듣고, 아니면 잡지에서 무엇인가를 읽고 는 확실치도 않은 위험한 투기에 뛰어든다. 펀드에 투자되는 신중한 돈 과 주식에 직접 투자되는 오락용 돈은 확연히 분리되고 있다. 최근 투 자자들은 주식을 갖고 노는 일종의 가벼운 게임으로 생각하기 쉬운 환 경에 처해 있다. 누구든 증권사에 배우자 몰래 계좌를 만들어 놓고 이 러한 어리석은 '머니 게임Money Game'을 할 수 있다.

진지한 취미로서의 주식 투자가 사라지면서 기업의 이익과 성장 전 망을 분석하는 기법 역시 잊혀가고 있다. 기업의 실적 분석에 관심을 갖는 개인 투자자들이 줄어들며 증권사에서는 이러한 정보를 자발적으 로 전달하는 데 점점 더 소극적인 태도가 되고 있다. 게다가 애널리스 트들은 연금이나 재단의 기금, 펀드 등을 운용하는 기관투자가들을 상 대하기에도 바빠 일반 대중들의 투자 교육수준을 고민할 여유도 없다.

이러는 동안 증권사들은 컴퓨터를 통해 엄청난 양의 기업 정보를 바 쁘게 모으고 있다. 이렇게 수집한 정보는 원하는 고객에게 원하는 거의 모든 형태로 정리돼 제공된다. 약 1년 전에 피델리티의 리서치 이사인 릭 스필런스는 몇 개의 상위 증권사들을 대상으로 데이터베이스와 활 용 가능한 종목 분류 기능에 대해 조사한 적이 있다. 종목 분류 기능이 란 컴퓨터를 이용해 어떤 공통점을 가진 기업들을 추려 내는 것을 말한 다. 예를 들어 20년 연속으로 배당금을 증액해온 기업들의 목록을 컴 퓨터 화면에 쭉 나열해주는 기능이다. 이 기능은 어떤 특징을 가진 기 업들을 골라 투자하기를 원하는 투자자들에게 매우 유용하다.

증권사 스미스 바니는 분석, 관리하고 있는 2800개 기업 대부분의 재무정보를 8~10쪽 분량으로 정리해 제공할 수 있다고 밝혔다. 메릴

린치도 기업들을 10가지의 다른 기준으로 분류할 수 있다. 밸류 라인 인베스트먼트 서베이는 이른바 밸류 스크린이라는 기능을 갖춘 데이터베이스를 보유하고 있으며, 찰스 슈왑은 '이퀄라이저the Equalizer'라고 불리는 인상적인 데이터 서비스를 갖추고 있다. 그러나 이러한 뛰어난 서비스 중 어떠한 것도 수요가 그리 많지 않다. 메릴린치의 톰 레일리는 종목 분류 기능을 이용하는 고객이 전체의 5% 미만이라고 말했다. 리먼 브라더스의 조나단 스미스에 따르면 대부분의 개인 투자자들이 리먼 브라더스가 제공하는 서비스의 90%를 이용하지 않고 있다.

자신이 투자할 주식을 직접 고르는 사람들이 지금보다 많았던 과거 수십 년 동안에는 증권사를 개인이 쉽게 접근해 활용할 수 있는 데이터베이스로 여겼다. 과거에는 증권 중개인들이 특정 산업이나 특정 공통점을 가진 소수의 기업들을 집중적으로 연구했고, 이렇게 얻은 정보를 고객들에게 자세히 알려줬다. 조금 과장된 표현일지 모르겠지만 과거의 증권 중개인은 왕진을 다녔던 과거의 의사들처럼 개개인에게 맞춤 서비스를 제공했다. 물론 이런 생각은 정치인과 중고차 판매상에 이어 증권 중개인이 '신뢰할 수 없는 직업인' 상위권에 올랐다는 설문조사 결과와 상반되는 것이다. 그러나 한 가지 분명한 사실은 과거의 증권 중개인들이 훨씬 더 독립적으로 기업분석을 했다는 점이다. 현재의 증권 중개인들은 자신이 일하는 증권사에서 만들어 제공하는 정보에 의존하는 경향이 강하다.

현재의 증권 중개인들은 주식 외에도 연금과 보험, 절세용 상품, CD, 채권형 펀드, 주식형 펀드 등 팔아야 할 상품이 많다. 중개인들은 이런 금융상품에 대해 최소한 고객들에게 설명하고 상담할 수 있을 만큼은 알고 있어야 한다. 이런 이유로 현재의 증권 중개인들은 전력산업이나 유통업, 자동차 산업 등을 조사할 시간도 없고 그럴 의지도 없다. 게다가 주식에 직접 투자하는 고객들도 없다시피 하기 때문에 어떤 종목을 선택해야 하는지 조언을 구하는 사람도 거의 없다. 그리고 사실 중개인이 가장 많은 수수료를 챙길 수 있는 업무는 주식 판매가 아니다. 펀드 판매와 기업금융(기업 상장, 인수·합병M&A 주선, 증자 등), 옵션 거래 등이다.

개인 투자자들은 줄어들고 증권 중개인들은 다른 일로 바빠 종목에 대해 상담해줄 시간도 여력도 없다. 투자환경은 갖고 놀 수 있는 돈으로 변덕스러운 투기를 하라고 조장하고 있으며 스타 펀드매니저와 스타 애널리스트는 특별한 비법이 있는 양 과분한 존경을 받는다. 이런 상황에서 많은 사람들이 직접 투자는 희망이 없다고 포기하는 것도 무리가 아니다. 하지만 성 아그네스 학교의 학생들에게 이런 말은 통하지 않는다.

성 아그네스의 포트폴리오

보스턴 근교의 매사추세츠 알링턴에 있는 가톨릭계 학교인 성 아그네스에 다니는 7학년 학생들은 각자 펀드매니저가 되어 투자하고 싶은 종목을 골랐다. 표 1-1은 이 학생들이 1990년에 뽑은 최고 선호주Top Picks 14개와 이 주식들의 1990~91년 수익률이다. 이 학생들의 선생님, 즉 최고경영자CEO인 조안 모리세이는 주식에 투자할 때 주식 시세

표 1-1 성 아그네스의 포트폴리오

기업	1990~91년 수익률(%)
월마트	164.7
나이키	178.5
월트 디즈니	3.4
리미티드	68.8
LA기어	-64.3
펜텍	53.1
갭	320.3
펩시코	63.8
푸드 라이언	146.9
톱스	55.7
서배너 푸즈	-38.5
IBM	3.6
NYNEX(나인엑스)	-0.22
모빌	19.1
포트폴리오 총 수익률	69.6
S&P500	26.08

총 수익률 1990년 1월 1일~1991년 12월 31일

단말기인 쿼트론도, 최고의 명문 경영대학원인 워튼 스쿨의 MBA 학위도, 심지어는 운전면허증도 필요하지 않다는 사실을 증명했다.

물론 모리세이 선생님이 증명해낸 이 사실이 펀드 평가회사 리퍼의 보고서나 경제 전문지 《포브스》에 소개되지는 않았다. 그러나 성 아그

네스의 포트폴리오는 지난 2년간 70%라는 놀랄 만한 수익률을 기록했다. 이는 같은 기간에 26% 오른 S&P500지수의 상승률을 크게 뛰어넘는 것이다. 전체 주식형 펀드의 99%가 성 아그네스의 포트폴리오보다 수익률이 떨어졌다. 펀드를 운용하는 매니저들은 전문적으로 종목을 선정하는 대가로 높은 보수를 받는 반면, 성 아그네스에서 종목을 고른 학생들은 공짜로 선생님과 아침을 먹고 영화를 보러 가는 것에 만족했다.

나는 사무실로 배달되어온 커다란 스크랩북을 통해 성 아그네스의 놀랄 만한 운용성과를 알게 되었다. 성 아그네스의 7학년 학생들은 그 스크랩북에 가장 좋아하는 종목을 적고 각 종목에 대해 그림도 그려놓았다. 이것을 보고 나는 피터 린치의 3번째 원칙을 생각했다.

그림으로 표현할 수 없는 아이디어에는 투자하지 말라.

수익 구조를 쉽게 알 수 있는 기업은 외면한 채, 어떻게 돈을 벌겠다는 것인지 사업 내용을 설명하기도 어려운 적자 벤처기업만 좋아하는 많은 어른들은 개인 투자자든 전문 투자가든 상관없이 이 원칙을 귀담아 들어야 한다.

이 원칙을 염두에 두고 있다면 메모리 모듈을 제조하는 덴스-팩 마이크로시스템즈에는 투자하지 않았을 것이다. 이 회사의 주가는 16달러에서 25센트로 추락했다. 누가 덴스-팩 마이크로시스템즈의 사업 내용을 그림으로 그릴 수 있을까?

성 아그네스의 펀드매니저들을 축하해주고(이들은 모리세이 선생님이 가르치는 사회 학급의 학생들보다 2배 더 많았다) 성공의 비결을 배우기 위해 나는 이들을 피델리티의 임원식당으로 초청했다. 피델리티 임원식당에선 학생들을 위해 처음으로 피자를 제공했다. 성 아그네스에서 25년간 학생들을 가르쳐온 모리세이 선생님은 매년 학급 학생들을 4명씩 묶어 한 팀을 꾸리고 각 팀이 25만 달러를 가지고 있다고 가정하여 투자를 시작한다고 설명했다.

각 팀에서는 재미난 팀명을 붙인다. 예를 들면 '거지에서 거부로', '월스트리트의 마법사', '월스트리트의 여자들', '돈 버는 기계', '스톡저러스Stocks R Us(유명 장난감 할인점인 토이저러스를 모방한 별명)' 등이다. 팀 이름 중에는 심지어 '런치 군단'도 있었다. 각 팀은 좋아하는 종목들을 선택해 스크랩북에 기록하고 포트폴리오를 구성한다.

학생들은 가상투자를 하는 동안 투자 전문지《인베스터스 비즈니스 데일리》를 읽는 방법을 배웠다. 이들은 유망해 보이는 기업을 고른 뒤 기업 각각의 실적을 분석하고 상대적인 강점을 조사한다. 이렇게 조사한 자료를 검토한 뒤 어떤 주식을 고를지 결정한다. 월스트리트 펀드매니저들이 이 학생들만큼 능숙할지는 모르겠지만 종목 고르는 과정 자체는 비슷하다.

모리세이 선생님은 투자 과정을 다음과 같이 설명했다. "저는 투자 포트폴리오는 최소한 10개의 종목으로 구성돼야 하고 이 중 한두 개는 배당금을 많이 주는 회사여야 한다고 강조합니다. 그리고 어떤 주식이든 포트폴리오에 포함시키기 전에 그 회사가 정확히 어떤 사업을 하고 있는지 다른 학생들 앞에서 설명하도록 합니다. 학급 친구들 앞에서 투자하고자 하는 기업이 제공하는 서비스나 생산하는 제품에 대해 잘 설명하지 못하면 그 기업의 주식은 살 수 없습니다. '잘 아는 주식을 사라.' 이것이 저희가 가장 중요하게 생각하는 원칙입니다." '잘 아는 주식을 사라'는 것은 말하기는 쉽지만 막상 많은 투자 전문가들이 실천하지 못하고 무시해버리는 투자원칙이다.

성 아그네스의 학생들이 잘 아는 기업 중 하나는 컬러펜과 매직펜을 생산하는 펜텍 인터내셔널이다. 모리세이 선생님이 한쪽 끝은 매직펜이고 다른 쪽 끝은 형광펜인 펜텍 제품을 교실에 갖고 온 적이 있었는데 이 펜은 선풍적인 인기를 끌었다. 어떤 학생들은 자신이 선택한 종목을 강조할 때 이 펜을 사용했다. 얼마 지나지 않아 학생들은 펜텍이란 기업에 대해 조사하기 시작했다.

당시 펜텍의 주가는 5달러였다. 학생들은 펜텍에 장기 부채가 없으며 우수한 제품이 많다는 사실을 알게 됐다. 펜텍의 제품은 가정에 서 큰 인기를 얻고 있다는 점에서 우수성을 인정받고 있으며 전국의 학교에서도 큰 인기를 누릴 수 있을 것 같았다. 학생들이 볼 때 펜텍의 또 다른 긍정적인 점은 '페이퍼 메이트 펜'과 아버지들이 사용하는 '굿뉴스' 면도기를 생산하는 질레트와 비교할 때 상대적으로 덜 알려졌다는 점이었다.

성 아그네스의 펀드매니저들은 나에게 펜텍 펜을 보내주고 펜텍을 한번 분석해보라고 권했다. 내가 학생들의 조언을 들었다면 정말 좋았을 것이다. 학생들의 분석 결과를 무시하고 조언을 듣지 않은 후 펜텍의 주가는 5.125달러에서 9.5달러로 거의 두 배 가까이 뛰었다.

성 아그네스의 펀드매니저들은 이 같은 어린 아이의 시각으로 1990년에 월트디즈니, 2개의 운동화 제조업체(나이키와 LA기어), 갭, 펩시코,

톱스 등을 투자대상으로 골랐다. 갭은 아이들 대부분이 입고 있는 의류 브랜드이고, 펩시코는 펩시콜라, 피자헛, KFC, 프리토레이 등 4가지 브랜드를 통해 알게 된 기업이다. 톱스는 야구선수의 사진과 그에 대한 간단한 설명이 기록된 야구 카드를 만들어 파는 회사이다.

모리세이 선생님은 톱스를 투자대상으로 선정한 이유를 이렇게 설명했다. "7학년 아이들 사이에서 야구 카드 교환은 엄청난 인기였어요. 이 때문에 톱스를 사야 한다는 데 이견이 있을 수 없었죠. 톱스는 아이들이 직접 살 수 있는 상품을 만드는 회사입니다. 아이들은 야구 카드를 사면서 자신이 투자하는 기업의 매출에 기여하고 있다는 자부심을 느낄 수 있었습니다."

성 아그네스 학생들이 톱스 외에 다른 기업들을 고른 이유는 다음과 같다. 월마트는 〈부유한 명사들의 삶Lifestyles of the Rich and Famous〉이라는 프로그램에서 창업자 샘 월턴이 투자가 경제에 얼마나 이익이 되는지 말하는 것을 보고 선택했다. 뉴잉글랜드 지역의 전화회사 나인엑스NYNEX와 석유회사 모빌은 배당금이 높아서 골랐다. 푸드 라이언은 자기자본이익률ROE이 높고 경영상태가 좋은 기업인데다 샘 월턴을 소개한 프로그램에도 등장했기 때문에 투자하기로 결정했다.

모리세이 선생님은 프로그램 내용을 요약해줬다. "프로그램의 요지는 푸드 라이언이 1957년 주식시장에 상장할 때 노스캐롤라이나주 솔즈베리에 살던 사람 88명이 주당 100달러 하던 푸드 라이언 주식을 10주씩 샀다는 거예요. 이 사람들이 그때 투자한 1000달러씩의 돈은 지금 1400만 달러가 됐다고 합니다. 믿기시나요? 1957년에 푸드 라이언을 10주씩 샀던 88명은 모두 백만장자가 된 거예요. 우리 학급 아이들은 이 사실에 매우 깊은 인상을 받았던 것 같아요. 그해 연말이 되자 아이들은 지난 1년간 일어난 많은 일들을 잊어버렸죠. 하지만 푸드 라이언의 백만장자 이야기는 잊지 않았어요."

성 아그네스의 학생들이 구성한 포트폴리오에서 유일한 단점은 IBM이었다. IBM은 지난 20년간 펀드매니저들이 가장 선호한 종목이었다 (여기에는 나도 포함된다. 어른들은 IBM을 계속 사면서 IBM을 왜 샀을까 계속 후회한다). 왜 펀드매니저들은 수익률이 좋지도 않은 IBM을 버리지 못하고 계속 집착하는 것일까? 이유를 찾는 것은 어렵지 않다. IBM은 모든 사람들이 알고 있는 검증된 주식이다. 펀드매니저들은 IBM을 갖고 있으면 손해가 생겨도 문제에 빠질 염려가 없다. IBM은 너무나 유명하고 다른 펀드매니저들도 다들 갖고 있는 종목이기 때문이다. 성 아그네스의 학생들이 월스트리트의 어른들을 흉내 내려다 저지른 이 한 가지 실수 정도는 용서될 수 있을 것이다.

전문 투자가들은 성 아그네스의 학생들이 거둔 투자성과에 대해 이런 비판을 할 것이다. (1) 학생들이 진짜 돈으로 투자한 것이 아니다. 맞는 말이다. 하지만 그게 뭐 어떻다는 것인가? 어쨌든 전문 투자가들은 학생들이 진짜 돈으로 실제 투자를 한 것이 아니란 사실에 안도해야 한다. 만약 진짜 돈으로 투자했다면 그들이 운용하는 펀드에서 수십억 달러의 돈이 빠져나가 이 학생들에게로 이동했을 것이다. (2) 그런 주식은 누구라도 선택할 수 있다. 정말 그렇다면 전문 투자가들은 왜 아무도 그런 주식에 투자하지 않았을까? (3) 학생들이 고른 기업의 주가가 오른 것은 단지 운이 좋았기 때문이다. 그럴 수도 있다. 하지만 4명으로 구성된 팀들 중에는 모리세이 선생님의 학급 전체가 참여해 구성한 포트폴리오보다 더 좋은 수익률을 낸 팀도 있다. 예를 들어 1990년에 승리한 팀은 앤드류 캐스티글리오니, 그렉 바이어락, 폴 니셀, 맷 키팅으로 구성된 팀이었는데 다음과 같은 주식을 각각의 이유로 골랐다.

- 디즈니 100주: 디즈니가 무엇을 하는 회사인지는 어떤 아이라도 설명할 수 있다.
- 켈로그 100주: 우리는 켈로그의 시리얼을 좋아한다.
- 톱스 300주: 야구 카드를 교환하지 않는 아이는 없다.
- 맥도날드 200주: 사람들은 어쨌든 맥도날드를 먹는다.
- 월마트 100주: 성장세가 놀랍다.
- 사바나 푸즈 100주: 《인베스터스 비즈니스 데일리》에서 보고 알게 됐다.
- 지피 루브 5000주: 자동차 정비업체로, 당시에 주가가 쌌다.
- 해스브로 600주: 어쨌든 장난감 회사다.
- 타이코 토이즈 1000주: 마찬가지로 장난감 회사다.
- IBM 100주: 성급한 어른 흉내 내기
- 내셔널 피자 600주: 아무도 피자를 거절할 수 없다.
- 뱅크 오브 뉴잉글랜드 1000주: 과연 어디까지 떨어질 것인가?

뱅크 오브 뉴잉글랜드는 나도 손해를 본 종목이다. 아이들의 실수를 충분히 이해할 수 있다. 하지만 다른 2개의 탁월한 주식, 내셔널 피자와 타이코 토이즈의 수익으로 뱅크 오브 뉴잉글랜드로 인한 손해는 만회하고도 남을 정도였다. 내셔널 피자와 타이코 토이즈 같은 4루타 종목들(4배 오른 종목들)은 어떤 포트폴리오에 포함되었던 전체 수익률을 바꾸는 기적을 일으켰을 것이다. 내셔널 피자는 앤드류 캐스티글리오니가 나스닥 시장에서 거래되는 기업들을 쭉 훑어보다가 발견한 종목이다. 그는 내셔널 피자를 발견한 뒤 곧바로 기업분석에 착수했다. 기업분석은 어른들이 자주 생략하는 과정이지만 주식 투자에서 매우 중요한 두 번째 단계이다.

1991년에 우승한 팀은 케빈 스파이날, 브라이언 허프, 데이비드 카딜로, 테렌스 키에넌으로 구성된 팀이다. 이들은 가상의 돈을 필립 모리스, 코카콜라, 텍사코, 레이시온, 나이키, 머크, 블록버스터 엔터테인먼트, 플레이보이 엔터프라이즈 등에 나눠 투자했다. 제약회사인 머크와 석유회사 텍사코는 배당금이 많기 때문에 선택했다. 성인 잡지로 유명한 플레이보이는 발행부수가 많고 케이블 채널도 갖고 있지만 기업의 기초체력(펀더멘털)과는 기본적으로 관계없는 이유로 주목했다. 레이시온은 걸프전 때 학급 전체가 알게 된 회사였다. 모리세이 선생님의 학급 학생들은 사우디아라비아에 주둔하고 있던 로버트 스위셔 소령과 주기적으로 편지를 주고받고 있었다. 스위셔 소령은 편지에서 이라크 군대가 쏜 스커드 미사일이 그가 머물고 있는 막사 2마일 이내에 날아올 때 어떻게 격추시켰는지 설명했다. 이 덕분에 어린 펀드매니저들은 스커드 미사일을 쏘아 격추시킨 것이 패트리어트 미사일이며 패트리어트 미사일은 레이시온이라는 회사에서 만든다는 사실을 알게 됐다. 아이들은 곧바로 레이시온에 대해 분석했다. 모리세이 선생님은 "스위셔 소령을 보호해주는 무기에 투자자로서 관심을 갖는다는 사실이 아이들에게 매우 고무적이었던 것 같다."라고 말했다.

성 아그네스 학생들의 합창

성 아그네스의 어린 투자자들은 피델리티의 임원식당에서 피자를 먹고 내가 미처 사지 못해 후회했던 펜텍에 대해 투자조언을 해준 뒤 나에게 학교를 방문해 강연해달라고 초청했다. 나는 이 초청을 받아들여 유치원부터 8학년까지 있는 100년 전통의 성 아그네스 학교를 방문했다. 학생들은 강연에 대한 보답으로 자신들이 녹음한 카세트테이프를 보내주었다.

테이프에는 주식 투자에 대한 학생들의 생각과 종목 고르는 방법, 내가 학생들에게 얘기했던 몇 가지 의견에 대한 반응이 담겨 있었다. 특히 내 의견에 대한 학생들의 반응은 너무나 감동적어서 그 아이들을 평생 잊지 못할 것 같다. 그들의 반응 몇 가지를 여기에 소개한다.

안녕하세요, 전 로리라고 해요. 아저씨의 강연 중에서 가장 기억에 남는 것 한 가지는 지난 70년간 주식시장이 40번이나 하락했다는 거예요. 그렇기 때문에 투자자들은 주식시장에 오래 머물러 있어야 한다는 얘기가 인상 깊었어요. 만일 제가 진짜 주식 투자를 하게 된다면 꼭 장기 투자할 거예요.

안녕하세요, 저는 펠리시티라고 합니다. 아저씨의 강연 중에 시어스에 대한 이야기가 기억에 남아요. 쇼핑몰이 처음 지어지기 시작했을 때 시어스가 쇼핑몰의 95%를 차지할 수 있었던 비결 말이에요. 앞으로 주식에 진짜 투자하게 되면 성장 잠재력이 큰 기업에 투자해야 한다는 사실을 배울 수 있었어요.

안녕하세요, 저는 킴이에요. 저는 아저씨와 나눈 대화가 기억에 남아요. 아저씨는 저에게 K마트가 대도시에서 매장을 늘리고 있는 동안 월마트는 경쟁이 치열하지 않은 소도시로 진출해 성공을 거뒀다며 월마트의 전략이 훨씬 더 우수하다고 말했어요. 아저씨는 또 월마트 창업자인 샘 월턴의 수상 기념식에 초청 강사로 참석했고, 바로 어제 월마트 주가가 60달러로 올랐으며 2:1로 액면분할을 했다고 말했어요.

전 윌리예요. 전 피델리티에서 피자를 먹었을 때 우리 학급 친구들 모두 안심했다는 사실을 말씀드리고 싶어요.

안녕하세요, 전 스티브입니다. 전 우리 팀 친구들에게 나이키 주식을 많이 사야 한다고 설득했어요. 이 사실을 아저씨에게 말씀드리고 싶어요. 우리는 나이키를 56달러에 샀는데 지금은 76달러로 올랐어요. 저는 나이키 운동화를 여러 켤레 갖고 있는데 모두 다 편해요.

안녕하세요, 저희는 킴과 모린, 그리고 재키입니다. 저희는 아저씨가 코카콜라에 대해 말씀해주셨던 것이 기억에 남아요. 아저씨는 5년 전만 해도 코카콜라가 그저 괜찮은 회사일 뿐이었지만 다이어트 콜라를 내놓으면서 커피와 홍차를 마시던 어른들이 다이어트 콜라를 마시기 시작했다고 말했어요. 최근 코카콜라는 84달러에서 액면분할을 했고 주가도 꽤 괜찮은 편이에요.

테이프는 주식운용에 참여하고 있는 7학년 학생 전체가 다음과 같은 주식 투자의 원칙을 한 목소리로 말하는 것으로 끝났다. 아이들이 입 모아 말한 투자의 원칙은 투자 실수를 피하기 위해 우리 모두가 기억해야 할 내용이다.

- 대부분의 좋은 기업은 매년 배당금을 올린다.
- 단기적으로는 손해를 볼 수도 있다. 그러나 시간이 지나면 수익을 거두게 된다.
- 주식시장은 도박장이 아니다. 주가 때문에 주식을 사는 것이 아니라 앞으로 사업을 잘해나갈 것이라는 생각이 드는 좋은 기업을 골라 투자한다면 주식 투자는 결코 도박이 될 수 없다.
- 주식시장에서는 큰돈을 벌 수도 있지만 큰돈을 잃을 수도 있다. 이 사실은 우리도 경험했다.
- 돈을 투자하기 전에 반드시 투자할 기업을 조사하고 분석해야 한다.
- 주식에 투자할 때는 항상 여러 종목에 분산 투자해야 한다. 왜냐하면 몇 개 종목에 투자하든 대개 5개 중 하나는 아주 좋고 하나는 아주 나쁘고 나머지 3개는 그저 그럴 것이기 때문이다.
- 주식과 절대 사랑에 빠지지 말라. 언제나 열린 마음으로 대하라.
- 종목을 고르기만 해서는 안 된다. 종목을 고르기 전에 반드시 숙제를 해야 한다. 숙제란 기업에 대한 조사와 분석을 말한다.

- 가스, 전력, 수도, 통신 등 공공서비스 주식은 배당금을 많이 주기 때문에 좋다. 하지만 큰돈을 벌게 해주는 것은 성장주이다.
- 주가가 많이 떨어졌다고 해서 더 떨어지지 말란 보장은 없다.
- 장기적으로는 작은 기업의 주식을 사는 것이 더 낫다.
- 주가가 싸다고 무작정 사서는 안 된다. 그 기업을 잘 알기 때문에 사야 한다.

모리세이 선생님은 개인이 직접 주식에 투자할 수 있도록 돕는 일을 계속하고 있다. 학생들과 가상 주식 투자를 계속하는 것은 물론 동료 교사들의 주식 투자도 도와주고 있다. 모리세이 선생님은 동료 선생님 과 '월스트리트의 기적'이라는 투자모임을 만들었다. 현재 '월스트리트 의 기적'에는 21명이 참여하고 있는데 나(명예회원)와 스위셔 소령도 회 원이다. '월스트리트의 기적'은 상당히 높은 수익을 거두고 있지만 학 생들이 가상으로 하는 주식 투자만큼은 못하다.

탁월한 수익률을 올리는 1만 개의 투자모임

아이들뿐만 아니라 어른들도 체계화된 방법으로 종목을 고르면 시 장 평균을 뛰어넘는 성과를 올릴 수 있다. 미시간주 로열오크에 위치한 전미투자자협회NAIC에 따르면 1980년대 10년간 NAIC에 소속된 대다 수 투자모임이 S&P500지수는 물론 전체 주식형 펀드의 75%보다 높 은 수익률을 거뒀다. NAIC는 개인들이 모여 만든 투자모임 1만 개를 대표하는 단체로 개인 투자자들이 종목을 선정할 때 도움을 주기 위해 안내서와 월간지를 발간하고 있다.

NAIC에 따르면 1991년에는 소속된 투자모임의 61.9%가, 1992년에는 투자모임의 69%가 S&P500지수보다 높은 수익률을 올렸다. 개인들의 투자모임이 이처럼 성공할 수 있었던 가장 큰 이유는 규칙적인 시간표에 따라 투자했기 때문이다. 정해진 시간표에 따라 투자하면 주가가 앞으로 오를지 떨어질지 고민하느라 쓸데없이 수고할 필요가 없고, 주식을 충동적으로 샀다 충동적으로 팔아치워 손해 볼 위험도 없다. 퇴직연금같이 매월 일정 금액씩 자동으로 주식에 투자하는 사람들은 개인들의 투자모임과 마찬가지로 주식시장의 등락에 관계없이 꾸준히 투자할 수 있기 때문에 좋은 성과를 거둘 수 있다.

실제로 피델리티의 기술 분석팀에 의뢰해 주식 투자로 얻을 수 있는 수익을 계산해본 결과 일정한 계획에 따라 정기적으로 투자할 때 가장 큰 효과를 얻을 수 있었다. 이 계산에 따르면 1940년 1월 31일에 S&P500지수에 1000달러를 투자하고 이후 52년간 그대로 놓아두면 33만 3793.30달러가 된다. 1940년에는 지수의 움직임에 따라 투자하는 인덱스펀드가 없었기 때문에 이 계산은 단지 이론적인 것에 불과하다. 하지만 이 계산을 통해 많은 기업을 오랫동안 보유할 때 얼마나 큰 이득을 얻을 수 있는지 알 수 있다(S&P500지수에는 500개 기업이 포함돼 있다).

1940년 1월 31일에 1000달러를 투자하고 말 것이 아니라 이후 52년간 매년 1월 31일에 1000달러씩 추가 납입했다면 어떻게 되었을까? 52년간 총 5만 2000달러를 투자하고 355만 4227달러를 얻게 된다.

주식시장이 10% 이상 떨어질 때(이런 경우는 52년 중에 31번이나 있었다) 용기를 내어 1000달러씩 더 투자했다면 52년간 총 8만 3000달러를 투자하고 629만 5000달러를 얻게 된다. 어떤 경우라도 정기적으로 꾸준히 투자한다는 원칙을 흔들리지 않고 지키면 상당한 수익을 얻을 수 있다. 여기에서 한 발 더 나아가 대부분의 투자자들이 주가 하락을 두려워하며 주식을 팔고 있을 때 평소보다 더 많은 주식을 사면 추가적인 수익이 따른다.

NAIC에 속한 1000여 개의 투자모임은 금융체계가 전반적으로 붕괴하고 경제가 침몰할 것이라는 예측이 난무했던 1987년의 주가 대폭락 기간 동안, 그리고 그 이후까지 정해진 계획에 따라 투자를 계속했다. 그들은 암울한 전망을 무시하고 주식을 계속 샀다.

혼자 투자하는 개인 투자자들은 손해 볼까 두려우면 주식 투자를 그만두면 된다. 그러다 나중에 '그때 샀어야 하는 건데……'라며 후회할지라도 말이다. 하지만 투자모임은 대다수 회원들의 합의 없이는 어떤 결정도 내릴 수 없다. 다수결에 의한 결정이 언제나 옳은 것은 아니지만 적어도 투자모임에서는 쉽게 주식을 팔아치우는 어리석은 제안은 받아들이지 않는다. 투자모임 회원들이 각자 운용하는 개인 주식계좌보다 모임 전체가 운용하는 주식계좌에서 더 좋은 수익률을 거두고 있는 이유는 집단 의사결정 덕분이다.

투자모임은 한 달에 한 번 회원들의 집이나 그 지역의 호텔 회의실에서 회의를 한다. 투자모임 회원들은 이 회의에서 주식 투자에 대한 각자의 의견을 교환한 다음 어떤 주식을 살지 결정한다. 회원들은 각자 담당하고 있는 한두 개 기업의 사업현황과 최근의 현안, 정보 등을 파악하고 있어야 한다. 각자 분석해야 할 기업이 있기 때문에 충동이나 기분에 따라 주식을 샀다 팔았다 하는 것을 예방할 수 있다. "택시 운전사가 그러는데 홈쇼핑 네트워크에 투자하면 확실하답니다. 이 주식을 삽시다." 투자모임에서는 아무도 이렇게 말할 수 없다. 내가 추천한 기업이 친구와 지인들의 재산에 영향을 준다는 사실을 알고 있기 때문에 모두들 자신이 맡은 숙제(기업분석)를 소홀히 할 수 없다. NAIC의 투자모임은 대개 이익이 증가하고 있고 오랫동안 사업이 번창하면서 경영이 잘되고 있는 성장기업의 주식을 산다. 이런 기업들은 몇 배의 이익을 안겨주는 기회의 땅이라고 할 수 있다. 이런 기업에 투자하면 10년 이내에 투자원금의 10배, 20배, 30배 수익을 내는 것이 전혀 이상하지 않다.

NAIC는 지난 40년간의 경험을 통해 내가 마젤란펀드를 운용하면서 배웠던 것과 똑같은 교훈을 얻었다. 5개의 성장주에 투자하면 3개는 기대했던 수준의 수익률을 내고, 하나는 예상치 못했던 문제가 발생해 실망스러우며, 마지막 하나는 상상했던 것 이상의 경이적인 수익률을 올려 깜짝 놀라게 만든다는 사실이다. 어떤 기업이 기대 이상의 수익률을 내고 어떤 기업이 실망스러운 결과를 낼지 예측하는 것은 불가능하다. 따라서 NAIC는 투자 포트폴리오가 최소한 5개 이상의 종목으로 구성돼야 한다고 권고한다. NAIC는 이를 '5의 법칙'이라 부른다.

NAIC 이사들이 나에게 보내준 NAIC 투자안내서에는 성 아그네스의 학생들이 말했던 투자원칙에 덧붙일 수 있는 투자의 중요한 기본이 포함되어 있었다. 이 투자원칙들은 마당 잔디를 깎을 때 천천히 음미하며 외우거나 주식을 사기 전에 읽어본다면 더없이 좋을 내용이다.

- 새로운 정보를 계속 분석하기 어려울 만큼 많은 종목을 보유하지는 말라.
- 정기적으로 투자하라.
- 주식에 투자할 때는 첫째, 주당 매출액과 주당 순이익이 만족스러운 수준으로 증가하고 있는지 살펴보라. 둘째, 그 주식을 합리적인 가격에 살 수 있는지 판단하라.
- 지난 몇 년간 실적이 악화돼 장기 성장세가 걱정된다면 기업의 재무건전성과 부채구조를 살펴보는 것이 좋다.
- 주식을 살지 말지 결정할 때는 기업의 성장세가 당신이 세운 목표에 부합하는지, 주가는 합리적인 수준인지 살펴보라.
- 과거에 매출이 늘어났던 이유가 무엇인지 이해하면 지금까지의 성장세가 앞으로도 계속 유지될 수 있을지 판단하는 데 큰 도움이 된다.

NAIC는 회원들이 주식 투자의 원칙을 더 깊이 연구하고 이해할 수 있도록 투자안내서와 가정통신 투자교육 프로그램을 제공하고 있다. NAIC는 이 안내서와 교육 프로그램을 통해 기업의 이익 증가율과 매출 증가율을 계산하는 방법, 이익 기준에서 주가가 싼지 비싼지 아니면 적정 수준인지 판단하는 방법, 대차대조표를 통해 기업이 어려운 시기에도 버텨낼 수 있는 자금이 충분한지 판단하는 방법 등을 가르쳐준다. NAIC의 프로그램은 숫자 분석을 좋아하는 사람들과 지금보다 수준 높은 투자 분석을 원하는 사람들에게 좋은 기회가 된다.

NAIC는 또 《더 나은 투자를 위해Better Investing》라는 제목의 월간지도 발간하고 있다. 이 월간지는 성장세가 유망한 기업들을 추천하고 이 기업들의 현황에 대해 추가적인 정보를 계속 전달해준다.

제2장

———

주말걱정 증후군

기회를 놓치지 않는 법

BEATING THE STREET

주식 투자로 돈을 벌려면 주가 하락에 대한 불안감 때문에 주식시장에서 서둘러 빠져나오지 않아야 한다. 이 점은 아무리 강조해도 지나치지 않을 정도로 중요한 것이다. 좋은 종목을 고르는 방법과 수익률이 좋은 펀드를 선택하는 방법을 설명하는 책들이 매년 수없이 많이 쏟아져 나오지만, 본인의 의지력이 없으면 아무 소용이 없다. 다이어트와 주식 투자에서 결과를 결정짓는 것은 머리가 아니라 배짱이다.

직접 기업을 분석해 투자하는 사람이든, 시장 방향을 걱정할 필요가 전혀 없는 펀드에 투자하는 사람이든 괜한 걱정을 하며 너무 많은 것을 계산하다가 오히려 손해를 입는 경우가 적지 않다. 최적의 투자시점을 연구하여 주가가 오를 것이란 확신이 들 때 시장에 들어갔다가 전망이 불확실해지면 시장에서 빠져나오는 사람보다는 오히려 경제와 시장 상황에 무심한 채 계획에 따라 정기적으로 투자하는 사람이 더 좋은 성과를 얻는다.

나는 1년에 한 번씩 투자 전문지《배런스》에서 주최하는 라운드테이블에 참석할 때마다 이런 교훈을 새삼 깨닫게 된다. 라운드테이블은 나를 포함한 몇몇 투자 전문가들이 모여 경제와 시장 진빈에 대해 의견을 나누는 일종의 토론회다. 나는 1986년부터 매년 라운드테이블에 참석해왔다. 우리는 매년 1월에 만나 8시간 동안 경제와 시장을 전망하며 의견을 교환한다. 우리가 나눈 얘기 대부분은 라운드테이블이 열린 후 3주간 《배런스》에 실린다.

《배런스》는 경제신문 《월스트리트 저널WSJ》을 발행하고 있는 다우존스그룹 소유로 맨해튼 남쪽 끝 허드슨강 오른쪽 기슭을 내려다보고 있는 다우존스 빌딩에 자리하고 있다. (다우존스그룹은 2007년 말 루퍼트 머독의 뉴스코프에 인수됐다 - 역자) 이 빌딩 로비는 대리석으로 만들어진 높은 천장 때문에 로마에 있는 성 베드로 성당을 연상시킨다. 공항에 설치된 것과 비슷한 자동보도moving walkway를 타고 로비를 지나가면 출입관리대가 있으며, 이곳에서 신분증을 보여주고 방문 목적을 밝혀야 한다. 들어가도 좋다는 허가가 나면 종이 한 장을 주는데 엘리베이터를 탈 때 이 종이를 경비원들에게 보여주면 된다.

이러한 보안 시스템을 통과한 후에야 엘리베이터를 타고 방문할 곳까지 갈 수 있다. 방문할 사무실이 있는 층에 내리면 신용카드로 열리는 자동문이 나오고 이 모든 과정을 다 통과하면 그제야 라운드테이블이 열리는 회의실에 도착한다.

흥미로운 점은 라운드테이블이란 명칭과 달리 회의실 탁자가 둥글지 않다는 점이다. 옛날에는 탁자가 U자 모양으로 배열되었는데 최근에는 U자의 양 끝이 붙으면서 커다란 삼각형 모양이 됐다. 초청받은 투자 전문가들은 삼각형의 양 빗면 쪽에 쭉 앉고 우리에게 질문을 던질 《배런스》쪽 사람들은 삼각형의 밑면 쪽에 앉는다. 질문과 토론은 《배런스》의 편집장인 앨런 아벨슨이 재치 있게 조율하면서 이끌어간다. 아벨슨은 복잡한 남자관계로 유명했던 여류작가 도로시 파커가 연애에 쏟았던 열정만큼이나 금융과 투자에 많은 열정을 쏟아온 사람이다.

탁자 위에는 마이크와 포토그래퍼의 편의에 따라 켜졌다 꺼졌다 하는 1만 3000와트짜리 스포트라이트가 달려 있다. 포토그래퍼 한 명이 4미터 정도 떨어진 곳에서 줌 렌즈로 자연스럽게 얘기하는 사진을 찍는 동안 무릎 보호대를 착용한 여성은 우리의 바로 턱 밑에서 위를 향해 근접촬영을 한다. 이 두 명의 포토그래퍼 외에도 회의실은《배런스》의 기자들과 애널리스트들, 기술적 분석가들(주가 그래프를 보며 향후 주가 움직임을 예측하는 전문가)로 가득 찬다. 이들 중 몇 명은 유리로 만들어진 벽 뒤에서 우리를 지켜본다. 회의실 안의 열기는 달걀이 익을 정도로 뜨겁다.

이런 호들갑은 머리가 희끗희끗한 연륜 있는 자산운용가들에게 쏟는 존경심에서 우러나오는 것이지만 상대적으로 젊은 나 같은 펀드매니저도 이런 대우를 받으면 덩달아 자부심이 느껴진다. 라운드테이블에 참석하는 사람들은 매년 조금씩 바뀌기도 하지만 대개는 같은 사람이 지속적으로 참여하는 편이다. 가치펀드로 명성을 얻고 있는 마리오 가벨리와 마이클 프라이스, 내가 1977년에 마젤란펀드를 운용하기 시작했을 때 이미 전설적인 펀드매니저로 유명했던 뱅가드윈저펀드의 존 네프, 금과 원유 등 상품투자 전문가인 폴 튜더 존스, 스위스인 특유의 열렬한 낙관론자 같지만 걱정 많은 비관론자로 자주 변하는 펠릭스 줄로프, 은행 애널리스트로 일할 때 알게 된 자산운용가 마크 퍼킨스, 재료보유주(특별히 주목할 만한 뉴스가 있는 주식)에 집중 투자하는 자산운용가 오스카 섀퍼, 월스트리트의 대형 금융회사들이 투자하기엔 규모가 작은 주식을 골라 투자하는 론 배런, 장외시장에 정통한 아키 맥알래스터가 그렇다.

1992년에는 폴 튜더 존스가 빠지고 모건스탠리 자산운용사의 회장으로 전 세계 시장을 대상으로 저가 주식을 집중 공략하고 있는 바턴 빅스가 참석했다. 마크 퍼킨스는《배런스》의 라운드테이블에 5년간 고정적으로 참석했던 짐 로저스가 오토바이를 타고 중국을 가로지르는 실크로드 여행을 떠난 1991년부터 참석하기 시작했다. 내가 짐 로저스에 대해 들은 마지막 소식은 그가 오토바이를 배에 실어 페루로 부친 뒤 가장 가까운 증권사로부터 1500킬로미터는 족히 떨어진 안데스 산맥을 여행하고 있다는 것이었다. 이후 그는 TV 밤 시간대의 경제 프로그램에 다시 등장했다.

대부분의 사람들은 대학이나 군대 또는 여름 캠프에서 함께 지낸 인연을 토대로 우정을 쌓지만 우리는 주식으로 맺어졌다. 나는 론 배런을 볼 때마다 우리가 동시에 투자해 함께 갖고 있다 너무 빨리 팔아버린 스트로브리지 & 클로디어가 생각난다.

라운드테이블 참석자들은 토론회를 진행하는 아벨슨의 입담에 지지 않으려고 말을 재치 있게 받아치는 재주를 키우려 노력해왔다. 라운드테이블의 토론 내용이《배런스》에 실릴 때 아벨슨이 한 말은 '배런스'로 표기되거나 질문을 의미하는 퀘스천Question의 첫 알파벳인 'Q'로 표현된다. 아벨슨은 아래에 소개한 재치 넘치는 대화에서 알 수 있듯《배런스》에 자신의 이름을 내걸고 뛰어난 평판을 얻기에 부족함이 없다. 샤퍼 역시 재밌는 말솜씨는 아벨슨에 뒤지지 않는다고 생각한다.

짐 로저스 슈타이어-다임러-푸흐라는 유럽 주식을 갖고 있는데 이 기업은 몇 년간 계속 적자입니다.

아벨슨 그 기업이 뭐 다른 것을 시도하는 것은 없습니까?

아벨슨(오스카 셰퍼에게) 공매도하고 있는 종목은 없습니까? (공매도는 주가가 떨어질 것을 예상하고 주식을 빌려 매도한 뒤 주가가 떨어지면 주식을 되사서 갚는 기법이다 - 역자)

셰퍼 매수하고 있는 종목을 하나 더 소개하고 매도에 대해 얘기해도 될까요? 좀 지겹더라도 말이죠.

아벨슨 크게 이상할 건 없죠.

에드 굿나우(이전에 참가했던 토론자로 필리핀의 장거리 전화회사를 높이 평가했다) 지방에서는 전화 서비스의 질이 그리 좋지 않다는 걸 이해합니다. 가장 큰 문제는 전봇대를 세울 사람을 구하기가 어렵다는 점이죠. 일할 사람들이 마지막 순간까지 기다렸다가 가장 높은 인건비를 주는 쪽으로 가버리거든요. 하지만 무엇보다도 이 회사는 경영이 매우 탄탄합니다.

아벨슨 혹시 그런 것을 승산 없는 도박이라고 하지 않나요?

피터 린치 저는 여전히 재정이 튼튼한 저축대부조합S&L을 좋아하는데 특히 패니 메이를 좋아하죠. 패니 메이는 아직도 갈 길이 많이 남았습니다.

아벨슨 어느 쪽으로 말입니까?

존 네프(델타항공을 추천하며) 항공 산업에서 사람들이 놓치고 있는 것은…….

아벨슨 또는 항공 산업에 대해 그리워하는 것이겠죠.

마이클 프라이스 우리는, 그러니까 아마도 전체 펀드의 45%를 실제 주식으로 보유하고 있을 겁니다.

오스카 섀퍼 나머지 55%는 가상의 주식이 차지하고 있나요?

마리오 가벨리 그리고 아시다시피, 저는 20년간 린 브로드캐스팅을 추천해왔습니다.

아벨슨 그게 아직까지도 성과가 없다니 안타깝군요.

마리오 가벨리 저는 지금 다각적인 문제에 대한 다각적인 접근법을 지적하고 있는 겁니다.

아벨슨 오, 마리오.《배런스》는 가족이 함께 보는 잡지예요.

존 네프 과거 여덟 번의 경기 침체 때, 한 분기의 첫 두 달간 주가가 그렇게 많이 떨어졌을 때. 나는 이 모든 것을 투자하고 있습니다.

아벨슨 당신이 얘기한 다른 모든 것과 마찬가지로 말이죠!

라운드테이블은 정확히 정오에 시작해 1, 2부로 나뉘어 진행된다. 1부에서는 경제와 금융시장 전반에 대해 의견을 교환하는데 이 부분이 늘 말썽이다.

경제와 사회, 정치 전반에 대한 토론은 개인 투자자들이 아침 식탁에서, 헬스클럽에서, 또는 주말에 골프장에서 나누는 대화의 주제와 비슷하기 때문에 생각해볼 만한 가치는 있다. 대부분의 사람들은 주말이 되면 모처럼 시간적 여유가 생겨 TV와 신문에 보도되는 암울한 뉴스를 진지하게 받아들인다. 뉴스를 보면 인류의 미래는 암울할 수밖에 없다. 지구 온난화, 지구 냉각화, 나쁜 공산주의, 소련의 몰락, 경기 침체, 인플레이션, 문맹, 높은 건강보험료, 이슬람 원리주의자, 재정적자, 두뇌 유출, 부족 간 전투, 조직범죄, 비 조직범죄, 성 추문, 돈 추문, 성과 돈이 복합된 추문 등. 심지어 스포츠면까지 넌더리가 날 지경이다.

주식을 전혀 갖고 있지 않은 사람들이야 최신 뉴스를 접해도 잠시 우울하고 말 일이지만 투자자들에겐 뉴스를 너무 진지하게 받아들이는 것이 매우 위험한 습관이 될 수 있다. 에이즈AIDS 바이러스로 소비자의 절반이 죽고 나머지 절반은 오존에 뚫린 구멍 때문에 죽는다면 누가 갭(의류회사)의 주식을 사고 싶어 하겠는가? 혹은 열대우림 지역이 사라지고 서반구가 새로운 고비 사막으로 변한다면, 이런 비극에 앞서 금융 시스템이 붕괴되고 도시와 시골이 함께 무너진다면 누가 주식에 투자하고 싶겠는가?

물론 아무도 "일요일에 잡지에서 지구 온난화에 대해 읽었는데 아무래도 걱정스러워서 갭 주식을 팔기로 했어."라고 말하진 않는다. 하지만 이런 종류의 주말걱정 증후군은 은밀히 효력을 발휘한다. 실제로 월요일에는 매도 주문이 쏟아지는 경향이 있고 역사적으로도 월요일에 큰 폭의 하락이 많았다. 12월에도 증시가 하락하는 경우가 많다. 세금을 덜 내기 위해 손해 본 주식을 처분해 소득을 줄이려는 매도세 때문이기도 하지만, 인류의 운명을 고민할 시간적 여유가 많은 크리스마스 휴가가 있기 때문이란 점도 무시할 수 없다.

투자 전문가인 우리가《배런스》의 라운드테이블 1부에서 매년 반복하는 것도 일종의 주말걱정 증후군이다. 1986년에는 기본 통화공급량 M-1과 총 유동성 M-3 문제, 그램 러드맨 홀링스법에 의한 재정적자 감소 방안, 서방 선진 7개국 G7의 동향, J커브 효과로 인한 무역적자 축소 효과 등을 걱정했다. 1987년에는 달러화 붕괴, 외국 제품의 미국 시장 공략, 이란-이라크 전쟁으로 인한 원유 공급 부족, 외국인들의 미국 주식 및 채권 매수 중단, 심각한 가계 부채로 인한 소비 위축, 헌법상 레이건 대통령의 3선 도전 불가 등에 대해 고민했다.

모든 참가자들이 언제나 똑같이 걱정하는 것은 아니다. 어떤 사람은 다른 사람보다 더 많이 걱정하고, 지난해에 걱정했던 사람이 올해는 걱정하지 않기도 한다. 또 우리 중 두 명 정도는 미래에 대해 자주 낙관적인 견해를 피력하는데 이런 밝은 전망이 전반적으로 우울한 분위기에 쾌활함을 더해준다.

솔직히 고백하자면 우리가 향후 경제와 주식시장에 대해 가장 낙관했던 때는 다우존스지수가 직전 고점 대비 1000포인트나 폭락했던 그 유명한 블랙 먼데이가 있었던 1987년 초였다. 당시 라운드테이블에서 경고음을 냈던 사람은 짐 로저스뿐이었다. 로저스는 1988년에도 전 세계 증시가 붕괴에 임박했다고 경고했다. 로저스는 주가가 급락할 것으로 예상할 때 공매도하는 것으로 유명하다. 그러나 로저스는 주식시장 전반에 대해 이처럼 암울한 전망을 내렸음에도 1987년에도, 1988년에도《배런스》에 공매도할 종목을 거의 추천하지 않았다. 성공하는 투자자는 주말걱정 증후군이 투자전략에까지 영향을 미치지 않도록 조절하는 법이다.

라운드테이블에 참여하는 사람들은 다른 사람들이 맡긴 수십억 달러를 운용하는 영향력 있는 전문가들이다. 그럼에도 우리는 세계 경제가 어디를 향해 가고 있는지에 대해선 단 한 번도 의견이 일치된 적이 없다.

아울러 블랙 먼데이 두 달 후에 열린 1988년 1월 라운드테이블에서 우리의 비관론이 최고조에 달했다는 점은 기억해둘 만하다. 당시는 극심한 주가 급락을 막 경험한 직후였다. 그래서 우리는 블랙 먼데이에 뒤이어 또 한 번의 급락이 있을 것으로 예상했다. 하지만 1988년 증시는 오히려 호황이었다. 여기에서 피터 린치의 4번째 원칙이 나온다.

백미러로는 미래를 볼 수 없다.
– 과거의 사건으로 미래를 예단하지 말라.

1988년의 라운드테이블은 줄로프가 토론을 시작하며 "1982년부터 1987년까지의 허니문(주가 상승기)은 끝났다."라고 말하는 순간 이미 분위기가 결정됐다. 하지만 줄로프의 이 말은 그날 토론회에서 가장 낙관적인 편에 속했다. 우리는 토론회 내내 현재의 증시 상황이 다우존스지수를 1500포인트 이상 하락시킬 전형적인 침체장인지, 아니면 "전 세계 투자자들을 쓸어버릴"(짐 로저스), "1930년대 초의 대공황 같은 전 세계적인 경기 침체"(폴 튜더 존스)로 이어질 최악의 침체장인지를 놓고 논쟁을 벌였다.

최악의 침체장과 전 세계적인 경기 침체를 걱정하는 중간 중간에 우리는 무역적자와 실업률, 재정적자 등에 대해서도 고민했다. 나는 보통

《배런스》의 라운드테이블에 참석하기 직전에 긴장감 때문에 밤에 잠을 잘 이루지 못하지만 이번에는 라운드테이블이 끝난 후 약 세 달간 악몽에 시달려야 했다.

1989년에 열린 라운드테이블은 1988년에 비해 다소 쾌활해지긴 했다. 하지만 줄로프는 올해가 중국 철학에서 불길하게 여기는 뱀의 해라는 점을 지적했다. 1990년 1월에 다시 만났을 때는 자주 예측했던 대공황의 징후는 어디에도 없었고 다우존스지수는 다시 2500을 회복했다. 그러나 우리는 여전히 주식 투자를 어렵게 만드는 새로운 불안 요소들을 발견해냈다. 부동산시장 침체를 포함해 걱정거리는 많았다. 우리는 증시가 7년 연속 오른 다음 해에는(1987년은 블랙 먼데이에도 불구하고 1986년 말에 비해 지수가 소폭 상승으로 마감했다) 하락하는 경향이 있다는 과거 사실 때문에 불안해했다. 이번엔 증시가 너무 좋아서 걱정인 셈이다.

세상 돌아가는 이치에 쉽게 흔들리지 않는 내 친구들도 은행에서 돈을 찾아 집에 숨겨놓아야겠다는 말까지 했다. 은행이 파산할 수도 있으며 금융 시스템이 붕괴할 수도 있다는 이유 때문이었다. 1990년의 비관론은 주식 얘기만 나오면 지진이나 장례식, 심지어 아무런 희망도 없는 레드삭스(보스턴의 메이저리그 야구단)의 월드시리즈 우승으로 화제를 돌릴 정도로 주식을 기피했던 1980~82년의 비관론을 압도했다. 1990년에는 주식 투자를 아예 화제에 올리지 않는 것은 물론이고 증시 하락에 돈을 거는 사람도 많았다. 실제로 나는 택시를 탔을 때 운전사에게서 채권에 투자하라는 조언을 들었고, 이발사들이 주가가 떨어지면 가격이 올라가는 풋옵션에 어떻게 투자했는지 자랑하는 얘기도 들었다.

나는 이발사들이 복잡한 풋옵션에 대해 알고 있을 것이라고는 상상도 못 했다. 그런데 그들은 자신의 소중한 돈을 이 어려운 돈 내기 도박에 걸고 있었다. 구두닦이 소년이 주식을 사기 시작하면 주식을 모두 팔아치울 때라는 투자은행가 버나드 바루크의 말이 사실이라면 이발사들이 풋옵션을 샀던 그해는 확실히 주식 매수의 적기였다.

1990년 가을에 미국 경제를 바라보는 시각이 어땠는지 신문기사 제목을 통해 살펴보자. 여기 소개한 제목은 그나마 낙관적인 것이다.

감원 충격, 이번에는 유례 없던 전문직 강타 – 《월스트리트 저널》 10월 4일

당신의 직업은 얼마나 안전한가? – 《뉴스위크》 11월 5일

간신히 생계만 유지하다 – 《뉴욕 타임스》 11월 25일

부동산시장 불황 – 《뉴스위크》 10월 1일

청년층, 높은 임대료로 살 집 못 구해 – 《비즈니스위크》 10월 22일

주택시장 침체, 리모델링 업계도 타격 – 《비즈니스위크》 10월 22일

부동산시장 붕괴, 금융기관 위협할 수도 – 《U.S. 뉴스》 11월 12일

주택시장 불황, 3년 전 북동지역에서 시작해 전국으로 확산 – 《뉴욕 타임스》 12월 16일

적자 감축 방안, 국회 통과 어려울 듯… 완전 해결책도 안 돼 – 《월스트리트 저널》 10월 1일

불확실성, 미국 경제를 감싸다 – 《월스트리트 저널》 12월 3일

소비자, 미래 걱정 때문에 위축 – 《비즈니스위크》 12월 10일

걱정의 시대, 생존 비법 – 《뉴스위크》 12월 31일

미국은 아직도 경쟁력이 있는가? – 《타임》 10월 29일

당신의 은행은 안전한가? – 《U.S. 뉴스》 11월 12일

당신은 경쟁력이 있는가? 경쟁에서 뒤처지고 있는 미국, 속도를 내기 위한 방법은? – 《비즈니스위크》 12월 17일

이라크의 쿠웨이트 침공은 이러한 비관론에 기름을 부었다. TV 카메라가 미국 국방부 브리핑룸으로 몰려들었다. 미국인의 상당수는 아마도 이때 처음으로 이라크와 쿠웨이트가 어디에 있는 나라인지 정확히 알았을 것이다. 군사 전문가들은 중동 사막에서 전사한 사람들의 시체를 미국으로 운반해오는 데 얼마나 많은 부대가 필요한지를 두고 논쟁을 벌였다. 이라크 군대는 규모가 세계에서 네 번째로 큰 데다 잘 훈련된 것으로 정평이 나 있었다. 이런 이라크 군대가 사막에 숨겨놓은 철근 콘크리트 벙커 안에서 생화학 무기로 공격하면 인명 피해가 더욱 커질 것이라는 우려가 많았다.

1991년 1월 15일에 열린 《배런스》의 라운드테이블은 전쟁의 망령에 사로잡힌 듯했다. 주로 시들어가는 미국 경제에 대해 걱정하는 1부에서 줄로프는 언제나 그렇듯 비관적인 견해를 내놓았다. 그러나 이번에는 정도가 심했다. 그는 다우존스지수가 2000과 1987년 블랙 먼데이 때의 최저점인 1739 사이 어디쯤까지 급락할 것이라고 전망했다. 마이클 프라이스는 500포인트 정도의 하락을 예상했다(당시 다우존스지수는 2500포인트 수준이었다). 마크 퍼킨스는 다우존스지수가 결국 1600~1700대까지 떨어질 것으로 내다봤다. 나는 최악의 경우 미국 경제가 심각한 침체에 빠질 수 있으며 전쟁이 일부의 전망처럼 어렵게 전개될 경우 주가가 33% 하락할 수 있다고 예상했다.

《배런스》의 라운드테이블에는 오로지 성공한 투자가만이 참석할 수 있다. 따라서 여러분은 우리가 이런 비관적인 전망을 내놓으면서도 실제로 투자할 때는 비관론에 빠지지 않고 냉정하게 투자할 수 있도록 투자기법을 개발하고 훈련해왔다는 점을 감안하고 받아들여야 한다. 다른 사람들과 마찬가지로 나 역시 이 전쟁이 길어지면 희생이 커질 수 있다는 사실을 잘 알고 있었다. 그러나 내 안에 있는 투자자로서의 본능은 대규모 매도세로 인해 놀랄 만큼 좋은 저가 매수의 기회가 생겼다는 사실을 놓치지 않았다. 나는 마젤란펀드를 운용할 때처럼 수백만 주의 주식을 거래하지는 않는다. 그러나 내가 가진 돈으로 주식을 샀고 기금 운용을 도와주고 있는 자선재단과 공공재단에도 주식을 사라고 조언했다.

1990년 10월에 《월스트리트 저널》은 내가 사외이사로 참여하고 있는 W. R. 그레이스와 모리슨-크누센의 지분을 늘렸다고 보도했다. 나는 《월스트리트 저널》의 기자 조젯 제이슨에게 "(W. R. 그레이스와 모리슨-크누센은) 최근 내가 주식을 추가로 매입한 10개 기업 중 두 개일 뿐"이며 "주가가 더 떨어지면 주식을 더 살 것"이라고 말했다. 나는 또 마젤란펀드에 돈을 추가로 넣어 펀드 좌수를 2000좌 늘렸다고 공식적으로 밝혔다.

언론보도는 여전히 부정적이었다. 다우존스지수는 여름부터 초가을까지 600포인트나 급락했다. 택시 운전사들은 채권을 추천했고 펀드매니저들은 펀드 자산의 12%를 현금으로 보유하고 있었다. 그리고 《배런스》의 라운드테이블 참가자 중 최소한 5명이 심각한 경기 침체를 예상했다.

걸프전은 일부가 예상했던 것만큼 끔찍하진 않았다(이라크인이 아니라면 말이다). 그리고 주식시장은 33% 급락하기는커녕 오히려 급등했다. S&P500지수는 30%, 다우존스지수는 25%, 소형주지수는 60% 올랐다. 결과적으로 1991년은 최근 20년 내에 최고의 호황장으로 기록됐다. 사람들이 유명한 투자 전문가들의 예언을 조금이라도 염두에 뒀다면 이 같은 최고의 기회를 놓치고 말았을 것이다.

아울러 지난 6년간 《배런스》 라운드테이블의 이른바 시들어가는 미국 경제에 대한 우리의 부정적인 견해에 조금이라도 공감을 느낀 사람이라면 미국 역사상 가장 큰 폭의 주가 상승이 진행되는 동안 불길한 전망을 두려워하며 주식시장에서 도망쳐 나왔을 것이다. 반면 비관적인 예언 따위는 가볍게 무시하는 투자자들은 주식 투자로 재산이 세 배, 네 배씩 늘어나는 행복을 누렸을 것이다. 앞으로 누군가 일본 경제가 파산할 것이라든지 유성이 뉴욕증권거래소에 떨어질 것이라는 얘기를 하면 그때야말로 좋은 투자기회라는 사실을 기억하길 바란다.

1991년 《배런스》의 라운드테이블이 열렸던 주의 《배런스》 기사 제목은 '시장에 드리워진 불안과 걱정의 두꺼운 장막'이었다. 그러나 이 기사가 나간 직후 주식시장은 강한 상승세를 보이며 다우존스지수를 사상 최고치로 끌어올렸다.

더 큰 그림을 그려라

"좋았어. 다음에 주식시장이 하락하면 부정적인 뉴스 따위는 무시하고 값싼 주식을 쓸어 담을 거야." 이렇게 다짐하기는 쉽다. 하지만 새로 닥친 위기는 항상 이전의 위기보다 더 심각해 보인다. 그래서 악재를 무시하는 것은 언제나 어렵다. 악재가 두려워 주식시장에서 도망치지 않기 위해서는 매달 정기적으로 일정 금액을 투자하는 것이 가장 좋다. 많은 미국인들이 기업 퇴직연금인 401(k) 제도와 앞서 소개한 지역 투자모임을 통해 매월 일정액씩 적립식 투자를 하고 있다. 이처럼 시황에 관계없이 꾸준히 투자하는 사람들이 증시 전망에 따라 시장에 들락날락하는 사람들보다 수익률이 훨씬 더 좋은 것은 당연하다.

모든 것을 좋은 쪽으로 해석하는 낙관론 전략에도 단점은 있다. 다우존스지수가 600포인트 올라 고평가됐을 때는 더욱 낙관적이 되는 반면 600포인트 하락해 정작 싸졌을 때는 덜 낙관적으로 된다는 점이다. 따라서 매월 일정액씩 주식에 투자하는 적립식 투자를 하지 않는다면 어떤 상황에서도 주식에 대한 신념을 유지할 수 있는 방법을 찾아야 한다.

신념을 잃지 않는 것과 주식 투자는 별 상관관계가 없어 보인다. 하지만 주식 투자의 성공 비결은 신념을 잃지 않는 데 있다. 대차대조표 분석이나 주가수익비율PER 계산에서 세계 최고의 전문가라 해도 신념이 없다면 부정적인 뉴스를 무시하고 주식을 살 수 없다. 최고로 좋은 펀드를 골라 투자한다 해도 신념이 없으면 최악의 상황이 닥칠 지도 모른다는 공포가 최고조에 달할 때, 그래서 주가가 최저 수준으로 떨어질 때 펀드를 환매하게 된다.

그렇다면 주식 투자에 성공하기 위해서는 어떤 종류의 신념이 있어야 할까? 미국이 살아남을 것이라는 믿음, 사람들이 앞으로도 바지를 입을 때 한 다리씩 바지에 차례대로 넣을 것이라는 믿음, 바지를 만드는 회사가 주주들에게 이익을 안겨줄 것이라는 믿음이다. 오래된 기업이 경쟁력을 잃고 사라지는 대신 월마트, 페덱스, 애플컴퓨터 같은 활력 넘치는 새로운 기업이 부상할 것이란 믿음이다. 미국인이 근면하고 창조적이라는 믿음, 가난을 모르고 자라난 개인주의적 여피족조차 게으름은 싫어한다는 믿음이다.

나는 현재 그려진 큰 그림에 의심이나 절망감이 생길 때마다 더 큰 그림에 초점을 맞추려 노력한다. 주식에 대한 신념을 꾸준히 유지하고 싶다면 더 큰 그림을 그려볼 필요가 있다.

더 큰 그림을 그려보면 지난 70년간 주식의 수익률은 연평균 11%였던 반면 국채와 채권, CD의 수익률은 그 절반에도 미치지 못 했다는 사실이 보인다. 20세기 들어 발생한 크고 작은 어려움에도 불구하고, 또 이러한 어려움이 세상이 점점 더 암울해지고 있다는 비관론의 증거가 됐음에도 불구하고 주식은 채권에 비해 두 배 더 높은 수익을 안겨줬다. 이 작은 정보를 염두에 두고 투자하는 것이 경기 침체를 예상하는 수많은 투자 전문가들의 의견에 따라 행동하는 것보다 훨씬 더 많은 부를 선사할 것이다.

지난 70년간 주식시장이 다른 어떤 투자대상보다 더 높은 수익률을 기록해오는 동안 10% 이상 급락한 적이 40번이나 있었다는 사실도 기억해둘 만하다. 이 40번의 하락 중 13번은 주가가 33%나 추락한 무시무시한 급락이었다. 역사상 어떤 주가 하락도 압도하고 남을 만큼 충격적이었던 1929~33년의 대폭락도 여기에 포함된다.

나는 1929년 증시 붕괴의 문화적 충격이 아직까지도 다른 어떤 요인보다 더 크게 투자자들에게 영향을 미치고 있다고 생각한다. 1929년 대폭락의 잔영 때문에 수백만 명이 여전히 주식 투자를 기피하고 채권과 은행 예금을 더 선호한다. 이미 60년이나 지났지만 1929년의 대폭락은 아직도 주식을 두려운 대상으로 만들고 있다. 심지어 1929년에 태어나지도 않았던 나와 같은 세대까지 그때의 영향을 받고 있다.

대폭락 후유증 때문에 주식을 기피했다면 기피한 대가가 너무 크다. 앞으로 올지도 모를 증시 대폭락을 피하기 위해 돈을 채권이나 MMF, 은행 예금, CD 등에 넣어뒀다면 지난 60년간 주식시장의 상승세를 놓친 것은 물론이고 인플레이션으로 인해 실질이자의 하락과 자산가치의 감소를 겪어야 했을 것이다. 인플레이션은 오랜 기간에 걸쳐 서서히 자산가치를 갉아먹는 암적인 존재로, 다른 어떤 급작스러운 붕괴나 폭락보다 재산에 더 큰 해악을 입힌다는 사실을 알아야 한다.

게다가 악명 높은 1929년의 대폭락 직후 끔찍한 대공황이 찾아왔던 과거의 역사 때문에 우리는 증시 몰락과 경제 몰락을 연결시키는 습관을 갖게 됐다. 결과적으로 우리는 주가가 급락하면 항상 경기 침체가 찾아올 것이라고 걱정하는 경향이 있다. 그러나 이는 잘못된 생각이다. 1929년 대폭락보다 충격이 덜하긴 했지만 사실 그때만큼이나 주가 하락이 심했던 1972년의 증시 붕괴조차 경기 침체로 이어지지 않았다(당시 타코벨 같이 좋은 기업도 주가가 15달러에서 1달러로 폭락했다). 1987년의 블랙 먼데이 역시 불황으로 연결되지는 않았다.

어쩌면 앞으로 또 다른 끔찍한 대폭락이 있을지도 모른다. 그러나 나에겐 미래를 예측할 수 있는 능력이 없다. 《배런스》 라운드테이블에 참석하는 다른 사람들도 마찬가지이다. 그렇다면 미리 끔찍한 대폭락을 피하기 위해 노력하는 것이 무슨 소용이 있을까? 미국 증시는 지금까지 40번의 약세장을 경험했다. 만약 내가 이 중 39번의 약세장에서 주가가 떨어진다는 이유로 모든 주식을 팔아치웠다면 훗날 무척이나 후회했을 것이다. 아무리 끔찍한 폭락이라 해도 주가는 결국 회복된다.

주가 하락은 놀라운 일이 아니다. 특별한 일도 아니다. 일상적인 일일 뿐이다. 미네소타주의 추위가 지독한 것과 마찬가지이다. 추운 지역에 살고 있는 사람은 겨울이 되면 강물이 얼어붙을 정도로 날씨가 추워질 것이란 사실을 충분히 예상할 수 있다. 따라서 겨울에 바깥 온도가 영하로 떨어진다 해도 새로운 빙하기가 시작됐다며 호들갑을 떨지는 않을 것이다. 그저 두꺼운 외투를 껴입고 눈이 오면 길에 모래를 뿌려 미끄러지지 않게 조심하면서 따뜻한 봄이 오길 기다릴 것이다.

주식 투자로 성공하려면 증시의 하락을 미네소타주의 추운 날씨처럼 생각할 줄 알아야 한다. 주가가 떨어질 때도 있다는 사실을 염두에 두고 주가 하락을 견딜 준비를 해야 한다. 그리고 좋아하던 주식이 떨어지면 저가 매수의 기회로 생각해야 한다.

1987년 블랙 먼데이 때 다우존스지수는 단 하루 만에 508포인트나 떨어졌다. 투자 전문가들은 이구동성으로 최악을 예상했다. 그러나 하루 만에 508포인트 하락, 이후 전 고점 대비 1000포인트 급락(8월 고점 대비 33% 하락)은 많은 사람들이 우려했던 대참사로 이어지지 않았다. 당시의 주가 급락은 심하긴 했지만 일상적인 조정이었으며, 20세기 들어 주가가 33% 이상 하락한 13번의 급락 중 가장 최근의 것일 뿐이다.

앞으로 일어날 10%의 하락은 미국 증시에서 41번째 하락일 뿐이다 (내가 이 글을 쓰고 있는 동안 일어날 수도 있다). 만약 증시가 33% 급락한다면 이는 14번째일 뿐이다. 나는 투자자들에게 보내는 마젤란펀드의 연차보고서에서 이러한 주가 하락은 불가피하다는 점을 자주 지적하곤 했다.

20세기에 들어서 미국 증시가 40번의 약세장을 경험했다는 사실은 암울한 시기를 지날 때마다 나에게 큰 위안이 된다. 지난번과 마찬가지로 이번 하락 역시 우량 기업의 주식을 할인가에 살 수 있는 절호의 기회라는 사실을 깨닫게 해주기 때문이다.

제3장

—

펀드 투자 전략
어떻게 세울까

BEATING THE STREET

사람들은 투자의 어려움에서 벗어나기 위해, 어떤 종목을 골라야 할지 더 이상 고민하지 않기 위해 펀드에 투자한다. 그러나 이제 이런 안일한 생각은 하기 어려워졌다. 이제는 펀드에 투자할 때도 어떤 펀드를 골라야 할지 고민해야 하는 시대가 됐다. 최근 집계에 따르면 미국에는 3565개의 펀드가 있다. 주식형 펀드가 1266개, 채권형 펀드 및 인컴펀드가 1457개, 과세 머니마켓펀드MMF가 556개, 단기 지방채펀드가 276개 등이다. 1976년에는 펀드가 총 452개, 주식형 펀드가 278개밖에 없었다는 사실을 감안하면 엄청나게 늘어난 것이다.

이러한 펀드 수의 증가 추이는 멈추지 않고 계속될 것으로 전망된다. 국내펀드, 해외펀드, 헤지펀드, 섹터펀드, 가치펀드, 성장펀드, 한 대상에만 투자하는 단순펀드, 여러 대상에 투자하는 복합펀드, 역발상펀드, 재간접펀드에 이르기까지 펀드의 종류는 무궁무진하다. 독재 국가에 투자하는 펀드, 나라 이름에 모음이 없는 국가에 투자하는 펀드, 펀드에 투자하는 재간접펀드에 다시 투자하는 재재간접펀드까지 등장할지도 모를 일이다. 최근 월스트리트 금융기관의 비상시 지침이 무엇인지 알고 있는가? 이익이 갑자기 줄어들면 새로운 펀드를 출시하라는 것이다.

최근 펀드 역사에 새로운 이정표가 될 만한 획기적인 사건이 있었다.

펀드의 수가 뉴욕증권거래소와 아메리칸증권거래소에 상장된 개별 종목의 수를 앞선 것이다. 주식시장에 상장된 개별 종목 가운데 328개는 사실상 펀드라는 사실을 감안하면 이는 더욱 놀랍다(130쪽의 폐쇄형 펀드를 소개한 부분을 참조하라). 그렇다면 이처럼 혼란스러운 상황을 어떻게 정리할 수 있을까?

포트폴리오를 구성하라

내가 기금 운영을 도와주고 있는 비영리재단의 나이 든 이사들도 2년 전 정확히 이런 질문을 나에게 던졌다. 나는 그때 재단의 포트폴리오 재구성을 도와주기 위해 뉴잉글랜드에 초청받았다(이 재단의 이름은 앞으로도 밝히지 않을 생각이다). 다른 비영리재단이 그런 것처럼 이 재단도 자금이 끊임없이 필요했다. 이 재단의 자산운용은 수년간 한 사람이 맡아왔는데 그는 대부분의 투자자들이 그렇듯 자산을 채권과 주식에 나눠 투자하고 있었다.

내가 이 재단의 자산을 어떻게 재배분해야 할지 고심하면서 부닥친 문제는 일반 사람들이 자산 배분을 고려할 때 마주치는 문제와 다르지 않았다.

우선 주식과 채권의 투자비율을 변경할 것인지 결정해야 했다. 이건 매우 흥미로운 문제이다. 초기에 성장(주식)과 이자소득(채권)의 비율을 결정하는 것만큼 미래의 자산가치에 영향을 미치는 투자 결정은 없기 때문이다.

우리 가족은 채권의 비중이 조금 더 높다. 나의 퇴직으로 급여소득이 없어 이자소득으로 생활비를 충당해야 하기 때문이다. 그러나 나는 여전히 상당한 자금을 주식에 투자하고 있다. 대부분의 사람들은 이자소득에 치우쳐 성장이 부족하다.

이런 현상은 펀드에 투자된 돈 중에 69%가 주식형 펀드였던 1980년에 비해 최근에 더욱 심해졌다. 1990년에는 전체 펀드 자산의 43%만이 주식에 투자됐다. 오늘날에는 전체 펀드 자산의 75%가 채권과 MMF에 묻혀 있다.

채권의 인기가 높아지는 것은 재정적자를 메우기 위해 끊임없이 국채를 발행해 자금을 마련해야 하는 미국 정부로서는 참으로 다행한 일이다. 그러나 주식에 투자하는 것이 더 나은데도 채권에 투자하는 사람들을 보면 미래의 자산가치 손실이 예상되어 참으로 안타깝다. 앞에서도 여러 번 강조했지만 주식은 채권보다 훨씬 더 너그러운 투자 동반자이다. 주식은 지난 70년간 투자자에게 연평균 10.3%의 수익을 가져다주었지만 장기 국채는 연평균 4.8%의 이자를 주는 데 그쳤다. 주식이 채권보다 수익성이 높은 이유는 간단하다. 기업이 성장해 이익이 늘어나면 그 기업의 주식을 가진 주주들의 이익도 덩달아 늘어나 배당금이 많아지기 때문이다. 배당은 주식 투자의 성공을 결정짓는 중요한 요소이다. 만약 당신의 포트폴리오 전체가 10년 또는 20년 연속으로 배당금을 높여온 기업들로 구성되어 있다면 잘못될 확률은 거의 없다고 할 수 있다.

신용 평가기관인 무디스의 《우수 배당기업 편람》 1991년판에는 이런 기업들의 목록이 수록되었다. 이 책은 내가 침대 옆에 두고 읽는 애독서이다. 덕분에 나는 20년간 단 한 번도 빠지지 않고 배당금을 올려온 134개 기업과 10년 연속으로 배당금을 올려온 362개 기업을 알고 있다.

월스트리트에서 성공하는 가장 쉬운 방법은 이런 기업에 투자하는 것이다. 무디스의 《우수 배당기업 편람》에 수록돼 있는 기업을 사라. 그리고 그 기업이 편람에서 빠지지 않는 한 계속 보유하라. 푸트남에서 운용하는 푸트남 배당성장펀드는 이러한 배당 전략에 따라 투자하고 있다.

기업은 이익이 늘어나면 더 높은 배당금으로 주주들에게 보답한다. 그러나 이탈리아의 메디치 가문 이후 금융의 역사상 채권자에게 보답하기 위해 채권 이자를 더 많이 지불한 기업은 없었다. 또 채권 투자자는 주주총회에 초청받지 못하고 전채요리를 먹으며 기업 임원들에게 궁금한 것을 물어볼 수도 없다. 기업의 한 해 실적이 좋았다고 해서 특별보상금을 주는 것도 아니다. 채권 투자자가 기대할 수 있는 최선의 것은 기껏해야 투자했던 원금을 안전하게 돌려받는 것이다. 그러나 그 원금은 채권에 몇 년 묻어두는 동안 물가상승으로 실질적인 가치가 크게 줄어들어 예전의 그 돈이 아니다.

그럼에도 채권이 이토록 인기가 높은 이유는 미국의 자산 대부분을 나이 든 사람들이 보유하고 있기 때문이다. 퇴직한 노인들은 대부분 채권에서 나오는 이자소득으로 생활해야 한다. 근로소득이 있는 젊은 사람들은 나이가 들어 이자소득으로 생활해야 할 때까지 자산을 늘리기 위해 적극적으로 주식에 투자하는 것이 마땅하다. 그러나 '젊은 사람은 주식 투자, 나이 든 사람은 채권투자'라는 처방은 점점 더 쓸모가 없어지고 있다. 평균 수명이 늘어나면서 과거보다 훨씬 더 오래 살기 때문이다.

오늘날 건강한 62세 노인의 기대수명은 82세이다. 20년 이상 생활비가 필요하고 20년 이상 인플레이션(물가상승률)에 노출돼 자산가치의 하락을 경험해야 한다. 채권과 CD에서 나오는 이자로 충분히 생활할 수 있을 것으로 믿고 기쁘게 퇴직했던 노인들이 이제는 길어진 수명 때문에 다른 방법을 찾아야 한다. 앞으로 20년간 더 살면서 생활수준을 똑같이 유지하려면 투자자산에 성장성을 가미할 필요가 있다. 물가상승으로 매년 생활비가 오르기 때문에 이전과 같은 생활을 유지하기 위해서는 이전보다 더 많은 돈이 든다. 인플레이션은 돈의 가치를 떨어뜨려 구매력을 낮추고 결과적으로 자산의 감소를 가져온다. 인플레이션이 낮다고 문제가 해결되는 것도 아니다. 인플레이션이 낮으면 금리 역시 낮게 유지된다. 금리가 낮으면 이자만으로 먹고 살기가 어렵다.

이런 현실 때문에 미국의 모든 노인들은 CD에서 나오는 3.5%의 이자를 가지고 어떻게 여생을 살아가야 할지 고민하고 있다.

은퇴한 부부가 순자산 50만 달러를 모두 단기 채권 또는 CD에 투자할 경우 어떤 일이 벌어질지 생각해보자. 금리가 낮아지면 이자소득은 급격히 줄어든다. 금리가 올라가면 이자소득은 올라가지만 물가 상승률도 그만큼 높아진다. 50만 달러의 자산을 모두 금리 7%짜리 장기 채권에 투자한다면 어떻게 될까? 이자소득은 매년 3만 5000달러로 안정적일 것이다. 그러나 물가상승률이 5%라면 이 3만 5000달러의 구매력은 10년 후에는 절반 수준으로 줄어들고 15년 후에는 겨우 1/3로 줄어들 것이다.

따라서 은퇴 후 어느 시점에 도달하면 이 평범한 노부부는 다니고 싶었던 여행을 포기하거나 투자원금의 일부를 찾아 써야 할 것이다. 투자원금을 찾아 쓰면 이자소득이 줄어들고 자녀들에게 남길 유산도 줄어든다. 이렇듯 일부 초특급 부자들을 제외하고는 주식 없이 안락한 노후생활을 보장받을 수 없는 현실이다.

주식에 어느 정도 투자해야 하는지는 돈이 얼마나 있는지, 또 그 돈을 언제 써야 하는지에 따라 달라진다. 내가 할 수 있는 조언은 최대한 주식 투자 비중을 늘리라는 것이다.

나는 앞에서 언급한 재단에도 가능한 한 주식 투자 비중을 늘리라고 조언했다. 그들은 이전에 주식과 채권에 각각 반반씩 투자했다. 채권 부분은 만기 5~6년짜리에 주로 투자됐는데 당시 금리가 9% 가량이었다. 주식 부분은 배당수익률이 3%였다. 결과적으로 전체 자산에서 매년 창출되는 이자와 배당금의 평균 수익률은 6%였다.

보통 채권은 만기 때까지 보유한 뒤 원금을 상환받는다. 따라서 이 재단의 자산 중 절반은 가치가 늘어날 가능성이 전혀 없었다. 주식 부분은 반대로 배당수익률보다 훨씬 높은 연평균 8%씩 자산가치가 늘어날 것으로 기대할 수 있었다. (역사적으로 주식의 연평균 수익률은 11%이다. 이 중에 3%는 배당금으로 인한 수익률이고 8%는 주가 상승에 따른 수익률이다. 물론 주가가 오르는 가장 큰 이유는 기업이 배당금을 계속 늘리기 때문이며, 이는 다시 주식의 가치를 끌어올린다.)

주식에 투자된 50%의 자산은 매년 8%씩 가치가 늘어나는 반면 채권에 투자된 50%는 가치 상승이 전혀 이뤄지지 않아 종합적으로 투자 자산은 연평균 4%씩 증가하고 있었다. 연평균 4% 성장은 물가 상승률

표 3-1 주식과 채권의 상대적 장점

		연말 채권의 가치	채권 이자	연말 주식의 가치	주식 배당금	총 소득	연말 투자 평가액
A: 100% 채권	1년	$ 10,000	$ 700	–	–	$ 700	$ 10,000
	2년	10,000	700	–	–	700	10,000
	10년	10,000	700	–	–	700	10,000
	20년	10,000	700	–	–	700	10,000
총 20년		10,000	14,000	–	–	14,000	10,000
B*: 50% 채권, 50% 주식	1년	5,000	350	5,400	150	500	10,400
	2년	5,200	364	5,616	162	526	10,816
	10년	7,117	498	7,686	300	798	14,803
	20년	10,534	737	11,377	647	1,384	21,911
총 20년		10,534	10,422	11,377	6,864	17,286	21,911
C: 100% 주식	1년	–	–	10,800	300	300	10,800
	2년	–	–	11,664	324	324	11,664
	10년	–	–	21,589	600	600	21,589
	20년	–	–	46,610	1,295	1,295	46,610
총 20년		–	–	46,610	13,729	13,729	46,610

※ 50 : 50의 비율을 유지하기 위해서는 포트폴리오를 정기적으로 '조정'해야 한다.
즉 주식의 가치 상승에 따라 채권 부분에 돈을 추가로 투입해야 한다.

을 겨우 따라잡는 수준에 불과하다.

채권과 주식의 투자 비중을 조정한다면 어떻게 될까? 주식 비중을 늘리고 채권 비중을 줄이면 처음 몇 년간은 재단에 매년 들어오는 이자 소득이 줄어들 것이다. 그러나 이런 단기적 희생은 장기적인 주식 가치의 상승과 이에 따른 배당금의 증가로 충분히 상쇄되고도 남는다.

채권 비중을 줄이고 주식 비중을 늘렸을 때 성장(주식)에서 기대할 수 있는 이익과 이자소득 감소로 인한 손해는 표 3-1에서 확인할 수 있다. 표 3-1은 어떤 포트폴리오에든 수치를 그대로 적용해 활용할 수 있도록 되어 있다. 이 수치는 피델리티 애셋매니저 펀드를 성공적으로 운용하고 있는 밥 벡위트가 나를 위해 컴퓨터를 이용해 계산해준 것이다.

벡위트는 1만 달러를 투자하는 세 가지 경우를 가정해 자산가치의 변화를 분석했다. 여기에서 채권은 금리가 7%이고 주식은 3% 배당수익률에 연평균 5%씩 가격이 올라간다고 가정했다. 우선 A는 전체 자산 1만 달러를 모두 채권에 투자한 경우이다. 20년 후 이 돈의 주인은 총 1만 4000달러의 이자소득을 받고 원래 투자했던 원금 1만 달러를 상환받을 것이다. B는 1만 달러를 채권과 주식에 반반씩 투자한 경우이다. 20년 후 이 돈의 주인은 1만 422달러의 채권 이자소득과 6864달러의 주식 배당소득을 받고 주가 상승으로 인해 2만 1911달러로 불어난 자산을 얻게 된다.

C는 1만 달러 전체를 주식에 투자한 경우이다. 이 돈의 주인은 20년 후 이자소득은 없이 1만 3729달러의 주식 배당소득을 받고 주가 상승으로 인해 원금 대비 4배 이상 불어난 4만 6610달러의 자산을 갖게 된다.

배당금은 매년 늘어나기 때문에 결국에는 주식에 투자된 자산이 채권에 투자된 자산보다 더 많은 소득을 창출하게 된다. 이 때문에 20년 후가 되면 채권과 주식에 반반씩 투자한 B가 채권에 모두 투자한 A보다 소득이 3286달러 더 많아지고 원금도 주가 상승으로 늘어나게 된다. 주식에 100% 투자한 C는 채권에서 발생하는 이자소득이 전혀 없음에도 채권에 전액 투자한 A에 비해 전체 소득이 271달러밖에 적지 않다. 게다가 C는 전액을 주식에 투자한 덕분에 주가 상승에 따른 자산 가치 상승의 효과를 100% 누릴 수 있다.

이 분석을 곰곰이 생각해보면 소득이 필요한 경우라 해도 채권에 투자하는 것이 이론적으로 말이 안 된다는 것을 알 것이다. 이는 급진적인 주장 같지만 벡위트에게 계산해달라고 부탁한 다른 수치에서도 결론은 같았다. 이 계산 결과는 표 3-2에 요약돼 있다.

당신에게 10만 달러의 투자자금이 있고 생활수준을 유지하기 위해 매년 7000달러의 소득이 필요하다고 가정해보자. 이런 경우 상식적인 조언은 채권에 투자해 이자소득을 받아 생활비로 쓰라는 것이다. 그런데 당신은 다소 모험적이고 비상식적인 쪽으로 방향을 틀어 10만 달러를 모두 배당수익률이 3%인 주식에 투자해버렸다.

첫해에 3%의 주식 배당금 3000달러를 받았다. 하지만 이것으로는 생활비가 충분치 않다. 당신에겐 7000달러가 필요하다. 4000달러의 부족분을 어떻게 채울까? 어쩔 수 없이 4000달러에 해당하는 주식을 팔았다. 만약 당신이 보유한 주식의 가격이 과거 평균인 연간 8% 수준으로 올랐다면 그해 말 당신의 자산은 10만 8000달러가 되고 4000달러어치의 주식을 판다 해도 당신에겐 10만 4000달러의 투자자산이 남아 있다.

둘째 해에는 배낭금이 3120달러로 늘어 주식을 3880달러어치만 팔면 된다. 매년 이런 식으로 부족한 소득을 메우기 위해 팔아야 하는 주식은 점점 줄어들고 배당금은 점점 늘어난다. 그러다 투자를 시작한

표 3-2 100% 주식 투자 전략

3%의 배당수익률로 시작해 배당수익률과 주가상승률을 합해 연간 8%의 수익률을 얻는다고 가정한다. 연간 생활비로 최소 7000달러가 필요하다.[※]

연도	연초 주식 평가액	배당소득	연말 주식 평가액	지출액	연말 투자자산
1	$ 100,000	$ 3,000	$ 108,000	$ 7,000	$ 104,000
2	104,000	3,120	112,320	7,000	108,440
3	108,440	3,250	117,200	7,000	113,370
4	113,370	3,400	122,440	7,000	118,840
5	118,840	3,570	128,350	7,000	124,910
6	124,910	3,750	134,900	7,000	131,650
7	131,650	3,950	142,180	7,000	139,130
8	139,130	4,170	150,260	7,000	147,440
9	147,440	4,420	159,230	7,000	156,660
10	156,660	4,700	169,190	7,000	166,890
총(1~10)		37,330		70,000	166,890
11	166,890	5,010	180,240	7,000	178,250
12	178,250	5,350	192,510	7,000	190,850
13	190,850	5,730	206,120	7,000	204,850
14	204,850	6,150	221,230	7,000	220,380
15	220,380	6,610	238,010	7,000	237,620
16	237,620	7,130	256,630	7,130	256,630
17	256,630	7,700	277,160	7,700	277,160
18	277,160	8,310	299,330	8,310	299,330
19	299,330	8,980	323,280	8,980	323,280
20	323,280	9,700	349,140	9,700	349,140
총(11~20)		70,660		76,820	349,140
총(1~20)		107,990		146,820	349,140

※ 모든 금액은 10달러 자리로 반올림한 것이다.

지 16년째가 되면 투자자산에서 나오는 배당소득이 7000달러를 넘어서고, 이때부터는 부족한 생활비를 메우기 위해 주식을 팔지 않아도 된다.

투자를 시작한 지 20년 후가 되면 당신의 원래 자산 10만 달러는 34만 9140달러로 늘어나고 그동안 배당금으로 받은 소득은 14만 6820달러가 된다.

이런 식으로 계산해보면 주식보다 채권을 더 선호하는 마지막 근거가 무너져버린다. 즉 주식에 투자할 경우 배당금으로 부족한 소득을 어떻게 보충할 것인가의 문제가 완전히 해결된다. 그러나 여기에 다시 불안감이란 요소가 등장한다. 주가는 매년 8%라는 일정한 비율로 오르지 않는다. 주가는 규칙적이지 않고 몇 년 동안이나 떨어지기도 한다. 일정한 소득이 필요한데도 채권 대신 주식을 선택한 경우 주기적인 주가 조정을 견뎌내야 하는 것은 물론이고, 배당금만으로는 부족한 소득을 보충하기 위해 때로는 주가가 크게 떨어질 때도 주식을 팔아야 한다.

이는 특히 투자 초기단계에선 매우 어려운 결정이다. 주식을 살 때 지불했던 매입가보다 주가가 더 떨어질 경우 투자자산이 줄어들 수 있기 때문이다. 사람들은 주식에 투자하는 순간 또 다른 대폭락이 자신의 자산을 쓸어가 버리지 않을까 걱정하기 시작한다. 게다가 그게 노후생활의 밑천이 되는 자산이라면 절대 원금 손실이 생겨서는 안 된다는 생각에 걱정이 더욱 심해진다. 표 3-1과 표 3-2를 통해 장기적인 관점에서 볼 때 100% 주식에 투자하는 것이 훨씬 더 현명한 결정이라는 사실을 확인했음에도 여전히 채권을 떠나지 못한다면 아마 이런 걱정 때문일 것이다.

그렇다면 10만 달러의 자산을 모두 주식에 투자했는데 바로 다음 날 증시가 폭락해 당신의 투자자산이 하룻밤 사이에 25%나 줄었다면 어떻게 될까? 당신은 소중한 가족의 자산을 투기로 날려버렸다고 비난받을 것이다. 그러나 보유한 주식을 팔지 않는다면 당신은 여전히 채권에 투자했을 때보다 더 부자가 될 수 있다. 벡위트가 컴퓨터를 통해 계산한 결과 주식을 산 바로 다음 날 자산가치가 25% 감소했다고 해도 20년 후에는 투자자산이 18만 5350달러로 거의 두 배 가까이 늘어났다. 반면 채권에 투자한 경우 20년 후에도 이자소득을 제외한 자산은 원금 10만 달러 그대로이다.

더 심각한 경우를 상상해보자. 극심한 경기 침체가 20년간 계속되어 주식 배당금도 없고 주가상승률도 과거 평균 수준인 연 8%가 아니라 겨우 절반 수준인 4% 정도만 오른다고 해보자. 이는 현대 금융 역사상 최장기 재앙일 것이다. 그러나 100% 주식에 투자한 포트폴리오를 계속 유지하며 매년 7000달러씩 빼서 쓴다 해도 20년 후에 당신의 포트폴리오 가치는 10만 달러를 유지해 10만 달러짜리 채권을 보유한 것과 같다.

앞서 소개한 비영리재단에서 프레젠테이션을 할 때 벡위트의 이런 계산 결과가 있었으면 좋았을 텐데 유감이다. 그랬다면 나는 채권에는 전혀 투자할 필요가 없다고 설득했을 것이다. 그나마 그 재단이 주식 투자의 비중을 늘리기로 결정해 올바른 방향으로 한 걸음 더 나아간 것만으로도 다행이라고 생각할 따름이다.

채권과 채권형 펀드

자산을 어떻게 배분할지 결정했으면 다음은 채권 부분을 어떻게 투자할지 생각해야 한다. 나는 채권 애호가가 아니다. 채권에 대한 설명이 짧은 것도 그 때문이다. 내가 주식을 더욱 선호하고 권하는 근거는 앞에서 분명히 밝혔다. 하지만 채권이 안전한 투자처로 인식되는 점에 대해 할 말이 있기 때문에 좋아하는 주제는 잠시 뒤로 미루기로 한다. 우선 결론부터 내리면 채권은 안전한 투자처가 아니다.

사람들은 주식이 아니라 채권을 보유하고 있다는 이유만으로 별 걱정 없이 편안하게 지낸다. 그러나 그 사람들은 어느 날 냉혹한 현실에 눈을 뜨게 될 가능성이 높다. 채권은 안전자산으로 인식되고 있지만, 예를 들어 매년 8%의 이자를 지급하는 30년 만기 국채는 30년간 인플레이션이 낮게 유지될 때만 안전할 뿐이다. 만약 인플레이션이 두 자릿수로 급등한다면 금리 8%짜리 채권은 팔 때 처음에 투자했던 돈보다 20~30% 낮은 가격밖에 못 받는다. 이런 경우 채권을 팔면 오히려 손해다. 이 채권을 만기될 때까지 30년간 보유하고 있으면 투자원금은 확실히 돌려받는다. 그러나 30년 뒤에 돌려받는 돈(원금)은 현재 가치의 일부밖에 안 될 것이다. 와인이나 야구 카드와 달리 돈은 시간이 지날수록 가치가 떨어진다. 1992년의 달러는 1962년의 달러에 비해 가치가 1/3밖에 안 된다고 생각하면 이해가 빠르다.

(반면 장기 국채보다 훨씬 낮게 평가되는 MMF는 알려진 것만큼 그렇게 나쁘진 않다. 인플레이션이 2.5%인 상태에서 MMF의 수익률은 3.5%이기 때문에 최소한 1%는 자산 증가 효과가 있다. 만약 금리가 올라가면 MMF 수익률도 마찬가지

로 올라간다. 물론 3.5%의 이자로 생활비를 충당하며 살아갈 수 있다고 말하는 것은 아니다. 그러나 MMF는 최소한 투자자산의 가치를 잃어버리지는 않는다. 몇몇 자산운용사에서 판매하고 있는 보수가 낮은 MMF는 한층 더 매력적이다. 저금리가 영원히 계속될 것 같지는 않다는 점에서 MMF는 장기 채권보다는 오히려 안전한 투자처라고 생각한다.)

채권에 대한 또 다른 오해는 펀드에 투자하는 것이 더 안전하다는 생각이다. 회사채나 신용등급이 낮은 기업의 채권인 정크본드(고수익·고위험 채권)라면 당연히 펀드 형태로 투자하는 것이 안전하다. 펀드는 자산규모가 커서 여러 종류의 채권에 투자할 수 있다. 설사 보유하고 있는 채권 발행기업 중 하나가 파산해 원금과 이자를 지급할 수 없게 된다 해도 다른 기업의 채권이 있기 때문에 위험이 덜하다. 그러나 채권형 펀드도 장기 채권의 가장 큰 위험요소인 금리 상승에 대해서는 아무런 대책이 없다. 금리가 올라가면 채권형 펀드는 만기가 비슷한 개별 채권과 마찬가지로 가치가 급속히 떨어진다.

정크본드에 투자하는 하이일드펀드(고수익·고위험 펀드)나 회사채와 국공채에 함께 투자하는 채권형 펀드라면 전반적인 수익률이 단일 채권에 투자하는 경우보다 더 높기 때문에 펀드에 투자하는 것을 어느 정도 이해할 수 있다. 내가 이해할 수 없는 것은 모든 돈을 중장기 국채펀드에 투자하는 것이다. 실제로 많은 사람들이 국채펀드에 투자한다. 현재 1000억 달러 이상이 국채펀드에 투자되고 있다.

내가 이 말을 하면 채권형 펀드를 운용하는 친구 몇 명을 잃을지도 모르겠다. 하지만 솔직히 말하자면 그들의 인생 목표가 무엇인지 이해가 되지 않는다. 중장기 국채펀드에 투자하면 매년 0.75%씩 보수를 내야 한다. 이 보수는 채권운용본부 직원들의 급여, 회계보수, 투자보고서 발간 비용 등에 쓰인다. 차라리 7년 만기 국채를 직접 사면 보수를 낼 필요가 없고 수익률도 더 높다. 사는 것도 국채펀드에 투자하는 것만큼 이나 쉽다.

만기 1년 이하의 단기 국채와 만기 10년 이상의 장기 국채 모두 증권사 브로커를 통해 구입할 수 있고 미국 연방준비은행에서 직접 살 수도 있다. 연방준비은행에서 직접 사면 수수료도 없다. 3년 만기 중기 국채나 만기 1년 미만의 단기 국채는 최소 매입 단위가 5000달러 이상이고, 10년 또는 30년 만기의 장기 국채는 1000달러 이상이다. 단기 채권은 금리가 선지급되므로 채권 이자는 자동적으로 증권 계좌나 은행 계좌로 입금된다. 어려운 것은 전혀 없다.

국채펀드를 판매하는 사람들은 전문 매니저들이 위험을 회피하기 위해 적절한 시기에 국채를 사고팔기 때문에 국채를 직접 사는 것보다 수익률이 더 좋다고 주장한다. 하지만 이런 경우는 별로 없다. 뉴욕에 있는 채권 판매회사 가브리엘, 휴글린 & 캐시먼에 따르면 1980년부터 1986년까지 6년간 채권형 펀드는 개별 채권보다 지속적으로 수익률이 낮았다. 때로는 1년에 2%포인트까지 채권형 펀드의 수익률이 더 낮았다. 게다가 채권형 펀드는 오래 보유할수록 개별 채권에 비해 수익률이 더 나빠졌다. 전문가가 운용하여 얻을 수 있는 혜택보다 전문가들을 부양하기 위해 펀드에서 빠져나가는 비용이 더 컸기 때문이다.

가브리엘, 휴글린 & 캐시먼은 여기에서 더 나아가 채권형 펀드가 당장의 수익률을 극대화하기 위해 미래의 총 수익률을 희생하고 있다고 주장했다. 나는 이 주장을 지지하거나 반박할 어떠한 근거도 갖고 있지 않다. 다만 7년 만기 채권을 보유하면 7년 뒤에 원금을 확실히 상환받을 수 있는 반면, 중기 채권형 펀드에 투자하면 원금보장이 안 될 수도 있다는 사실은 안다. 채권형 펀드 투자자가 돌려받을 수 있는 돈은 채권형 펀드를 환매하는 날의 채권시장 상황에 달려 있다.

채권형 펀드에 투자하는 사람들을 결코 이해할 수 없는 또 다른 이유는 선취 판매수수료를 기꺼이 지불하고 국채펀드와 주택저당공사인 지니 메이Ginnie Mae 펀드를 산다는 것이다. 수익률이 지속적으로 시장 평균을 웃도는 주식형 펀드에 판매수수료를 지불하는 것은 펀드의 성과로 보답받을 수 있기 때문에 이해가 된다. 그러나 미국 국채나 지니 메이가 보증하는 주택저당증권MBS은 다 똑같기 때문에 국채나 MBS에 투자하는 펀드의 매니저가 경쟁자들보다 두드러진 성과를 낼 가능성은 거의 없다. 판매수수료가 있거나 없거나 이런 종류의 펀드는 사실상 똑같다고 할 수 있다. 여기에서 피터 린치의 5번째 원칙이 나온다.

라디오로 첼리스트 요요마의 연주를 들으면서 돈을 낼 필요는 없다.
– 국공채에 투자하려면 수수료 내면서 펀드에 하지 말고 직접 하라.

내가 자산배분을 도와줬던 비영리재단은 채권투자를 위해 7명을 고용했다. 2명은 큰 규모의 돈을 채권에 투자하는 전형적인 채권 매니저였고 3명은 전환사채(128쪽 참조) 매니저였으며 2명은 정크본드 매니저였다. 정크본드는 괜찮은 채권만 골라낼 수 있다면 수익률이 매우 높지만 우리는 막무가내로 달려들고 싶지는 않았다.

주식과 주식형 펀드

주식과 주식형 펀드는 한 가지 공통점이 있다. 수익을 얻을 수 있는 유일한 방법은 '장기 보유'라는 점이다. 장기 보유하기 위해서는 강한 의지력이 필요하다. 손해 볼까 두려워 주식시장에서 빠져나가는 사람들에겐 주식형 펀드도 해결책이 될 수 없다. 수익률이 꽤 좋았던 주식형 펀드가 주식시장이 하락할 때는 주식시장 평균보다 더 많이 떨어지는 경우가 흔히 있다. 내가 마젤란펀드를 운용하는 동안 주가가 평균 10% 정도 하락한 경우가 아홉 번 있었는데 당시 마젤란펀드는 더 심하게 떨어졌다. 그러나 시장이 반등할 때는 더 큰 폭으로 상승했다. 이 부분은 후에 좀 더 자세히 설명하겠다. 아무튼 반등기의 높은 수익을 누리려면 항상 주식시장에 투자하고 있어야 한다.

나는 투자자들에게 보내는 보고서에서 증시가 하락할 때 마젤란펀드가 더 심하게 떨어지는 경향이 있다고 미리 경고했다. 이론상으로는 마음의 준비를 하라고 미리 경고하면 그 경고 때문에 더 혼란스러울 수도 있지만 내 경고는 투자자들을 불안하게 만들지 않았다. 나는 마젤란펀드 투자자 대부분이 주가가 하락할 때도 증시에서 도망치지 않고 차분하게 대응했다고 생각한다. 그러나 어떤 투자자들은 그러지 못했다. 워런 버핏은 보유한 주식이 50% 급락하는 것을 견뎌낼 자신이 없는 사람은 주식 투자를 하지 말아야 한다고 충고했다. 이는 주식형 펀드에도 똑같이 적용된다.

자신이 투자한 펀드가 단기간에 20~30%씩 하락하는 것을 견디지 못하는 사람은 성장펀드든 일반 주식형 펀드든 주식형 펀드에는 투자하지 말아야 한다. 그런 사람은 주식과 채권에 함께 투자하는 혼합형 펀드나 자산배분펀드에 투자해야 한다. 혼합형 펀드든 자산배분 펀드든 주식과 채권에 함께 투자하는 펀드는 순수한 주식형 펀드에 비해 수익률 변화가 적다. 물론 주가가 떨어질 때 덜 떨어지는 만큼 주가가 오를 때도 덜 오른다.

현재 시장에 나와 있는 1127개의 주식형 펀드에서 좋은 펀드를 선별하는 쉽지 않은 일에 관심을 돌리면서 피터 린치의 6번째 원칙을 소개한다.

이왕 펀드에 투자하려면 좋은 펀드를 골라야 한다.

말은 쉽지만 실천하기는 어려운 원칙이다. 지난 10년간 전체 주식형 펀드의 75%가 주식시장의 평균보다 수익률이 저조했다. 이 말은 신중하게 종목을 골라 투자하는 주식형 펀드 대부분이, 별 고민 없이 주식시장의 대표지수를 구성하는 개별 종목들의 묶음(바스켓)에 투자하는 것보다 수익률이 더 낮았다는 것을 의미한다. 실제로 어떤 펀드든 주식시장 평균만큼의 수익률만 올려도 수익률 상위 펀드 25% 안에 들 수 있다.

그렇게 많은 펀드들이 주식시장의 평균을 만드는 종목들에 투자하면서 평균보다 못한 수익률을 낸다는 사실은 매우 역설적이다. 그리고 펀드매니저 대부분이 주식시장 평균에도 도달하지 못한다는 것은 비논리적으로 보인다. 그러나 지금까지 현실이 그랬다. 1990년은 대다수 주식형 펀드가 미국에서 가장 인기 있는 S&P500지수의 기록적인 상승률을 따라잡는 데 8년 연속으로 실패한 해였다.

　이런 이상한 현상이 일어나는 원인은 아직 완전히 밝혀지지 않았다. 이와 관련한 한 가지 이론은 펀드매니저들의 종목 고르는 실력이 전반적으로 형편없다는 것이다. 이 이론에 따르면 결국 펀드매니저들이 컴퓨터로 분석해 고른 종목보다 신문의 시세표에 다트를 던져 맞힌 종목에 투자하는 것이 수익률이 더 나을 수도 있다는 결론에 이르게 된다. 또 다른 이론은 펀드매니저들간의 군집본능 때문에 그들이 겉으로는 시장 평균보다 높은 수익을 추구하는 것처럼 행동하지만 실제로는 주식시장의 평균 수익률에 도달하는 것을 목표로 삼고 있다는 의견이다.

　세 번째는 펀드매니저들에게 좀 관대한 이론인데 주식시장의 평균, 특히 S&P500지수를 구성하는 종목들이 최근 들어 고성장을 누려온 대형 기업이기 때문이라는 것이다. 펀드 수익률은 1970년대보다는 1980년대에 시장 평균을 넘어서기가 더 어려웠다. 1980년대에는 S&P500지수를 구성하는 종목들에 대한 대대적인 매수가 이뤄졌고, 그결과 S&P500지수에 포함된 기업들의 주가가 올라갔다. 뉴욕 주식시장에는 외국인 투자자도 많은데 외국인들은 널리 알려진 대형 기업을 선호한다. 이 역시 대형주로 구성된 S&P500지수를 끌어올리는 동력이된다.

　반면 1970년대에는 유명한 인기 주식들(폴라로이드, 에이본 프로덕츠, 제록스, 철강주와 자동차주 등)이 실적 악화로 주가가 하락했다. 제약회사 머크처럼 실적이 우량한 성장기업은 실석 호조세가 계속됐으나 주가는 이미 너무 올라 추가 상승하지 못하고 옆으로 횡보하는 모습을 보였다. 대형주 투자를 피했던 펀드매니저들은 이때 매우 유리한 입장이었다.

네 번째 이론은 지수(인덱스)와 똑같이 움직이는 것을 목표로 하는 인덱스펀드가 인기를 끌면서 인덱스펀드가 다시 인덱스를 끌어올리는 역할을 하고 있다는 것이다. 점점 더 많은 금융기관들이 지수에 투자하고 있고 점점 더 많은 돈이 지수에 포함된 종목들에 몰리고 있다. 그 결과 지수를 구성하는 종목들의 주가가 오르고, 이는 다시 인덱스펀드가 다른 펀드들보다 더 좋은 수익률을 내는 결과로 이어진다.

그렇다면 수백 가지 펀드 중에서 잘 운용되고 있는 펀드를 고르느라 고심하지 말고 그저 인덱스펀드 하나 또는 몇 개에 투자하는 것이 어떨까? 펀드 평가회사인 리퍼의 창업자이자 최고의 펀드 전문가인 마이클 리퍼와 나는 이러한 선택에 대해 토론한 적이 있다. 그때 그는 표 3-3을 제시했다. 이 표는 적극적으로 운용되는 주식형 펀드들을 일반 주식형 펀드란 이름으로 묶은 뒤 재투자된 S&P500지수와 연도별 수익률을 비교한 것이다. 재투자된 S&P500지수는 인덱스펀드와 똑같으며 운용사가 부과하는 극히 낮은 수준의 인덱스펀드 보수만 제외한 것이다. (인덱스펀드는 펀드매니저의 적극적인 종목 선정이 필요하지 않으므로 일반 주식형 펀드보다 보수가 낮다.)

리퍼가 정리한 표를 보면 앞에서도 이미 지적했듯 최근 10년 동안에는 인덱스펀드가 적극적으로 운용되는 일반 주식형 펀드, 즉 액티브펀드보다 수익률이 더 좋았다. 때로는 인덱스펀드의 수익률이 상당히 큰 폭으로 앞섰다. 만약 당신이 1983년 1월에 뱅가드500 인덱스펀드에 10만 달러를 투자하고 계속 잊고 있다가 1991년 1월에 환매했다면 30만 8450달러로 늘어났을 것이다. 반면 평균 수준의 액티브펀드에 투자했다면 당신의 10만 달러는 23만 6367달러로 늘어나는 데 그쳤을 것

표 3-3 펀드매니저 대 S&P500

S&P500지수는 1983년에서 92년까지 10년 중 8년간 펀드매니저 평균보다 수익률이 좋았다.

연도	일반 주식형 펀드(%)	S&P500 재투자(%)
1992	9.1	7.6
1991	35.9	30.4
1990	- 6.0	- 3.1
1989	24.9	31.6
1988	15.4	16.6
1987	.9	5.2
1986	14.4	18.7
1985	28.1	31.7
1984	- 1.2	6.3
1983	21.6	22.6

…그러나 장기적으로 보면 펀드가 S&P500지수보다 조금 더 경쟁력이 있다.

연도	일반 주식형 펀드(%)	S&P500 재투자(%)
1982	26.0	21.6
1981	- .6	- 4.9
1980	34.8	32.5
1979	29.5	18.6
1978	11.9	6.6
1977	2.5	- 7.1
1976	26.7	23.9
1975	35.0	37.2
1974	- 24.2	- 26.5
1973	- 22.3	- 14.7
1972	13.2	19.0
1971	21.3	14.3
1970	- 7.2	3.9
1969	- 13.0	- 8.4
1968	18.1	11.0
1967	37.2	23.9
1966	- 4.9	- 10.0
1965	23.3	12.5
1964	14.3	16.5
1963	19.2	22.8
1962	- 13.6	- 8.7
1961	25.9	26.9
1960	3.6	.5

총 누적 수익률(%)

| 1960~92 | 2548.8 | 2470.5 |

자료: 리퍼 애널리티컬 서비스 Inc.(Lipper Analytical Services, Inc.)

이다. 액티브펀드에 대한 인덱스펀드의 8년 연속 승리는 1991년에야 비로소 끝났다.

지난 30년간으로 기간을 늘리면 액티브펀드와 인덱스펀드는 수익률이 서로 앞서거니 뒤서거니 하며 접전을 벌였다. 그러나 액티브펀드가 조금 앞섰다. 자신에게 딱 맞는 펀드, 높은 수익률, 위대한 매니저를 고르기 위한 사람들의 시간과 노력은 대부분의 경우 별 이득을 보지 못하고 끝나버린다. 운 좋게도 지속적으로 시장 평균을 웃도는 극히 일부 펀드를(이런 펀드에 대해서는 뒤에서 더 자세히 설명하겠다) 선택하지 못한다면 펀드들을 조사하고 연구해봤자 아무 소용이 없다. 그래서 다트 던지기 방법으로 펀드를 고르겠다면 완전한 다트 판을 사라.

리퍼 자신도 미래에 승리할 수 있는 펀드매니저를 찾기 위해 매년 펀드를 조사하고 분석하지만 이런 노력이 헛되었다고 고백한다. 이런 일련의 증거는 좋은 펀드를 고르려고 애써봤자 소용없다는 결론으로 유도하는 것처럼 보인다. 그러나 희망은 마르지 않는 샘물처럼 영원히 솟아오른다. 이러한 정신은 월스트리트에서도 건강하게 살아 있어 투자자들은 지속적으로 시장 평균을 웃도는 펀드를 찾을 수 있을 거라는 희망을 버리지 않은 채 이 펀드에서 저 펀드로 옮겨 다니며 펀드 순례를 계속한다.

나와 동료들이 비영리재단의 자산운용을 도와줄 때도 좋은 펀드매니저를 골라 자산운용을 맡기기 위해 고민했다. 우리는 자산운용가(머니매니저) 75명의 이력서와 그간의 운용성과를 몇 시간씩 검토하고 논의한 끝에 최종적으로 25명의 면접 대상자를 골랐다.

우리는 여러 명의 매니저를 선발하여 주식에 투자할 재단 자산을 그들 각각에게 배분해 운용을 맡길 계획이었다. 당신도 우리처럼 여러 가지 운용 스타일과 철학을 가진 몇 개의 펀드에 투자할 수 있다. 우리의 생각은 다음과 같았다. 시장은 변하고 여건도 변한다. 한 가지 운용 스타일이나 한 종류의 펀드가 항상 성공하기는 어렵다. 주식에 적용되는 것이 펀드에도 똑같이 적용된다. 절호의 기회가 어디에서 나타날지 아무도 알 수 없다. 따라서 임의로 어느 한쪽만 선택하면 엄청난 대가를 치를 수도 있다.

만약 한 펀드만 갖고 있다면 어느 순간 매니저의 운용성과가 현격히 떨어지거나 그 펀드에서 투자한 종목들이 시장에서 소외당하는 상황이 생길 수 있다. 예를 들어 가치펀드가 3년간 월등한 수익률로 앞서나가다가 다음 6년간은 부진의 늪에 빠져 허우적거릴 수도 있다. 1987년 블랙 먼데이 전까지는 가치펀드가 무려 8년간 시장을 주도한 반면 성장펀드는 뒤처져 있었다. 이후에는 성장펀드가 높은 수익률로 시장을 주도하다가 1992년에는 주춤해졌다.

펀드의 종류는 점점 더 복잡해지고 있다. 여기에 가장 중요한 기본적인 형태의 주식형 펀드 몇 가지를 정리해놓았다.

1. **일반 주식형 펀드**Capital Appreciation Funds 어떤 특정한 운용 철학에 얽매이지 않고 매니저가 재량권을 갖고 모든 종류의 주식에 투자하는 펀드. 마젤란펀드가 여기에 속한다.
2. **가치펀드**Value Funds 현재의 이익보다는 보유하고 있는 자산이 매력적인 기업에 투자하는 펀드. 이런 기업에는 천연자원 개발회사, 부동산 보유회사, 케이블TV 방송사, 가스 등 대규모 장치설비를 갖

춘 회사, 식음료회사 등이 포함된다. 이런 가치기업은 자산을 매입하기 위해 많은 부채를 지지만 부채를 다 갚고 난 후에는 높은 수익을 올린다. (가치주는 일반적으로 내재가치보다 주가가 낮은 주식을 말하는데 피터 린치는 주로 자산주를 가치주로 분류하고 있다 - 역자)

3. **안정 성장펀드**Quality Growth Funds 경영이 안정적이면서 상당히 빠른 속도로 꾸준히 성장해 연간 15% 가량의 이익증가율을 보이는 중대형 기업에 투자하는 펀드. 경기에 민감한 기업, 성장이 둔화된 우량기업, 사회 기반시설 기업(전기, 가스, 상하수도 등 유틸리티 기업) 등은 제외한다.

4. **소형 성장펀드**Emerging Growth Funds 소형주에 주로 투자하는 펀드. 소형주는 몇 년간 시장 평균에 못 미치는 저조한 수익률을 보이다가 1991년에 갑자기 주도주로 부상했다.

5. **재료보유주 펀드**Special Situation Funds 기업의 전망을 바꿀 만한 특수한 재료를 갖고 있는 주식에 투자하는 펀드. 재료를 보유했다는 것 외에 투자하는 주식에 다른 공통점은 없다. (미국에서는 임박한 호재로 갑자기 주가가 상승할 것으로 기대되는 주식, 즉 우리나라에서 흔히 재료보유주라고 불리는 주식을 '특수상황Special Situation'이라고 부른다 - 역자)

당신이 갖고 있는 펀드가 어떤 종류의 펀드인지 알고 있으면 그 펀드를 계속 보유할 것인지 아닌지 결정하는 데 도움이 된다. 마리오 가벨리의 가치펀드가 4년간 수익률이 저조했다고 무조건 가벨리 펀드를 환매하는 것은 현명한 결정이 아니다(실제로 가벨리 펀드의 수익률은 1992년에 반등했다). 가치펀드가 시장에서 소외되고 있을 때는 가치펀드매니저인 가벨리나 커트 린드너, 마이클 프라이스에게 시장을 주도하는 성장펀드매니저들과 비슷한 수준의 수익률을 기대해서는 안 된다.

수익률 비교는 공평하게 가치펀드끼리 이뤄져야 한다. 가벨리가 수년간 린드너보다 수익률이 좋았다면 이는 가벨리 펀드를 계속 보유할 만한 충분한 이유가 된다. 하지만 가벨리가 유명한 성장펀드매니저인 존 템플턴보다 몇 년간 수익률이 나빴다고 해서 가벨리 펀드를 환매할지 고민할 필요는 없다. 이 경우에는 가벨리가 문제가 아니라 가치펀드라는 펀드 스타일에 대해 고민해봐야 하는 것이다.

이와 같은 이유로 금 관련 주식들이 전반적으로 10% 가량 떨어진 지난해 금펀드가 10% 하락했다고 매니저를 탓하는 것은 어리석은 일이다. 어떤 펀드의 수익률이 부진하면 더 좋은 펀드로 바꾸고 싶은 유혹을 느끼는 것은 당연하다. 그러나 자신이 투자한 펀드가 어떤 종류의 펀드인지 고려하지 않은 채 이런 유혹에 굴복해 펀드를 갈아탄다면 커다란 실수를 하는 것이다. 이런 사람들은 잘못된 순간에 인내심을 잃어버리는 경향이 많다. 예를 들어 가치펀드가 반등하고 성장펀드가 가라앉기 시작할 때 더 이상 참지 못하고 가치펀드에서 성장펀드로 갈아타는 식이다.

사실 가치펀드가 전반적으로 부진할 때 어떤 가치펀드가 다른 종류의 펀드보다 수익률이 좋다는 것은 오히려 자랑할 만한 일이 아니다(이는 성장펀드를 포함해 다른 종류의 펀드에도 적용된다). 이는 가치투자를 표방하는 펀드의 매니저가 가치주에서 벗어나 펀드 자산 일부를 우량주나 유틸리티 주식에 투자하고 있다는 의미일 수 있기 때문이다. 특히 가치투자 철학이 시장에서 효과를 발휘하지 못할 때 가치투자 매니저는 가치투자 스타일에 실망을 느끼고 이렇게 할 수 있다.

펀드가 원래의 운용 철학에서 벗어나 그때그때 시장에서 인기 있는 종목에 투자하면 단기적으로 수익률이 좋아질 수는 있지만 이렇게 얻은 수익은 결국 덧없이 사라지고 만다. 가치펀드가 부활할 때 가치주에서 벗어나 다른 종류의 주식에 투자했던 가치펀드는 수익률 반등의 혜택을 온전하게 누리지 못한다.

주식에 대한 지식이 풍부한 투자자라면 펀드의 반기보고서와 연차보고서를 통해 매니저가 펀드 성격에 맞춰 마땅히 사야 할 종류의 주식을 사고 있는지, 아니면 펀드 철학과 맞지 않는 주식을 사고 있는지 파악할 수 있다. 예를 들어 가치펀드의 포트폴리오에 마이크로소프트가 포함되어 있다면 펀드 철학과 투자종목의 성격이 맞지 않는 것이다. 펀드매니저의 투자 결정을 점검하고 비판하는 것은 일반 투자자가 하기엔 다소 어려운 측면이 있다. 그러나 나와 같은 주식 중독자들은 이런 일을 매우 즐긴다.

분산 투자를 위해 올스타팀을 구성하라

우리는 재단 자산의 일부라도 특정 종류의 주식 가격이 오를 때 그 혜택을 온전히 누릴 수 있도록 서로 다른 종류의 펀드를 운용하는 13명의 매니저를 최종 선발했다. 우리가 뽑은 매니저는 가치펀드매니저 1명, 안정 성장펀드매니저 2명, 재료보유주 펀드매니저 2명, 일반 주식형 펀드매니저 3명, 소형 성장펀드매니저 1명, 지속적으로 배당금을 올려온 기업에만 투자하는 고배당펀드매니저 1명, 전환사채펀드매니저 3명이었다.

우리는 이렇게 서로 다른 분야에 강점이 있는 매니저들로 팀을 구성해 시장상황의 변화에 따라 매년 한두 매니저가 시장 평균을 웃도는 수익률을 내주기를 기대했다. 매니저들이 각기 강점을 지닌 상황에 맞춰 누구든 한 사람이라도 높은 수익률을 올려준다면 다른 펀드의 평범한 수익률을 보완하면서 주식 포트폴리오 전체가 시장 평균을 뛰어넘을 수 있을 것이라고 생각했다.

일반 투자자들도 이런 전략을 따라 할 수 있다. 예를 들면 자산을 6등분해 5/6는 앞에서 언급한 5개 종류의 펀드에 각각 분산 투자하고, 나머지 1/6은 증시가 조정을 받으며 급등락할 때 포트폴리오 변동성을 줄이기 위해 유틸리티펀드나 고배당펀드에 투자한다.

1926년 이후 소형 성장주의 수익률은 대형주로 구성된 S&P500지수를 상당폭 앞섰다. 따라서 얼마간의 돈이라도 소형 성장주에 넣어두는 것이 좋다. 액티브펀드와 함께 인덱스펀드도 두 개 정도 보유할 수 있다. 예를 들어 S&P500지수 펀드를 통해 안정 성장주에 투자하고 소형주 지수인 러셀2000지수 펀드를 통해 소형 성장주에 투자하라. 가치주를 보유하고 싶다면 가벨리 애셋이나 린드너 펀드, 마이클 프라이스의 뮤추얼 비컨 같은 가치펀드를 생각해볼 수 있다. 일반 주식형 펀드로는 마젤란펀드(우리 상품을 한 번 정도 광고하는 것은 양해해주시길!)를 고려할 수 있다.

주식형 펀드에 투자하는 가장 쉬운 방법은 돈을 똑같이 6등분해 6개의 펀드에 나눠 넣는 것이다. 돈을 추가로 투자할 때도 마찬가지로 똑같이 6등분해 6개 펀드에 나눠 넣으면 된다. 이때 좀 더 복잡한 방법은 지금 부진한 펀드에 새로 투자할 돈을 집중 투입하는 것이다. 이런 식으로 여러 펀드의 비중을 조정한다. 이 방법은 돈을 추가로 투자할 때만 사용해야 한다. 펀드에 투자할 때는 세금도 고려해야 하기 때문에 (물론 자선재단은 예외) 펀드를 자주 샀다 팔았다 하며 바꾸는 것은 좋지 않다.

그렇다면 어떤 산업 혹은 어떤 종류의 주식이 증시에서 소외되고 있는지 어떻게 알 수 있을까? 우리는 1990년 가을 비영리재단의 운용 계획을 세우면서 이 문제를 논의했다. 당시 나는 제약회사인 브리스톨-마이어스 스퀴브나 애보트 랩, 담배 및 식품회사 필립모리스 같은 주요 성장주 중 일부가 고평가됐다고 확신했다. 이들 주식은 월스트리트 투자자들이 정신없이 사들이면서 최고가를 경신하고 있었다. 이들 주식은 가격이 적정 수준 이상으로 올랐으니 하락하거나 최소한 상당 기간 동안 주가가 오르지 못하고 횡보할 것으로 예상됐다. 내가 어떻게 이런 사실을 예측할 수 있었는지는 254쪽에서 좀 더 자세히 설명할 예정이다.

이들 대형 제약회사와 식품회사는 S&P500지수를 구성하는 대표적인 종목이다. 반면 다우존스지수는 경기민감주 비중이 높은 편이고, 나스닥지수와 러셀2000지수는 음식 체인점이나 벤처 기술기업 같은 소형 성장주를 대표한다.

10년 전으로 거슬러 올라가 S&P500지수와 러셀2000지수를 비교해보면 뚜렷한 특징을 발견할 수 있다. 무엇보다도 소형 성장주는 S&P500지수에 포함된 대형주보다 훨씬 더 변동성이 심하다. 새에 비유하자면 대형주가 안정적인 비행을 하는 말똥가리라면 소형 성장주는 하늘 높이 치솟아 올랐다가 땅을 향해 빠르게 떨어지는 매라고 할 수 있다. 그러나 소형 성장주는 오래 떨어진 다음에 다시 치솟아 올라 말똥가리를 따라잡는다.

1990년까지 5년간 소형 성장주는 S&P500지수에 비해 부진한 움직임을 보였다. S&P500지수가 114.58% 상승하는 동안 러셀2000지수는 그 절반에도 못 미치는 47.65% 오르는 데 그쳤다. 그러나 소형 성장주는 1991년 맹렬하게 대형주를 따라잡았다. 1991년 한 해 동안 러셀2000지수는 62.4% 급등했고 일부 소형 성장주펀드는 이보다 높은 70~80%의 상승률을 기록했다.

따라서 1990년은 자산 포트폴리오 중소형 성장주 부문에 돈을 추가 투입하기에 적합한 시점이었다. 만약 당신이 그때《배런스》나《월스트리트 저널》, 또는 다른 곳에서 여러 가지 지수의 움직임을 주의 깊게 살펴보았다면 소형 성장주 부문의 투자를 늘릴 수 있었을 것이다.

소형 성장주 부문에 더 투자할지 아니면 S&P500지수에 포함된 좀 더 규모가 큰 기업에 투자할지 결정할 수 있는 또 다른 유용한 방법은 T. 로 프라이스 뉴 호라이즌의 수익률을 추적하는 것이다. 뉴 호라이즌은 1961년에 만들어진 인기 있는 펀드로 소형주에 주로 투자한다. 뉴 호라이즌의 매니저들은 투자한 기업의 규모가 너무 커지면 그 기업을 포트폴리오에서 빼버린다. 따라서 뉴 호라이즌은 소형 성장주 부문에서 어떤 일이 일어나고 있는지 보여주는 가장 정확한 척도가 된다.

그래프 3-1은 뉴 호라이즌이 보유한 중소형주의 PER price earning ratio 와 S&P500지수 전반의 PER를 비교해 그래프로 표시한 것이다. 작은 기업은 큰 기업보다 더 높은 성장률이 기대되기 때문에 소형주는 전반적으로 대형주보다 PER가 높다. 따라서 이론적으로는 뉴 호라이즌 펀드의 PER가 S&P500지수의 PER보다 항상 높아야 한다.

그러나 실제로는 그렇지 않다. 이 표가 매우 쓸모 있는 것도 이 때문이다. 소형 성장주 부분이 투자자들에게 인기가 없는 일정 기간 동안에는 소형주의 주가가 너무 내려가 뉴 호라이즌의 PER가 S&P500지수와 같은 수준으로 떨어진다. (그래프가 1.0으로 떨어졌을 때가 이런 드문 상황을 나타낸다.)

소형주가 인기를 끌면서 비합리적인 수준까지 올라갈 때는 뉴 호라이즌의 PER가 S&P500지수의 두 배까지 뛰어오르기도 한다. (그래프가 2.0까지 올라갔을 때를 말한다.)

그래프에서 알 수 있듯이 이런 경우는 지난 20년간 딱 두 번(1972년과 1983년)밖에 없었고, 두 번 다 그래프는 2.0 수준까지 오른 후 쭉 미끄러져 몇 년간 바닥 수준에서 헤맸다. 사실 소형주는 1983년부터 1987년까지의 장기 호황장을 만끽하지 못하고 부진한 움직임을 보였다. 뉴 호라이즌 지수가 마의 고지 2.0에 도달하면 소형 성장주에서 빠져나와 S&P500지수에 집중할 때라는 신호로 받아들여도 좋다.

확실히 소형 성장주를 매수하기에 최적의 시기는 뉴 호라이즌의 그래프가 1.2 밑으로 떨어졌을 때이다. 다시 한 번 강조하지만 이 전략으로 수익을 거두려면 인내심을 가져야 한다. 소형주 랠리(강세)가 시작되려면 강한 동력을 모을 때까지 2년 정도 걸릴 수 있으며, 시작된 다음에는 고점에 오를 때까지 몇 년이 더 걸린다. 예를 들어 소형 성장주가 1~2년간 상승세를 보인 후인 1977년 월스트리트는 중소형주 랠리는

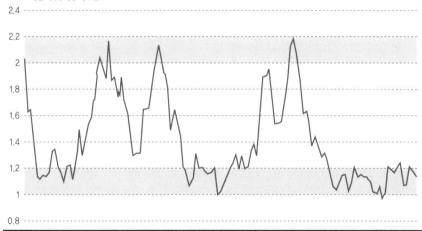

뉴 호라이즌 펀드와 S&P500의 PER 비율

뉴 호라이즌 펀드의 PER
÷ S&P500지수의 PER

| 연도 | 61 62 63 64 65 66 67 68 69 70 71 72 73 74 75 76 77 78 79 80 81 82 83 84 85 86 87 88 89 90 91 92 93 |

자료: T. 로 프라이스

〈그래프 3-1〉

끝났으니 이제 중소형주를 버리고 S&P500지수 종목을 사야 한다는 의견이 대세였다. 당시 젊은 펀드매니저였던 나는 이런 의견을 무시하고 소형주를 계속 보유했으며, 이 결정은 마젤란펀드가 이후 5년간 시장 평균 대비 월등히 높은 수익률을 올리는 데 큰 도움이 됐다.

성장펀드와 가치펀드도 이와 같은 방법으로 비교할 수 있다. 리퍼의 분석 서비스는 30개 가치펀드의 지수와 30개 성장펀드의 지수를 발표하고 있으며, 이 내용은 《배런스》에 매주 게재된다. 1989년과 1991년 사이에 리퍼의 성장펀드 지수는 98%까지 급등한 반면 가치펀드 지수는 겨우 36% 오르는 데 그쳤다. 가치펀드의 수익률이 몇 년간 성장펀드보다 저조했다면 이제 가치펀드에 돈을 추가로 넣어야 할 때이다.

좋은 펀드 고르는 방법

경쟁 펀드를 앞설 수 있는 가치펀드, 성장펀드, 일반 주식형 펀드를 어떻게 선택할까? 대부분의 사람들은 과거 수익률을 본다.《배런스》에서 발간하는 리퍼 가이드를 포함해 펀드의 수익률을 확인할 수 있는 여러 가지 자료를 연구한다. 그들은 펀드의 1년, 3년, 5년 혹은 그 이상 기간 동안의 수익률을 살펴본다. 이것은 주식 투자에 이은 국민적인 심심풀이 취미가 되었다. 아마도 펀드 수익률을 조사하는 데 수천 시간이 사용되고 있을 것이다. 펀드의 과거 수익률을 토대로 많은 책과 기사가 쓰이고 있다. 그러나 거의 예외 없이 이러한 노력은 시간낭비로 밝혀진다.

어떤 사람들은 지난 1년간 가장 수익률이 높았던 펀드를 고른다. 1년 수익률이 높은 순서대로 쭉 정리된 리퍼의 펀드 목록에서 가장 위에 있는 펀드를 선택해 산다. 이건 너무나 어리석은 행동이다. 지난 1년간 수익률이 가장 좋았던 펀드는 지난 1년간 관심이 집중됐던 분야 중 특정한 한 산업이나 한 기업에 집중 투자했다가 운이 좋아 대박이 난 경우가 많다. 그렇지 않다면 그 펀드를 운용하는 매니저는 어떻게 경쟁 펀드들을 따돌리고 그처럼 큰 폭으로 앞서나갈 수 있었겠는가? 다음 해에 이 펀드의 매니저가 운이 별로 좋지 않다면 이 펀드는 리퍼의 1년 수익률 목록 바닥권에서나 찾을 수 있을 것이다.

안타깝게도 과거의 실적을 보고 미래의 승자를 찾으려 한다면 과거 3년 또는 5년간의 수익률까지 거슬러 올라가 조사한다고 해도 별 소용이 없다. 지금은《워스Worth》로 이름이 바뀐 잡지《인베스트 비전》의 조사 결과가 이를 증명한다. 이 조사에 따르면 1981년부터 1990년 까지 매년 과거 3년간 수익률이 가장 좋았던 펀드가 그해 말에는 S&P500지수보다 수익률이 2.05%포인트 뒤졌다. 이런 식으로 매년 과거 5년간, 또 과거 10년간 수익률이 가장 좋았던 펀드를 조사해보니 그해 말 수익률이 S&P500지수보다 각각 0.88%포인트와 1.02%포인트씩 뒤졌다. 이런 정도의 수익률이라면 이전 펀드를 환매하고 새로 가입하는 데 들어간 비용을 만회하지 못할 것이다.

만약 당신이 과거 5년간, 또 과거 10년간 최고의 수익률을 올린 펀드에 투자해 5년간 환매하지 않고 유지한다면 어떻게 될까? 과거 5년 수익률이 최고인 펀드에 투자한 경우 이후 5년간 수익률은 기껏 S&P500지수와 비슷한 수준이다. 과거 10년 수익률이 최고인 펀드의 경우 이후 5년간 수익률이 S&P500지수에 비해 0.61%포인트 낮아 사실상 S&P500지수보다도 못하다.

여기에서 얻을 수 있는 교훈은 과거 수익률 표를 뚫어져라 쳐다보며 연구하는 데 많은 시간을 쏟지 말라는 것이다. 과거 장기간의 수익률이 좋은 펀드를 선택하지 말라는 말은 절대 아니다. 가장 최근의 수익률과 최신 유행을 좇아 이 펀드 저 펀드 옮겨 다니는 것보다는 지속적으로 꾸준히 좋은 수익률을 내는 펀드를 우직하게 계속 보유하는 것이 더 낫다는 말이다.

승리하는 펀드, 수익률이 좋은 펀드에 대해 논할 때 또 다른 중요한 논쟁거리는 주가가 하락하는 약세장에서 펀드에 어떤 일이 일어나는가이다. 이는 매우 복잡한 주제이다. 어떤 펀드는 하락장에서 다른 펀드보다 더 손실이 크지만 증시가 반등할 때는 수익도 더 크다. 어떤 펀드는 주가가 떨어질 때 손실도 적고 주가가 오를 때 수익도 적다. 어떤 펀드는 주가가 떨어질 때는 많이 떨어지면서 주가가 오를 때는 조금밖에 오르지 못한다.

이 주제와 관련해 참고할 만한 정보로는 경제잡지 《포브스》가 매년 9월에 선정하는 '명예의 펀드Honor Roll'를 들 수 있다. 《포브스》의 명예의 펀드에 이름을 올리기 위해서는 역사가 있어야 한다. 즉 두 번의 강세장과 최소한 한 번의 약세장을 경험해본 펀드라야 이 목록에 이름을 올릴 수 있는 최소한의 자격이 주어진다. 《포브스》는 수익률에 따라 각 펀드에 등급(A부터 F까지)을 매기는데 특이한 점은 강세장에서의 수익률과 약세장에서의 수익률을 따로 평가한다는 것이다. 예를 들어 Z라는 펀드에 대해 강세장 수익률 A, 약세장 수익률 C라고 등급을 매기는 식이다. 명예의 펀드에 선정되려면 강세장 수익률은 C 이상, 약세장 수익률은 B 이상이어야 한다.

《포브스》는 명예의 펀드 목록에 강세장과 약세장에서의 수익률 등급과 더불어 펀드 등급과 매니저의 이름, 매니저가 그 펀드를 운용한 기간, 펀드 보수와 수수료, PER, 지난 10년간 연평균 수익률 등을 함께 게재한다.

이런 까다로운 조건 때문에 《포브스》의 명예의 펀드에 이름을 올리는 것은 쉬운 일이 아니다. 따라서 이 명예의 전당은 명품 펀드를 고르는 데 더없이 좋은 자료가 된다. 강세장과 약세장에서의 수익률 등급이 모두 A 또는 B인 펀드를 고른다면 잘못될 일은 거의 없다.

현재 존재하는 1200개가량의 주식형 펀드 가운데 역사가 1978년까지 거슬러 올라가는 펀드는 단 264개밖에 없으며, 이 264개 펀드 가운데 그때부터 지금까지 매년 플러스 수익률을 기록한 펀드는 9개밖에 없다. 이 9개 펀드는 다음과 같다. 피닉스 그로스, 메릴린치 캐피털 A, 인베스트먼트 컴퍼니 오브 아메리카, 존 핸콕 소버린, CGM 뮤추얼, 내 이션와이드, 이튼 밴스 인베스터스, 팍스 월드, 뮤추얼 오브 오마하 인컴. 이 가운데 수익률이 가장 좋은 펀드는 피닉스 그로스이다. 이 펀드는 지금까지 놀랄 만한 성과를 쌓아왔다. 1977년부터 연평균 복리 수익률이 20.2%이다. 또한 이 9개 펀드 가운데 8개가 연평균 복리 수익률이 13% 이상이다.

판매수수료에 얽매이지 마라

주식형 펀드 투자와 관련해 또 하나 언급하고 넘어가야 할 주제는 판매수수료 문제이다. 주식형 펀드에는 판매수수료가 붙는 펀드load fund와 판매수수료가 없는 펀드no-load fund가 있다. 판매수수료가 붙는 펀드가 더 좋은 펀드라는 의미일까? 반드시 그렇지는 않다. 성공한 펀드에는 판매수수료를 부가하는 펀드도 있지만 부과하지 않는 펀드도 있다. 만약 어떤 펀드를 사서 몇 년간 환매하지 않고 계속 보유할 계획이라면 그 펀드를 사기 위해 지불한 2~5%의 판매수수료는 대수롭지 않을 것이다. 따라서 판매수수료가 붙는 펀드는 높은 수익률을 보장해준다고 생각해서 무삭성 가입해서도 안 되겠지만 반대로 판매수수료가 아까워서 그 펀드에 가입하는 것을 꺼려해서도 안 된다. (판매수수료라고 번역하긴 했지만 여기에서 말하는 판매수수료란 우리나라의 판매수수료는 물론 판매보수까지 포함하는 개념이다. 판매수수료는 단 한 번만 내고 마는 비용이고 판매보수는 펀드 판매의 대가로 매년 펀드에서 지불해야 하는 비용이다. 미국에는 판매수수료는 물론 판매보수까지 없는 노-로드 펀드가 활성화돼 있다. 반면 우리나라는 개인이 투자할 수 있는 노-로드 펀드가 하나도 없다. 판매수수료는 있는 경우도 있고 없는 경우도 있지만 펀드보수는 판매수수료를 낸 경우라도 예외 없이 꼬박꼬박 붙는다. 미리 펀드수수료를 낸 경우(선취 판매수수료) 매년 내야 하는 판매보수 비율이 조금 낮아질 뿐이다. 판매 관련 비용이 붙지 않는 노-로드 펀드는 자산운용사가 증권사나 은행 등 판매 금융회사를 거치지 않고 직접 고객에게 펀드를 팔 때 가능하다. 문제는 국내 규정상 운용사가 직접 판매할 수 있는 펀드 규모가 한정돼 있다는 점이다. 이 때문에 판매보수가 붙지 않는 직판 펀드를 연기금 등 기관투자가에게 판매하고 나면 개인 투자자에게는 판매할 물량이 남아 있지 않다 - 역자)

펀드에 해마다 붙는 보수와 비용은 분명 펀드의 수익률을 갉아먹는 요소이다. 이런 측면에서는 앞에서도 봤듯이 총 보수가 낮은 인덱스펀드가 강점이 있다. 하지만 각 펀드간의 과거 수익률을 비교할 때 펀드 자산에서 지불해야 하는 비용은 무시해도 좋다. 펀드의 수익률은 보수와 비용을 제한 뒤에 계산한 것이기 때문이다. 우리가 참조하는 펀드의 수익률에는 비용이 자동적으로 반영돼 있다.

어떤 사람들은 펀드의 규모에 대해서도 걱정한다. 특히 마젤란펀드의 경우 이런 규모의 문제가 심했다. 1983년에 마젤란펀드의 운용자산이 10억 달러를 돌파했을 때 나는 처음으로 성공하기엔 펀드의 규모가 너무 크다는 말을 들었다. 이 말은 '펀드 규모가 너무 커서 좋은 수익률을 내기가 어렵겠다'는 뜻이다. 마젤란펀드는 운용자산이 20억 달러를 넘어섰을 때도, 또 40억 달러, 100억 달러를 넘어섰을 때도 늘 성공하기에는 너무 컸다. 그리고 내가 마젤란펀드를 떠날 때 운용자산은 성공하기엔 너무 규모가 큰 140억 달러였다. 내 후임자인 모리스 스미스가 매니저로 있을 때 달성한 운용자산 200억 달러는 아마도 성공하기엔 지나치게 큰 규모인지도 모르겠다.

《보스턴 글로브》는 모리스가 내 뒤를 이어 마젤란펀드의 매니저가 된 후 1년간 '모리스 스미스 지켜보기'라는 제목의 칼럼을 연재했다. 이 칼럼의 내용은 사실상 모리스가 지나치게 규모가 큰 펀드를 운용하다가 실패하는 걸 지켜보자는 것이었다. 모리스가 1991년에 탁월한 수익률을 올리자《보스턴 글로브》는 이 칼럼의 연재를 중단했다. 그러나 아직도 많은 사람들이 성공하기엔 너무도 규모가 크다며 노래를 부르고 있다. 모리스가 그만둔 뒤 너무 큰 마젤란펀드를 맡은 사람은 제프 비닉이었다.

자산규모가 큰 펀드를 운용할 때 제약이 있는 것은 사실이다. 그 제약이란 마치 미식축구에서 스크럼 라인 후방을 지켜야 하는 건장한 체격의 라인배커가 작은 케이크 한 조각만 먹고는 생활하기 어려운 것과 같은 이치이다. 라인배커는 상당한 양의 음식을 먹어야 한다. 큰 펀드의 매니저도 주식 투자에서 이와 같은 제약을 느낀다. 그는 다른 펀드보다 더 나은 성과를 얻기 위해 급성장하는 소형주에 투자하고 싶어도 할 수가 없다. 소형주는 시가총액이 작아 자산규모가 큰 펀드는 원하는 만큼 살 수 없기 때문이다. 그는 큰 기업에 투자해야 한다. 자산규모에 걸맞은 양의 주식을 사려면 몇 개월이 걸리고 또 그 주식을 파는 데도 몇 개월이나 걸리는 그런 큰 기업에 투자해야 한다.

그러나 이러한 약점은 숙련된 운용 역량으로 극복할 수 있다. 마이클 프라이스는 자신이 운용하는 뮤추얼 셰어즈로 이를 증명해 보였다. (이 펀드는 이제 판매가 중단돼 신규 고객은 가입할 수 없다. 프라이스는 뮤추얼 비컨도 운용하고 있다.) 마젤란펀드의 내 후임 매니저 모리스 스미스도 규모가 큰 펀드의 제약을 운용 역량으로 극복할 수 있음을 보여줬다.

펀드에 대한 얘기를 마무리하기 전에 섹터펀드, 전환사채펀드, 폐쇄형 펀드, 해외펀드 등 서로 다른 4가지 펀드에 대해 설명하고 싶다.

섹터펀드는 섹터펀드끼리 비교하라

섹터펀드는 1950년대부터 등장했다. 피델리티는 1981년에 여러 개의 섹터펀드를 묶은 상품을 처음으로 선보였다. 이 상품은 상대적으로 싼 비용으로 여러 종류의 섹터펀드에 바꿔 투자할 수 있도록 구성됐다. 어떤 산업(예를 들면 석유산업)이 앞으로 유망할 것으로 생각되지만 세부적인 기업에 대해서는 구체적으로 분석할 시간이 없는 투자자라면 간단히 석유 및 천연가스 섹터펀드에 투자하면 된다.

하지만 섹터펀드는 변덕스러운 투자자들에게 예감에 따라 투자할 수 있는 새로운 기회를 제공해주기 위해 만들어진 것이 아니다. 그럼에도 섹터펀드가 앞으로 전망이 좋을 것 같은 느낌이 드는 산업에 투자하는 방법으로 활용되는 것은 안타깝다. 당신이 유가가 오를 것이란 예감이 들어 석유 및 천연가스 섹터펀드에 투자했다면 석유회사 엑손에 투자한 것과 달리 유가가 떨어질 때 손실을 피해갈 방법이 없다.

섹터펀드는 석유와 가스, 귀금속 등과 같은 상품에 정통한 사람들이나 어떤 산업의 단기 전망에 전문적인 지식을 갖고 있는 사람들이 투자하기에 가장 적합하다고 할 수 있다. 예를 들어 금과 은의 가격 동향을 잘 알고 있는 보석 상점 주인, 건축자재의 가격추이를 알고 있는 건축업자, 보험료를 잘 아는 보험 계리인, 유가 변화를 잘 아는 주유소 주인, 신약 승인 여부를 빨리 파악할 수 있고 효능과 시장성을 잘 알 수 있는 의사, 생명공학 회사가 시장성 있는 상품을 내놓기 시작한다는 걸 알 수 있는 과학자 등이다.

만약 당신이 적절한 시기에 적절한 펀드에 투자한다면 큰돈을 매우 빨리 벌 수 있다. 예를 들어 피델리티 생명공학펀드에 1991년에 투자했던 투자자들은 엄청난 고수익을 누렸다. 이 펀드는 1991년 한 해 동안 99.05%나 급등했다. 그러나 이런 수익은 쉽게 얻은 만큼 재빨리 사라질 수도 있다. 실제로 피델리티 생명공학펀드는 1991년에 눈부신 수익률을 올린 다음 해인 1992년 첫 9개월간 21.5% 하락했다. 기술주 펀드는 1982년 중반에서 1983년 중반까지 펀드 업계의 승자였다. 그러나 그 후 몇 년간 지지부진한 수익률을 보였다. 과거 10년간 건강관리, 금융, 유틸리티 섹터는 수익률이 월등히 높았고, 귀금속 섹터는 거의 밑바닥을 헤맬 정도로 부진했다.

이론상 주식시장의 모든 섹터는 언젠가 빛 볼 날이 있다. 그래서 나는 최근 금 섹터에 다시 관심을 갖기 시작했다.

내가 마젤란펀드를 운용하던 초기 시절에는 금값이 얼마나 치솟았던지 사람들은 치료하는 것이 두려워서가 아니라 이에 씌우는 금의 비용을 지불하는 것이 두려워서 치과에 가기 싫다고 말할 정도였다.

그때 수익률이 가장 좋았던 펀드는 스트래터직 인베스트먼트, 인터내셔널 인베스터, 유나이티드 서비스 등과 같은 금펀드였다. 펀드에 대해 잘 모르는 많은 사람들이 이런 이름을 가진 금펀드를 일반 주식형 펀드로 착각하곤 했다. 나는 투자자들에게 이런 혼란을 야기하는 것 에 무척 화가 났다.

리퍼의 수익률 상위 펀드 목록에서 나는 금펀드들에 비해 순위가 뒤졌다. 수익률이 가장 좋았던 이런 펀드들은 사실 활황세를 타고 있는 특정 섹터에 투자하는 전문적인 펀드였지만 많은 사람들이 이 사실을 모르고 있었다. 결과적으로 일반 투자자에게는 내가 다른 주식형 펀드 매니저들보다 펀드 운용을 못 하는 것처럼 보였다. 얼마 지나지 않아 리퍼의 수익률 상위 펀드 목록에서 금펀드들은 사라졌다. 최근에는 금펀드들이 수익률 순위에서 거의 바닥권을 기고 있다.

1992년 6월까지 10년간 미국 시장에서 가장 수익률이 저조했던 10개 펀드 가운데 5개가 금펀드였다. 이 10년간 일반적인 주식형 펀드들이 세 배, 네 배 급등하는 동안 U. S. 골드셰어즈는 단 15% 오르는 데 그쳤다. 이 기간 동안에는 금펀드에 투자하느니 차라리 MMF나 세금우대 저축채권(소액 단위로 개인 투자자에게 판매되는 국채로 주세와 지방세가 비과세된다)에 투자하는 것이 더 나았을 것이다.

그러나 금은 고대 이집트와 잉카 제국 이전부터 인류로부터 높은 평가를 받아왔다는 점을 감안하면 금의 시대가 끝났다고 생각할 수는 없다. 내가 관여하고 있는 자선재단 중 하나는 금에 관련된 주식 몇 개를 보유하고 있다. 또 최근에 열렬한 금 예찬론자들로부터 1980년대의 금값 하락은 공급 과잉 때문이라는 설명을 들었다. 1980년대 남아프리카에서 금 생산량이 줄어든 것보다 미국, 캐나다, 브라질, 호주 등에서 신규로 늘어난 금 생산량이 더 많았다는 것이다. 게다가 구소련이 금을 대량으로 생산해 판매하면서 금 공급 과잉 현상이 더욱 악화됐다. 그러나 그들은 이러한 공급 과잉이 계속되기는 어려울 것으로 내다봤다.

새로운 광산에서 생산할 수 있는 금은 곧 고갈될 테지만, 금 회사들은 지난 10년간 금값이 싼 데 불만을 품고 신규 광산 개발에 적극적으로 나서지 않았기 때문이다. 이런 상황은 5년 내에 금 투자에 유리한 환경을 조성할 것으로 예상된다. 보석용과 공업용 금 수요가 올라가는 반면 공급은 떨어질 것이다. 게다가 물가상승률마저 두 자릿수로 뛰어오른다면 사람들은 인플레이션에 따른 화폐가치 하락을 회피하기 위한 수단으로 금을 사기 시작할 것이다.

또는 중국 효과도 금값을 끌어올릴 것이다. 중국 근로자들은 점점 더 부유해지고 있지만 가진 돈으로 살 수 있는 물건은 많지 않다. 비싼 물건(자동차, 가전제품, 아파트 등)들은 공급이 한정돼 있어 일반 근로자들이 사기가 어렵다. 중국 정부는 근로자들이 이런 물건을 갖지 못해 느낄 수 있는 실망감을 달래주기 위해 금을 소유하도록 했다. 이러한 정책으로 금에 대한 새로운 수요가 생겨났다. 이런 현상이 다른 개발도상국에서도 반복될지 모른다.

현재 시장에는 34개의 금 섹터펀드가 있다. 어떤 금펀드는 남아프리카의 금 광산회사 주식에만 투자하고, 어떤 금펀드는 남아프리카 이외의 금 광산회사 주식에만 투자한다. 또한 어떤 금펀드는 50%를 금에 투자하고 50%는 국채에 투자하는 복합펀드이다. 이는 심각한 경기 침체와 살인적인 물가의 초인플레이션을 함께 걱정하는 극도로 소심한 투자자에겐 매우 매력적인 혼합이라고 할 수 있다.

전환사채펀드 투자전략

전환사채는 중소기업의 고성장성과 채권의 안정성을 함께 누릴 수 있는 방법임에도 투자자들에겐 과소평가되어왔다. 일반적으로 전환사채를 발행하는 기업은 규모가 작은 기업이다. 전환사채는 일반 회사채에 비해 금리가 낮지만 발행기업의 주가가 일정 수준에 도달하면 주식으로 바꿀 수 있다는 장점이 있다. 투자자들은 주식으로 바꿀 수 있다는 매력 때문에 낮은 금리를 감수하고 전환사채를 산다.

관례적으로 전환사채를 주식으로 바꿀 수 있는 전환가는 전환사채 발행 당시 주가보다 20~25% 높다. 주가가 전환가 이상으로 오르면 전환사채는 가치가 있어진다. 주가가 전환가에 도달하기를 기다리는 동안에는 정해진 이자를 받으면 된다. 주가는 단기간에 큰 폭으로 떨어질 수도 있지만 전환사채 가격은 주가에 비해 변동성이 작다. 전환사채의 이자가 가격을 떠받치는 역할을 해주기 때문이다. 예를 들어 1990년에 전환사채를 발행한 기업의 주식은 27.3% 하락한 반면 전환사채 자체는 13% 떨어지는 데 그쳤다.

전환사채 투자에도 함정은 있다. 전문가에게 맡기는 것이 최선이라는 점이다. 일반 투자자들은 전환사채펀드에 투자하는 것이 좋다.

전환사채펀드는 지금보다 훨씬 더 높은 평가를 받을 만한 가치가 충분하다. 현재 좋은 전환사채펀드의 금리는 7%로 주식의 배당수익률

3%보다 훨씬 높다. 전환사채펀드인 푸트남 컨버터블 인컴 그로스 트러스트는 20년간 총 수익률이 884.8%로 S&P500지수보다도 높다. 앞에서 설명했듯 액티브펀드가 S&P500지수를 이기기 어렵다는 점을 감안하면 이는 대단한 성과이다.

앞에서 언급했던 뉴잉글랜드의 비영리재단도 최소한 3개 이상의 전환사채펀드에 투자했다. 그때는 전환사채가 저평가된 것으로 보였기 때문이다. 전환사채가 저평가되었다는 것을 어떻게 알 수 있을까? 보통 일반적인 회사채는 금리가 전환사채에 비해 1.5~2%포인트 더 높다. 전환사채는 주식으로 전환할 수 있는 권리가 있기 때문에 금리가 회사채보다 낮은 것이다. 만약 회사채와 전환사채 사이에 금리 차이가 벌어진다면 이는 보통 전환사채 가격이 비싸져 고평가돼 있다는 뜻이다. 반대로 금리 차이가 줄어들면 전환사채 가격이 낮아져 저평가 영역으로 들어가고 있다는 의미이다. 예를 들어 1987년 블랙 먼데이 바로 직전에는 일반 회사채 금리가 전환사채보다 4%포인트 이상 높았다. 이는 사람들이 주식 투자에 열광하면서 주식으로 전환할 수 있는 권리를 가진 전환사채가 가격이 비싸져 고평가됐기 때문이다. 그러나 1990년 10월에 제1차 걸프전에 대한 두려움으로 주가가 급락했던 이른바 '사담 후세인 매도' 기간에는 전환사채가 일반 회사채보다 오히려 1%포인트 더 높아졌다. 이는 사람들이 주식을 기피하면서 전환사채 가격이 큰 폭으로 떨어졌기 때문으로 아주 좋은 조건으로 전환사채를 구입할 수 있는 절호의 기회였다.

전환사채 투자에는 다음의 간략한 전략을 권한다. 전환사채와 회사채의 수익률 격차가 줄어들면(예를 들면 2%포인트 이하) 전환사채를 사고

격차가 커지면 전환사채를 팔라.

환매할 수 없는 폐쇄형 펀드

폐쇄형 펀드는 증권거래소에 상장돼 일반 주식처럼 거래된다. 현재 미국에는 318개의 폐쇄형 펀드가 있으며 종류도 채권형 펀드, 지방채 펀드, 일반 주식형 펀드, 성장펀드, 가치펀드 등으로 다양하다.

폐쇄형 펀드가 마젤란펀드 같은 개방형 펀드와 가장 다른 점은 고정돼 있다는 점이다. 폐쇄형 펀드는 구좌 수가 똑같이 유지된다. 폐쇄형 펀드 투자자는 자신이 가진 펀드의 구좌를 다른 투자자에게 팔아야만 펀드에 투자했던 돈을 돌려받을 수 있다. 주식을 팔고 사는 것과 똑같다. 반면 개방형 펀드는 동적이다. 투자자가 펀드에 새로 가입하면 구좌 수가 늘어난다. 어떤 투자자가 자신이 투자했던 몫만큼 환매해가면 그만큼의 구좌가 회수되면서 없어지고 펀드 규모도 그만큼 줄어든다.

폐쇄형 펀드와 개방형 펀드 모두 기본적으로는 똑같은 방법으로 운용된다. 다만 폐쇄형 펀드는 고객들의 대규모 환매사태로 인해 펀드 자산이 급격히 줄어들 염려가 없으므로 좀 더 안정성이 뛰어나다고 할 수 있다. 만약 폐쇄형 펀드매니저가 실패한다면 그 유일한 이유는 펀드에서 자꾸 손실이 나는 것 외에 없다. 폐쇄형 펀드를 운영하는 것은 마치 종신 재직 대학교수로 일하는 것과 같다. 정말 끔찍한 잘못을 저지르지만 않는다면 해고당할 위험이 없다.

나는 폐쇄형 펀드가 개방형 펀드보다 일반적으로 수익률이 더 좋다거나 더 나쁘다는 결정적인 연구자료를 본 적이 없다.《포브스》의 명예의 펀드에는 폐쇄형 펀드와 개방형 펀드 모두 운용성과가 뛰어난 펀드로 오르고 있다. 이는 폐쇄형이든 개방형이든 어떤 형태로든 탁월한 성과를 올릴 수 있음을 증명하는 것이다.

　폐쇄형 펀드의 한 가지 흥미로운 점은 주식시장에서 거래되기 때문에 주식처럼 가격이 변한다는 것이다. 폐쇄형 펀드는 투자한 기업들의 시가총액(또는 순자산가치)보다 비싸게 팔리거나 싸게 팔린다. 저가 매수자들은 증시가 급락할 때 폐쇄형 펀드를 순자산가치 대비 크게 할인된 가격으로 살 수 있다.

해외펀드에 투자할 때는 각별한 주의가 필요하다

　폐쇄형 펀드는 대개 해외펀드이다. 미국에서 폐쇄형 펀드는 인기 있는 해외펀드로 더 잘 알려져 있다. 해외펀드란 특정 국가 또는 특정 지역의 주식에 투자하는 펀드이다. 해외펀드는 좋아하는 나라에 투자할 수 있어서 기업에 투자하는 것보다는 좀 더 낭만적인 느낌이 든다. 이탈리아 트레비 호수 근처에서 피자와 함께 좋은 와인을 한 잔 마시고 나면 이탈리아 펀드에 투자하고 싶은 마음이 들지 않겠는가? 실제로 세계 유명 호텔 룸 전화기에 해외펀드를 판매하기 위한 수신자 부담 무료 전화번호를 붙여놓는 것도 자산운용사의 마케팅 기법 중 하나이다.

　현재 미국에는 75개의 해외펀드 또는 지역펀드가 있다. 공산권이 무너지면서 해외펀드의 숫자는 더 늘어나고 있다. 아직 피델 카스트로 쿠바 대통령이 짐을 싸고 나가지도 않았는데 마이애미에서는 쿠바의 자본주의 회귀를 기대한 두 개의 쿠바 펀드가 출시됐다. (카스트로는 2008년 2월 평의회 의장에서 물러났다 – 역자)

장기 투자대상으로서 해외펀드의 가장 큰 매력은 이들 국가의 경제가 미국보다 빠르게 성장하고 있으며, 따라서 주가도 더 큰 폭으로 오른다는 것이다. 지난 10년간 실제로 그랬다. 심지어 내가 운용하던 시절 마젤란펀드에서도 수익률이 좋은 주식과 나쁜 주식의 비율을 따져보니 미국 주식보다 외국 주식에서 이 비율이 더 높게 나타났다.

그러나 해외펀드에 투자해 성공하기 위해서는 인내심과 함께 역발상 기질을 가져야 한다. 해외펀드에 투자하는 사람들은 즉각적인 수익과 만족을 원하지만 이는 주말걱정 증후군처럼 투자의 덫이 될 수 있다. 좋은 예가 독일에 투자하는 저먼펀드와 뉴저먼펀드이다. 이 두 개의 펀드는 모두 베를린 장벽이 무너지고 서독과 동독 사람들이 길거리에서 서로 끌어안으며 인사하고 세계가 이를 축하하는 기간에 생겼다. 위대한 독일의 새로운 르네상스 시대가 시작될 것 같은 분위기였다.

베를린 장벽이 무너지면서 유럽은 마치 마법처럼 곧 통합될 것으로 기대됐다. 베를린 장벽이 무너지고 서독과 동독이 통일을 이루기로 예정된 시간이 되면 수세기 동안 유럽에 쌓여왔던 미움과 갈등이 하룻밤에 사라질 것 같았다. 프랑스인은 독일인을 껴안고 화해하고 영국인은 독일인, 프랑스인과 키스하며 화합할 것 같았다. 유럽의 단일통화를 위해 이탈리아는 리라화를, 네덜란드는 길더화를 포기할 것 같았다. 하지만 나는 이런 것을 바라느니 차라리 피어1 임포츠의 실적 회복을 믿는 것이 훨씬 더 쉽다는 것을 알았다.

승리감에 도취한 베를린 사람들이 무너진 장벽의 잔해 위에서 춤을 추고 있을 때 두 개의 독일 펀드는 보유하고 있는 기업들의 주가, 즉 시가총액보다 가치가 25%나 더 높았다. 이 두 개의 펀드는 통일 후 독일이 놀라운 경제 활황기에 들어설 것이란 기대감에 부풀어 매일 2포인트씩 올랐다. 현재 남한과 북한의 통일에 대해서도 이와 비슷한 과도한 기대감이 존재하고 있지만, 나는 이런 기대감 역시 독일 펀드와 비슷하게 단기간에 끝나버릴 것이라고 생각한다.

6개월 후, 독일 르네상스에 문제가 있음을 투자자들이 알아챘을 때 그들의 도취감은 실망으로 변했고, 독일 펀드들은 급락하며 보유 주식의 가치보다 20~25% 아래로 내려갔다. 그 이후 독일 펀드들은 쭉 실제 가치보다 할인되어 팔렸다.

1991년 투자자들이 독일 경제의 르네상스에 대해 여전히 낙관적으로 바라보고 있을 때 독일 증시는 수익률이 극히 부진했다. 반면 1992년 상반기에 독일 경제에 대해 온통 우울한 뉴스밖에 없을 때 증시는 상당한 호조세를 보였다. 이처럼 해외에서 전개되는 상황을 국내에서 정확히 파악하기란 어렵다.

해외펀드에 투자하기에 가장 좋은 때는 인기가 없어서 20~25% 정도 할인된 가격으로 살 수 있을 때이다. 조만간 독일은 경제부흥기를 맞을 것이므로 독일 펀드가 하락할 때 매수한 뒤 인내심을 갖고 기다린 투자자들은 보답을 받을 것이다.

해외펀드에는 많은 약점이 있다. 첫째, 국내펀드에 비해 보수와 수수료가 전반적으로 상당히 비싸다. 펀드가 보유하고 있는 기업들의 실적이 좋은 것만으로는 부족하다. 투자한 국가의 환율이 미국 달러화에 비해 강세를 유지해야 한다. 그러지 않으면 투자한 기업의 주가가 올라도 환차손으로 차익이 모두 날아가거나 오히려 손해를 볼 수도 있다. (이 때문에 대부분의 해외펀드는 환헤지를 한다 – 역자) 해당 국가의 정부가 추가적인 규제나 세제를 도입해 기업 활동이나 주식 투자에 악영향을 줘서는 안 된다. 따라서 해외펀드의 매니저가 해당 국가의 기업과 경제상황 등에 대한 조사분석을 철저히 해야 한다.

펀드매니저가 누구인지도 중요하다. 투자하는 국가를 단 한 번이라도 방문한 적이 있는 사람인가? 아니면 아예 그 국가에 살면서 펀드를 운용하고 있는가? 그 국가의 주요 기업들과 접촉하며 경영상황과 현안 등에 대해 계속 파악하고 있는가?

다른 주요 선진국과 비교해 미국의 경쟁력이 점차 약화되고 있다는 주장이 있다. 실제로 많은 사람들이 미국에서 만든 물건보다 외국에서 만든 물건이 더 뛰어나다고 믿고 있다. 독일인은 미국인보다 더 효율적이다. 세계 최고의 자동차는 독일인이 만든다. 일본인은 더 열심히 일한다. 세계 최고의 TV는 일본인이 만든다. 프랑스인은 예술적 감각이 더 뛰어나다. 세계 최고의 빵은 프랑스인이 만든다. 싱가포르 사람들은 교육수준이 높다. 세계 최고의 디스크 드라이브는 싱가포르인이 만든다. 그러나 나는 미국과 다른 주요 선진국을 비교하는 논쟁에서 미국 편을 들고 싶다. 세계 여러 나라를 여행해본 뒤 나는 미국이 여전히 최고의 기업들과 기업에 투자하기에 가장 좋은 최고의 시스템을 갖춘 나라라는 결론을 내렸다.

유럽에는 미국의 우량 대기업(블루칩)에 해당하는 거대 기업집단들이 가득하다. 그러나 유럽에는 성장하고 있는 기업이 미국에 비해 부족하다. 성장기업이 있다고 해도 이미 주가가 너무 올라간 경우가 많다. 예를 들어 아내 캐롤린은 향수 판매대에서 프랑스의 화장품회사 로레알 제품이 잘 팔린다는 것을 파악했다. 나 역시 로레알이 좋았다. 하지만 주가가 순이익의 50배라면 좀 곤란하다.

미국에는 20년 연속으로 순이익이 늘어난 기업들이 수백 개에 달한다. 그러나 유럽에서는 10개를 찾기가 어려웠다. 유럽에서는 유명한 우량 기업조차 미국과 비교하면 일반적인 실적에 불과하다.

외국 기업에 대한 정보는 대략적이고 때론 사실과 다른 경우도 많다. 유일하게 영국에만 월스트리트에서 얻을 수 있는 것과 비슷하게 주의 깊고 신중한 기업분석 보고서가 있다. 유럽 대륙에서는 증권 애널리스트라는 직업 자체를 만나기가 어려웠다. 스웨덴에는 애널리스트가 거의 없었다. 그나마 내가 만난 유일한 애널리스트는 미국의 GM이나 IBM과 같은 영향력을 지닌 볼보 자동차를 한 번도 방문해본 적이 없었다.

유럽에서는 애널리스트의 실적 추정치도 사실과 크게 달랐다. 우리는 미국 애널리스트들이 기업의 향후 실적을 잘 추정하지 못한다고 비난한다. 하지만 유럽 애널리스트들과 비교하면 미국 애널리스트들의 실적 추정치는 거의 정확하다고 해도 과언이 아니다. 프랑스에서 나는 마트라라는 기업집단에 대해 매우 낙관적인 견해를 밝힌 애널리스트의 보고서를 읽고 기쁜 마음으로 기대감을 안고 이 기업을 방문했다. 하지만 이 기업의 홍보 담당자가 소개한 사업부서별 전망은 예상과 달리 대부분 좋지 못했다. 한 사업부서는 제 살 깎기 식의 심각한 경쟁에 직면해 있었고, 다른 한 사업부서는 예상치 못한 비용을 상각해야 했으며,

또 다른 사업부서는 파업으로 고전하고 있었다. 나는 홍보 담당자에게 이렇게 말했다. "내가 읽은 보고서에 나오는 기업과 전혀 다른 기업인 것 같군요. 보고서에는 올해 순이익이 두 배로 늘어날 것으로 전망되어 있었는데 말입니다." 그러자 그는 아무 말 없이 나를 쳐다보기만 했다.

만약 유럽 기업을 직접 분석한다면 유럽의 이런 빈약한 증권 애널리스트 문화를 오히려 강점으로 활용할 수도 있다. 예를 들어 볼보가 보유하고 있는 현금의 양과 비슷한 주가로 팔리고 있다는 사실을 파악하는 식으로 말이다. 내가 마젤란펀드에서 외국 기업 투자를 통해 높은 수익률을 거둘 수 있었던 것도 바로 이 때문이었다. 미국에서 주식 투자가 어려운 것은 당신보다 주식에 대해 더 잘 아는 똑똑한 1000명의 사람들이 당신과 똑같은 주식을 연구하고 분석하기 때문이다. 프랑스나 스위스, 스웨덴에서는 그렇지 않다. 그곳에서는 똑똑한 사람들이 볼보나 식품업체 네슬레가 아니라 고대 로마의 시인 베르길리우스와 독일의 철학자 니체를 연구하고 있다.

일본인들은 어떨까? 일본인은 자본주의의 승자이며 시간 외 근무를 밥 먹듯 하는 부지런한 사람들이고 록펠러 센터와 컬럼비아 픽처스의 소유자이다. 또한 앞으로 프로야구 메이저리그 구단인 시애틀 매리너스를 소유하고 그 다음엔 워싱턴 기념관까지 차지하게 될지도 모른다. 만약 당신이 나와 함께 일본으로 기업분석 여행을 다녀왔다면 일본 기업들이 가진 이런 우월성은 모두 허튼소리에 불과하다는 것을 깨달을 것이다.

일본 국민은 세상에서 가장 부유한 나라에 살고 있는 가난한 사람들이다. 일본인들은 미국인이 가진 넓은 집과 낮은 물가, 주말 별장을 부러워한다. 일본에서는 사과 하나가 5달러에 달하며 그다지 대단할 것도 없는 평범한 저녁식사 가격이 100달러에 이른다. 사람들로 가득 찬 지하철에 끼인 채 집으로 가지만 1시간 반이 넘도록 미국의 로드아일랜드주보다도 더 큰 거대 도시 도쿄를 빠져나가지 못한다. 수많은 일본인들이 일자리를 구해 하와이로 이민 가는 것을 꿈꾸지만 그들은 떠날 수가 없다. 1000평방피트(93㎡, 28평)에 불과한 오두막집 같은 100만 달러짜리 집을 사는 데 빌린 담보대출을 갚아야 하기 때문이다. 이 비싼 집을 팔고 다른 곳으로 이사하려 해도 결국엔 또 다른 100만 달러짜리 작은 집을 사거나 아니면 한 달에 1만 5000달러씩 내는 월세를 얻어야 한다.

일본인들이 처한 역설적인 상황을 보면 한때 100만 달러짜리 강아지를 소유했다고 자랑스러워하던 남자의 이야기가 생각난다. 그 강아지가 100만 달러라는 사실을 어떻게 알았느냐고 물어보면 그 남자는 50만 달러짜리 고양이 두 마리와 바꿨기 때문이라고 대답한다. 아마도 일본인들은 50만 달러짜리 고양이와 50만 달러짜리 골프회원권을 갖고 있다가 최근에 몇 개의 10만 달러짜리 주식으로 바꾼 것 같다. 1970~80년대를 풍미했던 증권사 E. F. 후튼 & Co.의 광고문구 'E. F. 후튼이 말하면 사람들이 듣는다'는 오히려 일본에서는 상당히 절제되고 조심스러운 표현이다. 일본에서 증권사들의 슬로건은 '노무라 증권이 명령하면 사람들이 복종한다'라고 할 수 있을 정도이다. 일본 증권사들은 무조건적인 신뢰를 받았다. 일본 증권사들의 조언은 마치 복음처럼 여겨졌다. 일본인들은 증권사들의 신호에 따라 50만 달러짜리 고양이들을 사들였다.

그 결과 일본 증시는 PER가 50배, 100배, 200배에 달하는 불가사의한 곳이 돼버렸다. 이런 현상은 논리적으로는 도저히 설명하기가 불가능하기 때문에 일본 증시의 높은 PER는 일본 고유의 문화적 특징이라는 가설까지 등장했다. 사실 미국 투자자들도 1960년대 말에 이와 똑같은 특징을 드러냈다. 당시 미국 증시는 너무나 고평가되어 있어서 물가상승률을 반영한 다우존스지수가 1967년 최고가를 회복하기까지 22년이나 걸렸다.

일본 증시에는 1920년대 이후 월스트리트에서 사라진 검은 뒷거래가 어느 정도 남아 있다. 자산규모가 큰 투자자들은 주식 투자에서 손해를 보면 증권사가 손해액을 환불해준다는 일종의 원금보장을 약속받는다. 미국에서 이처럼 메릴린치와 스미스 바니만이라도 고객 편의주의적이었다면 미국인들이 주식에 대한 믿음을 어느 정도 회복할 수 있었을 것이다.

나는 1986년에 일본을 처음 방문했는데 그때 일본 증시는 뒷거래가 이뤄져 투명하지 못하다는 느낌을 받았다. 나는 당시 80여 명이 근무하고 있던 피델리티 도쿄 지사를 통해 일본 방문을 준비했다. 애덤 스미스의 《머니 게임Money Game》이란 책을 보면 근면 성실하기로 이름 난 피델리티의 창업자 존슨에 대해 자세히 소개돼 있다. 이 책이 일본어로 번역돼 출간된 뒤 피델리티는 일본에서 유명해졌다.

그러나 나는 일본에 가기 전에 기업 방문 일정을 잡기 위해 수없이 많은 메일을 보내고 전화를 해야 했다. 영어로 번역된 일본 기업들의 연례 보고서를 미리 받아보고 몇 가지 질문을 정리해서 보냈다. 나는 미국 기업을 대할 때와 마찬가지로 일본 기업에 대해서도 예의 바른 농담으로 분위기를 화기애애하게 만든 뒤, 내가 기업을 정확하게 분석하기 위해 노력하고 있다는 것을 보여주듯 신랄하고 비판적인 질문을 연달아 던졌다.

일본 기업들은 매우 격식을 차렸으며 모임은 수많은 인사와 커피 접대로 이뤄진 형식적인 것이었다. 한 기업을 방문했을 때 나는 영어로 기껏해야 15초밖에 걸리지 않는 설비투자 계획에 대해 물어봤다. 그러나 이 질문이 일본어로 통역되어 각 담당자에게 전달되는 데는 무려 5분이나 걸렸으며, 이 담당자들이 일본어로 대답하는 데는 7분이나 걸렸다. 마침내 영어로 통역돼 나에게 돌아온 대답은 고작 '1억 500만 엔'이었다. 일본어는 매우 미사여구가 많은 언어였다.

또한 일본에서 가장 유명한 증권 브로커를 만났을 때 나는 일본 주가가 어느 정도 조작되고 있다는 느낌을 받았다. 그는 자신이 가장 좋아하는 주식(어떤 주식이었는지는 기억나지 않는다.)에 대해 설명하면서 10만 엔인가 하는 숫자를 계속 언급했다. 나는 그가 말하는 숫자가 매출액인지, 순이익인지, 또는 다른 무엇인지 정확히 알 수가 없어서 되물어봤다. 그 숫자는 1년 후 그 기업의 주가였다. 1년 후 확인해보니 그의 예상 주가는 정확히 들어맞았다.

일본 증시는 기업의 실적과 경영역량 등 기초체력을 분석하는 애널리스트들에게는 악몽과 같은 곳이다. 대차대조표 내용이 엉망인데다 실적은 오점 투성이고 주가는 이상할 정도로 고평가된 기업도 여러 차례 목격했다. 여기에는 당시 사상 최대 규모의 기업공개로 주식시장에 상장했던 NTT도 포함된다.

나는 보통 전화회사나 통신회사가 민영화하면 지체하지 않고 주식을 사들인다(17장 참조). 그러나 NTT는 예외였다. NTT는 전화통신 수요가 폭발적으로 늘어나는 저개발국가의 고성장기업이 아니다. NTT는 규제를 받는 유틸리티 기업으로 이미 성숙단계에 들어섰다는 점에서 기업분할 전의 공룡기업 AT&T와 비슷했다. 이러한 거대 기업에 대해서는 연간 두 자릿수가 아니라 6~7% 정도의 성장만 기대할 수 있다.

NTT의 기업공개는 1주당 110만 엔의 가격으로 1987년에 이뤄졌다. 나는 당시 이 가격이 미쳤다고 생각했다. 그러나 상장 후 NTT 주가는 세 배 가까이 폭등했다. NTT의 주식은 순이익의 3000배가량으로 팔리고 있었다. NTT의 시가총액은 3500억 달러로 독일 증시 전체의 시가총액보다 더 많으며 경제잡지 《포천》이 선정하는 미국 500대 기업 중 상위 100대 기업의 시가총액을 모두 합한 것보다 더 많다.

〈벌거숭이 임금님〉이란 동화가 있다. NTT의 경우에는 임금님만 벌거벗은 것이 아니라 백성들까지 모두 옷을 벗고 있는 꼴이다. 1987년 미국의 블랙 먼데이 이후 일본 정부는 두 차례에 걸친 추가 공모를 통해 더욱 고평가된 NTT 주식을 일반 대중들에게 팔았다. 한 번은 주당 255만 엔, 그 다음에는 주당 190만 엔에 공모했다. NTT 주가는 그 이후 쭉 내리막길을 걸었다. 이 책을 쓰고 있는 현재 NTT 주가는 57만 5000엔으로 1987년 두 번째 공모 때 가격에 비해 85%나 떨어졌다. 월스트리트 투자자들에게 이 정도의 손실을 끼치려면 《포천》 500대 기업 중 상위 100대 기업이 모조리 사라져야 한다.

NTT는 주가가 57만 5000엔으로 떨어진 현재도 30년 연속으로 이익이 늘어난 우량 기업인 필립모리스보다 시가총액이 더 많다. 이처럼 엄청난 폭락을 겪은 후에도 NTT의 주가는 순이익 대비 50배 수준으로 여전히 고평가돼 있다.

내가 듣기로 일본 투자자들은 기업의 순이익에는 거의 주의를 기울이지 않고 현금흐름에 주목한다고 한다. 아마도 기업의 순이익이 부족하기 때문이 아닐까 생각한다. 술 취한 뱃사람처럼 돈을 마구 쓰는 기업, 특히 인수·합병과 부동산에 돈을 쓰는 기업은 결국 엄청나게 적립해야 하는 감가상각 충당금과 갚아나가야 할 부채밖에 남지 않는다. 이런 기업은 현금흐름은 풍부하지만 순이익은 낮은 특징을 드러낸다.

일본 증시 전문가들은 일본인이 유독 현금흐름을 선호하는 것 역시 문화적 특징일 뿐이라고 말한다. 그러나 기업이 적자를 내는데 문화적 특징이 변명거리가 될 순 없다. 적자는 일본 은행들이 현재 직면하고 있는 심각한 문제다. 일본 은행들은 100만 달러짜리 개와 50만 달러짜리 고양이를 사려는 고객들에게 돈을 빌려줬다 곤경에 처한 셈이다.

투기는 미국 경제보다 일본 경제에서 훨씬 더 큰 역할을 하고 있다. 메릴린치는 실적이 사상 최고였던 해에도 《포천》 500대 기업 중 미국 상위 100대 기업에 포함된 적이 없었다. 그러나 일본의 경우 어느 순간 상위 25대 기업 중 5개 기업이 증권사였고 5개에서 10개는 은행이었다.

미국 은행들은 부동산 재벌로 유명한 라이히만과 트럼프 가문에 많은 돈을 빌려줬다고 비판받고 있지만 가장 허술한 대출에서조차 어떤 형태로든 담보는 제공받았다. 반면 일본 은행들은 아무리 긍정적으로 생각해도 임대료로 비용을 충당하기도 어려울 것 같은 오피스 빌딩에 돈을 빌려주면서 담보를 전혀 받지 않았다.

최근 대규모 매도세에 이르기까지 일본 증시에서 유일하게 저평가됐던 주식은, 그나마 일본 경제의 미래 성장과 번성이 달려 있다고 생각되는 중소형주밖에 없다. 중소형주는 일본 증시가 터무니없을 정도로 치솟아 올라가는 거품 초기 단계에서 외면당했다. 그때 나는 일본 중소형주를 집중적으로 매수했다가 이들마저 나머지 일본 주식과 마찬가지로 비이성적인 수준으로 주가가 치솟아 오르자 팔고 나왔다. 모든 점을 고려할 때 투자환경이 우수하고 오래된 미국의 견실한 소형 성장주펀드에 투자하는 것이 더 낫다는 생각에서였다.

지금까지 소개한 펀드 투자전략을 요약하면 다음과 같다.

- 가능한 한 많은 돈을 주식형 펀드에 투자하라. 금융소득이 필요한 경우라도 장기적으로 보면 배당주를 보유하고 모자라는 소득은 가끔씩 주식을 팔아 충당하는 것이 채권에 투자해 이자를 받아쓰는 것보다 훨씬 더 부자가 되는 길이다.

- 국채를 보유하고 싶다면 정부로부터 직접 사라. 아무 이유 없이 수수료를 지불해야 하는 국채펀드는 사지 말라.

- 자신이 어떤 종류의 주식형 펀드에 투자하고 있는지 확실히 파악하라. 사과는 사과와 비교해야 하듯 펀드 수익률을 평가할 때 가치펀드는 가치펀드끼리, 성장펀드는 성장펀드끼리 비교하라. 성장펀드보다 금펀드의 수익률이 낮다고 금펀드매니저를 탓하지 말라.

- 가장 좋은 펀드 투자전략은 자산을 서로 다른 3~4개의 주식형 펀드(성장, 가치, 소형 성장 등)에 나눠 투자하는 것이다. 그러면 언제나 자산 일부가 주식시장에서 가장 수익률이 높은 섹터에 투자돼 있다.

- 주식형 펀드에 돈을 추가로 넣을 때는 몇 년간 수익률이 극히 저조했던 섹터에 투자하는 펀드에 넣어라.

- 과거 수익률을 토대로 미래에 승리할 펀드를 선택하는 것은 전혀 효과가 없다고 말할 수는 없지만 성공하기도 어려운 일이다. 꾸준히 좋은 성과를 내는 펀드를 골라 투자한 뒤 오래 보유하라. 이 펀드에서 저 펀드로 끊임없이 옮겨 다니는 것은 순자산의 손실을 가져오는 매우 값비싼 습관이다.

제4장

—

마젤란펀드 초기

경험으로 보는 주식 투자 방법론

BEATING THE STREET

최근 나는 책상에서 기업소개서를 치우고 마젤란펀드에 있을 때 주주들에게 보낸 운용보고서를 모아놓은 서류철을 꺼냈다. 13년간 마젤란펀드를 어떻게 운용했는지 정리하기 위해서였다. 13년간의 펀드 운용 내역을 정리하면서 피델리티의 컴퓨터 전문가 가이 서룬돌로, 필 테이어, 자크 퍼롤드의 도움을 받았다. 특히 자크 퍼롤드는 내가 펀드를 운용하면서 가장 많은 수익을 올린 종목과 가장 많은 손실을 입은 종목들을 뽑아내 출력해줬다. 이 목록은 기대 이상으로 유익했으며 어떤 결과에 대해선 나조차도 놀랄 정도였다. 마젤란펀드가 성공할 수 있었던 주요 원인은 소형 성장주에 투자했기 때문이라고 알려져 있다. 그러나 이는 사실과 크게 달랐다.

여기에 공개하는 내 13년간 펀드 운용 내역이 나의 실수로부터 무엇인가 배우기를 원하는, 또는 내가 투자한 종목 중에 어떤 것이 효과가 있었고 어떤 것은 효과가 없었는지 궁금해하는 다른 펀드매니저들과 개인 투자자들에게 실질적인 도움이 되기를 바란다. 정치인들이 회고록을 쓰는 방식과 마찬가지로 마젤란펀드를 운용했던 13년 세월을 초기, 중기, 후기로 나눠 3상에 걸쳐 소개했나. 주식 두사사로서의 나의 인생이 뭔가 대단한 중요성을 지니고 있다고 생각해서가 아니라 단지 설명하기 편리하기에 마젤란펀드 운용 시기를 세 부분으로 나눈 것이다.

피델리티는 상장회사가 아니다. 만약 피델리티가 상장회사였다면 당연히 사람들에게 피델리티 주식을 사라고 권했을 것이다. 나는 펀드에 투자하려는 돈이 매일 피델리티로 쏟아져 들어오는 것과 새로운 펀드가 만들어져 출시되는 것을 직접 목격했다. 또 처음에는 창업자 에드워드 존슨에 의해, 그 다음에는 그의 아들 네드에 의해 피델리티가 얼마나 훌륭하게 경영되고 있는지도 직접 체험했다.

마젤란펀드의 전신은 1963년에 네드 존슨이 만든 피델리티 인터내셔널펀드이다. 이 펀드는 해외펀드로 출범했지만 당시 케네디 대통령이 해외투자에 대한 강력한 세제 정책을 시행하는 바람에 해외 주식을 팔고 국내 주식을 사야 했다. 피델리티 인터내셔널펀드는 1965년 3월 31일 마젤란펀드로 이름을 바꾸기 전까지 2년간 명목상으로는 해외(인터내셔널)펀드였지만 실제로는 미국 주식에 투자하는 국내펀드였다. 당시 마젤란펀드가 가장 많이 투자한 주식은 크라이슬러였다. 크라이슬러는 20년 후 내가 마젤란펀드를 운용할 때도 파산위기에서 벗어나면서 펀드 내 투자 비중이 가장 높았다. 크라이슬러는 확실하다고 생각되는 기업은 절대 포기할 수 없다는 사실을 증명하는 사례이다.

마젤란펀드가 출시됐을 때 나는 보스턴대학 학생으로 공부하며 주말에는 골프장에서 캐디로 일하고 있었다. 당시는 모든 사람들이 펀드에 투자하기를 원할 정도로 대대적으로 펀드 붐이 불 때였다. 펀드 붐은 가진 돈이 별로 없는 과부였던 내 어머니에게조차 영향을 미쳤다. 어머니는 교사로 일하면서 밤에는 부업으로 펀드를 팔던 펀드 판매사원의 설득에 넘어가 피델리티 캐피털펀드에 가입했다. 어머니는 동양의 지혜를 믿었기 때문에 중국 사람이 그 펀드를 운용한다는 사실을 특히 마음에 들어 했다. 그 중국인은 게리 차이였다. 그는 피델리티 트렌드펀드를 운용하던 네드 존슨과 더불어 당시 피델리티의 독보적인 펀드매니저였다.

어머니는 펀드 영업사원이 말해주지 않았더라면 중국인이 피델리티 캐피털펀드를 운용하고 있다는 사실을 몰랐을 것이다. 당시에는 수많은 펀드 판매사원들이 전국 곳곳을 돌면서 펀드를 팔았다. 대다수는 펀드 판매가 부업이었다. 이들은 진공청소기 외판원, 백과사전 외판원, 보험 판매원, 공동묘역 묘지 판매원 등과 마찬가지로 각 가정을 방문해 펀드를 팔았다. 어머니는 가족의 풍요로운 미래를 위해 피델리티 캐피털펀드에 매달 200달러씩 투자하기로 했다. 어머니는 그 혜택을 누리지 못했지만 피델리티 캐피털펀드는 S&P500지수를 뛰어넘는 수익률로 1950년대에 세 배로 뛰었고 1960년대 첫 6년간은 다시 두 배로 급등했다.

1980년대에 주식시장이 흥분되는 상승세를 지속해왔다는 점을 감안하면 믿기 어려울지 모르겠지만 주식시장은 매우 변덕스럽다. 몇 번의 조정이 별 다른 이유 없이 길게 이어지면 잡지에서 주식 투자에 대한 기사가 사라지고 각종 파티에서는 주식 투자를 자랑하는 말을 더 이상 들을 수 없다. 투자자들의 인내심이 심각하게 시험당하며 헌신적인 주식 투자자들은 마치 철 지난 휴양지를 찾은 행락객처럼 외로움을 느끼기 시작한다.

내가 피델리티에 애널리스트로 입사할 당시에 주식시장은 이러한 침체 상태에 막 들어서기 시작하는 때였다. 주가는 고점을 친 뒤 1972~74년 급락을 향해 달려가고 있었다. 1972~74년 증시는 대공황으로 이어진 1929~32년 침체장 이후 최악이었다. 갑자기 아무도 펀드를 사려 하지 않았다. 펀드 투자에 대한 관심이 사라지면서 펀드 사업은 엉망이 됐다. 펀드 판매사원들의 실적도 곤두박질쳤다. 펀드 판매사원들은 펀드 붐이 일기 전에 팔았던 진공청소기나 자동차 광택제 등을 파는 영업사원으로 돌아갔다.

사람들은 주식형 펀드에서 빠져나가 MMF와 채권형 펀드로 옮겨 갔다. 피델리티는 MMF와 채권형 펀드에서 이익을 거둬들여 주식형 펀드를 최소한 몇 개는 그대로 유지할 수 있었다. 이렇게 겨우 생존한 주식형 펀드는 주식 투자에 아직 관심이 있는 극소수의 고객들을 두고 치열한 경쟁을 벌여야 했다. 그 시절 주식 투자에 그나마 관심이 있는 사람들은 마치 멸종위기에 처한 동물처럼 찾기 힘들었다.

주식형 펀드들 사이에서 차이점은 거의 없었다. 대부분의 주식형 펀드가 주가 차익을 추구하는 일반 주식형 펀드라고 불렸다. 이러한 모호한 이름은 펀드매니저들에게 경기민감주, 유틸리티주, 성장주, 재료보유주 등 어떤 종류의 주식이든 살 수 있는 자유를 줬다. 보유하고 있는 주식의 종류는 펀드마다 각기 달랐지만 투자자 입장에서는 모두 똑같은 펀드로 느껴졌다.

1966년에 피델리티 마젤란펀드는 운용자산규모가 2000만 달러였지만 이후 주식시장이 침체되면서 환매가 꾸준히 이어져 1976년에는 600만 달러로 대폭 줄어들었다. 운용수수료가 보통 0.6%이므로 운용자산이 600만 달러면 연간 운용수익으로 3만 6000달러가 생긴다는 뜻이다. 3만 6000달러는 펀드매니저 한 사람의 1년 급여는커녕 전기료를 포함한 관리비를 충당하기에도 빠듯한 돈이다.

피델리티는 1976년에 운용자산을 늘려 비용을 효율화하기 위해 600만 달러 규모의 마젤란펀드와 고객 이탈로 위기에 처해 있던 1200만 달러 규모의 에식스펀드를 합병했다. 에식스펀드는 한때 자산규모가 1억 달러에 달했으나 약세장에서 운용실적이 악화되며 5000만 달러의 이월결손금이 발생했다. 이 이월결손금이 에식스펀드의 가장 큰 매력이었다. 피델리티 경영진과 펀드매니저들은 1969년부터 1972년까지는 딕 하버먼과 네드 존슨이, 1972년부터는 하버먼이 좋은 성과를 내고 있는 마젤란펀드를 에식스펀드와 합병시키면 절세효과를 누릴 수 있을 것으로 생각했다. 에식스펀드의 이월결손금으로 인해 두 펀드를 합한 뒤 발생하는 첫 5000만 달러의 자본이득에 대해서는 세금을 한 푼도 내지 않아도 되기 때문이다.

　　1977년 내가 마젤란펀드를 물려받았을 때 두 펀드는 하나로 합쳐져 운용자산이 1800만 달러였고 5000만 달러의 이월결손금이 있었다. 주식시장은 여전히 끔찍했고 초조함을 느낀 고객들이 빠르게 이탈하여 고객 수는 매우 적었으며, 피델리티에서 마젤란펀드의 판매를 중단해 신규 고객을 끌어들일 방법도 없었다.

　　마젤란펀드가 판매를 재개해 신규 고객의 자금을 다시 받아들이기 시작한 것은 4년이 지난 1981년부터였다. 언론은 마젤란펀드의 오랜 판매 중단 사태를 크게 오해했다. 이에 대해 널리 알려진 해석은 피델리티가 펀드 판매를 촉진하기 위해 주식형 펀드의 수익률이 좋아질 때까지 기다린 후에 판매를 재개하는 현명한 전략을 신뢰했다는 것이었다. 마젤란펀드는 오랫동안 신규 고객에게 판매하지 않으며 수익률이 좋아질 때까지 집중 관리하는, 이른바 인큐베이터 펀드로 여겨졌다.

이런 해석은 매우 그럴 듯하지만 전혀 사실이 아니다. 피델리티는 언제나 더 많은 고객들을 끌어들이고 싶어 했다. 우리가 펀드 판매를 중단했던 이유는 펀드에 관심 있는 사람들이 너무 없었기 때문이다. 펀드 산업이 침체되면서 증권사들은 영업부서를 없애거나 축소시켰다. 결국 주식에 관심을 갖고 있는 극소수에게 펀드든 주식이든 팔 만한 사람이 아무도 남아 있지 않았던 것이다.

마젤란펀드를 맡아 운용을 시작한 처음 4년간의 모호하고 불확실한 상황이 나에게는 저주였다기보다 오히려 축복이었다고 생각한다. 주식시장이 좋지 않았기 때문에 실수를 해도 사람들의 주목을 받지 않았고, 덕분에 주식 매매에 대해 많은 것을 경험할 수 있었다. 펀드매니저와 운동선수는 한 가지 공통점이 있다. 천천히 실력이 향상될 때 장기적으로 더 잘할 수 있다는 점이다.

나는 마젤란펀드의 운용을 담당하기 전에 주로 섬유와 금속, 화학 업종을 분석하던 애널리스트였다. 전체 주식시장의 25% 가량의 기업만 익숙하고 나머지 기업에 대해선 아는 것이 없었던 터라 어떤 주식이든 살 수 있는 일반 주식형 펀드를 잘 운용할 수 있다는 자신감을 갖기는 어려웠다. 다만 나는 1974년부터 1977년까지 피델리티 기업분석(리서치) 이사와 투자위원회 위원으로 일했던 경험 덕분에 애널리스트로서 담당하지 않았던 다른 산업에 대해서도 어느 정도 알고 있었다. 1975년에 보스턴에 있는 자선재단의 자산운용을 도왔는데 이것이 나의 첫 번째 펀드 운용 경험이다.

바람둥이 카사노바가 수많은 여자들과의 연애일기를 소중하게 간직하듯 나는 기업 방문 내용을 기록한 일기를 소중하게 간직하고 있다.

이 일기를 보면 1977년 10월 12일에 나는 제너럴 시네마를 방문했다. 하지만 제너럴 시네마가 나의 매수목록에 등장하지 않은 것을 보면 이 기업에 별다른 인상을 받지 못했던 것 같다. 당시 이 주식은 1달러 미만으로 팔렸으나 지금은 30달러가 넘는다. 30배 수익률을 올릴 수 있는 기회를 놓친 것이다. (현재 주가 30달러는 주식 액면분할을 반영한 것이다. 이 책의 나머지 부분에서도 주가는 액면분할을 감안한 것이다. 따라서 이 책에 나오는 주가는 시세표 주가와 다를 수 있다. 그러나 이 책에 기록된 수익과 손실 자체는 절대적인 기준임에 틀림없다.)

기업 방문 일기를 훑어보면 이러한 잃어버린 기회들로 가득 차 있다. 하지만 주식시장은 자비롭기 때문에 바보 멍텅구리에게 두 번째 기회를 제공해준다.

마젤란펀드를 운용하기 시작한 첫 한 달간 나는 전임 펀드매니저가 샀던 종목들을 내가 직접 선택한 종목들로 바꾸는 데 몰두하는 한편, 끊임없는 환매 요청에 부응하기 위해 계속 주식을 팔아 현금을 마련해야 했다. 1977년 12월 말에 내가 마젤란펀드에서 가장 많이 보유하고 있던 주식은 콘골리움, 트랜스아메리카, 유니언 오일, 애트나 생명 등이었다(콘골리움은 1977년 당시 5만 1000주를 보유해 자산가치가 83만 3000만 달러로 엄청나게 높았으나 10년 후 비중은 미미한 수준으로 떨어졌다). 또 의류업체 헤인스(헤인스의 스타킹 브랜드인 레그스L'eggs를 광적으로 좋아하는 아내 캐롤린 덕분이다), 멕시칸 음식 체인점 타코벨(타코벨 매수주문을 냈을 때 나의 첫 번째 주식 중개인이었던 찰리 맥스필드는 "그게 무슨 주식이죠? 멕시코 전화회사인가요?"라고 물었다), 그리고 3만 주를 샀던 패니 메이 등을 발견했다.

콘골리움은 카펫처럼 부엌 바닥 전체에 깔 수 있는 봉합선이 없는 새로운 비닐 바닥재를 개발했기 때문에 좋아했다. 콘골리움은 바닥재 외에도 조립식 주택에 사용되는 모듈 기술을 활용해 프리깃함을 건조하여 국방부에 납품했다. 콘골리움의 조립식 프리깃함은 전망이 매우 밝은 것으로 알려졌다. 타코벨은 맛있는 타코 요리 때문에 좋아했는데 당시 미국인의 90%는 이처럼 맛있는 타코 요리를 먹어본 적이 없었으므로 성장성이 좋았다. 회사 자체도 실적이 좋고 대차대조표가 건전했으며 본사는 이웃집 차고처럼 검소했다. 여기에서 피터 린치의 7번째 원칙을 생각해볼 수 있다.

회사 사무실의 사치스러움과 경영진이 주주들의 이익에 신경 쓰는 정도는 정확히 반비례한다. 즉 사무실이 호화스러운 기업의 경영진은 주주들에게 더 많은 이익을 돌려주려는 의지가 약하다.

내가 처음에 고른 주식(콘골리움, 카이저 스틸, 미션 보험, 라 퀸터 모텔 체인, 20세기 폭스, 타코벨, 헤인스 등)들은 상장기업이란 것 외에는 공통점이 전혀 없어 보였다. 처음부터 나는 공통점을 찾기 어려운 다양한 종목들로 펀드를 구성하는 데 매력을 느꼈다. 또 하나 특징적인 점은 애널리스트로 일할 때 철저하게 연구하고 분석했던 화학기업은 하나도 포함되지 않았다는 것이다.

1978년 3월 31일, 마젤란펀드를 맡아 운용한 지 10개월 됐을 때 운용보고서를 발간했다. 보고서 표지에는 정교하고 오래된 남미 해안선 지도가 그려져 있었다. 그 지도에는 여러 가지 해안선 후미와 강 이름들이 표기돼 있었고 표지 가장자리에는 남미 최남단인 혼곶을 향해 즐겁게 항해하는, 아마도 마젤란이 이끄는 것으로 추정되는 매력적인 갤리온선(범선) 3대가 그려져 있었다. 후에 마젤란펀드가 더 커지고 복잡해졌을 때 표지의 지도는 더 단순해졌다. 지도의 후미와 강에서 스페인 이름이 사라졌고 갤리온선도 3대에서 2대로 줄었다.

1978년 3월에 발간된 운용보고서를 보면 마젤란펀드는 12개월간 20%가 오른 것으로 나와 있다. 같은 기간에 다우존스지수는 17.6% 하락했고 S&P500지수는 9.4% 떨어졌다. 마젤란펀드가 이러한 성공을 거둘 수 있었던 것은 새로 편입한 종목들 덕분이었다. 나는 주주들에게 보고서를 보낼 때마다 최대한 이해하기 쉽게 설명해야 한다는 책임감을 느끼는데 당시에는 투자전략을 다음과 같이 소개해놓았다. "자동차, 항공, 철도, 공해산업, 유틸리티, 화학, 전자, 에너지 비중을 낮추고 금융기관, 방송, 엔터테인먼트, 보험, 은행, 소비재, 숙박, 대여업 등의 비중은 높였다." 10개월간 이 모든 것을 50개 미만의 종목으로 구성된 2000만 달러 규모의 포트폴리오에 담았다.

사실 나는 단 한 번도 전체적인 전략을 세워본 적이 없다. 종목 선택은 전적으로 경험에 따른 것이었다. 나는 냄새를 쫓아 추적하도록 훈련된 경찰견처럼 한 종목에서 다른 종목으로 옮겨 다니며 냄새를 맡았다. 나는 펀드 내에서 특정 산업이 차지하는 비중에 관심을 갖기보다는 전개되고 있는 특수한 상황에 대한 세부적인 내용에 더 신경을 썼다. 예를 들어, 펀드 내에서 방송산업의 비중이 전체 산업에서 방송산업이 차지하는 비중과 비교할 때 높은지 낮은지는 별로 신경 쓰지 않았다. 이보다는 TV 방송국을 소유한 기업이 왜 지난해보다 올해 더 많은 돈을 벌고 있는지에 관심을 뒀다. 어떤 방송국 관계자가 방송산업이 개선되고 있다며 최근 가장 주목받는 방송사가 어디라고 말했다면, 나는 세부적인 사항을 점검하고 대개는 2등 방송사의 주식을 샀다. 나는 사방에서 풍기는 냄새를 쫓아다니며 실증적으로, 경험적으로 종목을 찾아다녔다. 이 과정에서 여러 산업에 관한 단편적인 지식이 반드시 위험한 것만은 아니라는 사실이 증명됐다.

마젤란펀드는 일반 주식형 펀드였기 때문에 어떤 주식이든 살 수 있었다. 모든 종류의 미국 주식은 물론 해외 주식, 심지어는 채권까지 살 수 있었다. 때문에 나는 냄새를 쫓아 경험적으로 주식을 찾는 경찰견식 종목 발굴 방식을 충분히 활용할 수 있었다. 나는 성장펀드매니저의 종목 선정 방식을 따를 필요가 없었다. 성장펀드매니저들은 전체 성장형 주식들이 고평가됐을 때에도(이러한 일은 몇 년 만에 한 번씩 발생했다) 어쩔 수 없이 고평가된 혁신기업의 주식을 사야 했다. 그러지 않으면 그는 성장펀드를 포기할 수밖에 없었다. 그는 최악의 종목들 중에 그나마 가장 괜찮을 것을 골라내야 했다. 하지만 나는 여기저기 두리번거리며 어떤 주식이든 조사할 수 있었다. 그러다 알루미늄 가격이 올라가고 있어 알루미늄 회사인 알코아의 이익이 반등할 것이란 사실을 알게 됐다.

1978년 1월에 우리는 마젤란펀드 투자자들에게 이렇게 말했다. "마젤란펀드의 포트폴리오는 세 종류의 주식들로 구성돼 있습니다. 재료보유주, 저평가 경기민감주, 중소형 성장주." 이는 우리의 포트폴리오를 충분히 설명하고 있지 못하므로 1년 후에는 투자하는 주식에 대한 정의가 다음과 같이 확대됐다.

"마젤란펀드는 상대적으로 매력적인 주식에 투자해 자본이득을 얻는 것을 목표로 하고 있습니다. 상대적으로 매력적인 주식은 주로 5가지로 구분할 수 있습니다. 중소형 성장주, 전망이 개선되고 있는 주식, 불황을 겪고 있는 경기민감주, 고배당 성장주, 자산의 본질 가치가 저평가되거나 시장에서 무시되고 있는 주식들입니다. 미래의 어느 순간에는 해외 주식들도 마젤란펀드의 상당 부분을 차지하게 될 것입니다."

다시 말해 주식시장에서 팔리고 있으면 우리는 샀다. 유연성이 핵심이었다. 시장에는 어디엔가 언제나 저평가된 주식이 있게 마련이다. 마젤란펀드 운용 초기에 가장 큰 수익을 거둔 두 기업은 주요 석유회사인 유노칼과 로열 더치였다. 사람들은 2000만 달러 규모의 펀드는 규모가 큰 석유회사 같은 주식은 무시하고 수익률이 더 높은 중소형주에 집중해야 한다고 생각한다. 그러나 나는 로열 더치가 실적이 크게 호전되고 있음에도 월스트리트가 이를 알아채지 못하고 있다는 사실을 깨닫고 로열 더치를 샀다.

마젤란펀드가 규모가 작은 별 볼일 없는 펀드였을 때도 나는 어느 순간 마젤란펀드 전체 자산의 15%를 유틸리티주로 채웠다. 당시 마젤란펀드는 항공기 제조업체 보잉, 조선업체 토드 조선소^{Todd Shipyards}, 폐업 재고정리 소매업체 픽 엔 세이브^{Pic N Save}, 장례 대행 산업의 맥도날드라 할 수 있는 서비스 코퍼레이션 인터내셔널^{SCI} 등에 투자하고 있었다. 마젤란펀드의 주요 성공 요인으로 자주 거론되는 성장주가 마젤란펀드 내에서 50% 이상 차지한 적이 한 번이라도 있었는지 의심스러울 정도이다.

나는 어떤 주식을 선택한 이유를 끊임없이 찾으며 나 자신을 방어하기보다는 지금 갖고 있는 주식보다 더 좋은 주식을 찾아다니는 공격적인 태도를 유지했다. 예를 들어 내가 산 주식이 예상과 달리 수익률이 좋지 않을 때 그 주식을 계속 갖고 있어야 하는 새로운 이유를 찾아내려고 고심하지 않았다. 사실 월스트리트의 많은 전문가들이 아직도 새로운 변명거리를 생각해내는 데 많은 시간과 노력을 들이고 있지만 말이다. 반대로 나는 지금 갖고 있는 주식보다 더 저평가된 주식을 발굴해 더 좋은 투자기회를 찾으려 노력했다.

전반적으로 주식시장이 좋았던 1979년에 마젤란펀드는 51% 급등했고 S&P500지수는 18.44% 올랐다. 나는 그해 연례 운용보고서에서 마치 처음부터 무슨 전략을 갖고 종목을 골라 투자한 것처럼 그럴 듯하게 전략을 설명해야 했다. 하지만 "숙박, 외식업, 소매업의 비중을 높였다"는 것이 내가 설명할 수 있는 최선이었다.

나는 사업 내용을 이해하기 쉬운 패스트푸드 업체에 마음이 끌렸다. 한 지역에서 성공한 외식 체인점은 다른 지역에서도 성공을 반복할 가능성이 매우 높았다. 나는 타코벨이 캘리포니아에서 많은 매장을 열어 성공한 뒤 동쪽으로 서서히 매장을 늘려나가며 그 과정에서 매년 이익이 20~30% 늘어나는 것을 지켜보았다. 또한 미국 시골식 음식을 파는 외식 체인점 크래커 배럴의 주식을 샀는데 후에 조지아주 메이컨에 있는 크래커 배럴 매장을 직접 방문할 기회가 있었다. 나는 당시 로빈슨-험프리가 후원하는 투자회의에 참석하기 위해 애틀랜타에 갔다가 메이컨에 있는 크래커 배럴 매장을 방문해보기로 했다. 렌트한 자동차에 있는 지도를 보니 묵고 있는 애틀랜타 시내 호텔에서 메이컨까지는 불과 몇 마일인 것 같았다. 그러나 내가 몇 마일이라고 생각했던 거리는 100마일 이상이었고 도로가 혼잡한 퇴근시간대가 겹치면서 메이컨까지 3

시간이나 걸렸다. 그래도 결국 크래커 배럴에서 맛있는 메기 요리를 먹을 수 있었고 크래커 배럴의 전반적인 운영상황에 깊은 인상을 받았다. 마젤란펀드는 크래커 배럴에 투자해 50배 수익을 냈다. 이 때문에 나는 가장 중요한 50개 종목 목록에 크래커 배럴을 포함시켰다.

또한 소비자가 직접 제작DIY하는 데 필요한 주택 수리 공구 및 조립식 가구를 판매하는 소매업체도 방문해 크래커 배럴과 비슷한 현장 조사를 했다. 그 소매업체는 애틀랜타에 자리한 홈데포였다. 나는 홈데포 매장에서도 나사와 볼트, 벽돌, 회반죽 등 다양한 종류의 주택 수리용품이 진열된 모습과 저렴한 가격, 주택 수리에 관한 지식이 풍부한 직원들, 친절하고 예의 바른 서비스 등에 깊은 인상을 받았다. 시간이 있을 때 직접 집에 페인트칠을 하거나 고장 난 수도관을 고치려는 사람들은 제품 종류도 한정되어 있고 가격도 비싼 동네 가게에 갈 필요가 전혀 없었다.

당시는 홈데포 초기 단계로 주가는 25센트(후에 있을 액면분할을 미리 반영한 가격)에 불과했다. 나는 홈데포 매장을 직접 가본 뒤 주식을 샀으나 그 뒤 흥미를 잃어버려 1년 후에 팔아버렸다. 그래프 4-1은 홈데포의 주가차트다. 나는 이 차트를 볼 때마다 엄청나게 후회한다. 15년간 25센트에서 65달러까지 260배가 폭등한 주식을 상상해보라. 그런 기업의 초창기 모습을 지켜봤으면서도 잠재력은 미처 깨닫지 못했던 것이다.

아마 홈데포기 뉴잉글랜드에서 사업을 시작했다면, 아니면 내가 필립스의 드라이버와 슬로 진 피즈(칵테일의 일종)의 차이를 구분할 수 있을 정도만 됐다면 이처럼 멋진 기업을 오판하는 실수를 저지르진 않았

홈데포(HD) 건축자재 및 주택 보수용품 체인점

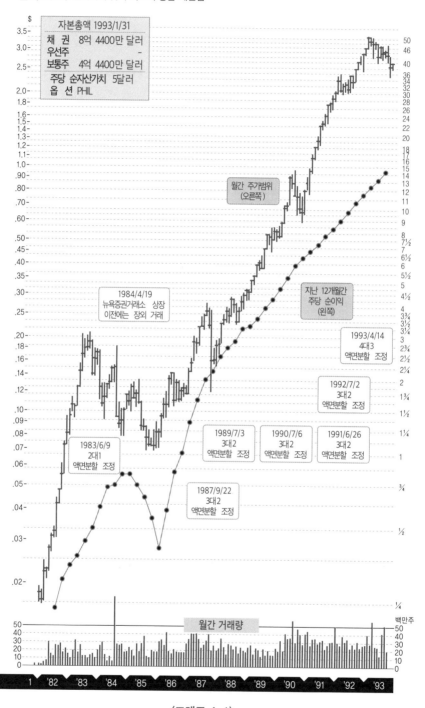

자본총액 1993/1/31
채 권 8억 4400만 달러
우선주 -
보통주 4억 4400만 달러
주당 순자산가치 5달러
옵 션 PHIL

월간 주가범위
(오른쪽)

1984/4/19
뉴욕증권거래소 상장
이전에는 장외 거래

지난 12개월간
주당 순이익
(왼쪽)

1993/4/14
4대3
액면분할 조정

1992/7/2
3대2
액면분할 조정

1983/6/9
2대1
액면분할 조정

1989/7/3
3대2
액면분할 조정

1990/7/6
3대2
액면분할 조정

1991/6/26
3대2
액면분할 조정

1987/9/22
3대2
액면분할 조정

월간 거래량

백만주

1 '82 '83 '84 '85 '86 '87 '88 '89 '90 '91 '92 '93

〈그래프 4-1〉

을 것이다. 장난감 소매업체인 토이저러스 역시 너무 일찍 팔아버렸다. 나의 펀드매니저 인생에서 홈데포와 토이저러스는 최악의 매도주문이었다.

1979년에 마젤란펀드는 홈데포 없이도 큰 성공을 거뒀고, 1980년에도 역시 69.9%의 높은 수익률로 S&P500지수의 상승률 32%를 두 배 이상 압도하며 투자자들에게 즐거움을 안겨줬다. 당시 마젤란펀드에서 가장 많이 투자하고 있던 업종은 게임(정확히 말하면 골든 너겟과 리조트 인터내셔널), 보험, 소매업이었다. 나는 편의점을 무척이나 좋아해서 홉-인 푸드Hop-In Foods와 픽 엔 세이브, 숍&고Shop & Go, 스톱&숍Stop & Shop, 선샤인 주니어 등을 한꺼번에 사기도 했다.

마젤란펀드를 맡아 운용하던 초기 시절을 돌아보면 종목 교체 속도를 의미하는 회전율에 새삼 놀란다. 41개 종목을 보유하고 있던 첫 해에는 회전율이 343%였고, 그 이후 3년간 매년 300%였다. 1977년 8월 2일부터 마젤란펀드를 운용하기 시작했는데 그때 보유하고 있던 종목의 30%를 팔았고, 그 이후에도 정신없는 속도로 석유회사, 보험 회사, 소비재 등을 매달 샀다 팔았다 반복했다.

1977년 9월에 몇 개의 경기민감주를 샀고 11월에는 그중 일부를 팔았다. 패니 메이와 헤인스는 그해 가을에 샀는데 다음 해 봄까지 보유했다. 가장 많이 보유하고 있는 주식도 콘골리움에서 시그널 컴퍼니즈로, 그 다음에는 미션 생명보험으로, 다시 토드 조선소, 그리고 나서 스테이크 전문점인 판다로사 순으로 바뀌었다. 피어1 역시 보유 종목에 편입됐다가 사라졌고 포-페이즈Four-Phase라는 흥미를 자아내는 이름의 회사도 마찬가지였다.

나는 한 달을 주기로 포-페이즈를 샀다 팔았다 했던 것 같다. 포-페이즈가 마침내 모토로라에 인수되어(이는 훗날 모토로라에 무척이나 후회스러운 일이 됐다) 나는 포-페이즈를 샀다 팔았다 하는 일을 그만둬야 했다. 지금 어렴풋이 기억하기로 포-페이즈는 컴퓨터 단말기와 관계가 있는 회사였다. 하지만 그 회사가 어떤 사업을 했는지에 대해서는 그때나 지금이나 설명할 수가 없다. 다행히 나는 이해하지 못하는 회사에 많은 돈을 투자하지는 않았다. 보스턴 외곽 128번 고속도로 주변의 유명한 벤처 산업단지인 루트 128Route 128에 있는 기술기업 대다수도 마찬가지이다.

나는 보유하고 있던 주식을 갑작스럽게 팔고 다른 주식으로 빈자리를 채우곤 했다. 이런 급격한 종목 변경은 운용정책의 변화 때문이 아니라 새로운 기업을 방문했다가 지금 보유하고 있는 기업보다 새 기업이 더 낫다고 판단했기 때문이다. 아마도 기존에 투자했던 기업과 새로 발견한 더 좋은 기업을 함께 보유하고 싶었을 것이다. 그러나 투자자들이 계속 환매를 요청하는 작은 펀드에서 그런 생각은 사치에 가까웠다. 막 발견한 더 좋은 주식을 사기 위해선 기존에 갖고 있던 무엇인가를 팔아야 했다. 나는 언제나 무엇인가를 사고 싶어 했기 때문에 언제나 무엇인가를 팔아야 했다. 나는 매일 전도유망한 새로운 기업(예를 들면 서클 K, 하우스 오브 패브릭스 등)에 대한 얘기를 들었고, 이런 새로운 기업들은 어제 들었던 유망 기업들보다 더 흥분되고 좋은 기회로 여겨졌다.

종목을 자주 교체했기 때문에 연차보고서를 작성할 때마다 투자자들이 합리적이고 분별 있는 매매였다고 생각할 수 있도록 설명하느라 어려움을 겪곤 했다. 어떤 해에는 "마젤란펀드는 주가가 많이 오른 경기민감주에서 매출과 이익이 늘어날 것으로 예상되는 비경기민감주로 종목을 교체했습니다."라고 전략을 요약했다. 다음 해에는 "마젤란펀드는 경기둔화로 이익이 줄어들 수 있는 기업에 대한 비중을 줄였습니다. 그러나 마젤란펀드는 저평가된 것으로 보이는 경기민감주에는 계속 상당 자금을 투자하고 있습니다."라는 내용으로 전략을 바꿔 기술하기도 했다.

지난 연차보고서를 조사해보니 몇 달간 갖고 있다 팔아버린 주식들 중 상당수는 좀 더 오래 보유했어야 했다는 생각이 든다. 이는 투자한 주식에 대한 무조건적인 충성심이 아니다. 점점 더 매력적으로 변해가는 기업들을 계속 보유했어야 했다는 것이다. 팔아버려 후회되는 주식 목록에는 주가가 300배나 뛰어오른 위대한 성장주인 슈퍼마켓 체인점 알버슨스, 마찬가지로 300배 수익이 가능했던 토이저러스, 이미 위에서 언급했던 픽 엔 세이브, 어느 기술적 분석가가 팔라고 했던 워너 커뮤니케이션, 5달러에 샀다 10달러에 팔아치우고 2년 후 주가가 70달러로 폭등하는 것을 안타까운 마음으로 지켜봐야 했던 페덱스 등이 포함돼 있다.

작은 기회에 눈이 어두워 이런 위대한 기업들을 버린 나는 주위에서 흔히 발견할 수 있는 꽃은 뽑아버리고 잡초에 물을 주는 어리석음을 범하고 말았다. 나는 '꽃은 뽑아버리고 잡초에 물을 준다'는 표현을 아주 좋아하는데, 어느 날 워런 버핏이 전화해 연차보고서에 이 표현을 쓰고 싶다고 나에게 허락을 구했다. 워런 버핏은 뛰어난 투자 통찰력뿐만 아니라 글 솜씨로도 유명한 사람이다. 이런 사람의 연차보고서에 인용된다는 사실에 나는 흥분했다. 소문에 따르면 어떤 투자자들은 버핏이 작성하는 각종 보고서를 받아보기 위해 그의 투자회사인 버크셔 해서웨이의 주식(1주당 1만 1000달러) 1주를 사서 보유하고 있다고 한다. 아마도 버크셔 해서웨이가 발행하는 각종 보고서는 역사상 구독료가 가장 비싼 잡지일 것이다.

기업 관계자를 점심식사에 초청하기

마젤란펀드가 신규 고객에게 판매가 중단되고 기존 고객들은 대규모 환매(전체 펀드 좌수의 1/3가량)를 계속했던 4년간 나는 새로운 주식을 사기 위해 기존에 갖고 있던 주식을 계속 팔아야 했다. 이 기간 동안 나는 광범위한 종류의 기업과 산업에 익숙해졌고, 어떤 요인으로 인해 각 기업의 주가가 오르고 내리는지 알게 됐다. 그 당시에는 수십억 달러 규모의 펀드를 운용하는 방법에 대해 교육을 받고 있다고 생각하지 못했다.

당시 얻은 가장 가치 있는 교훈은 기업을 직접 조사해 분석하는 일이 매우 중요하다는 것이었다. 나는 수십 개의 기업을 방문했고 수십 개의 기업을 각 지역에서 열리는 투자 컨퍼런스에서 소개받았으며 점점 더 많은 기업들이 피델리티에 소개됐다(1980년대 초에는 한 해에 200개 기업에 달했다).

피델리티는 기업 관계자들을 초청해 점심식사를 함께하는 정책을 시작했다. 이전에는 같은 사무실의 친구들이나 주식 중개인들과 함께 점심식사를 하며 주말에 즐겼던 골프나 보스턴 레드삭스의 경기 등에 대해 얘기했다. 주식 중개인이나 사무실 동료와 함께 식사하는 것이 편안하고 즐겁긴 하지만 보험이나 알루미늄 등을 비롯한 각 산업 동향에 정통한 기업의 최고경영자CEO나 투자자 관계IR 담당자와 점심식사를 함께하는 것이 훨씬 더 가치 있는 얘기를 들을 수 있었다.

기업 관계자와 함께하는 식사는 오찬에서 조찬, 만찬으로까지 확대 돼 피델리티 임원식당에서 식사를 하며 S&P500 기업들을 꿰뚫을 정도가 됐다. 나탈리 트라카스는 매주 그 주의 식사 메뉴를 나눠주곤 했는데 초청 기업 명단(월요일에 AT&T 또는 홈데포, 화요일에 애트나 또는 웰스파고, 슐룸베르거 등)이 적혀 있다는 것만 빼면 학교에서 매주 가정에 보내는 일주일간 급식 메뉴(월요일 스파게티, 화요일 햄버거)와 비슷했다. 언제나 여러 기업이 초청돼 선택의 여지가 있었다.

기업 정보를 들을 수 있는 식사 자리마다 모두 참석할 수는 없었기 때문에 나는 투자하지 않은 기업과의 식사 자리에 우선적으로 참석하여 혹시 내가 놓치는 부분이 없는지 파악하려 했다. 예를 들어 내가 석유산업에 평균 이하로 투자하고 있다면 석유회사가 초청된 점심 식사에는 반드시 참석했다. 점심을 먹으며 나눈 대화를 통해 경기에 민감한 석유산업의 최근 상황을 파악할 수 있었다.

이러한 정보는 그 산업에 직간접적으로 관계된 사람들은 언제든지 파악하고 있고 알 수 있는 것이었다. 예를 들어 석유산업이라면 생산자, 공급자, 유조선이나 유조차 영업사원, 주유소 사장, 장비 공급 업체 등이 알 수 있는 정보였다. 이들은 산업의 변화를 눈치 채고 그것을 이용할 수 있는 위치에 있었다.

보스턴은 펀드산업의 중심지였기에 우리는 보스턴을 떠나지 않고도 매년 수백 개 기업과 접촉할 수 있었다. 기업의 임원들과 재무 담당자들은 보스턴에 와서 푸트남, 웰링턴, 매사추세츠 파이낸셜, 스테이트 스트리트 리서치, 피델리티 등 유수의 자산운용사와 또 잠재력 있는 수많은 운용사에 들러 자사 주식을 사줄 투자자를 구했다.

기업 관계자들을 초청해 함께하는 아침, 점심, 저녁식사 외에도 피델리티는 애널리스트와 펀드매니저들에게 오후에 피델리티 회의실에서 열리는 또 다른 기업 관계자들과의 대화에 참여하도록 격려했다. 기업 쪽에서 먼저 피델리티에 와서 우리와 얘기하고 싶다고 제안하는 경우도 있지만 우리 쪽에서 먼저 기업 쪽에 방문을 요청하는 경우도 많았다. 기업 쪽에서 우리에게 무엇인가 말하고 싶은 것이 있다고 할 때는 대개 월스트리트에 있는 다른 모든 사람들도 쉽게 들을 수 있는 정보였다. 때문에 우리가 먼저 기업 쪽에 방문을 요청한 경우의 대화가 훨씬 더 유용했다.

나는 시어스 직원과 만나 한두 시간 이야기하면 카펫 판매 동향을 파악할 수 있었다. 석유회사 쉘의 부사장은 석유와 천연가스, 석유화학 시장의 상세한 정보를 알려줬다. 그의 시의적절한 조언 덕분에 나는 곧 파산할 에틸렌 회사 주식을 팔 수 있었다. 켐퍼 직원은 보험료 동향에 대해 알려주곤 했다. 이런 식으로 기업 관계자들과 10번 정도 만나면 2번 정도는 중요한 정보를 얻곤 했다.

나는 사업 실적이 막 호전되기 시작하거나 월스트리트가 간과하고 있는 새로운 진전 상황이 있는 경우 주요 산업 대표와 최소한 한 달에 한 번은 만나 대화를 나눈다는 것을 규칙으로 삼았다. 이는 매우 효과적인 조기 경보 시스템 역할을 했다.

이러한 대화를 할 때 마지막에는 반드시 다음과 같은 질문을 던졌다. "경쟁사 중에 가장 존경하는 회사는 어디입니까?" 한 기업의 CEO가 경영을 잘하고 있다고 인정하는 경쟁사라면 이는 강력한 추천이다. 이 경우 나는 CEO가 칭찬한 경쟁사에 대해 알아본 뒤 그 기업의 주식을 사곤 했다.

우리가 원하는 정보는 기업의 기밀이나 최고급 보안정보가 아니었다. 우리가 초청한 기업 관계자들이 기꺼이 공유하기를 원하는 정보였다. 대부분의 기업 대표는 자기 회사의 강점과 약점에 대해 매우 객관적으로 파악하고 있으며 솔직한 편이었다. 사업 실적이 형편없을 때는 그 사실을 인정했고 언제 다시 실적이 좋아질지 얘기해줬다. 사람들은 서로의 동기에 대해, 특히 돈이 관계됐을 때는 더욱 의도를 의심하고 냉소적이 되는 경향이 있다. 그러나 투자받기를 원하는 수천 명을 만나 얘기를 나눠본 결과 나에게 거짓말을 한 사람은 극소수에 불과했다.

사실 일반 상점가를 비롯한 다른 곳에 비해 오히려 월스트리트에 거짓말쟁이가 더 적을 수도 있다. 어쩌면 당신은 이런 주장을 여기에서 처음 들을지도 모르겠다. 이 말은 금융계 사람들이 시중 상인들보다 더 천사에 가까운 사람들이라는 뜻이 아니다. 다만 금융계 사람들은 전반적으로 불신을 받고 있기 때문에 증권거래위원회SEC가 이들의 모든 주장과 발언을 철저히 검증하고 있으며, 그 결과 월스트리트에서는 거짓말을 하는 것이 거의 불가능하다는 뜻이다. 설사 거짓말을 해서 일시적으로 원하는 효과를 얻었다 해도 다음 분기 실적보고서가 나오면 거짓말이 금방 들통난다.

나는 점심식사를 포함한 각종 모임에서 만난 사람들의 이름을 한 사람도 빠짐없이 기록해뒀다. 이렇게 인연을 맺은 사람들 상당수가 그 후 몇 년간 필요할 때마다 전화해 각종 정보를 얻을 수 있는 중요한 정보원이 되었다. 내가 잘 모르는 산업의 경우 이들이 기업 대차대조표에서 무엇을 주의 깊게 봐야 하고 어떤 점에 의문을 가져야 하는지 등 기본적인 사항을 가르쳐줬다.

나는 애트나와 트래블러스, 하트퍼드 지역의 코네티컷 제너럴의 임원들을 만나기 전까지는 보험에 대해 아무것도 아는 것이 없었다. 그들은 2~3일 만에 보험산업 전반에 대해 집중적으로 알려줬다. 덕분에 나는 보험 전문가와 같은 지식과 경쟁력을 갖추지는 못했지만 어떤 요인이 보험사의 이익을 오르게 하고 또 떨어지게 하는지 파악할 수 있게 됐고 보험회사 관계자들을 만날 때 어떤 질문을 던져야 하는지도 알게 됐다. (나는 이 책의 다른 부분에서 보험 전문가라면 보험에 대한 전문지식을 이용해야지 보험주는 무시한 채 사업 내용을 전혀 모르는 철도회사나 폐기물 처리회사의 주식에 투자하는 식으로 자신의 강점을 썩혀서는 안 된다고 강조했다. 만약 무지가 축복이라면 그 무지의 대가는 매우 비싸다는 점을 기억해야 한다.)

보험주에 대해 말하자면 1980년 3월 당시 마젤란펀드 전체 자산의 25.4%를 손해보험사와 생명보험사에 투자했다. 당시 주식시장에서 소외당하고 있던 보험주를 너무나 많이 보유하고 있었기 때문에 보험업계에서 나를 보험산업 최고의 친구라고 치켜세우며 연례총회 때 연설을 해달라고 요청하기도 했다. 바로 다음 해에 보험주를 다 팔고 은행주를 샀다는 사실을 보험업계에서 알았더라면 나에게 연설을 요청하지는 않았을 것이다.

카터 대통령 임기 말인 1980년에 연방준비제도이사회FRB가 경기 과

열을 차단하고 나서면서 금리는 사상 최고 수준으로 올라가고 있었다. 이런 상황에서 은행주는 탁월한 성장 전망에도 불구하고 주가가 순자산가치에도 못 미쳤다. 나는 이 사실을 책상에 앉아 금리가 떨어지면 어떤 일이 일어날까 상상하면서 파악한 것이 아니다. 로빈슨-험프리가 개최한 지역 투자 컨퍼런스에 참석해서 이 사실을 알게 됐다. 하지만 그것은 컨퍼런스를 통해 알게 된 것이 아니라 회의장 밖에서 얻은 소득이다.

구체적인 성과나 실적이 없는 기업들의 프레젠테이션에 조금 지친 나는 회의 쉬는 시간에 퍼스트 애틀랜타를 잠시 방문해보기로 했다. 퍼스트 애틀랜타는 12년 연속으로 이익이 늘어났다. 퍼스트 애틀랜타의 이익은 시내에서 현란하게 프레젠테이션을 하고 있는 많은 기업들보다 오히려 더 뛰어났다. 확실히 투자자들은 퍼스트 애틀랜타를 간과하고 있었다. 퍼스트 애틀랜타는 5년 후 노스캐롤라이나 주의 와코비아와 합병할 때까지 주가가 30배나 급등했다.

월스트리트는 살아남든 살아남지 못하든 모든 종류의 기업에 대해 흥분하지만 퍼스트 애틀랜타와 같은 탄탄한 은행이 주식시장 평균 PER의 절반 수준에 팔리고 있었다.

나는 퍼스트 애틀랜타에 대한 애기를 들은 후부터 지방은행의 건전한 자산상태와 실적에 깊은 인상을 받는 한편 지방은행에 대한 투자자들의 무관심에 당황했다. 지방은행은 증권사의 관심을 거의 받지 못하고 있었다. 그래프 4-2, 4-3, 4-4를 펀드매니저에게 보여주고 이처럼 놀랄 만한 주가 상승세를 보인 기업을 추정해보라고 하면 아마도 '월마트, 필립모리스, 머크'라고 대답할 것이다. 이 3개의 차트는 모두 고성

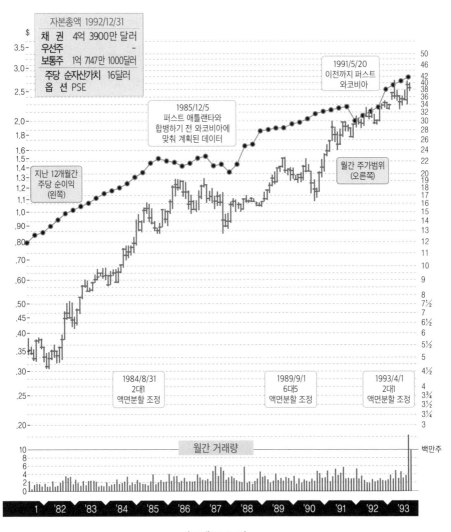

와코비아(WB)
노스캐롤라이나주와 조지아주에 있는 은행

자본총액 1992/12/31
채 권   4억 3900만 달러
우선주   −
보통주   1억 7147만 1000달러
주당 순자산가치 16달러
옵 션   PSE

1991/5/20
이전까지 퍼스트
와코비아

1985/12/5
퍼스트 애틀랜타와
합병하기 전 와코비아에
맞춰 계획된 데이터

지난 12개월간
주당 순이익
(왼쪽)

월간 주가범위
(오른쪽)

1984/8/31
2대1
액면분할 조정

1989/9/1
6대5
액면분할 조정

1993/4/1
2대1
액면분할 조정

월간 거래량

백만주

'82 '83 '84 '85 '86 '87 '88 '89 '90 '91 '92 '93

〈그래프 4-2〉

노스웨스트(NOB)
미니애폴리스에 있는 은행

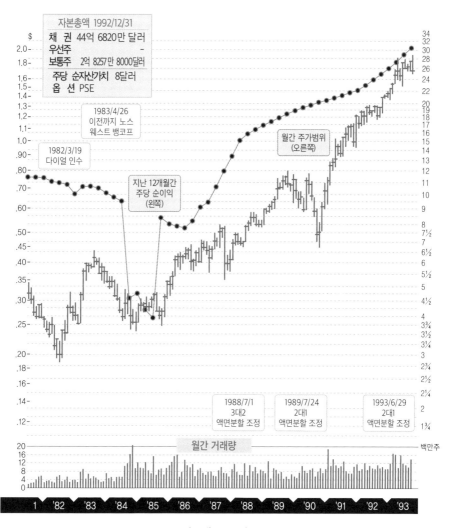

자본총액 1992/12/31

채 권 44억 6820만 달러
우선주 —
보통주 2억 8257만 8000달러
주당 순자산가치 8달러
옵 션 PSE

1983/4/26
이전까지 노스
웨스트 뱅코프

1982/3/19
다이얼 인수

지난 12개월간
주당 순이익
(왼쪽)

월간 주가범위
(오른쪽)

1988/7/1
3대2
액면분할 조정

1989/7/24
2대1
액면분할 조정

1993/6/29
2대1
액면분할 조정

월간 거래량

백만주

〈그래프 4-3〉

NBD 뱅코프(NBD)
디트로이트에 있는 은행

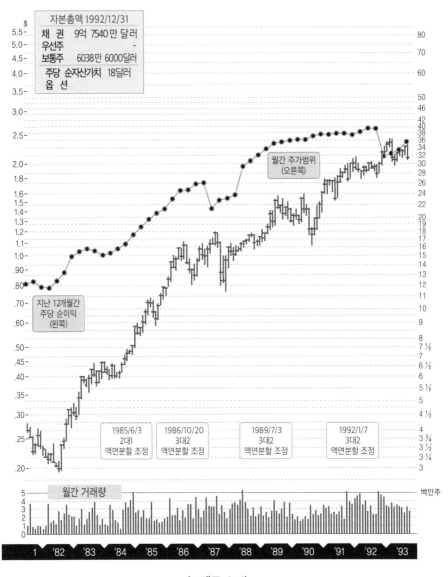

자본총액 1992/12/31
채 권 9억 7540만 달러
우선주 －
보통주 6038만 6000달러
주당 순자산가치 18달러
옵 션

월간 주가범위
(오른쪽)

지난 12개월간
주당 순이익
(왼쪽)

1985/6/3	1986/10/20	1989/7/3	1992/1/7
2대1	3대2	3대2	3대2
액면분할 조정	액면분할 조정	액면분할 조정	액면분할 조정

월간 거래량

백만주

〈그래프 4-4〉

장기업의 주가 움직임을 나타내고 있다. 이 차트들이 은행주의 주가를 나타낸 것이라고 누가 과연 생각하겠는가? 그래프 4-2는 주가가 10년 간 10배나 오른 와코비아의 차트이다. 그래프 4-3은 미니애폴리스의 노웨스트 은행, 그래프 4-4는 디트로이트의 NBD 뱅코프의 주가차트 이다.

나는 펩 보이즈나 던킨도너츠, 또는 다른 고성장기업과 마찬가지로 몇 년간 매년 15%씩 성장해온 NBD 같은 은행이 여전히 주식시장에 서 낮은 PER를 적용받고 있다는 사실이 정말 놀라웠다. 투자자들은 은 행을 그저 꾸준함밖에는 장점이 없는 성숙한 유틸리티 기업으로 대우 한다.

지방은행에 대한 이런 저평가로 인해 수많은 매수기회가 생겼으며, 마젤란펀드는 계속 은행산업에 대한 비중을 시장 평균 대비 4~5배 높 게 유지했다. 내가 특히 좋아했던 은행주는 주가가 2달러에서 80달러 까지 치솟아 오른 피프스 서드Fifth Third였다. 그 다음은 메리디언인데, 수년간 다른 어떤 투자자도 이 은행 본사를 방문한 적이 없었다고 한 다. 또한 키코프는 검약하고 보수적이며 파산할 확률도 낮은 사람들이 주로 모여 사는 북부 산간지역 소규모 은행과 저축은행을 잇따라 인수 해 안정적으로 몸집을 키웠다.

그러나 가장 큰 성과를 거둔 은행주는 170~172쪽에 주가차트를 소 개한 3개 은행과 같은 지방은행이었다. 나는 주로 강력한 지역기반을 토대로 하며 역량 있고 소상공인 대출에 신중한 은행을 찾았다. 한 은 행을 알게 되면 관심을 둘 만한 또 다른 은행을 발견하곤 했다. 그 결과 1980년 말에 마젤란펀드 전체 자산의 9%를 12개의 은행에 투자하고 있었다.

1981년 3월 연차보고서에서 마젤란펀드 투자자들에게 자산이 두 배로 늘어났다는 기쁜 소식을 알릴 수 있게 되어 아주 뿌듯했다. 마젤란펀드의 순자산가치는 1년 전에 비해 94.7% 올랐다. 이는 S&P500지수 33.2% 상승률의 세 배 가까운 수익률이다.

마젤란펀드는 4년 연속으로 주식시장 평균을 훨씬 뛰어넘는 수익률을 거뒀지만 신규 고객을 받지 않는 상황에서 기존 고객의 환매 요청이 계속돼 전체 투자자는 계속 줄어들고 있었다. 4년간 펀드 좌수의 1/3이 환매되었다. 높은 수익률에도 불구하고 왜 환매 요청이 계속 됐는지 이해할 수 없었다. 아마도 에식스펀드와 합병할 때 자동적으로 마젤란펀드에 투자하게 된 사람들이 손실을 만회하고 원금을 회복하자 돈을 찾아간 것이 아닌가 생각할 뿐이다. 성과가 탁월한 펀드에 투자하고도 손실을 입을 수 있다. 특히 당신의 감정이 성급하게 매수 또는 매도신호를 보낼 때는 더욱 그렇다.

마젤란펀드는 높은 수익률로 자본이득을 많이 남겼지만 대규모 환매가 이어져 펀드의 규모는 빠르게 늘어나지 못했다. 마젤란펀드가 투자한 종목들이 지난 4년간 4배로 늘어났으니 마젤란펀드의 자산규모도 8000만 달러가 되는 것이 당연했겠지만 대규모 환매로 인해 자산규모는 5000만 달러로 늘어나는 데 그쳤다. 1980년 중반에 마젤란펀드가 투자한 종목 수는 130개로 내가 펀드 운용을 시작하고 첫 2년간 보유했던 평균 종목 수 50~60개에 비해 두 배 정도 늘어났다. 그러나 환매가 급증함에 따라 다시 종목 수를 90개 정도로 줄여야 했다.

1981년에 마젤란펀드는 살렘펀드와 합병했다. 포르투갈 탐험가들

(마젤란펀드)의 배에 기독교인(살렘은 성경 속 지명)들이 탑승한 셈이다. 살렘펀드는 성과가 좋지 못한 피델리티의 또 다른 소형 펀드였다. 살렘펀드는 다우이론 펀드라고 불리곤 했으며 손실이 많이 나서 이월 결손금이 발생했다. 워런 케이시는 1979년에 발표된 살렘펀드의 첫 합병 이후 2년간 살렘펀드를 잘 운용했으나 펀드 규모가 너무 작아 비용 측면에서 효율적이지 못했다.

마젤란펀드는 1981년 살렘펀드와 합병한 뒤 마침내 신규 고객을 대상으로 판매를 재개했다. 마젤란펀드를 다시 판매하기까지 이처럼 오랜 기간이 걸렸다는 것은 그동안 주식 투자가 얼마나 인기가 없었는지를 보여주는 증거이다. 피델리티의 최고경영자인 네드 존슨은 마젤란펀드 판매를 외부 주식 브로커에게 다시 맡기지 않고 피델리티 자체 영업 인력에게 맡기기로 결정했다.

처음에 우리는 2%의 판매수수료를 받고 마젤란펀드를 팔았다. 그러나 마젤란펀드가 너무 잘 팔리자 우리는 자금유입 속도를 좀 늦추기 위해 선취 판매수수료를 3%로 높였다. 그런 다음 다시 60일 이내에 펀드를 사면 3%의 선취 판매수수료에서 1%를 할인해준다는 조건을 내세워 판매를 촉진시키려 노력했다. 그러나 고객들에게 보내는 광고 전단에 잘못된 전화번호가 실리는 바람에 이처럼 영리한 판매 전략이 완전히 실패로 돌아갈 뻔했다. 광고 전단을 보고 마젤란펀드에 관심이 있어 전화하면 피델리티 영업부서로 연결되는 것이 아니라 매사추세츠 병원으로 연결됐다. 몇 주간 이 병원은 펀드와 아무 상관이 없다고 설명해야 했다.

기존의 운용자산과 살렘펀드의 합병, 그리고 판매 재개로 마젤란펀드의 운용자산은 1981년 사상 처음으로 1억 달러를 넘어섰다. 우리는 처음으로 대중들의 엄청난 관심을 받게 됐다. 그러나 그 다음에 어떤 일이 일어났을까? 주식시장이 하락하기 시작했다. 사람들이 이제 주식시장으로 돌아가도 안전하겠다고 느끼기 시작하는 순간부터 주가가 하락하는 것은 자주 일어나는 일이다. 그러나 마젤란펀드는 1981년의 약세장 속에서도 16.5%의 높은 수익률을 거뒀다.

마젤란펀드 운용 초기에 내가 좋은 수익률을 거뒀던 것은 전혀 이상한 일이 아니다. 1978년에 내가 가장 선호했던 10개 주식의 PER는 4배에서 6배 사이였고, 1979년에는 3배에서 5배 사이였다. 주가가 순이익의 3~6배에 불과한 주식에 투자해 손해 보는 경우는 거의 없다.

당시 내가 선호했던 주식은 앞에서 이미 설명한 소매업체와 은행 등을 포함한 중소형 기업, 이른바 2등 주식이었다. 1970년대 말에 펀드매니저와 주식 전문가들은 2등주는 이미 전성기를 누릴 만큼 누렸기 때문에 이제는 대형 블루칩에 투자할 때라고 나에게 조언했다. 나는 이들의 조언을 받아들이지 않아서 무척 다행이라고 생각한다. 대형 블루칩에는 흥분할 만한 요소가 없었다. 블루칩은 2등주에 비해 주가가 두 배가량 비쌌다. 작은 것은 아름다울 뿐만 아니라 돈도 벌어준다.

제5장
—

마젤란펀드 중기

취재, 발품, 전념

BEATING THE STREET

펀드 운용은 펀드매니저의 원맨쇼가 아니다

내 일과는 오전 6시 5분에 시작된다. 이때 나는 마블헤드에서 오는 친구 제프 무어를 만나 그가 운전하는 사브 자동차에 탄다. 제프는 나를 시내까지 태워다준다. 제프 옆에는 그의 아내 바비가 앉아 있다. 바비는 방사선 의사이다.

밖은 여전히 어둡다. 제프는 운전하고 바비는 X레이 사진을 들고 조수석 실내등에 비춰본다. 나는 뒤에 앉아 또 다른 실내등에 의지해 기업들의 연차보고서와 주가차트들을 살펴본다. 다행히도 나의 연차보고서나 주가차트가 앞좌석의 진료기록표와 섞인 적은 없었다. 우리는 차 안에서 대화를 거의 하지 않는다.

나는 6시 45분에 사무실에 도착한다. 이른 시각이지만 사무실에 있는 사람은 나 혼자가 아니다. 피델리티는 너무나 정상적인 뉴잉글랜드 회사라서 주말에조차 동 트기 전에 사무실에 나와 있는 애널리스트와 펀드매니저들을 모으면 5명이 한 팀으로 구성되는 농구경기를 할 수 있을 정도다. 우리의 경쟁사라면 그 시간에 2명이 하는 게임이라도 할 수 있을지 의심스럽다.

물론 우리가 일찍 출근해서 농구경기를 하는 것은 아니다. 단지 일을 할 뿐이다. 네드 존슨은 직원들이 정규 근무시간을 넘겨 열심히 일하는 것을 좋아한다. 그의 통상적인 근무시간은 오전 9시 30분부터 오후 9시 30분까지이다.

나는 어지러운 책상에서 그날의 주식거래를 하는 데 필요한 기구들을 찾아놓는다. 어느 증권사에서나 무료로 얻을 수 있는 S&P 주식 가이드, 명함정리기 롤로덱스, 법정 크기의 누런 괘선 메모지, 연필, 내가 15년간 사용해온 버튼이 크고 투박하게 생긴 샤프 콤페트 계산기 등이 나의 필수품이다. 책상 한쪽에는 철 지난 S&P 가이드가 쌓여있다. 책상 뒤 탁자에는 주식 시세 단말기인 쿼트론이 놓여있다.

주식 시세 단말기인 쿼트론 초기 모델은 종목코드를 입력하고 엔터키를 쳐야만 해당 종목의 현재 주가가 나타났다. 그러지 않으면 쿼트론 화면은 비어 있었다. 나중에 나온 모델은 화면에 투자한 종목 전체가 주가와 함께 나타나고 주가가 변할 때마다 자동 갱신된다. 나는 종목코드를 입력하고 엔터키를 치지 않을 때는 빈 화면이 표시되는 옛날 모델이 훨씬 더 좋았다고 생각한다. 하루 종일 쿼트론을 바라보며 투자한 주식의 가격이 올랐는지 떨어졌는지 지켜보지 않아도 되기 때문이다. 사실 요즘은 많은 펀드매니저들이 주가가 변할 때마다 자동 갱신되는 시세 단말기를 쳐다보고 앉아 있다. 나는 최신형 쿼트론이 사무실에 들어왔을 때 아예 전원을 꺼버렸다. 켜놓으면 실시간으로 바뀌는 주가 때문에 너무 흥분되기 때문이다.

전화벨이 울리기 전, 즉 주식시장이 개장하기까지 나는 사원이 정리해놓은 피델리티의 전날 매수 및 매도종목의 목록을 살펴본다. 이 목록을 살펴보면 전날 피델리티의 펀드매니저들이 무엇을 했는지 알 수 있다. 나는 또 피델리티의 애널리스트들이 여러 기업을 분석해 요약해놓은 보고서를 읽고《월스트리트 저널》을 본다.

오전 8시쯤 되면 새로운 매수 및 매도종목을 목록으로 정리한다. 이 목록은 대개 내가 바로 전날과 그 전날 샀던 종목들이다. 어떤 기업의 주식이든 합리적인 가격에서 서서히 보유 지분을 늘려나가기 위해 이런 식으로 분산 매수했다. 매매 목록을 정리한 뒤에는 아래층의 트레이딩룸에서 일하는 수석 트레이더 배리 라이덴에게 전화를 걸어 주문 목록을 넘겨줬다(펀드매니저는 주문만 내고 실제 주식 매매는 트레이딩룸에서 트레이더들이 담당한다 – 역자).

내가 있는 층과 트레이드룸이 있는 층 사이에는 9층을 가로지르는 보도가 있었다. 이 보도는 마치 깊은 협곡에 걸려 있는 줄타기 줄을 걷는 것과 같은 느낌을 주었다. 피델리티는 펀드매니저들이 트레이더들을 직접 방해하는 것을 막기 위해 이 보도를 설치했을 것이다. 나의 경우엔 그런 효과가 있었다.

처음에는 수석 트레이더가 나의 유일한 트레이더였다. 그러나 1983년 말 마젤란펀드의 규모가 커지면서 매수·매도주문도 점점 복잡해지자 담당 트레이더가 한 명 더 늘었다. 카렌 데루카였다. 이때부터 라이덴은 주식 매수를, 데루카는 매도를 각각 담당하게 됐다. 두 사람 모두 나에게 상당한 인내심을 보여줬으며, 나도 그들에게 매매라는 자신의 일을 할 수 있는 재량권을 주려고 노력했다.

나는 매매에 대해서는 거의 걱정할 것이 없었다. 돌아보니 그때 매매하는 데 필요 이상의 시간을 썼던 것 같다. 당시 나는 매매주문을 내는 데 하루에 한 시간 정도 썼는데 아마도 10분이면 충분했을 것이다. 주식을 사고파는 것은 재미있었다. 하지만 매매에는 10분만 쓰고 나머지 50분은 적어도 2개 회사에 전화하는 데 쓰는 편이 훨씬 더 나았을 것이다. 투자에 성공하기 위한 중요한 비결 중 하나는 주식이 아니라 기업에 초점을 맞추는 것이다.

매매주문 목록을 아래층으로 내려 보낸 뒤에는 책상으로 돌아와 기업들과 접촉하며 정보를 파악했다. 내가 기업의 현황을 파악하는 방법은 현장 취재기자가 정보를 수집하는 방법과 크게 다르지 않았다. 일반인에게 공개된 여러 가지 자료를 읽으면서 실마리를 찾고 애널리스트나 투자자 관계 기업 홍보 담당자들과 이야기를 나누면서 추가 실마리를 파악한 뒤 직접적인 정보원인 기업 담당자에게 연락을 취한다.

나는 전화든 미팅이든 어떤 이와 접촉한 다음에는 그 기업의 이름과 현재 주가를 적은 뒤 들은 얘기를 한두 줄로 요약해서 기록하여 바인더에 끼워 보관했다. 주식 투자자라면 누구나 종목에 대한 내용을 기록해 보관한다면 큰 도움을 받을 수 있을 것이다. 이런 메모가 없다면 해당 주식을 처음에 왜 사게 됐는지 그 이유를 쉽게 잊어버리기 때문이다.

마젤란펀드의 규모가 커지면서 이런 기록의 양도 늘어났고 기록을 훑어보는 데 걸리는 시간도 길어졌다. 기업 관계자들을 초청해 함께하는 점심식사가 유용하긴 했지만 나는 이런 점심식사 참석을 줄이고 대신 사무실에서 전화 받는 틈틈이 샌드위치로 점심을 때우는 것을 시간 절약 측면에서 더 좋아하게 됐다. 기업 관계자들과의 점심식사를 통해 이미 충분한 정보원을 확보했기 때문에 필요한 정보는 대부분 이들에게 전화를 걸어 얻을 수 있었다.

내 작은 사무실 문밖에는 어떤 상황에서도 침착함을 잃지 않는 폴라

설리반을 필두로 총 4명의 비서들이 앉아서 걸려오는 전화를 담당자들에게 연결시켜주고 있었다. 그들이 "1번 라인에 아무개 씨 전화입니다."라고 소리치면 나는 수화기를 집어 든다. 누구든지 내 사무실에 들어와 오랫동안 머무르는 경우는 거의 없었다. 의자에도 각종 서류철들이 쌓여있어 사무실 바닥을 제외하고는 편안히 앉아 있을 만한 곳이 없었기 때문이다.

내가 자리를 뜨는 경우는 냉장고에서 다이어트 콜라를 갖고 오거나 화장실에 갈 때뿐이었다. 내 사무실과 가장 가까운 화장실 사이에는 피델리티 펀드매니저들과 만나러 온 기업 관계자나 애널리스트 등 방문객들이 잠시 앉아 기다릴 수 있는 작은 휴게실이 있었다. 그 휴게실에는 보통 내가 아는 사람들도 섞여있게 마련이었다. 나는 그들과 만나지 않기 위해 뒤쪽 계단으로 살짝 빠져나가 좀 더 외부와 차단된 화장실을 이용했다. 그러지 않으면 그들과 만나 인사하고 몇 마디 이야기를 나누면서 시간을 낭비하거나, 그들을 모른 척 무시해버려 무안하게 만들어야 하는데 그러기는 정말 싫었기 때문이다.

주위에 있는 다양한 정보원들

마젤란펀드를 운용하는 것은 나만의 원맨쇼가 아니다. 1981년부터 나는 한 사람 이상의 재능 있는 보조 펀드매니저의 도움을 받았다. 이들은 나를 보좌하는 역할을 했지만 하는 일은 나와 똑같았다. 나처럼 기업 관계자들과 애널리스트들에게 전화해 내가 최근의 진전 상황을 놓치지 않고 계속 파악할 수 있도록 도와줬다. 나의 첫 번째 보조 펀드 매니저는 리치 펜틴이었다. 그는 뛰어난 자질을 갖추고 있어 후임자들에 대한 기준이 높아졌다. 그는 후에 피델리티 그로스펀드와 피델리티 퓨리탄펀드를 운용했다. 펜틴 이후에도 여러 명이 마젤란펀드 운용을 도왔다. 그들은 나의 실수로부터 많은 것을 배웠고 후에 펀드를 성공적으로 운용했다. 재료보유주 펀드의 대니 프랭크, 해외펀드를 출범시킨 조지 노블, 그로스펀드를 넘겨받은 밥 스탠스키, 콘 트라펀드의 윌 다노프, 현재 마젤란펀드를 운용하고 있는 제프 비닉, 지금은 고인이 된 제프 바르마이어, 뎁 월러, 조지 도몰키, 카리 파이 어스턴, 그리고 지금은 비닉의 보조 펀드매니저로 일하고 있는 베티나 덜튼.

활발하게 활동하는 대리인들 덕분에 나는 한꺼번에 여러 장소에서 여러 가지 일을 처리하는 효과를 얻었다. 나는 그들로 인해 직원들의 능력을 최대한 끄집어내 활용하기 위해선 책임을 부여해야 한다는 사실을 알게 됐다. 그들은 책임을 부여하면 그만큼의 일을 해냈다.

피델리티는 이 이론을 실천에 옮겨 모든 펀드매니저에게 기업조사 업무를 직접 하도록 책임을 지우고 있다. 이러한 요구조건은 자산 운용업계에서 혁명적인 것이지만 펀드매니저에게 달가운 일은 아니다. 전통적인 자산운용사 조직에서 펀드매니저들은 애널리스트들이 기업분석에 근거해 추천해준 주식들을 선택해 투자한다. 이러한 업무 분담은 펀드매니저들에게 매우 편리할 뿐 아니라 직업 안정성을 위해서도 아주 유리하다. 투자한 주식이 결딴날 정도로 망가지면 잘못된 정보를 제공해줬다며 애널리스트들을 탓할 수 있기 때문이다. 이는 일반 투자자들이 주위 사람들의 얘기를 듣고 투자했다가 손해를 봤을 때 하는 변명과 똑같은 것이다. 흔히 직장인들은 부인에게 주식 투자로 돈을 잃었다고 말한 뒤 "김 과장이 어쩌면 그렇게 멍청한 주식을 추천해줬는지 몰라."라고 투덜거린다. 펀드매니저들도 상사에게 애널리스트를 탓하며 이와 똑같이 말한다.

애널리스트들은 펀드에 손실이 발생했을 때 자신에게 책임이 돌아올 거라고 생각하면 절대 무리하지 않고 안전한 방식만 고수하며 스스로를 보호하려 한다. 펀드매니저들에게 창의적이고 혁신적인 추천을 하기보다는 IBM처럼 이미 괜찮은 기업이라고 널리 인정받고 알려진 기업만 추천하게 된다. 시장에서 이미 인정받은 무난한 기업만 추천했기 때문에 혹시 펀드매니저들의 분기 성과가 크게 부진하더라도 애널리스트들은 그리 심하게 비판받지 않는다.

피델리티에서는 이런 일이 일어날 수 없다. 좋든 나쁘든 펀드매니저들은 각자 독립적으로 기업분석을 해야 하고, 이에 따른 결과에 대해 책임을 져야 한다. 애널리스트들도 같은 종류의 기업분석을 직접 한 뒤 이를 펀드매니저들에게 넘긴다. 그러나 애널리스트들의 분석 결과를 받아들일지 무시할지 여부는 펀드매니저들 각자의 몫이다. 이런 식으로 피델리티에서는 기업에 대한 조사와 분석이 자산운용 업계의 통상적인 분업체제에 비해 2배로 이뤄지는 셈이다.

피델리티에 새로운 펀드가 하나 생길 때마다 새로운 펀드매니저가 필요하고, 이 펀드매니저는 기업의 정보를 수집하는 역할을 하면서 다른 사람들에게 도움을 준다. 결국 피델리티에서 펀드 수가 늘어날수록 피델리티 자체의 정보와 지식의 질 역시 높아진다. 동료들의 정보와 조언은 나에게 무척이나 값진 것이었다. 마젤란펀드는 일반 주식형 펀드로 투자할 수 있는 주식의 범위가 광범위하여 재료보유주 펀드, 소형주 펀드, 성장펀드, 가치펀드, 비상장 주식에 투자하는 펀드 등 매니저들이 추천하는 종목들을 모두 살 수 있기 때문이다.

나는 언제나 새로운 펀드를 출시하는 것을 열렬하게 지지했다. 예를 들어 비상장 주식 펀드, 해외펀드, 퇴직 성장형 펀드 등이다. 이러한 새로운 펀드는 대부분 상당히 인기가 있었다. 설사 인기가 없었다 해도 새로운 펀드로 인해 기업을 분석하는 사람들이 늘어나고 따라서 시장의 새로운 영역을 조사, 탐구할 수 있다는 점에서 장점이 있었다. 나는 새로운 펀드의 매니저들이 시장의 새로운 영역을 탐구해 얻은 정보들을 완전하게 활용했다. 재료보유주 펀드의 대니 프랭크는 패니 메이의 잠재력을 처음으로 발견한 사람이며, 이 외에도 여러 기업의 실적호전 기미를 파악해 알려줬다. 데스티니(운명)펀드의 조지 밴더 하이덴은 나에게 오웬스-코닝을 소개해줬다. 일반 주식형 펀드의 톰 스위니는 내가 투자했던 최고의 주식 가운데 하나인 엔바이러다인Envirodyne을 알려줬다.

또 새로운 펀드는 재능 있는 젊은 애널리스트들에게 승진할 수 있는 펀드매니저 자리를 만들어주는 장점도 있었다. 이런 능력 있는 애널리스트들이 승진하지 못했다면 경쟁사로 옮겨갔을지도 모를 일이다. 결과적으로 피델리티는 가장 뛰어난 주식분석 및 운용팀을 구성할 수 있었다.

내가 마젤란펀드를 운용하던 초기에 피델리티는 정보교환을 정례화, 공식화했다. 복도에 서서 기회가 되는 대로 아무 때나 이뤄지던 대화가 모든 애널리스트와 펀드매니저들이 회의실에 모여 그 주의 추천

주를 소개하는 공식적이고 정례화된 회의로 대체됐다.

　나는 후에 이 회의를 주재하게 됐을 때 작은 주방용 타이머를 이용했다. 어떤 종목이든 추천한 이유를 설명하거나 변명할 때 공식적으로 3분을 제한시간으로 제공하고 타이머도 3분으로 맞춰놓는 척했다. 하지만 실제로는 조금씩 시간을 줄여나가 결국엔 1분 30초로 단축시켰다. 이제는 피델리티의 어느 누구도 3분을 못 채워 나머지 시간을 보충할 기회를 달라고 나에게 요구할 수 없게 됐으니 이 자리를 빌려 이 사실을 고백한다.

　사람들은 자신이 좋아하는 주제를 얘기하기 시작하면 너무 열중해서 내가 타이머를 만지작거리며 그만 끝내라고 눈치를 주어도 알아채지 못한다. 어쨌든 90초면 주식에 대해 설명하기에 충분한 시간이다. 만약 당신이 어떤 기업의 주식을 사려 한다면 왜 그 기업에 투자하려는지 그 이유를 5학년생도 이해할 수 있는 말로 쉽게, 또 5학년생이 지루해하지 않도록 빨리 설명할 수 있어야 한다.

　이 회의는 서로 가혹하게 비판하며 입심을 겨루는 자리가 아니다. 월스트리트는 입심이 좋은 사람이라야 살아남을 수 있는 다소 호전적인 경향이 있다. 그러나 전투는 주식을 올바로 볼 수 있는 가장 적합한 방법은 아니다. 다른 사람들의 비판을 열린 마음으로 받아들이면 그 주식에 대한 자신의 생각이 과연 맞는 것일까 의심하게 된다. 모든 사람들이 한 목소리로 당신의 생각에 비판을 가하면 자신의 기업분석에 대해 자신감을 잃게 될 것이다.

　다른 사람들의 적대적인 반응이 당신의 믿음에 곧바로 영향을 주지 않을 수도 있다. 그러나 당신의 머리는 심하게 비판당했을 때의 고통스러운 기억을 결코 잊지 못한다. 당신의 머리는 크라이슬러가 5달러라면 엄청나게 싼 것이라는 말에 회의실의 모든 사람들이 비웃었다는 사실을 기억한다. 며칠 지나 크라이슬러의 주가가 10달러가 됐을 때 당신의 머리는 "그렇게 똑똑한 사람들 말이 맞을 거야."라고 속삭일 것이다. 그리고 다음 날 당신은 크라이슬러를 주당 30달러에 너무 일찍 팔아버리고 말 것이다.

각자가 갖고 있는 신념을 훼손하지 않도록 우리는 다른 사람의 발표 내용에 대해 어떤 의견도 제시하지 못하도록 되어 있다. 발표자의 생각을 받아들이든지 무시하든지 결정은 각자의 자유이다. 나는 발표자의 말솜씨가 아니라 발표자가 제시하는 아이디어에 초점을 맞추려고 노력했다. 가치 있게 귀담아 들을 만한 발표는 대부분 변론 능력보다는 주식을 고르는 능력이 뛰어난 사람들에게서 나왔다.

결국 매주 한 번씩 열리던 이 회의는 매일 기업분석 내용을 간단하게 교환하는 것으로 바뀌었다. 애널리스트와 펀드매니저들이 너무 많아서 한 방에 다 들어갈 수가 없었기 때문이다.

또 다른 가치 있는 2가지 정보원은 피델리티 외부의 애널리스트와 펀드매니저이다. 나는 최소한 일주일에 한 번은 경쟁관계에 있는 펀드의 매니저들과 만나 얘기를 했다. 종종 우리는 거리나 모임에서 마주치기도 했다. 우리는 이렇게 만나면 안부 인사를 하자마자 곧바로 "어떤 주식을 사고 있어?"라는 질문으로 넘어간다. 이게 바로 주식 투자자들의 대화 내용이다. 우리는 결코 "그래, 아내는 잘 지내고?"라거나 "래리 버드(미국의 유명한 농구선수)가 골을 넣는 장면 봤어?"라고 묻지 않는다. "우리는 항상 무슨 주식을 사고 있어?"라고 물은 뒤 "델타항공의 경영이 개선되고 있는 것 같던데."라거나 "유니온 카바이드의 실적이 호전될 것으로 기대하고 있어."라고 말한다.

우리는 각자 운용하는 펀드의 수익률이 《리퍼》와 《배런스》, 《포브스》 등에 실려 비교된다는 점에서 경쟁자이다. 그리고 다른 펀드매니저들과 비교해 펀드를 얼마나 잘 운용했는가에 따라 각자의 펀드로 유입될 신규 자금의 규모가 달라진다. 그러나 경쟁하고 있다는 이유 때문에 자신이 가장 좋아하는 주식을 자랑할 기회를 그냥 지나쳐버리지는 않는다. 최소한 사려고 했던 주식을 모두 산 다음에는 그렇다.

미식축구의 경쟁 팀인 워싱턴 레드스킨의 코치와 시카고 베어스의 코치가 자신이 좋아하는 경기 방식에 대해 의견을 교환하는 것은 상상하기 힘들다. 그러나 우리는 서로의 매수목록을 공유하기를 열망한다. 어떤 펀드매니저가 경쟁자로부터 좋은 아이디어를 얻었다면 그 펀드매니저는 아마도 답례로 다른 좋은 아이디어를 알려줄 것이다.

나는 다른 회사의 애널리스트나 증권사에서 영업을 하는 주식 중개인의 조언을 들을 때는 좀 더 가려서 들었다. 애널리스트나 주식 중개인들의 실력 차이가 천차만별이기 때문이다. 그 사람이 누구인지, 어떤 사람인지도 모른 채 증권사의 애널리스트나 주식 중개인의 종목 추천을 선뜻 받아들이는 것은 위험하다. 실력이 뛰어나다고 평가받는 애널리스트들은 에어컨 바람으로 시원한 사무실에 편안하게 앉아 현재의 영광에 안주하려고만 한다. 그들은 기관투자가들에게 필요한 정보를 제공하는 잡지 《인스티튜셔널 인베스터》에 우수 애널리스트로 소개돼 있을 것이다. 그러나 권위 있는 잡지인 《인스티튜셔널 인베스터》에 소개됐다고 해서 그가 지난 2년간 콜게이트-팜올리브 직원들과 직접 대화를 나눠봤다는 의미는 아니다.

기업과 직접적인 접촉을 거의 하지 않는 전문가들은 월스트리트에 늘어나고 있는 일반 대중이나 다를 바 없다. 애널리스트들이 상급자와 고객들에게 종목에 대한 견해를 선전하거나 방어하는 데 쓰는 시간은 점점 더 늘어나는 반면 새로운 종목을 발굴하고 연구하는 데 쓰는 시간은 점점 줄어들고 있다. 하루에 여러 기업과 전화통화를 하는 애널리스트는 점점 더 만나기 어려워지고 있고, 기업을 직접 방문해 조사하는 애널리스트는 더욱 만나기 힘들다.

나는 매일 여러 기업과 전화하고 기업을 직접 방문해 조사하는 애널리스트를 만날 때마다 관계를 계속 유지하려고 노력했다. 홈데포의 잠재력을 알아보고 리미티드에 대해 날카로운 분석을 제공했던 퍼스트 보스턴의 매기 길리엄이 좋은 예이다. 냇 웨스트Nat West에서 유틸리티를 담당했던 존 켈러니, 그런틀에서 금융업종을 담당했던 엘리엇 슈나이더, 살로먼 브라더스에서 항공우주산업을 맡았던 조지 샤피로 등도 그런 애널리스트였다. 이런 역량을 지닌 애널리스트들의 얘기는 언제나 진지하게 들을 가치가 있다. 특히 그들이 먼저 전화한 것이 아니라 당신이 그들에게 전화한 경우엔 더욱 그렇다.

애널리스트들은 10년 후 주가가 25달러로 급등한 기업을 25센트일 때 어떻게 발굴해 분석했는지 자랑한다. 그러나 사실 이보다 더 중요한 것은 그들이 이 기업의 주가가 25센트에서 5달러로, 그 다음엔 10달러로, 또 그 다음엔 15달러로 뛰어오른 뒤에도 이 주식에 대한 처음의 우호적인 의견을 발전시켜가며 두 번째, 세 번째, 네 번째의 추천 보고서를 발표했는지이다. 처음의 매수 신호는 재빨리 잊힌다. 애널리스트가 그 첫 번째 매수추천 이후 추가 추천 의견을 내지 않는다면 대중들은 주식시장의 추가 상승에 따른 수익 창출의 기회를 잃어버린다.

인내심은 보답받는다

마젤란펀드가 1981년부터 일반인에게 판매가 재개됐을 때 나는 좀 더 참을성 있는 투자자가 되어 있었고 마젤란펀드 투자자들도 마찬가지였다. 환매가 줄어들고 새로운 자금이 유입되자 더 이상 환매자금을 마련하기 위해 주식을 억지로 팔지 않아도 되었다. 마젤란펀드의 연간 회전율도 300%에서 110%로 거의 3분의 2 가까이 줄어들었다. 마젤란 펀드에서 가장 많이 투자하는 종목들도 이제 몇 개월 동안 계속 변함없이 유지되었다. (천연가스 생산업체인 나이코, 에어컨 제조업체인 페더스, 장례 서비스 체인업체인 서비스 코퍼레이션 인터내셔널 등이다.)

마젤란펀드는 자산규모가 1억 달러로 여전히 작은 펀드였다. 일반 주식형 펀드 가운데 하위 20%였다. 나는 펀드 자산을 상상 가능한 모든 종류의 서로 다른 200개 종목으로 나눠 투자했다. 방송회사인 존 블레어, 라디오 색 소유회사인 탠디, 고속도로 건설 인부들의 안전을 위한 방호벽 제조업체인 키호테, 텔레크레디트, 조지 부시 대통령 가문의 자산을 불려준 자파타 코퍼레이션, 켐론, 식료품 교환권 처리 업체인 세븐 오크스, 어빙 뱅크, 패스트푸드 체인점인 차트 하우스와 스키퍼스 등.

나는 음식점 체인점과 소매업체의 장기 성장 잠재력에 점점 더 많이 관심을 갖게 되었다. 음식점 체인점이나 소매업체는 미국 전체로 분점을 넓힐 경우 10~15년간 연평균 20%까지 성장세를 유지할 수 있다. 이 계산은 무척 이익이 되었고 지금도 상당한 도움이 되고 있다. 이익이 매년 20%씩 늘어난다고 할 경우 3년 반 만에 두 배가 되고 7년 후에는 4배가 된다. 주가는 이익을 따라가는 경향이 있고, 때로는 투자자들이 기업의 향후 전망을 높이 사서 이익이 현실화되기 전에 미리 주가가 오르기도 한다.

72의 법칙은 자산이 얼마나 빨리 늘어날 것인지 계산하는 데 매우 유용하다. 72를 %로 계산한 연간 투자수익률로 나눠보라. 계산 결과 나타난 숫자가 자산이 2배 되는 데 걸리는 기간이다. 투자수익률이 25%라면 자산이 2배 되는 데는 3년이 채 걸리지 않을 것이다. 투자수익률이 15%라면 자산이 2배 되는 데 5년이 채 걸리지 않는다.

여러 산업의 호황과 불황을 지켜보며 나는 경기에 민감한 산업과 저평가된 주식에 투자할 경우(모든 것이 다 잘된다고 가정할 경우) 2~5배가량의 수익을 거둘 수 있는 반면, 소매업체와 음식점 체인점에 투자할 경우 이보다 훨씬 더 큰 수익을 얻을 수 있다는 사실을 배웠다. 소매업체와 음식점 체인점은 최첨단 기술기업(컴퓨터 제조업체, 소프트웨어 개발업체, 의료업체)만큼 성장세가 빠를 뿐만 아니라 훨씬 덜 위험하다. 컴퓨터회사는 경쟁업체가 더 나은 제품을 출시하면 하룻밤 사이에 주가가 반토막이 날 수도 있다. 하지만 뉴잉글랜드의 도넛 체인점은 누군가 오하이오에서 맛이 더 뛰어난 도넛 체인점을 개장했다고 해도 주가가 하락하진 않는다. 오하이오의 경쟁자가 뉴잉글랜드까지 도달하려면 10년은 걸릴 것이고 투자자들은 오하이오의 경쟁자가 다가오고 있다는 것을 알 수 있기 때문이다.

1981년 말, 나는 부도 위험에 빠졌다가 회생한 편의점 서클K와 펜 센트럴에서 이익을 얻었다. 슬롯머신 및 카지노 운영회사인 발리를 팔고 다른 엔터테인먼트회사인 엘시노어와 리조트 인터내셔널 주식을 샀다. 1982년 초에 나는 다시 서클K 주식을 샀다. 당시 내가 가장 많이 보유하고 있던 종목은 장난감 제조업체인 마텔이었으며 펀드에서 차지하는 비중이 3%에 달했다. 이외에 당시 마젤란펀드의 10대 투자종목은 케미컬 뱅크, 캘리포니아의 할인점인 픽 엔 세이브, 플로피디스크 제조업체인 버베이텀(다시 한 번 나는 기술주에 빠졌다) 음식점 보장글스 소유 기업이자 우편 주문 선물회사인 혼&하다트, 자동차 부품 체인점인 펩 보이즈와 매니, 모&잭 등이었다. 매니, 모&잭은 자동차 부품시장에서 돈을 버는 문제에 관한 한 3인의 현자라 할 만한 인물들이다.

펩 보이즈와 세븐 오크스, 차트 하우스, 텔레크레딧, 쿠퍼 타이어 등 당시 내가 좋아했던 주식들 사이에는 공통점이 있었다. 이들은 모두 재무구조가 건실하고 이익 전망이 밝지만 대부분의 포트폴리오 매니저들이 선뜻 사려고 하지 않는 기업들이었다. 앞에서도 언급했지만 직장에서 쫓겨나지 않는 데 신경 쓰는 포트폴리오 매니저들은 IBM처럼 누구나 수긍할 만한 주식을 선호하는 반면 멕시코에 공장이 있는 세븐 오크스와 같은 색다른 기업은 피하는 경향이 있다. 세븐 오크스에 투자했다 실패하면 이 주식을 포트폴리오에 포함시키자고 추천했던 사람은 비난을 받게 된다. 그러나 IBM에 투자했나 실패한나 한들 비난받는 것은 월스트리트를 실망시킨 IBM뿐이다.

나는 어떻게 이런 어리석은 관행에서 벗어날 수 있었을까? 마젤란펀드처럼 아무런 제한이 없는 펀드에서는 아무도 등 뒤에서 나를 감시하지 않았다. 많은 회사에는 계급이란 것이 있다. 사람들은 자신이 어떻게 평가받을지 걱정하면서도 다른 사람 앞에서 그 사람이 하는 일을 평가한다.

다른 사람이 등 뒤에서 당신이 하는 일을 어떻게 평가할지 걱정한다면 당신은 프로이기를 포기한 것이라고 생각한다. 당신은 더 이상 자신이 하는 일에 책임을 지지 않는 것이다. 누군가 뒤에서 당신을 평가하고 있다는 사실을 의식하고 걱정하다 보면 '내가 과연 지금 하고 있는 일에서 성공할 수 있을까?' 의문이 생겨난다. 그렇지 않다면 그들은 왜 당신이 하는 모든 행동을 점검하겠는가?

나는 상급자로부터 사후에 비판받고 평가받는 불명예를 면할 수 있었다. 덕분에 회사의 어느 누구도 단 한 번도 들어본 적 없는 주식을 살 수 있었고, 또 40달러에 판 주식을 마음이 변해 50달러에 다시 사기도 하는 사치를 누렸다. (상급자들은 내가 그런 짓을 할 때마다 미쳤다고 생각했을 것이다. 그러나 그들은 나에게 직접 그런 말을 하진 않았다.) 나는 어떤 주식을 왜 샀는지 매일 또는 매주 회의 때마다 설명할 필요가 없었고, 사기를 떨어뜨리는 비판자들 앞에서 나의 전략을 드러낼 필요가 없었다.

펀드매니저들은 주식시장 평균보다 더 높은 수익률을 올리기 위해 늘 고심하고 있다. 여기에 매일 또는 매주 투자전략을 설명해야 하는 부담을 더할 필요는 없다. 회사의 경영강령(설립취지서)에 기재된 펀드 운용지침에 따라 일 년에 한 번 펀드를 운용한 결과에 대해 평가를 받으면 된다. 따라서 우리가 레이놀즈 알루미늄이나 다우 케미컬 대신 골드 너겟이나 혼&하다트를 산다고 해도 아무도 신경 쓸 필요가 없다.

1981~82년 무렵부터 나는 토요일에도 일하기 시작했다. 내 책상을 정리하기 위해 하루를 더 일해야 했던 것이다. 언젠가부터 하루에 1미터 높이까지 책상 위에 가득 쌓인 편지들을 하나하나 차분히 읽어야 했다. 2월과 3월에는 기업의 연차보고서를 읽고 검토해야 했다. 기업들과 접촉한 결과를 적은 노트를 검토하면서 어떤 상황에서 주가가 떨어졌는지, 또 어떤 상황에서 기업의 기초체력(펀더멘털)이 개선됐거나 변함이 없었는지 찾아봤다. 그리고 기업의 직원들과 대화를 나눌 때마다 날짜와 함께 당시 그 기업의 주가를 기록해뒀다. 내 목표는 뭔가 단서를 찾는 것이었지만 그러지 못한 날이 더 많았다.

　1982년 상반기에는 주식시장이 끔찍했다. 물가상승률과 실업률이 뛰어오르면서 우량 기업에 대출해줄 때 적용하는 최우대 금리마저 두 자릿수로 치솟았다. 교외에 사는 사람들은 금과 엽총을 사고 즉석 식품용 캔을 사 모았다. 20년간 낚시를 하지 않았던 기업인들이 식료품점이 문을 닫을 경우에 대비해 낚싯대 릴을 손질하고 낚시도구 상자를 새로 사들였다.

　금리가 너무 높았기 때문에 나는 몇 개월간 펀드에서 국채 비중을 가장 높게 유지했다. 미국 장기 국채 금리는 13~14%에 달했다. 나는 많은 투자자들이 그렇듯이 주식 투자 손실을 피하기 위한 방어적인 목적으로 국채를 사진 않았다. 국채 수익률이 주식에서 일반적으로 기대할 수 있는 수익률을 앞섰기 때문에 국채에 투자했다.

　채권보다 주식에 투자하는 것이 훨씬 더 낫다는 것이 일반론이지만 여기에서 유일한 예외인 피터 린치의 8번째 원칙이 나온다.

**장기 국채 수익률이 주식의 연평균 수익률 6%보다 높을 때는
주식을 팔고 채권에 투자하라.**

나는 경제가 붕괴하거나 기업인들이 생계를 위해 낚시를 해야 하는 최악의 악몽이 현실이 되지 않는 한 금리가 이보다 더 높이 오르거나 또는 이 정도 수준으로 오랫동안 유지될 것이라고는 상상할 수 없었다. 만약 그런 일이 일어난다면 나 또한 다른 사람들과 함께 낚시를 하러 나가야 할 것이고 마젤란펀드의 포트폴리오 전략 따윈 아예 머리에 들어오지도 않을 것이다. 그러나 그런 일이 일어나지 않는다면 당연히 펀드 자산을 모두 주식과 장기 국채에 투자할 것이다.

투자자들이 왜 최고의 투자기회를 버리고 최악의 상황을 준비하려 하는지 나는 이해할 수 없다. 만약 최악의 상황이 일어난다면 은행에 넣어둔 현금 역시 주식처럼 쓸데없는 종잇조각이 될 것이다. 반면 최악의 상황이 일어나지 않는다면(과거 역사를 봤을 때 이쪽이 훨씬 더 실현 가능성이 높다) 조심스러운 사람들이 약간의 현금이나 음식을 얻기 위해 값진 자산을 팔아버린 것이 오히려 무모한 결정이 될 것이다.

1982년 초에 나는 여전히 증명하기 어려운 투자방법을 고수하고 있었다. 최악의 상황은 도래하지 않을 것이라고 가정한 뒤, 만약 그렇다면 그 다음에는 어떤 일이 벌어질지 스스로에게 질문하며 더욱 큰 그림에 집중했다. 조만간 금리가 내려가야 하며, 만약 그럴 경우 주식과 장기 국채 투자자들은 큰 이익을 얻게 될 것이라고 생각했다. (사실 S&P500지수는 1982년부터 1990년까지 3배가 올랐고 30년 만기 국채 투자자들은 이보다 조금 더 높은 수익을 거뒀다. 1991년에 주가는 다시 31%나 급등했고

196

채권은 수익률이 저조해 다시 한 번 장기적으로는 주식이 채권보다 수익률이 좋다는 사실이 증명됐다.)

상황이 암울할 때 금융 전문가들은 자동차 판매가 떨어지고 있다고 한 목소리로 노래를 부른다. 마치 자동차 판매 감소가 영원한 고통인 것처럼 말이다. 내가 보기엔 경제가 침체기든 아니든 사람들은 다시 자동차를 사게 마련이다. 누구에게나 죽음이 찾아온다는 것과 같은 확실한 명제는 바로 미국인들은 자동차를 사야 한다는 것이다.

나는 이런 생각으로 1982년에 크라이슬러 주식을 샀다. 사실 간접적으로 아주 우연한 기회에 크라이슬러를 발견했다. 나는 자동차 산업이 회복될 때 그 수혜주로 포드에 관심이 있었다. 그러나 포드 직원들과 얘기를 하면서 크라이슬러가 더 큰 수혜를 입을 것이라고 생각이 바뀌었다. 마치 사금을 깨는 사람처럼 하나의 투자기회에 대한 분석은 또 다른 투자기회로 이어졌다.

당시 3위의 자동차회사였던 크라이슬러는 곧 파산할 것으로 월스트리트에서 전망했기 때문에 주식이 1주당 2달러에 거래되고 있었다. 대차대조표를 재빨리 훑어보니 크라이슬러는 10억 달러 이상의 현금을 보유하고 있었다. 이 현금은 대개 제너럴 다이내믹스의 탱크사업부 매출 덕분이었다. 따라서 크라이슬러의 파산이 임박했다는 전망은 크게 과장된 것이었다. 물론 크라이슬러가 파산할 가능성도 있었다. 그러나 최소한 2년 내에 파산할 정도는 아니었다. 미국 정부는 크라이슬러가 단기적으로 생존하기에 충분한 대출을 보장하고 있었다.

만약 자동차 매출이 전반적으로 괜찮은 상황인데도 크라이슬러가 자동차를 팔지 못하고 있었다면 크라이슬러의 미래에 대해 좀 더 비관적이었을 것이다. 그러나 전체 자동차 산업이 침체 상태였고 곧 회복될 것으로 기대되고 있었다. 크라이슬러는 자동차 판매가 둔화되자 부채를 조금씩 줄여나가 거의 손익분기점에 도달해 있었기 때문에 판매가 반등하기 시작하면 깜짝 놀랄 만한 이익을 낼 잠재력이 있었다.

6월에 나는 크라이슬러 본사를 방문해 신차들을 구경하고 투자자 담당 임원인 밥 존슨이 준비한 미팅에서 몇몇 고위급 임원들과 얘기를 나누었다. 이날은 아마도 나의 21년 투자경력 가운데 가장 중요한 날이었던 것 같다.

3시간 정도 예정됐던 크라이슬러 임원들과의 미팅은 7시간이나 계속됐다. 당시 크라이슬러의 최고경영자였던 리 아이아코카와 예정되어 있던 짧은 미팅도 2시간이나 이어졌다. 이를 통해 나는 크라이슬러가 당분간 사업을 계속할 만한 자금이 있을 뿐만 아니라 상품에 불어넣을 활력까지도 갖추고 있다는 사실을 확신할 수 있었다.

도지 데이토너, 크라이슬러 레이저, G-124 터보카 등이 공장에서 조립되고 있었다. G-124는 포르셰보다 0에서 100km/h까지 더 빨리 가속할 수 있었다. 젊은 사람들과 세련된 뉴욕 사람들을 위한 전륜구동 컨버터블 자동차도 있었다. 아이아코카는 T-115라는 암호명이 붙은 차를 '자동차 산업 20년 이래 가장 혁신적인 차'라고 말하며 굉장히 흥분했다. 이 차가 바로 크라이슬러 미니밴이었다. 이 차는 이후 9년간 300만 대 이상 팔렸다.

나는 미니밴보다는 크라이슬러라는 기업 자체에 대해 전반적으로 깊은 인상을 받았으나 결과적으로 크라이슬러를 구한 것은 미니밴이었다. 당신이 어떤 사업을 아무리 잘 이해한다고 해도 놀랄 만한 일은 언제나 일어나게 마련이다. 미니밴은 일본이나 독일, 스웨덴이 아니라 바로 미국 디트로이트에서 일어난 자동차 디자인과 자동차 공학의 대혁신이었다. 크라이슬러 미니밴은 미국에서 팔린 전체 볼보 자동차보다 5배나 더 많이 팔렸다.

크라이슬러는 발행주식이 수백만 주에 달하는 큰 기업이었기에 마젤란펀드는 상당량의 주식을 보유할 수 있었다. 크라이슬러는 월스트리트에서 워낙 불신을 받고 있었기 때문에 기관투자가들은 크라이슬러에 대해 분석도 하지 않은 채 포기하고 있었다. 1982년 봄과 여름으로 이어지는 기간 동안 나는 크라이슬러 주식을 열정적으로 사 모았다. 6월 말이 되자 크라이슬러는 마젤란펀드에서 가장 비중이 높은 종목이 됐다. 7월 말에는 마젤란펀드 전체 자산의 5%가 크라이슬러에 투자돼 증권거래위원회가 규정한 펀드 내 한 종목 최대 보유 한도인 5%를 꽉 채웠다.

그해 가을 마젤란펀드에서 가장 투자 비중이 높은 종목은 크라이슬러였으며 그 뒤를 혼&하다트, 스톱&숍, IBM, 포드 등이 이었다. 한 펀드 내에서 한 종목을 5% 초과로 보유할 수 없다는 증권거래위원회 규정만 없었다면 나는 아마도 크라이슬러의 비중을 10%, 심지어 20%까지 높였을 것이다. 내 친구들과 투자 전문가들은 내가 공격적으로 크라이슬러에 투자하는 것을 보고 미쳤다며 크라이슬러가 곧 파산할 것이라고 말했다.

10월이 되면서 나는 펀드 내 채권 비중을 5%로 줄였다. 위대한 호황장이 화려하게 시작되려는 참이었다. 금리는 떨어지기 시작했고 경기가 회복되고 있다는 신호가 서서히 나타나고 있었다. 경기 침체가 막바지에 이를 무렵에는 항상 그렇듯 경기민감주들이 주식시장 상승세를 주도했다. 나는 은행주와 보험주를 매도해 이러한 시장 분위기에 호응했다. 마젤란펀드의 11%를 자동차에, 10%는 소매업종에 투자했다.

이러한 포트폴리오 조정은 신문의 1면 기사나 연방준비제도이사회 FRB 의장의 발언을 보고 판단한 것이 아니었다. 각 기업들과 직접 접촉하면서 사업이 개선되고 있다는 얘기를 들을 때마다 각각의 상황에 따라 개별적으로 판단한 것이었다.

이때 제넨텍이 공모가 25달러로 주식시장에 상장됐고 상장 첫날 75달러까지 치솟아 올랐다. 제넨텍은 당시 내가 샀던 신규 상장된 종목 가운데 하나였다.

할로윈데이 직전 주말에 나는 처음으로 TV 프로그램인 〈월스트리트 위크〉에 출연했다. 나는 카메라가 돌아가기 1분 전에야 진행자인 루이스 루키서를 만날 수 있었다. 그는 세트장으로 걸어 들어와 내 쪽으로 몸을 기울이며 말했다. "걱정 마세요. 당신은 잘할 겁니다. 이 프로그램을 보는 사람은 기껏해야 800만 명뿐인걸요."

루키서는 정치인들이 도깨비보다도 훨씬 더 월스트리트를 무서워한다는 할로윈에 대한 농담으로 방송을 시작했다. 방송에 출연한 3명의 토론자(돈 도프먼, 카터 랜달, 줄리아 왈시)는 그 주 주식시장에 대한 자신의 생각을 얘기했다. 그 전 금요일에 다우존스지수가 36포인트 하락한 것을 비롯해 주식시장엔 늘 걱정할 것이 많았다. 신문들은 36포인트 하락을 두고 '1929년 이후 일일 최대폭 급락'이라고 했다. 물론 이런 비교는 정말 터무니없었다. 다우존스지수가 990일 때 36포인트 하락과 1929년 증시 대폭락 당시 다우존스지수 280일 때의 36포인트 하락이

200

어떻게 같단 말인가.

오늘 엄청나게 여겨지는 사태가 내일 별 것 아닌 것으로 드러나고 지금은 별 것 아닌 것 같지만 미래에 엄청난 파장을 미치는 사건이 얼마나 많은가? 현재 주식시장을 위협하는 요소가 무엇이냐는 질문에 세 명의 전문가는 자동차 제조업자인 존 드로리언의 기소와 타이레놀 독극물 투입 사건, 조만간 있을 선거에서 상당수 의원들의 교체가 예상된다는 점 등을 꼽았다. 루키서는 은행과 저축대부조합S&L에 위기가 닥쳐 연방예금보험공사의 지급 보증 자산이 빠르게 바닥날 수 있다고 걱정하는 시청자의 편지를 읽었다. 토론자들은 이에 대해 그럴 가능성은 거의 희박하다고 지적했다. 루키서는 정부가 "필요한 경우 좀 더 많은 돈을 찍어낼 수 있다"는 말로 토론을 끝냈는데 루키서의 이 농담은 훗날 일종의 예언이 되어버렸다.

지난 5년간 305%의 수익률을 올려 펀드 평가회사인 리퍼의 수익률 순위 상위권에 오른 나는 방송에 '지난 5년간 가장 뛰어난 종목 고르기 실력을 보여준 펀드매니저'라고 소개됐다. 나는 파란색 셔츠에 평범한 갈색 양복을 입고 있었는데 TV에 출연할 때는 마땅히 그렇게 입어야 하는 것으로 생각했다. 게다가 나는 매우 긴장하고 있었다. 루키서의 프로그램에 출연한다는 것은 금융계에서 아카데미 수상자 이름이 들어 있는 봉투를 여는 것과 같은 대단히 영광스러운 일이었다.

루키서는 나에게 높은 수익률을 올릴 수 있었던 비결이 무엇이냐는 대답하기 쉬운 질문부터 시작했다. 나는 1년에 200개 이상의 기업을 방문하고 700개 이상의 기업 연차보고서를 읽는다고 대답하면서 '발명은 99%의 노력으로 이뤄진다'는 발명왕 에디슨의 주장을 인용했다.

당시 나는 정말 노력했다. 루키서는 "에디슨은 발명이라고 하지 않고 천재라고 말했죠."라며 내 말을 수정했다. 루키서는 재치 있게 받아쳤지만 긴장하고 있던 나는 완전히 당황해버리고 말았다.

루키서는 나의 펀드 운용방식에 대해 좀 더 자세히 알고 싶어 했다. 하지만 도대체 뭐라고 말해야 하는가? "글쎄요, 루. 전 제가 좋아하는 종목을 사죠." 나는 이렇게 대답하지 못했다. 대신 마젤란펀드의 자산을 두 부분으로 나눠 한 부분은 중소형 성장주와 경기민감주에 투자하고, 다른 한 부분은 보수적이고 안정적인 종목에 투자한다고 말했다. "주식시장이 하락하면 저는 보수적인 종목을 팔아 중소형 성장주와 경기민감주를 삽니다. 또 시장이 올라갈 때는 주가가 많이 오른 중소형 성장주와 경기민감주를 팔아서 보수적인 종목들을 사는 거죠." 나의 실제 투자전략과 800만 명의 시청자들에게 나의 투자전략을 설명하기 위해 즉석에서 생각해낸 이 대답 사이에 만약 유사성이 있다면 그것은 순전히 우연의 일치일 뿐이다.

가장 좋아하는 종목이 무엇이냐는 질문을 받았을 때 나는 바셋 퍼니처, 스톱&숍, 그리고 자동차주 전반, 특히 크라이슬러라고 말했다. 나는 자동차주가 그때까지 2년 연속으로 수익률이 극히 부진했다고 말한 뒤 크라이슬러는 자동차 산업이 회복되면 상당한 수혜를 입을 수 있다고 설명했다. 도프먼은 월스트리트의 일반적인 시각을 대변하듯 크라이슬러는 너무 위험하지 않느냐고 물었다. 이 질문에 "저는 기꺼이 위험을 감수합니다."라고 응수했다.

어떤 사람이 기술기업에 대한 질문을 던지면서 분위기가 다소 가벼워졌다. 나는 기술에 대해 무지할 뿐만 아니라 "전기가 어떻게 작동 하는지조차 한 번도 이해한 적이 없다."라고 고백했다. 이 말에 방청객들은 웃음을 터트렸고, 루키서는 나에게 "자신이 시대에 뒤떨어진 구식으로 느껴진 적이 없었냐."라고 물었다. 이 질문에 나는 "한 번도 그런 적이 없다."라며 재기발랄하게 대처했다.

루키서의 방송에 출연한 후 마젤란펀드에 기적이 일어났다. 피델리티의 펀드 판매부서는 전화 문의에 답하고 펀드 가입을 받느라 정신없이 바빠졌다. 1981년에 살렘과 합병해 겨우 자산이 1억 달러가 됐던 마젤란펀드는 1982년 말에 4억 5000만 달러 규모로 커졌다. 4년 전에는 상상할 수 없었던 속도로 펀드에 돈이 쏟아져 들어오기 시작했다. 10월에 4000만 달러, 11월에 7100만 달러, 12월에는 5500만 달러의 자금이 유입됐다. 당시 주식시장이 급등세를 타고 있었던 것도 이 같은 자금 유입세를 부추겼다.

덕분에 과거에는 어떤 종목을 사려면 다른 종목을 팔아야 했으나 이제는 기존 주식을 그대로 유지하면서 새로운 종목에 투자할 수 있는 사치를 누리게 됐다. 모든 돈을 크라이슬러 주식을 사는 데 투자하는 것은 규정 위반이므로 자금 중 일부는 다른 자동차주를 사고 화학주와 소매주에도 투자했다. 3개월간 166개 기업에 새로 투자했다.

새로 매수한 주식은 규모가 큰 기업도 일부 있었으나 대다수는 그렇지 않았다. 내 경력에서 역설적인 것 중 하나는 마젤란펀드의 자산규모가 작았을 때는 상대적으로 대기업에 집중한 반면 펀드 규모가 커질수록 점점 더 규모가 작은 기업에 집중하기 시작했다는 것이다. 의도적으로 이런 전략을 쓴 것은 아니지만 효과가 있는 방법이었다.

마젤란펀드의 인기는 1983년까지 계속됐다. 2월에 또다시 7600만 달러의 자금이 들어왔고 3월에는 1억 달러의 자금이 흘러들어왔다. 주식시장이 끔찍할 때는 오히려 살 만한 주식을 발견하기가 쉬웠다. 그러나 1983년 초는 다우존스지수가 1982년 최저점에 비해 이미 300포인트나 오른 뒤였다. 많은 기술주들이 앞으로 6~7년간은 절대 경험하지 못할 정도로 높은 수준까지 급등했다. 이러한 상승세 덕분에 월스트리트는 잔치 분위기였다. 그러나 나는 높은 주가가 실망스러웠다. 오히려 다우존스지수가 300포인트 하락해 좋은 주식을 싸게 살 수 있는 기회가 마련됐다면 더 행복했을 것이다.

주식시장의 흐름을 보지 않고 종목만 분석해 투자하는 진정한 종목 투자자에게 저가 매수는 기독교의 성배와 마찬가지로 성스러운 가치다. 주식시장의 급격한 매도세로 순자산이 10~30%가량 사라진다는 것은 문제가 되지 않는다. 우리는 가장 최근에 있었던 주식시장의 조정을 재난으로 보지 않고 더 많은 주식을 싼 가격에 살 수 있는 기회로 여겼다. 이런 식으로 장기간에 걸쳐 커다란 부가 형성되는 것이다.

크라이슬러는 여전히 마젤란펀드 내에서 비중이 가장 높았다. 펀드 자산의 5%가 크라이슬러에 투자되고 있었다. 이런 상태는 그해 말까지 계속됐다. 크라이슬러의 주가는 8개월 만에 두 배가 뛰었다. 혼&하다트, 스톱&숍, IBM 등도 마젤란펀드 내 비중이 높은 5대 종목에 포함됐다. 나는 의무감에서 펀드 자산의 3%를 IBM에 투자하고 있었다(하지만 이는 S&P500지수에 포함된 기업들의 전체 시가총액 중 IBM이 차지하는 비중 4%와 비교하면 낮은 것이었다). 나 역시 포트폴리오에 IBM이 없으면 진정한 펀드매니저가 아니라는 무의식의 메시지에 반응하고 있었던 것인지도 모르겠다.

4월에 마젤란펀드의 자산은 10억 달러를 넘어섰다. 자산규모 10억 달러는 피델리티에서는 그리 큰 관심을 불러일으키지 못했던 기념비적인 사건이었다. 그러나 곧 투자 정보지(뉴스레터)에 마젤란펀드는 자산 규모가 너무 커서 성공하기 어렵다는 주장이 실렸다. 이 주장은 곧 상당한 주목을 끌었다.

제6장

———

마젤란펀드 후기

블랙 먼데이, 열정의 선물

BEATING THE STREET

종목을 연구하는 데 보내는 시간과 보유하고 있는 종목의 숫자는 정비례한다. 한 종목만 연구한다면 일 년에 몇 시간만 그 종목을 연구하는 데 투자하면 충분하다. 이 시간에는 연차보고서와 분기보고서를 읽는 시간, 기업의 경영상황을 정기적으로 점검하기 위해 직원들과 전화 통화하는 시간도 포함된다. 5개 종목에 투자하고 있는 개인이라면 이 정도 종목 연구는 취미생활로도 할 수 있다. 자산규모가 중소형 정도 되는 펀드의 매니저라면 아침 9시부터 오후 5시까지만 일하면 될 것이다. 하지만 대형 펀드라면 일주일에 60~80시간씩 일해야 한다.

1983년 중반에 마젤란펀드가 투자하고 있는 종목은 450개였고 그 해 가을에는 900개로 늘었다. 이는 내가 동료들에게 90초 이내로 900개의 이야기를 할 준비를 하고 있어야 한다는 의미이기도 했다. 그렇게 하기 위해 나는 각 기업이 갖고 있는 스토리를 알아야만 했다. 유능한 보조 매니저들이 기업 현황을 조사하고 분석하는 일을 도와줬다. 당시에도 존 네프가 운용하는 뱅가드윈저펀드는 세상에서 가장 큰 펀드였다. 그러나 1983년 말이 되자 마젤란펀드의 자산규모는 16억 달러로 거의 뱅가드윈저펀드를 따라잡았다. 이러한 급격한 자산 증가로 인해 마젤란펀드도 로마제국처럼 너무 비대해져서 앞으로는 성공하기 어려울 것이라고 비판하는 사람들이 생겨났다. 900개 종목에 투자하는 펀드는 그 자체가 시장 평균이기 때문에 수익률이 도저히 시장 평균을 뛰어넘을 수 없다는 주장이었다. 나는 일반 주식형 펀드를 표방하면서 은밀히 지구상에서 가장 큰 인덱스펀드를 운용하고 있다는 비난을 들어야 했다.

큰 펀드는 수익률이 그저 그런 평범한 펀드밖에 될 수 없다는 주장은 아직도 유행하고 있으며, 10년 전에도 그랬듯이 여전히 투자자들을 오도하고 있다. 창의적인 펀드매니저는 평범한 월스트리트 포트폴리오에는 한 번도 포함된 적 없는 특이한 기업들 사이에서 1000개의 종목, 심지어 2000개의 종목도 발굴해낼 수 있다. 이를 '전파 탐지 영역 밖으로 날아오르는 것'이라고 표현한다. 어떤 펀드매니저가 300개의 S&L과 250개의 소매업체를 보유하고 있으면서 석유회사나 제조업체는 단 한 종목도 갖고 있지 않다면 시장의 움직임과 펀드 수익률은 엇갈리게 나타날 수 있다. 반대로 창의력이라곤 없는 펀드매니저라면, 투자대상을 대부분의 기관투자가들이 가지고 있는 50개 종목으로 한정시킬 것이고, 그러면 이 펀드는 S&P500지수의 축소판이 될 수밖에 없다.

여기에서 피터 린치의 9번째 원칙이 나온다.

평범한 주식들이 모두 다 똑같이 평범한 것은 아니다.

펀드의 자산규모와 펀드의 보유종목 수가 그 펀드의 수익률을 말해주는 것은 아니다. 내가 900개 종목에 투자하고 있다는 사실, 이후에는 1400개 종목에 투자하고 있다는 사실 때문에 어떤 투자자들은 마젤란펀드를 피했을지도 모르겠다. 하지만 그런 투자자는 매우 운이 없는 사람이다. 1983년에 내가 투자한 900개 종목 가운데 700개는 마젤란펀드에서 차지하는 비중이 전체 자산의 10%도 되지 않았기 때문이다.

내가 700개나 되는 종목에 이처럼 자산의 극히 일부만 투자한 이유는 2가지이다. 첫째, 기업의 규모가 작아서 그 기업의 지분을 최대 10%까지 사들인다 해도 금액으로 따지면 전체 펀드에서 차지하는 비중이 그리 크지 않았다. 둘째, 그 기업이 헌신적으로 투자할 만한 가치가 있는 기업인지 확신하지 못했다. 마젤란펀드가 보유하고 있던 대부분의 종목들이 이처럼 좀 더 두고 봐야 할 부류에 속했다. 얼마간이라도 주식을 보유해 주주로 이름을 올려놓아야 그 기업이 앞으로 어떻게 변해갈지 관찰하기가 쉬운 법이다.

보석 공급업체인 잰 벨 마케팅은 소액으로 투자했다가 훗날 커다란 투자기회로 발전한 대표적인 사례이다. 시가총액이 2억 달러 규모로 《포천》500대 기업과는 거리가 먼 이 기업의 임원들이 어느 날 우리 펀드매니저들과 만나기 위해 피델리티를 방문했다. 나는 잰 벨을 보유하고 있었기 때문에 늦지 않게 회의실에 가서 이 회사 임원들의 프레젠테이션을 경청했다. 당시 나 외에 다른 펀드매니저는 아무도 참석하지 않았다.

잰 벨은 규모가 너무 작아서 마젤란펀드의 수익을 높이는 데 큰 도움은 되지 않았다. 그러나 나는 그날 미팅에 참석할 수 있었던 것을 매우 다행으로 생각한다. 그 회사 임원들은 사업 현황을 소개하면서 회원제 창고형 할인매장(페이스, 웨어하우스, 홀세일 클럽, 코스트코 등)이 주요 고객인데 최근 엄청난 양의 보석을 주문해서 사실상 수요를 맞추기가 어려울 정도라고 말했다.

나는 이 말을 듣고 할인점에 투자해야겠다는 힌트를 얻었다. 할인점들이 잰 벨이 말한 대로 엄청난 양의 보석을 팔고 있다면 할인점의 전반적인 매출 역시 상당히 좋을 것이라는 생각이 들었기 때문이다. 소매업종 애널리스트인 월 다노프에게 업종분석을 부탁했다. 다노프는 후에 피델리티의 콘트라펀드 운용을 맡게 됐다.

할인점들은 공모 당시에는 엄청난 인기를 누렸으나 곧 인기가 사그라들었다. 투자자들의 기대가 너무 높았기 때문에 할인점들의 실적이 주가수준을 따라가기엔 역부족이었던 것이다. 그 결과 할인점 주식들은 대규모 매도세로 주가가 가라앉았다. 월스트리트는 언제나 그렇듯 할인점에 대한 흥미를 잃어버렸다. 다노프는 큰 증권사에 전화해 할인점에 대해 문의했으나 할인점을 담당하고 있다는 애널리스트를 단 한 명도 발견하지 못했다.

우리는 할인점에 직접 연락했다. 그들은 잰 벨의 말을 확인해줬다. 사업이 놀랄 만큼 잘되고 있다는 것이었다. 그들은 대출을 줄여 가고 있어 재무구조가 나날이 튼튼해지고 있다고 말했다. 이익은 증가세였으나 주가는 여전히 하락세였다. 이건 정말 투자하기에 완벽하게 좋은 조건이다. 나는 코스트코와 홀세일 클럽, 페이스의 주식을 수십만 주씩 사들였다. 이 3개 종목은 마젤란펀드에 많은 돈을 벌어다 줬다. 특히 코스트코는 세 배나 뛰어올랐다.

할인매장의 직원들과 고객들은 이 매장들이 엄청난 호황을 누리고 있다는 증거를 직접 목격할 수 있었고 나와 다노프처럼 구체적인 사업현황에 대해 배울 수 있었다. 눈치 빠른 투자자라면 이들 할인매장의 호황이 전하는 메시지를 파악하고 저평가된 이들 주식에 투자해 할인

매장에서 물건을 사느라 쓴 돈보다 훨씬 더 많은 돈을 벌 수 있었을 것이다.

1980년대 중반에 나는 주식시장에 상장된 거의 모든 S&L의 주식들을 퍼담다시피 사들였다. 대부분의 S&L은 시가총액이 작아서 10억 달러 규모의 마젤란펀드 수익률에 별다른 영향을 주지 못했기 때문에 이들 주식을 엄청난 규모로 사들여야 했다. 게다가 몇몇 금융기관들로부터 저금리 덕분에 수익성이 개선되고 있다는 말을 들었다. 나는 다른 금융기관들도 이 같은 저금리 기조의 수혜를 입을 것이라고 생각했다. 1983년 4월에 새로 투자한 83개 종목 가운데 39개가 은행이나 S&L이었다. 그해 말에 나는 100개의 S&L에 투자하고 있었고 이는 마젤란펀드에서 3%의 비중은 충분히 됐다.

언론에서 내가 S&L에 집중 투자하고 있다는 사실을 보도했기 때문에 일반 독자들은 마젤란펀드의 수익성이 S&L에 달려 있다는 느낌을 받았다. 하지만 실상은 그렇지 않아서 다행이었다. 재무구조가 약한 S&L이 파산했을 때 재무건전성이 뛰어난 S&L들도 덩달아 주가가 떨어졌기 때문이다. 내가 만약 마젤란펀드의 20%를 S&L에 투자했더라면 자발적으로 은퇴하기 전에 해고당했을 것이다.

은행과 S&L의 약세에도 불구하고 그 기간 동안 마젤란펀드는 자동차주 덕분에 높은 수익률을 유지할 수 있었다. 나는 포드를 통해 크라이슬러에 투자했고, 또 크라이슬러 덕분에 수바루와 볼보까지 투자했다. 우호적인 경기 환경이 조성되자 자동차주 전체의 주가가 뛰어올랐다.

크라이슬러의 주가는 너무나 빨리 올라가 일시적으로 마젤란펀드 내에서 크라이슬러 비중이 규정 한도인 5%를 초과했다. 펀드 내에서 한 종목이 차지하는 비중이 5%에 도달한 이후 주가 상승으로 그 종목의 비중이 5% 한도를 넘어섰을 경우엔 5% 한도 초과가 허용됐다. 그러나 그 종목을 추가 매수할 수는 없었다. 동시에 나는 포드와 볼보 주식도 사 모아 크라이슬러와 합해 3종목의 비중이 마젤란펀드에서 8%까지 높아졌다. 그 결과 마젤란펀드에서 자동차주가 차지하는 비중은 10.3%나 됐다.

개인 투자자라면 가장 전도유망한 자동차회사를 하나 골라 가지고 있는 모든 돈을 투자할 수 있다. 그러나 대형 펀드의 매니저들은 자동차 산업의 회복세로 인한 혜택을 온전히 누리기 위해선 자동차 산업 전체에 투자해야 한다. 어떤 산업 전체에 투자하는 방법은 2가지가 있다. 첫째는 자동차 산업이 좋아질 것이라는 전망을 갖고 올해는 자동차 산업에 8%를 투자할 것이라고 결정한 뒤 자동차회사 이름을 적은 명단을 벽에 붙이고 눈을 감은 채 다트를 던져 몇 개 종목을 골라내는 것이다. 다른 방법은 자동차회사 하나하나를 분석해 투자하는 것이다.

첫 번째 경우 자동차 산업에 대한 투자 비중 8%는 나름대로 이유가 있는 신중한 결정이지만 종목 선정은 우연에 맡기는 것이다. 두 번째 경우 종목 선정은 근거가 있는 신중한 결정이지만 자동차 산업 전체에 대한 투자 비중은 우연에 의해 결정된다. 이 책을 읽으면서 예상했겠지만 나는 두 번째 방법을 더 좋아한다. 기업 하나하나를 분석하는 것은 다트를 던지는 것보다 더 많은 노력이 필요하다. 그러나 1983년에 다트를 던져 투자종목을 선정했던 사람들은 아마 GM을 선택했을 것이다.

나는 한 번도 GM을 많이 보유한 적이 없다. 심지어 자동차 산업이 호황일 때도 그랬다. 왜냐하면 나는 참 딱한 회사라고 말하는 것이 GM에 할 수 있는 최고의 찬사라고 생각하기 때문이다. GM이 1982년부터 1987년까지 주가가 3배나 오르긴 했지만 포드의 17배 상승과 크라이슬러의 거의 50배 폭등에 비하면 너무도 초라한 성적이다.

나는 개별 기업에 대한 분석을 통해 자동차 산업 전반의 회복세를 예측했지만 더 큰 그림에 대해서는 예측이 빗나갔다는 점을 솔직히 인정한다. 나는 일본 자동차회사들은 계속 소형차 시장에만 주력할 것이라고 확신했다. 일본 자동차회사들이 중형차와 고급차 시장에까지 진출할 것이라고는 상상도 하지 못했다. 하지만 이 같은 착오에도 불구하고 나는 포드와 크라이슬러, 볼보에 투자함으로써 최대한의 혜택을 누릴 수 있었다.

1982년부터 1988년까지 6년 내내 이 3개의 자동차회사 중 최소한 2개는 항상 마젤란펀드의 투자 비중이 높은 5대 종목에 포함돼 있었다. 때로는 3개 회사가 동시에 5대 보유 종목에 들어갔다. 포드와 크라이슬러의 주가는 급등세를 보여 각 종목에서 1억 달러 이상의 수익을 올릴 수 있었다. 볼보에서도 7900만 달러의 수익을 올렸다. 이는 마젤란펀드의 투자 비중이 높은 종목에서 거둘 수 있는 상당히 높은 수익이었고 덕분에 마젤란펀드는 탁월한 운용성과를 기록할 수 있었다.

마젤란펀드는 계속 성장형 펀드라고 불리고 있었지만 자동차 산업에서 발견한 것과 같은 확실한 투자기회가 있을 때는 어떤 종류의 주식이든 살 수 있었다. 크라이슬러와 포드는 성장형 펀드의 포트폴리오에는 포함될 수 없는 주식이다. 하지만 이들은 주가가 너무나 많이 떨어져 있었기 때문에 반등국면에서 다른 어떤 성장주보다 높은 수익률을 올릴 수 있었다.

많은 펀드매니저들이 종목을 선정할 때 스스로를 제한하는 또 다른 이유는 유동성에 대한 걱정 때문이다. 펀드매니저들은 규모가 큰 펀드에서도 놀랄 만한 기적을 일으킬 수 있는 탁월한 실적을 올리는 작은 기업을 외면한다. 작은 기업은 주식 거래량이 적다는 이유 때문이다. 그들은 5일 이내에 사고팔 수 있는 종목을 찾는 데 너무 집중한 나머지 이렇게 빨리 사고 팔 수 있는 주식들이 과연 소유할 만한 가치가 있는지는 고민조차 하지 않는다.

사랑과 마찬가지로 주식에서도 쉽게 헤어질 수 있는 관계라면 믿음의 기반이 그만큼 튼튼하지 못하다는 뜻이다. 처음부터 현명하게 선택했다면 헤어지기를 원하지 않을 것이다. 만약 현명하지 못한 선택이라면 어떤 경우에든 곤란에 빠지게 된다. 세상의 모든 유동성을 다 동원한다 해도 당신을 근심과 고통, 그리고 투자 손실로부터 구해주지 못할 것이다.

폴라로이드의 예를 보라. 폴라로이드는 1973년 단한해 동안 주가가 90%나 폭락했다. 많은 펀드매니저들이 자기가 가지고 있는 폴라로이드 주식만은 그런 일이 일어나지 않기를 바랐다. 폴라로이드는 큰 회사였고 거래량도 많았다. 따라서 순식간에 주식을 대량으로 매도하는 것도 가능했다. 폴라로이드는 주가가 3년간 서서히 떨어졌기 때문에 모든 사람들이 폴라로이드에서 탈출할 수 있는 기회가 있었다. 그러나 나는 폴라로이드를 팔고 나오지 못했던 펀드매니저 몇 명을 알고 있다. 그들은 폴라로이드가 서서히 망하고 있다는 사실을 깨닫지 못했다.

제록스도 마찬가지이다. 투자자들에게는 제록스를 팔고 나올 기회가 있었다. 하지만 어떤 이유에서든 투자자들은 팔지 않았다. 따라서 "그 주식은 하루에 1만 주밖에 거래되지 않아."라는 이유로 어떤 주식에 투자하기를 꺼리는 전문가가 있다면 그는 한쪽 눈을 감은 채 주식시장을 바라보고 있는 것이다. 첫째는 주식시장에서 거래되는 종목 중 99%가 하루에 1만 주 이하로 거래되기 때문이다. 결국 유동성을 걱정하는 펀드매니저들은 모든 상장주식의 1%에만 투자하도록 스스로를 가두고 있는 셈이다. 둘째는 어떤 기업이 실패했다면 그 기업에 투자한 펀드매니저는 그 주식이 하루에 얼마나 많이 거래되든 상관없이 손해를 볼 수밖에 없다. 반대로 어떤 기업이 성공한다면 그 기업에 투자한 펀드매니저는 느긋하고 기쁘게 그 주식을 팔아 차익을 실현할 수 있다.

마젤란펀드의 규모가 중간 수준으로 커지자 하루 만에 의미 있는 규모의 물량을 확보하기가 점점 더 어려워졌다. 그래도 가끔씩 기관 투자가들로부터 주식을 대량으로 매수할 수 있는 기회를 얻었다. 이런 식으로 나는 오웬스-코닝 주식을 하루에 200만 주나 매수할 수 있었고, 또 다른 날은 뱅크아메리카 주식을 하루에 200만 주 사기도 했다. 그러나 이런 사례는 지속적으로 조금씩 주식을 사 모아야 한다는 일반론에 반하는 극히 이례적이고 예외적인 일이다.

거의 매일 펀드의 자산규모가 조금씩 커져갔기에 나는 펀드 내에서 각각의 주식들을 적절한 비중으로 유지하기 위해 추가로 사들여야 했다. 특히 시가총액이 작은 주식은 상당량의 물량을 확보하는 데 때론 몇 개월이 걸리기도 했다. 시가총액이 작은 주식은 급하게 사들일 경우나 자신의 매수에 의해 주가가 급격하게 올라갈 수도 있기 때문이다.

1984년에는 초기에 주식을 자주 사고팔았던 것과 달리 매수 후 보유 전략을 고수하여 1년 내내 나의 10대 투자종목이 거의 변함없이 유지됐다. 한 달은 포드가 최대 보유종목이고 그 다음에 크라이슬러와 볼보가 뒤를 이었다면, 그 다음 달에는 볼보가 최대 보유종목으로 올라서고 그 뒤를 크라이슬러와 포드가 잇는 식이었다. 1983년에 샀던 국채도 높은 비중을 유지하고 있었다. 그때 샀던 국채는 이후 금리가 하락하면서 가치가 계속 올라가고 있었다.

자동차주에 대한 적극적인 투자의 절정은 늘 높은 비중을 유지했던 3개의 자동차주 외에 수바루와 혼다까지 모두 5개의 자동차주가 마젤란펀드의 10대 보유종목에 포함됐던 때였다. 아주 잠깐 동안이었지만 심지어 GM조차 10대 보유종목에 포함된 적도 있었다. 수백만 명의 미국인들이 다시 자동차를 사기 시작하자 경영이 뛰어나지 않은 회사도 자동차를 판다는 것만으로도 많은 돈을 벌어들일 수 있었다.

1984년에 마젤란펀드에는 또다시 신규 자금이 10억 달러나 흘러 들어왔다. 자산규모가 커지면서 나는 트레이딩 부서(증권사에 직접 매매주문을 내는 부서)에 보내는 매매주문서에 0자를 하나 더 쓰는 데 익숙해져야 했다. 매일 아침마다 트레이딩 부서에 매매를 지시하는 데 걸리는 시간도 점점 더 길어졌다.

나는 휴가 여행지도 기본적으로 시차가 적당하고 쉽게 전화할 만한 곳이 있는지를 기준으로 결정하게 됐다. 오스트리아는 늦은 오후가 미국 주식시장 개장 전이란 점 때문에 여행하기에 좋은 곳이었다.

오스트리아로 휴가를 가면 하루 종일 스키를 탄 뒤에 오후 늦게 트레이딩 부서에 전화하면 됐다. 미국에서 가장 좋아하는 스키 휴양지는 뉴햄프셔 딕스빌 노치에 있는 발삼즈였는데 리프트 타는 곳 아래에 공중전화가 있었기 때문이다. 나는 리프트를 타고 내려와 트레이더에 게 전화를 해서 한두 페이지 분량의 매매주문 내역을 읽어준 뒤 다시 리프트를 타고 올라가 스키에 집중했다.

첫 5년간은 여행을 별로 하지 않았지만 그 다음 5년간은 자주 여행을 떠났다. 대부분의 여행은 미국 전역에서 열리는 투자 세미나에 참석하기 위한 것이었다. 이런 투자 세미나는 2~3일간 열두어 개 기업으로부터 사업현황을 들을 수 있다는 점에서 일종의 벼락치기 공부와 같았다.

몽고메리 증권은 9월에 샌프란시스코에서 회의를 열었고 햄브레히트&퀴스트는 5월에 중소 기술기업 전문 회의를 개최했다. 매년 4월에는 로빈슨-험프리가 주최하는 남동지역 기업들을 위한 회의가 애틀랜타에서 열렸다. 다인, 보스워스는 중서지역 기업들을 위한 비슷한 회의를 미니애폴리스에서 개최했다. 프레스콧, 볼&터번은 가을에 클리블랜드에서 회의를 열었고, 알렉스, 브라운은 볼티모어에서 회의를 가졌으며, 아담스, 하크니스&힐은 8월에 보스턴에서 회의를 개최했다. 하워드 웨일은 루이지애나에서 2개의 회의를 개최했는데 하나는 에너지 생산업체 회의였고, 다른 하나는 에너지 서비스 업체에 대한 회의였다. 생명공학회사, 음식점 체인점, 케이블 방송회사, 은행 등 특정 업종만 전문적으로 다루는 주제별 회의도 있었다.

이런 투자 세미나는 펀드매니저들의 노력을 덜어주는 가장 효율적인 수단이었다. 2~3개 기업의 프레젠테이션이 동시에 진행되기 때문에 어떤 기업의 프레젠테이션을 들어야 할지 결정하기가 어려웠다. 피델리티는 이런 투자 세미나에 여러 명으로 구성된 대표단을 파견해 각 미팅에 피델리티 대표로 참석하게 하기도 했다. 기업에게 들은 사업현황이 너무 좋아서 회의 중간에 잠깐 나와 로비에 있는 전화로 매수주문을 넣은 적도 있다.

투자 세미나에 참석했다가 시간적 여유가 있으면 나는 프레젠테이션에 참석하지는 않았지만 본사가 그 지역에 있는 기업들을 방문하곤 했다. 나는 전국의 도시를 눈에 익숙한 대표적인 건물이나 풍경으로 구분하는 것이 아니라《포천》500대 기업 중 어떤 기업의 본사가 있는지를 기준으로 파악했다. 나의 관광지라면 워싱턴의 MCI와 패니 메이, 샌프란시스코의 셰브론과 뱅크아메리카, 로스앤젤레스의 리튼과 유노칼, 애틀랜타의 코카콜라와 터너 브로드캐스팅, 클리블랜드의 TRW와 내셔널 시티뱅크, 이튼 등이다.

해외로의 모험

나는 존 템플턴 다음으로 해외 주식에 적극적으로 투자한 국내 주식형 펀드의 매니저였다. 템플턴이 운용한 펀드는 마젤란펀드의 국제판이라고 할 수 있다. 템플턴은 펀드의 자산 대부분을 해외에 투자한 반면, 나는 마젤란펀드의 자산 중 10~20%를 해외 주식을 사는 데 썼다.

나는 1984년부터 본격적으로 해외 주식 투자에 나섰다. 당시에는 해외 증권거래소에서 거래되는 기업에 대한 믿을 만한 실시간 주가정보 시스템이 없었다. 때문에 나를 담당하던 트레이더는 매일 밤 스톡홀름과 런던, 도쿄, 파리 등에 전화를 걸어 다음 날 나에게 필요한 정보들을 모아주었다. 전화요금은 크게 늘어났지만 그럴 만한 가치는 충분했다. 1986년에 우리는 해외투자부를 신설했다.

마젤란펀드에 돈이 마구 쏟아져 들어왔기 때문에 나는 해외 주식에 투자해야만 했다. 거의 강제적으로 해외 주식, 특히 유럽 주식에 눈을 돌릴 수밖에 없었던 것이다. 펀드 규모가 커지면서 펀드에 큰 변화를 줄 수 있는 큰 기업을 발견해야 할 필요성이 대두되었고 큰 기업의 비율은 미국보다 유럽이 더 높았다. 대부분의 유럽 기업들은 새로운 정보가 추가되면서 계속 연구되고 분석되지 않고 있었다. 더욱 곤란한 것은 외국 기업들이 증권거래소에 실적을 보고하는 기준과 회계 기준이 미국과 다르다는 점이었다. 이 때문에 외국 기업들의 대차대조표와 손익계산서에는 이해하기 어렵고 분석하기 힘든 부분이 있었다. 반면 좋은 소식은 외국 기업들의 재무제표를 꼼꼼히 연구하고 분석하면 종종 볼보와 같은 보석을 발견할 수 있다는 점이다.

나의 가장 성공적인 기업분석 출장은 1985년 9월 중반에 시작됐다. 이 출장은 3주일간 계속됐는데 이 기간 동안 나는 23개 기업을 둘러볼 수 있었다. 이 출장은 피델리티의 젊은 애널리스트였던 1973년 가을에 미국 대륙을 가로질러 다우 케미컬 공장을 방문했던 초기의 짧은 출장에 비해 훨씬 더 지치고 힘들었지만 그만큼 더 유용했다. 젊은 시절 다우 케미컬 공장을 견학 다니면서 배운 것은 다우 케미컬 공장은 하나를 보면 모든 공장을 다 본 것이나 마찬가지라는 것이었다.

이번 출장에서 나는 금요일에 보스턴에서 기업 3곳에 방문한 뒤 그날 오후 비행기에 올라 토요일에 스웨덴에 도착했다. 하지만 항공사 측이 내 화물을 잃어버리는 바람에 출발은 그리 기분 좋지 않았다. 사베나 항공이었는데 내가 그 회사 주식을 보유하고 있지 않아 정말 다행이라고 생각했다.

스웨덴은 격식을 차리는 나라였다. 나는 이틀간 몇 가지 업종의 대표들을 만나기로 예정돼 있었는데 가방을 잃어버렸으니 이틀간 똑같은 코듀로이 바지와 꼬깃꼬깃 구겨진 코트에 운동화를 신고 사무실에 들어가면 과연 그들이 어떻게 반응할지 끔찍했다. 사베나 항공에서 내 여행 가방이 어디로 사라졌는지 도무지 알 수 없었고, 스톡홀름의 가게가 모두 문을 닫았다는 것을 깨닫는 순간 나는 이 문화적 재난에 어떻게 대처해야 할지 암담했다.

결국 나는 가방을 잃어버린 최악의 상황을 받아들이고 공항에서 친구 여동생인 버기타 드로겔에게 전화해 스톡홀름 교외인 시그투너에 있는 그녀의 집에서 지내기로 약속을 잡았다. 놀랍게도 그녀의 스웨덴 남편 잉게마는 옷 치수부터 신발 사이즈까지 나와 똑같아서 곧바로 적절한 스웨덴식 정장 차림을 갖출 수 있었다.

나는 머리가 희고 얼굴도 흰 편이라 스웨덴식으로 옷을 입으니 사람들이 나를 스웨덴 사람으로 여겼다. 거리를 걷다 보면 사람들이 다가와 길을 물을 정도였다. 물론 스웨덴어를 이해하지 못해 확신할 수는 없지만 그들이 나에게 무엇인가를 묻고 있다는 것은 분명했다.

가방은 잃어버렸지만 그 덕분에 내 차림새가 오히려 더 나아졌다고 확신한다. 월요일에 나는 스웨덴 의상을 갖춰 입고 에셀트의 최고경영자를 만나러 갔다. 에셀트는 책상 서랍 속에서 흔히 발견할 수 있는 정리함과 서류꽂이 등을 비롯해 사무용품을 판매하는 회사이다. 나는 또

스웨덴의 GE라고 할 수 있는 우량 복합기업 ASEA, 착유기와 유전공학이라는 이상한 사업 조합을 갖고 있는 알파 라발도 방문했다. 그날 밤에 나는 다음 날 방문하기로 한 일렉트로룩스와 아가에 대해 공부했다. 일렉트로룩스는 진공청소기를 비롯한 가전제품을 판매하는 회사로, 사장이 미국 크라이슬러사의 리 아이아코카에 비견될 만한 인물이었다.

아가는 공기를 이용해 돈을 버는 회사였다. 이론적으로 생각하면 어디에나 흔히 있는 공기에서 기체를 추출해 판매하는 회사에 투자한다는 것은 말이 안 되는 것처럼 보인다. 하지만 내가 아가로부터 배운 것은 철강산업에서는 산소 수요가, 식품업에서는 질소 수요가 굉장히 많다는 것과 공기 중에서 필요한 기체를 추출해낼 수 있는 기계를 가진 기업은 몇 개 없다는 것이었다. 공기라는 천연자원은 얻는 데 비용이 전혀 들지 않기 때문에 아가를 포함한 이들 몇 개 기업은 매우 뛰어난 사업을 하고 있는 셈이었다.

아가와의 미팅이 끝나자마자 나는 차를 몰아 미국의 웨스턴 일렉트릭과 비슷한 전화기 장비업체인 에릭슨을 방문했다. 오후에는 스칸디아를 찾았다. 이 회사는 이름만 들으면 가구 판매점 같지만 사실은 큰 보험회사였다. 피델리티의 오버시즈펀드(해외펀드)의 조지 노블이 아무도 관심을 보이지 않을 것 같은 스칸디아를 방문해보라고 나에게 권했다.

미국 보험회사는 실적에서 어떤 개선의 기미가 나타나기 몇 달 전에 보험료를 올린나. 이런 주식은 경기민감주와 같다. 치음 보험료를 올리기 시작할 때 보험주를 사면 돈을 벌 수 있다. 보험주가 보험료를 올린 후에 두 배로 뛰고 보험료 인상으로 인해 실적이 좋아지면 또다시 두 배로 뛰는 것은 이례적인 일이 아니다.

나는 스웨덴에서도 이런 일이 일어나고 있으리라 생각했다. 내가 듣기로 스칸디아는 이미 보험료를 올리기로 승인받은 상태였기 때문에 주가는 당연히 올랐어야 했다. 하지만 놀랍게도 스칸디아의 주가는 오르지 않았다. 스웨덴 투자자들은 보험료 인상이라는 확실한 호재에 별 관심을 두지 않은 채 스칸디아의 현재 나쁜 실적에만 신경을 쓰고 있었다. 이런 상황이야말로 주식 투자자들이 꿈에 그리는 최고의 기회였다.

나는 다시 한 번 찬찬히 스칸디아를 조사해봤다. 혹시 내가 놓치고 있는 악재가 어딘가에 숨겨져 있지 않을까 싶어서였다. 혹시 부채가 너무 많은 것은 아닐까? 혹시 스칸디아가 자산의 절반을 정크본드에 투자했거나 기업 사냥꾼 로버트 캠포의 부동산에 투자한 것은 아닐까? (캠포는 캐나다의 부동산 개발 및 투자회사 캠포 코퍼레이션을 세운 사람이다. 과도한 부채를 끌어다 미국의 백화점 지주회사인 페더 레이티드 백화점을 인수했다가 파산시킨 장본인으로 악명이 높다 - 역자) 수술비가 최고 수준인 관상동맥 우회술이나 유방확대수술 비용을 보장해주는 상품을 많이 팔았을까? 아니면 예상치 못한 수백만 건의 보험료가 청구될 수 있는 상품을 팔았던 것일까? 이런 의문을 갖고 꼼꼼히 살펴봤지만 모두 아니었다. 스칸디아는 기본적인 손해보험과 생명보험만 판매하는 보수적인 회사였고, 앞으로 이익이 두 배로 늘어날 것은 자명했다. 그리고 스칸디아는 18개월 후에 주가가 4배로 급등했다.

이틀간 이처럼 7개 기업을 방문하고 스웨덴 저쪽 끝에 위치한 볼보까지 찾아가야 했으므로 스웨덴의 유명한 사우나를 즐기거나 유람선을 타고 피오르드를 감상할 시간은 없었다. 나는 볼보를 방문할 준비를 하면서 카네기 가문의 후손이 설립한 증권사에서 일하는 스웨덴 금융 애널리스트를 소개받았다. 미국에서 카네기가의 또 다른 분파가 엄청난 부자로 번성한 반면, 이쪽 카네기가의 후손들은 멀고 추운 땅 스칸디나비아 반도에서 얼어붙어 있었다.

이 외로운 애널리스트는 스웨덴에서 가장 큰 회사이자 스웨덴에서는 미국의 자동차 산업 전체에다 다른 몇 개의 기업까지 합한 규모와 맞먹는 볼보를 한 번도 방문한 적이 없었다. 그 애널리스트가 혹시 길을 놓치거나 잘못 드는 사태에 대비하기 위해 나는 아내 캐롤린도 데리고 볼보가 위치한 예테보리까지 자동차로 갔다.

예테보리에 도착해보니 볼보 사람들은 투자가가 찾아와서 사업현황에 대해 물어본다는 사실에 너무나 흥분해 사장부터 부사장, 트럭 사업본부 본부장, 재무 담당 임원까지 총출동해서 기다리고 있었다. 나는 볼보의 주요 임원들과 얘기를 나눈 뒤 공장 전체를 둘러볼 수 있었다.

볼보는 당시 강성 노조 때문에 골머리를 앓고 있었다. 하지만 이 문제는 당장 신경 써야 할 만큼 심각하진 않았다. 더 중요한 것은 볼보의 주가가 34달러인데 보유한 현금이 주당 34달러라는 사실이었다.

따라서 주가 34달러는 볼보가 갖고 있는 현금 값밖에 안 됐다. 볼보의 자동차 사업, 자동차 조립공장, 볼보의 자회사(식품회사, 의약품회사, 에너지회사 등)는 모두 거저 얻는 셈이었다. 미국에서도 애널리스트들이 거들떠보지도 않는 작은 기업 중에는 이처럼 공짜나 다름없이 싼 주식을 발견할 수 있다. 하지만 평생을 조사하고 분석해도 이처럼 싼 가격의 GE나 필립모리스 같은 큰 기업을 만나기란 불가능하다. 내가 유럽까지 날아간 이유도 이 때문이었다.

어떤 사람들은 문화적 차이가 있기 때문에 해외 주식시장은 고평가 혹은 저평가 상태에 영원히 머물러 있을 수도 있다고 생각한다. 일본 주식시장이 폭락하기 전까지만 해도 비이성적으로 높은 주가를 설명하기 위해 일본 사람들은 천성적으로 고평가된 주식을 수용할 수 있다는 주장이 널리 받아들여졌다. 그러나 일본 사람들도 고평가된 주식을 마냥 받아들일 수는 없었다. 스웨덴의 경우 볼보와 스칸디아를 비롯한 많은 기업의 가치가 평가 절하되어 있었다. 그러나 결국엔 이들 기업의 진정한 가치가 무심한 스웨덴 투자자들에게도 분명히 드러날 것이라고 믿었다.

캐롤린과 나는 예테보리를 떠나 오슬로까지 운전했다. 오슬로에서 나는 놀스크 데이터와 놀스크 하이드로를 방문했다. 놀스크 데이터는 노르웨이의 휴렛팩커드로 흥미로운 첨단산업에서 제 길을 가고 있는 흥미로운 기업이었다. 놀스크 하이드로는 수력발전, 마그네슘, 알루미늄, 화학비료 등 별로 흥미로워 보이지 않은 여러 산업에서 흥미로운 사업을 펼치고 있는 기업이었다. 나는 놀스크 하이드로를 경기에 민감한 기업인 동시에 영향력 있는 에너지 기업이라고 파악했다. 놀스크 하이드로의 유전이나 가스전은 텍사코나 엑손, 또는 다른 거대 에너지 기업의 보유량보다 세 배 이상 많았다. 그런데도 놀스크 하이드로는 주가가 최근 절반 가까이 폭락해 다시 한 번 저가 매수의 기회가 조성됐다.

내가 기업분석을 계속하고 있는 동안 캐롤린은 외환시장에서 활약하느라 바빴다. 선진 7개국G7의 유럽 재무장관들은 당시 환율 조정에 합의해 달러 가치가 하룻밤 사이에 10%나 하락했다. 하지만 오슬로 모피가게 주인은 아침 신문을 읽지 않았는지 캐롤린이 아메리칸 익

스프레스의 여행자 수표로 여우털 코트 가격을 지불할 수 있도록 해줬다. 덕분에 캐롤린은 전날 가격보다 10% 싸게 여우털 코트를 살 수 있었다.

우리는 오슬로에서 기차를 타고 노르웨이 제2의 도시인 베르겐까지 갔다. 기차는 아름다운 농지를 지나 산을 올라간 뒤 매력적인 항구 도시 베르겐에 닿았다. 하지만 다음 날 아침 일찍 비행기를 타고 독일 프랑크푸르트로 날아가야 했기 때문에 베르겐의 매혹적인 풍광을 즐길 시간은 별로 없었다. 나는 프랑크푸르트에서 금융회사인 도이치뱅크와 드레스드너, 유명한 제약회사인 횐스트를 방문했다. 다음 날 우리는 뒤셀도르프로 이동해 그곳에서 독일 제조업체인 크뢰크너-험볼트-도이츠를 방문했다. 또한 이전에 아스피린을 판매했지만 지금은 화학 및 제약 그룹으로 성장한 바이엘을 찾아갔다.

어딘가 기차역에서 나는 여행가방 옮기는 것을 도와주겠다고 나선 친절한 독일인에게 2마르크를 줬다. 나는 그가 기차역에 상주하는 운반인이라고 생각했다. 하지만 사업가였던 그는 자신의 고귀한 친절을 돈 때문인 것으로 오해한 내 반응에 크게 당황했다. 나는 이런 식으로 몇 가지 문화적 뉘앙스와 풍경을 놓치긴 했지만 독일인들이 어떤 경우에든 서로를 선생이라고 높여 부르며 미국에서처럼 샘이니 조니 편하게 이름을 부르지 않는다는 것을 깨달았다.

우리는 남쪽에서 북쪽으로 흐르는 라인강을 따라 쾰른에 도착했다. 나는 몇몇 기업을 방문한 뒤 다시 바덴바덴으로 향했다. 이곳에서 우리는 독일의 유명한 고속도로인 아우토반을 경험해보기 위해 차를 빌렸다. 내 인생의 목표 중 하나는 아일랜드의 블라니 스톤(블라니 성 안에 있는 돌로, 여기에 키스하면 아부를 잘하게 된다는 속설이 있다 – 역자)에 키스하는 것과 아우토반을 달려보는 것이었다. 이 두 가지 모두 해봤는데 둘 다 똑같이 끔찍한 경험이었다.

블라니 스톤에 키스하려면 봉을 잡고 몸을 물구나무서기를 하듯 거꾸로 해서 돌이 있는 곳까지 3미터는 족히 될 듯한 곳을 몸을 조금씩 움직이며 내려가야 했다. 또 아우토반을 달리려면 인디애나폴리스의 800킬로미터 자동차 경주에 출전할 정도는 돼야 한다. 나는 캐롤린과 함께 빌린 차를 타고 시간당 170킬로미터 이상으로 바람처럼 달렸다. 캐롤린은 우리가 달린 속도를 증명하기 위해 속도계를 사진으로 찍어놓았다. 당시 나는 우리 앞에 달리고 있는 차를 따라잡을 만한 용기까지 생겼다. 추월차선인 왼쪽 도로로 빠져 시간당 190킬로미터로 속도를 높였다. 이는 성인이 된 후 자동차로 여행했던 속도보다 대략 50%는 더 빠른 것이었다. 백미러를 쳐다보기 전까지는 모든 것이 좋았다. 그러나 백미러를 보는 순간 나는 피터 린치의 10번째 원칙을 깨달을 수 있었다.

아우토반을 달릴 때는 절대 뒤를 보지 말라.

백미러로 보니 우리처럼 시속 190킬로미터로 달리고 있는 누군가의 메르세데스 자동차가 바싹 뒤에 다가와 있었다. 그 차의 앞 범퍼와 우리 차의 뒤 범퍼 사이의 간격은 10센티미터밖에 안 되는 것 같았다. 그 차가 우리 차에 얼마나 가깝게 다가왔던지 그 차 운전자의 손톱까지 보일 지경이었다. 그의 손톱은 매우 깨끗하게 정리되어 있었다. 1초라도 가속페달에서 발을 떼면 그의 차가 우리 차를 치고 들어와 나와 캐롤린이 앉아 있는 앞좌석에 그가 나란히 앉게 되는 불상사가 일어날 것이다. 나는 이를 악물고 가속페달을 밟아 그 차가 우리 오른쪽으로 지나갈 수 있도록 한 다음 천천히 달려도 되는 주행차선으로 빠졌다. 그런 다음에는 적정 수준을 유지하며 달릴 수 있었다.

다음 날에도 여전히 전날 아우토반의 경험에서 완전히 벗어나지 못한 채 유명한 스위스 제약 및 화학회사인 산도즈 본사가 있는 바젤에 갔다. 미국에서 미리 산도즈 측에 전화를 걸어 약속을 잡았다. 보통 담당 직원들은 내가 왜 회사를 방문해 임원을 만나고 싶어 하는지 즉각 이해하지만 산도즈는 달랐다. 부사장에게 안내된 다음 회사를 방문하고 싶다고 말하자 그는 "왜 그러죠?"라고 물었다. "당신 회사에 대해 좀 더 알아보고 주식을 더 사도 되는지 판단하고 싶습니다."라고 대답하자, 그는 다시 한 번 "왜 그러죠?"라고 물었다. "글쎄요, 저는 당신 회사의 가장 최근 현황에 대해 정확하게 알고 싶어요."라고 말하자 그는 다시 한 번 왜 그런지 이유를 알고 싶어 했다. 나는 "주식을 샀는데 가격이 올라가면 우리 펀드에 투자한 사람들이 돈을 벌 수 있기 때문입니다."라고 대답했고, 그는 다시 한 번 "왜 그러죠?"라고 물었다. 나는 더 이상 할 말이 없어서 인사를 하고 나왔다. 후에 산도즈가 회사 방문 규정을 완화했다는 얘기를 들었지만 난 다시는 산도즈에 가지 않았다.

우리는 알프스 산맥을 지나 이탈리아로 건너가 밀라노에 도착했다. 밀라노에서 나는 또 다른 수력발전회사인 몬테디손을 찾아갔다. 몬테디손에는 300년이나 된 오래된 회의실이 있었는데 거기에는 댐을 통해 흐르는 물의 양과 같은 리듬으로 물이 똑똑 떨어지는 신기하고 매혹적인 기기가 있었다. 몬테디손 부근에 위치한 IFI라는 기업도 방문했고 유명한 벽화 〈최후의 만찬〉도 구경할 수 있었다. 이탈리아의 사무기기 제조 및 정보통신 서비스 업체인 올리베티도 방문했다. 이탈리아 북부 지역에서 구경할 만한 곳으로 몬테디손과 IFI, 올리베티, 〈최후의 만찬〉을 꼽는 여행자는 아마도 내가 유일하지 않을까 싶다.

이탈리아는 그동안 높은 물가상승률과 실현 불가능한 정치공약으로 어려움을 겪었지만 물가상승률은 점차 내려가고 있었고 정치인들은 좀 더 현실적으로 변해가고 있었다. 그리고 사람들은 다시 슈퍼마켓에서 식료품을 사기 시작했다. 1985년의 이탈리아는 가전회사와 전기회사, 슈퍼마켓이 미래의 초고속 성장기업이었던 1940~50년대의 미국을 연상시켰다.

캐롤린과 나는 베니스에 갔는데 거기에는 방문할 기업이 하나도 없었다. (두칼레 궁전과 탄식의 다리는 상장되기 전이었다.) 나는 먼저 로마에 가서 통신회사인 스테트와 SIP를 방문했다. 캐롤린과 나는 10월 9일 로마에서 만나 비행기를 타고 10월 10일 보스턴으로 돌아왔다. 보스턴에서 즉시 4개 기업을 더 방문했다. 콤디스코, A. L. 윌리엄스, 시티코프, 몬테디손이었다. 몬테디손은 내가 일주일 전에 밀라노에서 방문했던 그 몬테디손이었다.

회오리바람처럼 유럽 몇 개 국가를 빠르게 훑고 지나가느라 회사 상사인 네드 존슨의 25번째 결혼기념일을 놓쳤다. 그러나 그의 중요한 기념일 파티에 참석하지 못할 만한 합당한 이유가 있었다. 유럽 출장의 경험을 토대로 매수한 볼보, 스칸디아, 에셀트 등은 모두 좋은 수익률을 냈다.

마젤란펀드의 10%는 당시 해외 주식에 투자되고 있었고, 해외 주식에서 얻은 좋은 성과 덕분에 마젤란펀드는 수익률 순위에서 최상 위권을 유지할 수 있었다. 당시 마젤란펀드에서 가장 많이 투자했던 해외 주식은 푸조, 볼보, 스칸디아, 에셀트, 일렉트로룩스, 아가, 놀스크 하이드로, 몬테디손, IFI, 일본의 도부철도와 긴키 일본철도 등이었다. 이 11개 해외 주식을 통해 마젤란펀드는 2억 달러 이상의 수익을 올릴 수 있었다.

일본 철도회사 주식 2개는 피델리티 오버시즈펀드의 조지 노블이 추천해준 것이다. 나는 이 2개의 일본 철도회사를 2번에 걸친 일본 여행을 통해 각각 조사했는데 2번의 일본 여행은 유럽 급습 때처럼 매우 흥분되고 바빴다. 도부철도는 5년간 무려 386%나 상승해 해외 주식 가운데 가장 수익률이 높았다. 안타까운 점은 도부철도에 투자한 비중이 작았다는 것이다. 마젤란펀드의 전체 자산 중 0.13%만이 도부철도에 투자했다.

50억 달러를 넘어선 마젤란펀드

1984년에 S&P500지수는 6.27%까지 떨어졌지만 마젤란펀드는 2%의 수익률을 냈다. 1985년에는 자동차주와 해외 주식 덕분에 43.1%의 높은 수익률을 거둘 수 있었다. 당시에도 나는 국채와 자동차주를 가장 많이 보유하고 있었고, 몇 가지 이유로 절대 수익률이 좋을 수 없는 IBM도 가지고 있었다. 나는 또 질레트와 자동차 부품회사 이튼, 담배회사 레이놀즈, 방송사 CBS, 농업기계 제조업체 구 인터내셔널 하베스터 (현재 나비스타), 스페리, 켐퍼, 디즈니, 샐리 메이, 뉴욕 타임스, 호주 국채 등을 샀다. 또 스미스클라인 베크먼과 뱅크 오브 뉴잉글랜드, 메트로미디어, 로스 등은 마젤란펀드의 10대 보유종목에 포함될 정도로 많은 양을 샀다. 내가 샀던 주식 중에서 사지 않았더라면 좋았을 거라고 후회하는 것은 원 포테이토 투, 이스턴 에어라인, 인스티튜셔널 네트워크, 브로드뷰 파이낸셜, 바이 드 프랑스, 애스크 컴퓨터, 윌튼 인더스트리즈, 유나이티드 토트 등이다.

1983년에 10억 달러, 1984년에 다시 10억 달러, 1985년에는 17억 달러가 펀드로 추가 유입됐다. 그 결과 마젤란펀드의 자산은 코스타리카의 국민총생산 규모만큼 커졌다. 펀드로 흘러들어온 돈을 소화하기 위해 나는 끊임없이 공격적으로 포트폴리오를 재평가하고 새로운 종목을 발굴해 사거나 기존에 샀던 종목을 더 사야 했다. 이런 경험을 통해 나는 피터 린치의 11번째 원칙을 깨닫게 됐다.

가장 좋은 주식은 이미 보유하고 있는 주식이다.

패니 메이가 좋은 예이다. 1985년 상반기에 패니 메이는 마젤란펀드의 전형적인 소규모 투자 종목이었다. 그러나 나는 패니 메이(18장 참조)를 다시 분석한 결과 실적이 급격하게 개선됐다는 사실을 발견하고 패니 메이 비중을 2.1%로 높였다. 포드와 크라이슬러가 각각 두 배, 세 배씩 올랐음에도 불구하고 나는 여전히 자동차주를 선호하고 있었다. 포드와 크라이슬러는 실적이 증가세에 있었고 기업 재무제표가 좋았기

232

때문이다. 그러나 조만간 패니 메이가 포드와 크라이슬러의 뒤를 이어 마젤란펀드의 수익률을 끌어올리는 핵심 종목의 자리를 차지했다.

1986년 2월에 마젤란펀드의 자산규모는 50억 달러를 넘어섰다. 나는 포드와 크라이슬러, 볼보 주식을 더 사서 펀드 내 비중을 유지했다. 또한 미들 사우스 유틸리티와 금융기관 다임 세이빙즈, 제약회사 머크, 호스피털 코퍼레이션 오브 아메리카, 린 브로드캐스팅, 맥도날드, 스터링 드럭, 시그램, 업존, 다우 케미컬, 울워스, 브라우닝-페리스, 파이어 스턴, 제약회사 스퀴브(현재 브리스톨-마이어스와 합병), 코카콜라 엔터프라이즈, 우넘, 마루이, 론호 등을 매수했다.

볼보를 기점으로 매수하기 시작했던 해외 주식은 이제 전체 펀드 자산의 20%로 늘어났다. 볼보는 1986년 거의 대부분의 기간 동안 마젤란펀드에서 가장 비중이 높은 종목 중 하나였다. 자동차주 외에 10대 보유종목은 뱅크 오브 뉴잉글랜드, 켐퍼, 스퀴브, 디지털 이큅먼트 등이었다.

1976년 마젤란펀드 전체 자산규모였던 2000만 달러를 투자한 종목도 이제는 펀드 내에서 차지하는 비중이 미미해졌다. 수십억 달러의 거대한 자산을 움직이기 위해서는 유망 종목에 1억 달러 정도는 투자해야 했다. 나는 매일 마젤란펀드가 투자한 종목을 알파벳 순서로 나열한 목록을 쭉 읽어나가면서 무엇을 팔고 무엇을 더 살지 결정해야 했다. 이 목록이 길어지면 길어질수록 보유종목의 숫자도 많아졌다. 물론 나는 이 사실을 알고 있었으나 가슴 깊이 이해하지는 못했다. 그런데 주식시장이 유난히 가열됐던 어떤 주에 우연히 요세미티 국립공원을 방문한 날 이것이 어떤 의미인지 체감할 수 있었다.

그때 나는 요세미티 국립공원 공중전화 박스 안에서 주위의 산들을 둘러보며 트레이딩 부서에 그날 해야 할 거래를 지시하고 있었다. 하지만 전화를 시작한 지 2시간이 지났건만 겨우 A에서 L 항목까지밖에 내려오지 못했다.

피델리티 사무실에서든, 기업을 직접 방문해서든, 투자 세미나를 통해서든 내가 만나는 기업의 숫자도 1980년에 214개에서 1982년에는 330개, 1983년에는 489개로 늘어났다. 1984년에는 411개로 줄었으나 1985년에는 463개로 다시 늘었고, 1986년에는 570개에 달했다. 이 숫자가 계속 유지됐다면 나는 아마도 일요일과 공휴일까지 포함해 매일 2개 기업을 직접 만나야 했을 것이다.

마젤란펀드의 매도주문 담당자인 칼렌 데루카는 5년간 주식을 팔고, 팔고, 또 팔다가 피델리티의 전임 사장이었던 잭 오브라이언과 결혼하면서 트레이딩 부서를 떠났다. 그녀가 마지막으로 근무하는 날, 우리는 그녀에게 주식 매매의 나머지 절반을 경험할 수 있는 기회를 주기 위해 몇 개 종목의 매수주문을 내도록 했다. 하지만 그녀는 이 낯선 경험을 할 만한 준비가 되어 있지 않았다. 전화기 저쪽에서 주식을 팔고자 하는 사람이 어떤 주식을 예를 들어 1주당 24달러에 내놓았다면 칼렌은 24.50달러를 제안하는 식이었다.

전술적 변화를 꾀하다

마젤란펀드는 1986년에 23.8%의 수익률을 올렸고 1987년 상반기에는 39%의 성과를 냈다. 주식시장의 상승세가 계속되면서 다우존스 지수는 사상 최고치인 2722.42까지 오르고 모든 잡지들이 낙관적인 주식시장 전망으로 물들어가자 나는 5년 만에 처음으로 전술적 변화를 결정했다. 내가 보기엔 경기 회복세가 최고조에 이르러 새 차를 사야 할 사람들은 이미 다 샀고 자동차 업종 애널리스트들이 내놓은 낙관적인 실적 전망은 도저히 지속될 수 없었다. 나는 자동차주를 덜어내고 금융주 비중을 높이기 시작했다. 금융주 중에서 특히 패니 메이를 집중적으로 늘렸지만 S&L 주식도 샀다.

마젤란펀드는 1987년 5월에 자산규모가 100억 달러를 돌파했다. 이 사실은 이전부터 마젤란펀드는 자산규모가 너무 커서 성공하기 어렵다고 줄기차게 주장해왔던 사람들에게 더 많은 비판할 거리가 됐다. 이런 비판자들이 나의 투자성과에 어느 정도 기여했는지 정확히 측정할 수는 없지만 상당히 기여했다는 사실에 대해서는 의심하지 않는다. 그들은 마젤란펀드의 자산규모가 20억 달러일 때부터 시작해 40억 달러, 60억 달러, 80억 달러, 그리고 100억 달러에 이르기까지 지속적으로 마젤란펀드가 성공하기엔 너무 크다고 주장해왔고, 나는 줄곧 그들의 주장이 틀렸다는 사실을 증명하겠다고 굳게 결심했다.

다른 큰 펀드들은 자산규모가 어느 수준에 도달하면 투자자금을 더 이상 받지 않는다. 그러나 마젤란펀드는 부정적인 시각이 있어도 추가 자금을 계속 받았다. 비판자들은 피델리티가 이런 식으로 나의 명성을 이용해 많은 수수료 수입을 올려왔다고 주장한다.

1987년까지는 펀드의 자산규모가 스웨덴의 국민총생산만큼이나 크다는 사실에 만족하고 있었다. 그러나 한편으로는 펀드 수익률을 최고

수준으로 유지하기 위한 노력에 지쳐가고 있었고, 패니 메이보다는 아내와 더 많은 시간을 보내고 싶다는 열망도 강해졌다. 나는 실제로 마젤란펀드를 떠난 시점보다 3년 전인 그때 그만둘 수도 있었다. 그러나 그해 10월에 있었던 블랙 먼데이(검은 월요일)의 대폭락 때문에 마젤란펀드에 좀 더 머물러 있게 됐다.

블랙 먼데이가 다가오고 있다는 사실을 내가 미리 예감하고 있었다고는 할 수 없다. 당시 주식시장은 전반적으로 고평가되어 있었고 1000포인트 가량의 폭락은 언제든 가능한 상태였다. 물론 이는 후에 돌아보니 그렇다는 얘기이다. 나 역시 평소에 큰 그림을 그려보는 예리한 통찰력을 가지고 있다고 자부했지만 이 점을 놓쳤다. 나는 현금을 거의 남기지 않고 마젤란펀드의 전체 자산을 주식에 투자한 채 이 불안정하고 위험한 시기를 맞았다. 주식시장의 타이밍이란 어쩌면 그렇게도 딱 맞는지 모르겠다.

그나마 다행인 것은 그해 8월에 마젤란펀드의 5.6%를 투자하고 있던 12개 S&L에 대한 비중을 줄였다는 점이다. 나는 (그리고 피델리티의 S&L 전문가인 데이브 엘리슨 역시) 이들 S&L 중 일부가 매우 부적절한 곳에 대출해줬다는 사실을 깨닫기 시작했다. 나쁜 소식은 내가 S&L을 판 돈으로 다른 주식을 샀다는 것이다.

1987년 들어 블랙 먼데이 전까지 마젤란펀드는 39% 올랐다. 나는 이 사실에 미칠 듯이 화가 났는데 S&P500지수는 그때까지 41% 올랐기 때문이다. 캐롤린이 이렇게 말했던 것이 기억난다. "마젤란펀드 투자자들에게 39%의 이익을 돌려주고도 수익률이 주식시장보다 겨우 2% 뒤진 것을 어떻게 불평할 수가 있어요?" 후에 돌아보니 그녀의 말이 맞았다. 나는 그때 불평하지 말았어야 했다. 그해 12월에 내 수익률은 마이너스 11%로 대폭 떨어졌기 때문이다. 이 경험으로 피터 린치의 12번째 원칙을 깨달았다.

수익을 당연하게 여기는 생각은
주가가 큰 폭으로 하락하면 확실히 치유된다.

주식시장 하락에 대한 나의 경험은 헛된 기대감에서 시작됐다. 내가 마젤란펀드를 운용하기 시작하고 몇 달 지나지 않아 주식시장은 20%나 폭락했다. 하지만 마젤란펀드 내 주식들은 사실상 7%가 올랐다. 이 짧은 승리로 인해 나는 평범한 주식 투자자들에게 들이닥치는 주가 하락이라는 불행을 어떻게든 피해갈 수 있다는 확신을 갖게 됐다. 이러한 환상은 1987년 9월 11일부터 10월 31일까지 지속된 다음 주가 급락 때 철저하게 무너졌다.

그 하락은 엄청난 것이어서 달러 가치가 떨어졌고, 물가상승률이 가파르게 올라갔으며, 의회에서는 세금 감면을 논의해야 했고, 연방 준비제도이사회FRB(우리나라의 한국은행)는 긴축정책을 써야 했다. 또 단기 국채 금리가 장기 국채 금리보다 올라가는 이례적인 현상이 발생했다. 이로 인해 만기까지의 기간과 수익률 사이의 관계를 보여주는 그래프가 하강 곡선을 그렸다. 주가가 많이 떨어졌고 마젤란펀드는 더 떨어졌다. 이런 현상은 내가 펀드매니저를 그만둘 때까지 지속석으로 나타난 현상의 시초일 뿐이었다. 주식시장이 부진할 때 마젤란펀드는 더 부진했다.

1987년의 블랙 먼데이를 포함해 펀드매니저로 겪은 9번의 주요 주가 하락 시기마다 이런 현상은 지속적으로 나타났다. 마젤란펀드의 주식들은 주식시장 평균보다 더 많이 하락했다. 그런 뒤 주식시장이 반등할 때는 더 많이 올랐다. 나는 연차보고서에서 투자자들에게 마젤란펀드의 이러한 급격한 상승 하락을 이해하기 쉽게 설명하려 노력했다. 장기적으로 많이 오르는 주식은 오르는 중에 투자자에게 수많은 충격과 타박상을 입힐 수 있다는 점을 납득시켜야 했다.

나는 1987년을 기쁜 마음으로 보낼 수 있었다. 마젤란펀드가 1% 상승으로 1987년을 마감하면서 10년 연속 상승 기록을 세웠다는 것은 일종의 승리라고 할 수 있다. 나는 그 기간 동안 주식형 펀드의 평균 수익률보다 항상 높은 수익률을 냈다. 그리고 마젤란펀드의 반등은 다시 한 번 주식시장 평균을 크게 앞섰다.

블랙 먼데이의 대폭락으로 인해 마젤란펀드가 겪고 있던 자산규모의 문제는 일시적으로 해결됐다. 1987년 8월에 110억 달러였던 펀드 규모가 10월에는 72억 달러로 대폭 줄었다. 일주일 사이에 코스타리카 국민총생산만큼의 자산이 빠져나갔다. 나는 대폭락이 닥쳤을 때 아일랜드에서 골프를 치고 있었다는 사실을 앞서 출간한 책 《전설로 떠나는 월가의 영웅》에서 설명했다. 주가 하락에 겁을 먹고 환매하려는 투자자들에게 돈을 지급하기 위해 많은 주식을 팔아야 했다. 1987년 10월에 마젤란펀드로 6억 8900만 달러의 자금이 유입됐지만 13억 달러의 자금이 환매로 빠져나갔다. 유입된 자금이 유출된 자금보다 많아 자산규모가 늘어나기만 했던 지난 5년간의 추세가 깨지는 순간이었다. 펀드에서 자금을 빼가는 사람들이 펀드에 자금을 넣는 사람들보다 2:1

의 비율로 많았다. 그러나 마젤란펀드의 대다수 투자자들은 펀드에 투자된 자산을 그대로 둔 채 아무것도 하지 않았다. 그들은 블랙 먼데이를 그저 하나의 주가 하락으로 봤을 뿐 문명세계의 종말로 여기지 않았다.

그러나 블랙 먼데이는 증권사에서 돈을 빌려 주식을 산 신용융자 투자자들에겐 세상의 종말이나 마찬가지였다. 증권사에서 돈을 빌려 주식을 사면 증권사가 주식을 담보로 잡는다. 담보로 잡힌 주식의 평가액은 증권사에 갚아야 할 돈의 일정 비율을 유지해야 한다. 하지만 담보로 잡힌 주식의 가격이 급락해 이 담보 비율을 유지하지 못하면 돈을 빌린 투자자는 부족한 금액만큼 추가로 담보를 맡겨야 하며, 투자자가 부족한 금액을 채워 넣지 못하면 증권사는 손실을 막기 위해 투자자의 주식을 임의로 팔 수 있다. 블랙 먼데이로 주가가 급락하자 증권사들은 빌려준 돈을 받기 위해 신용융자 투자자들의 주식을 매우 싸게, 때로는 바닥 가격으로 팔아치웠고, 이들 투자자의 자산은 그야말로 썰물처럼 휩쓸려 나갔다. 이때 나는 신용융자의 위험성을 진심으로 이해할 수 있었다.

나를 담당하고 있던 트레이더들은 다음 날 매도주문에 대비하기 위해 일요일에도 일을 했는데 나중에 생각해보면 그게 블랙 먼데이에 대한 예보였다. 피델리티는 주말 내내 어떻게 할 것인지 계획을 세우느라 분주했다. 나는 아일랜드로 출발하기 전에 펀드 내 현금 비중을 평소보다 높은 수준으로 올렸다(환매 요구액이 그때까지 하루 최대 환매 규모보다 20배나 더 많았다). 환매 요구가 물밀듯이 들어왔다. 월요일에 펀드의 주식을 상당 부분 팔아야 했고 화요일에도 그만큼 많은 주식을 팔아야 했다. 결국 나는 주식을 더 사는 편이 좋겠다는 판단이 드는 바로 그 순간에 주식을 팔아야만 했다.

이런 점에서 펀드 투자자는 펀드의 성패에 중요한 역할을 한다. 펀드 투자자들이 주가가 급락하고 있는 상황에서 공포에 휩싸이지 않고 차분하게 대응하면 펀드매니저는 환매 요구에 응하기 위해 주식을 싸게 팔 필요가 없다.

주식시장이 안정된 후에도 마젤란펀드에서 가장 비중이 높은 주식은 포드였고, 패니 메이와 머크, 크라이슬러, 디지털 이큅먼트 등이 뒤를 이었다. 주가가 반등할 때 수익률이 가장 좋았던 주식은 경기민감주였다. 예를 들어 크라이슬러는 20달러에서 29달러로 뛰었고 포드는 38.25달러에서 56.625달러로 올랐다. 그러나 경기민감주를 계속 고수하던 투자자들은 곧 실망하게 됐다. 3년 후인 1990년에 크라이슬러와 포드의 주가는 1987년의 절반 수준에 불과한 10달러와 20달러로 주저앉았기 때문이다.

적당한 시기에 경기민감주에서 빠져나오는 것이 중요하다. 크라이슬러는 경기에 민감한 기업이 얼마나 빨리 망가질 수 있는지 보여 주는 좋은 사례이다. 크라이슬러는 1988년에 주당 4.66달러의 이익을 냈다. 사람들은 이 이익이 다음 해인 1989년에는 4달러 수준으로 소폭 줄어들 것으로 예상했다. 그러나 크라이슬러는 1989년에 주당 순이익이 1달러로 급격히 축소됐고 1990년에는 30센트로 줄었다. 급기야 1991년에는 적자로 돌아섰다. 크라이슬러에서 발견할 수 있는 것은 온통 실망스러운 것들뿐이어서 결국 크라이슬러를 팔아버렸다.

월스트리트의 몇몇 애널리스트는 크라이슬러가 몰락의 길을 걷는 중에도 내내 크라이슬러를 칭송했다. 내가 가망 없다고 생각하는 가운데 그나마 가장 낙관적으로 예상했던 크라이슬러의 주당 순이익이 월스트리트의 가장 비관적인 전망치보다 훨씬 낮았다. 내가 최대한 낙관적으로 예상할 수 있었던 크라이슬러의 주당 순이익은 3달러였다. 반면 월스트리트의 어떤 애널리스트들은 6달러를 기대했다. 당신이 예상하는 최상의 시나리오가 다른 사람들이 전망하는 최악의 시나리오보다 훨씬 더 나쁘다면 그 주식은 아마도 사람들의 근거 없는 기대감 속에 표류하고 있을 가능성이 높다.

1987년의 대폭락 이후 가장 많이 오른 주식은 경기민감주가 아니라 성장주였다. 다행히도 나는 자동차주에서 돈을 빼내 경영능력이 우수하고 재정 건전성이 뛰어난 필립모리스, RJR 나비스코, 이스트만 코닥, 머크, 애틀랜틱 리치필드 등으로 갈아탈 수 있었다. 필립모리스는 내가 가장 많이 투자한 기업이 됐다. 또한 GE도 충분히 매입해 마젤란펀드 내의 비중을 2%로 끌어올렸다. (하지만 마젤란펀드 내에서 GE의 비중 2%는 충분한 양이 아니었다. GE의 시가총액은 전체 주식시장의 4%가량이었다. 따라서 마젤란펀드 내에서 GE의 비중이 2%라는 것은 내가 GE를 아주 좋아하고 추천하면서도 사실은 그와 반대되는 투자를 하고 있었다는 말이 된다. 이러한 문제점은 내 뒤를 이어 마젤란펀드를 맡은 모리스 스미스가 지적해줬다.)

그리고 기업을 정형화해 분류하는 것이 얼마나 어리석은 일인지 보여주는 사례도 있다. GE는 경기순환의 영향을 받는 다소 답답한 구식 우량주로 여겨졌을 뿐 성장주로 분류되지는 않았다. 하지만 그래프 6-1을 보라. 존슨앤존슨처럼 꾸준한 성장을 이어가는 기업의 전형적인 주가 모습이다.

나는 또 시장에서 외면받기 시작한 금융주도 투자목록에서 제외해 나갔다. 여기에는 주식형 펀드에서 대규모 자금 이탈이 일어날 것을 우려해 급락한 자산운용사 주식도 포함됐다.

마젤란펀드는 1988년에 22.8%의 수익률을 올렸고, 1989년에는 34.6%의 수익률을 거뒀다. 내가 사임했던 1990년에 마젤란펀드의 수익률은 또다시 주식시장 평균을 웃돌았다. 마젤란펀드는 내가 운용을 맡았던 13년간 한 해도 빠지지 않고 주식시장 평균보다 더 좋은 수익률을 올렸다.

내가 피델리티에서 마지막으로 근무하던 날 마젤란펀드의 규모는 140억 달러였고 이 중 14억 달러는 현금이었다. 나는 1987년 블랙 먼데이를 통해 항상 일정 정도의 현금을 보유하고 있어야 한다는 점을 배웠다. 나는 AFLAC, 제너럴 리, 프리메리카 등 이익이 안정적인 대형 보험주 비중을 늘렸다. 제약주와 함께 레이시온, 마틴 마리에타, 유나이티드 테크놀로지 등과 같은 방위산업 주식의 비중도 확대했다. 방위산업 주식은 당시 소련 대통령이었던 고르바초프가 글라스노스트(정보 공개)와 페레스트로이카(개혁) 정책을 추진하면서 평화의 시대가 도래할 것이라는 전망에 따라 급락했다. 하지만 이러한 전망은 대개가 그렇듯 너무 과장된 것이었다.

나는 경기순환주(제지, 화학, 철강 등)에 대해서는 일부 저렴해 보이는 주식이 있었음에도 여전히 비중을 줄인 상태를 유지했다. 여러 기업에 있는 나의 정보원들이 경기순환의 영향을 받는 기업들의 상황이 여전히 좋지 않다고 말했기 때문이다. 마젤란펀드의 14%는 해외 주식에 투자했다. 병원 기자재 공급업체, 담배회사, 유통업체, 그리고 패니 메이

제너럴 일렉트릭(GE)
금융 서비스, 발전설비, 가전, 방송

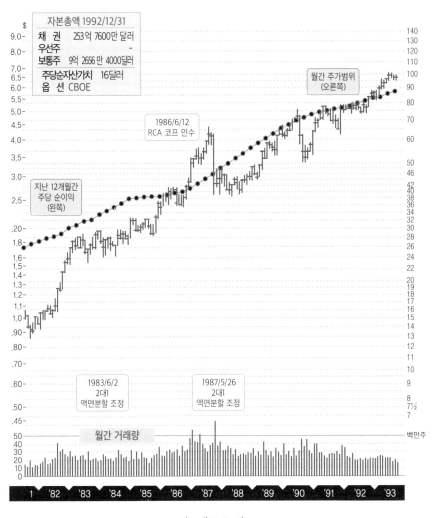

자본총액 1992/12/31
채 권   253억 7600만 달러
우선주   -
보통주   9억 2656만 4000달러
주당순자산가치   16달러
옵 션 CBOE

월간 주가범위
(오른쪽)

1986/6/12
RCA 코프 인수

지난 12개월간
주당 순이익
(왼쪽)

1983/6/2
2대1
액면분할 조정

1987/5/26
2대1
액면분할 조정

월간 거래량

백만주

〈그래프 6-1〉

를 추가로 매입했다.

패니 메이는 포드와 크라이슬러가 떠난 빈자리를 차지했다. 마젤란펀드의 5%가 2년간 4배 급등한 한 종목에 투자됐다. 이 덕분에 마젤란펀드는 경이적인 수익률을 올릴 수 있었다. 마젤란펀드는 5년간 패니 메이에서만 5억 달러의 수익을 올렸고 피델리티 펀드 전체적으로는 10억 달러 이상의 수익을 냈다. 아마도 이는 한 회사가 한 주식으로 올린 역사상 최고의 수익일 것이다.

마젤란펀드에서 패니 메이 다음으로 수익이 좋았던 주식은 포드로 1985년부터 1989년까지 1억 9900만 달러의 수익을 안겨줬다. 그 뒤를 필립모리스(1억 1100만 달러), MCI(9200만 달러), 볼보(7900만 달러), GE(7600만 달러), 제너럴 퍼블릭 유틸리티즈(6900만 달러), 스튜 던트 론 마케팅(샐리 메이/6500만 달러), 켐퍼(6300만 달러), 로스(5400만 달러) 등이 이었다.

패니 메이 다음으로 마젤란펀드에 많은 수익을 안겨준 이들 9개 종목을 보면 자동차회사(포드와 볼보)만 2개이고 나머지는 담배 및 식품회사(필립모리스), 담배 및 보험 복합기업(로스), 전력회사(제너럴 퍼블릭 유틸리티즈), 전화회사MCI, 복합 금융회사(켐퍼), 복합기업GE, 학자금 대출 채권 투자회사(샐리 메이) 등이다. 이들은 모두 성장주도, 경기민감주도, 가치주도 아니었지만 마젤란펀드에 총 8억 800만 달러의 수익을 안겨 줬다.

소형주는 마젤란펀드의 수익률에 영향을 줄 수 있을 만큼 충분한 주식을 살 수 없었다. 그러나 소형주가 90~100개 정도 합해지면 마젤란펀드의 수익률이 바뀔 만큼 영향력이 커졌다. 마젤란펀드가 투자한 소형주 중에 상당수가 5배나 올랐고 일부 종목은 10배까지 폭등했다. 마젤란펀드를 운용하던 후기 5년간 소형주 중에서 가장 수익률이 좋았던 종목은 로저스 커뮤니케이션으로 16배가 올랐고, 텔레폰&데이터 시스템즈는 11배, 인바이로다인 인더스트리즈, 체로키 그룹, 킹 월드 프로덕션은 10배씩 올랐다.

킹 월드 프로덕션은 TV를 시청하는 미국인이라면 누구나 성공한 기업이라는 것을 알 수 있었다. 킹 월드 프로덕션은 게임쇼인 〈운명의 수레바퀴Wheel of Fortune〉와 〈제퍼디!Jeopardy!〉 등의 프로그램에 대한 저작권을 갖고 있었다. 나는 1987년 월스트리트의 한 애널리스트로부터 킹 월드 프로덕션에 대해 들은 뒤 〈운명의 수레바퀴〉 테이프를 가져와 가족들과 함께 보며 보조 진행자 바나 화이트를 유심히 살펴봤다. 무성영화 스타들은 많지만 내 생각에 TV 스타 중에 별 말 없이 스타로 떠오른 인물은 바나 화이트가 유일할 것 같다. 킹 월드 프로덕션은 또 윈프라 오프리라는 사람이 진행하는 인기 토크쇼에 대한 저작권도 갖고 있었다. (오프라 윈프리 쇼를 말한다. 피터 린치가 이 책을 집필하던 1992~93년에는 아직 오프라 윈프리 쇼가 미국 전역에서 인기를 끌진 못했던 것 같다 - 역자)

나는 몇 가지 조사를 통해 게임쇼가 대개 7~10년가량 장기 방영된다는 사실을 알았다. 이는 매우 안정적인 사업이란 뜻이다. 마이크로칩 사업보다 훨씬 더 안정적이다. 킹 월드 프로덕션의 또 다른 작품인 〈제퍼디!〉는 25년간 방송됐지만 시청률이 높은 황금시간대에 방송되기 시작한 것은 겨우 4년째였고, TV에서 가장 인기 있는 게임쇼인 〈운녕의 수레바퀴〉도 5년째였다. 윈프라 오프리인가 하는 토크쇼도 시청률이 올라가고 있었고, 킹 월드 프로덕션의 주가도 마찬가지였다.

실패한 주식에 쏟아부은 아까운 돈

마젤란펀드에서 지금 소개했듯 놀랄 만한 성공을 거둔 주식도 많았지만 뼈저리게 실패한 주식도 적지 않았다. 손해를 봤던 종목들을 나열하자면 방대한 양이 될 것이다. 다행히 이런 실패 종목들의 비중은 낮았다. 이것이 투자 포트폴리오를 관리할 때 중요한 점이다. 손실을 최대한 억제하는 것이다.

주식에 투자해 돈을 잃는 것은 부끄러운 일이 아니다. 모든 사람들이 주식에 투자했다가 손해를 볼 수 있다. 부끄러운 것은 손해를 보는 주식을 계속 갖고 있는 것이고, 이보다 더 나쁜 것은 기업의 펀더멘털이 나빠지고 있는데도 손해 보는 주식을 더 사는 것이다. 나는 이렇게 하지 않으려 노력했다. 나는 투자해서 10배 급등한 주식보다 손해를 본 주식이 더 많았지만 경영상태가 악화되고 있다는 판단이 들면 손해 보고 있는 주식을 추가 매입하지 않았다. 여기에서 피터 린치의 13번째 원칙이 나온다.

> 영결 나팔 소리가 울리고 있는데
> 다시 돌아올 것이라는 환상을 품지 말라.
> – 이미 끝난 주식에 미련을 갖지 말라.

내가 투자해서 가장 많이 손해를 본 종목은 텍사스 에어였다. 이 기업에 투자했다가 무려 3300만 달러를 잃었다. 주가가 떨어지고 있을 때 팔지 않았다면 손실은 더 커졌을 것이다. 또 다른 실패 종목은 뱅크 오브 뉴잉글랜드였다. 나는 이 은행의 향후 전망을 과대평가하고 뉴잉글랜드 지역의 경기 침체는 과소평가했다. 하지만 주가가 40달러에서 20달러로 반토막이 났을 때 포기하고 팔기 시작해 15달러 됐을 때 뱅크 오브 뉴잉글랜드를 완전히 처분할 수 있었다.

반면 유명한 자산운용사가 몰려 있는 보스턴의 많은 사람들, 지식과 정보가 풍부한 많은 투자자들은 뱅크 오브 뉴잉글랜드가 15달러로 떨어졌을 때도, 또 10달러로 내려갔을 때도 매우 싼 값이라며 사야 한다고 말했다. 주가가 마침내 4달러까지 내려앉자 사람들은 절대 그냥 지나칠 수 없는 엄청난 저가 매수의 기회가 왔다고 목소리를 높였다. 나는 누가 뭐라든 주가가 0달러를 향해 떨어지고 있을 때는 그 주식을 얼마를 주고 사든 100% 손해라는 사실을 상기하며 뱅크 오브 뉴 잉글랜드를 무시했다.

이 은행이 심각한 문제에 처했다는 사실을 알 수 있는 한 가지 열쇠는 이 은행의 채권 가격이었다. 회사의 채권이 어떤 가격에 거래되고 있는지 살펴보면 그 회사에 닥친 재앙의 진면목을 엿볼 수 있다. 뱅크 오브 뉴잉글랜드의 선순위채는 가격이 액면가(100달러)에서 20달러 밑으로 떨어져 있었는데 이는 매우 주의를 요하는 상황이었다.

어떤 기업이 부채를 갚을 능력이 있다면 채권은 달러당 100센트, 즉 1달러의 가치가 있을 것이다. 따라서 이 채권이 달러당 20센트밖에 안 되는 가격으로 팔리고 있다면 채권시장이 무엇인가 경고음을 울리고 있다는 뜻이다. 채권시장은 기업이 부채를 갚을 능력이 있는지 계속 소사하고 분석하는 보수적인 투자자들로 이뤄져 있다. 기업의 재산에 권리를 청구할 때 채권은 주식보다 앞서기 때문에 채권이 형편없는 가격으로 팔리고 있다면 주식은 이보다 훨씬 더 가치가 없다는 사실을 알고 있어야 한다. 투자 경험에서 나온 조언을 하나 하자면 이렇다. 경영상태가 부실한 싼 기업에 투자할 때는 그 기업의 채권 가격이 어떻게 움직이고 있는지 먼저 조사하라.

이외에 퍼스트 이그제큐티브에 투자해 2400만 달러를 손해 봤고, 이스트 코닥으로 1300만 달러, IBM으로 1000만 달러, 메사 페트롤리엄으로 1000만 달러, 니만-마커스 그룹으로 900만 달러를 잃었다. 1987년에는 가장 많은 수익을 안겨준 패니 메이도 주가가 떨어져 손실을 입었다. 1988~89년에는 크라이슬러로 돈을 잃었는데 그 무렵 크라이슬러의 비중은 펀드 내 1% 미만으로 줄었다. 경기순환주는 카지노 게임인 블랙잭과 같다. 게임을 너무 오래 하면 땄던 돈을 다 잃게 마련이다.

마지막으로 나는 첨단 기술주에서 지속적으로 손해를 봤는데 이는 특별히 놀랄 만한 일도 아니다. 1988년 디지털에 투자했다가 2500만 달러를 잃었고 탬뎀, 모토로라, 텍사스 인스트루먼트, EMC(컴퓨터 부품 공급업체), 내셔널 세미컨덕터, 마이크론 테크놀로지, 유니시스, 그리고 존경할 만한 모든 포트폴리오에 빠짐없이 들어가지만 장기간 부진을 면치 못했던 IBM 등에서도 조금씩 손해를 봤다. 나는 기술에 대해 아무런 지식도 감도 없었지만, 그래도 가끔 기술주에 홀려 투자하는 것을 멈추지 못했다.

제7장
——

예술, 과학 그리고 탐방

종목 찾기

BEATING THE STREET

나는 1992년에 투자 전문지 《배런스》에 21개 종목을 추천했다. 이 책의 다음 내용은 이 21개 종목을 선택하기까지 내가 어떤 내용으로 전화하고 고민하고 계산했는지 보여주는 기록이라고 할 수 있다. 이 부분이 책의 절반 이상을 차지할 정도로 긴 이유는 투자할 종목을 선정할 때 엄격히 지키기만 하면 성공이 보장되는 간단한 공식이나 비법 같은 것은 없기 때문이다.

종목 선정은 예술인 동시에 과학이다. 하지만 예술과 과학 어느 한쪽으로 너무 치우치면 위험해진다. 머리를 대차대조표 더미 속에 처박고 계산에만 몰두하는 사람은 주식 투자로 성공하지 못한다. 대차대조표에서 기업의 미래를 알 수 있다면 수학자들과 회계사들이 이 세상에서 가장 부유한 사람이 되어야 할 것이다.

계산에 대한 잘못된 믿음이 얼마나 해로운지는 고대 그리스 철학자 탈레스가 이미 오래 전에 증명했다. 그는 밤하늘의 별을 세면서 계속 걷다가 길가 구덩이에 빠지지 않았던가.

예술만으로 종목을 선정하는 것 역시 무의미하기는 마찬가지이다. 예술로서의 종목 선정이란 예술적인 유형의 사람들이 강점을 보이는 직관과 열정의 영역, 우뇌적 기질을 발휘하는 것이다. 예술적인 측면에서 오르는 종목을 발견하는 것은 요령을 알고 직감을 따르는 문제가 된다. 요령을 아는 사람은 돈을 벌고 요령을 모르는 사람은 언제나 돈을 잃는다. 여기서 종목에 대한 연구는 무익하다.

이러한 관점을 지닌 사람들은 종목분석을 무시하고 주식시장에서 일종의 놀이를 하려고 한다. 하지만 안타깝게도 그 결과는 많은 손실을 가져오며, 이는 결국 그들이 요령 없었음을 증명할 뿐이다. 이런 사람들이 주식 투자로 손해 봤을 때 가장 많이 하는 변명은 "주식은 여자와 같아서 결코 이해할 수가 없다."라는 것이다. 이는 여성에게도(누가 과연 인도 공장에서 유해가스 배출 사고로 유명해졌던 유니온 카바이드의 주식과 비교되고 싶겠는가?) 주식에도 부당한 표현이다.

내가 종목을 고르는 방법은 20년간 변함없이 예술과 과학, 그리고 기업 탐방 요소를 모두 결합시킨 것이다. 나는 퀴트론을 이용하지만 많은 펀드매니저들이 사용하는 최신 유행의 워크스테이션은 사용하지 않는다. 워크스테이션은 증권사의 분석 대상이 되는 모든 종목군(유니버스)에 포함된 모든 기업에 대해 모든 애널리스트들이 어떤 평가를 내리고 있는지 정보를 제공하고 복잡한 기술적 분석 차트를 그려주며, 내가 알기로는 펜타곤(미국 국방부)과 전쟁 게임을 하고 체스 세계 챔피언인 바비 피셔와 체스도 둘 수 있다.

전문 투자가들은 핵심을 잊어버리는 경향이 있다. 그들은 브리지, 샤크, 블룸버그, 퍼스트콜, 마켓워치, 로이터 등에서 제공하는 금융정보 서비스를 이것저것 이용하며, 쇼핑몰에서 사람들이 무엇을 주로 사는지 살펴봐야 할 때 다른 전문 투자가들은 무엇을 하고 있는지 알아내는 데 시간을 쓰고 있다. 기업의 현황에 대한 기본적인 조사조차 하지 않은 상태라면 이러한 각종 금융정보 서비스는 일고의 가치도 없다. 내

말을 믿으라. 워런 버핏은 이런 서비스들을 이용하지 않는다.

《배런스》의 라운드테이블에 패널로 참여했던 초기에는 종목 추천에 너무 열중한 나머지 좀 과하게 많은 종목을 언급했다. 나는 1986년부터 라운드테이블에 참석했는데 그때 100개 이상의 종목을 추천했다. 이는 라운드테이블 역사상 가장 많은 추천 종목 수였다. 이 기록은 다음 해에 내가 226개 종목을 추천하면서 깨졌다. 내가 226개 종목을 추천하자 사회자 앨런 아벨슨은 나에게 이렇게 말했다. "아마도 당신에겐 좋아하지 않는 종목이 뭐냐고 묻는 편이 더 나을 것 같군요." 블랙 먼데이 다음 해인 1988년은 주식시장에 대한 전망이 매우 암울했는데 그때도 나는 겨우 자제해서 추천한다는 것이 122개, 통신회사 AT&T의 기업 분할로 탄생한 7개 지역별 전화회사를 따로 세면 129개였다. 아벨슨은 "당신은 종목마다 기회를 균등하게 부여해 사는 사람 같군요. 너무 무차별적이에요."라고 빈정거렸다.

1989년에 나는 더욱 더 자제력을 발휘해 추천 종목을 91개로 줄였지만 여전히 사회자로부터 "당신에겐 또다시 좋아하지 않는 종목이 무엇이냐고 물어봐야 할 것 같네요. 그게 더 목록이 짧을 테니 말이에요." 란 말을 들어야 했다. 1990년에는 추천 종목을 73개로 더 줄였다.

나는 언제나 기업을 발굴하는 것은 바위 밑에서 땅벌레를 찾는 것과 같다고 믿었다. 바위 10개를 뒤집어보면 땅벌레를 1마리 정도는 발견할 수 있을 것이다. 바위를 20개 뒤집으면 땅벌레를 2마리 정도 발견할 수 있다. 《배런스》에 종목을 추천했던 4년간 나는 규모가 커진 마젤란 펀드에 편입시킬 종목을 찾기 위해 1년에 수천 개의 바위를 뒤집어야만 했다.

마젤란펀드를 그만두고 전업 투자가에서 시간제 투자가로 입장이 바뀌자 나의 추천 종목도 1991년에 21개, 1992년에도 21개로 줄었다. 펀드매니저를 그만둔 후 나는 가족과 더 많은 시간을 보내고 자선사업에 더 많이 관여했기 때문에 바위를 뒤집어볼 시간이 그만큼 줄어들었던 것이다.

발굴한 종목의 수가 줄어도 나는 오를 만한 주식을 50개씩, 100개씩 발굴해야 하는 펀드매니저가 아니었기 때문에 괜찮았다. 나는 하루 중 일부만 종목 발굴에 할애했다. 10년간 크게 오를 2개 종목만 잘 골라내도 주식 투자에 노력을 쏟을 만했다. 소액 투자자라면 5의 법칙에 따라 투자종목을 5개로 제한할 수 있다. 이 5개 종목 가운데 하나가 10배 오르면 나머지 4개 종목은 지지부진해도 자산이 3배로 늘어난다.

고평가된 시장

1992년 1월에 라운드테이블이 열렸을 때 다우존스지수는 급등세를 이어가며 1991년 말 장중 고점인 3200을 넘어섰고 주식시장에는 낙관론이 퍼졌다. 다우존스지수가 3주간 300포인트 급등하며 축제 분위기가 팽배했지만 나는 신중했다. 라운드테이블 참석자 중에서 가장 의기소침한 사람이 나였다. 나는 경기 침체로 시장이 약세를 보일 때보다는 매일 수많은 주식들이 과거 기록을 깨고 새로운 고점에 올라서는 고평가된 시장일 때 더 의기소침해지는 경향이 있었다.

경기 침체는 조만간 끝나게 마련이고 침체로 인해 급락한 주식시장에는 여기저기 저가 매수의 기회가 널려 있다. 그러나 고평가된 시장에서는 살 만한 주식을 찾기가 어려웠다. 따라서 노력하는 투자자들은 시장이 300포인트 오를 때보다는 300포인트 떨어질 때 더 행복한 법이다.

많은 대형주, 특히 필립모리스, 애보트, 월마트, 브리스톨-마이어스 등과 같은 유명한 성장주의 주가가 그래프 7-1, 7-2, 7-3, 7-4에서 보듯 이익선Earnings Line보다 더 높은 수준까지 올라갔다. 이익선이란 매 분기별로 그때까지의 12개월간 주당 순이익을 표시해 연결한 선을 말한다. 그래프에서 이익은 왼쪽에, 주가는 오른쪽에 표기되며, 주당 순이익 1달러를 주가 16달러로 맞춘다.

주가가 이익선보다 더 높은 수준으로 오르면 추가 상승하지 못하고 횡보하거나(말하자면 잠시 쉬거나) 주가가 좀 더 합리적인 수준으로 내려올 때까지 떨어진다. 이들 그래프를 보면서 나는 1991년 주식시장의 최고 승리자였던 성장주들이 심하게 과대평가돼 1992년에는 주식시장이 좋아도 기껏 횡보하는 수준에 그칠 것이란 생각을 했다. 만약 주식시장이 부진하다면 이들 성장주는 30% 정도 급락할 수도 있을 것 같았다. 《배런스》 라운드테이블에서 나는 기도할 목록에서 마더 테레사는 순위가 저 밑으로 내려갔다고 말했다. 성장주가 훨씬 더 걱정스러웠기 때문이다.

도표 책(도서관이나 증권사 브로커 사무실에서 구할 수 있는)을 보면 대형 성장주가 고평가됐는지, 저평가됐는지, 아니면 주가가 석성 수준인시 금방 판단할 수 있다. 주가가 이익선이나 이익선 밑에 있을 때 사라. 그리고 주가가 이익선 위쪽, 위험구역으로 올라가면 팔라.

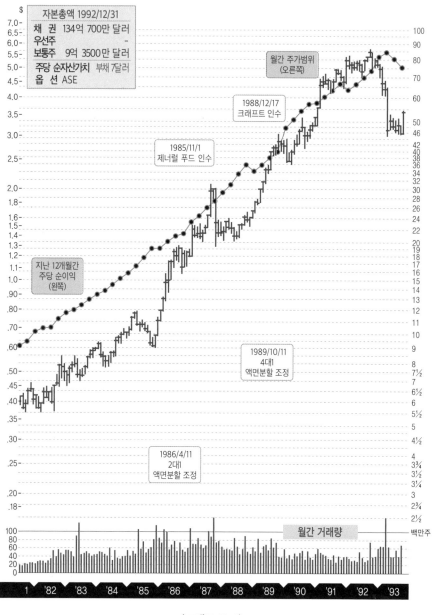

필립모리스(MO)
담배, 음료, 식품

자본총액 1992/12/31	
채 권	134억 700만 달러
우선주	-
보통주	9억 3500만 달러
주당 순자산가치	부채 7달러
옵 션	ASE

월간 주가범위
(오른쪽)

1988/12/17
크래프트 인수

1985/11/1
제너럴 푸드 인수

지난 12개월간
주당 순이익
(왼쪽)

1989/10/11
4대1
액면분할 조정

1986/4/11
2대1
액면분할 조정

월간 거래량 백만주

〈그래프 7-1〉

256

애보트 래버러토리즈(ABT)
제약, 병원 및 연구소 제품, 소비재

자본총액 1992/12/31
채 권 1억 1,000만 달러
우선주   -
보통주 8억 4600만 달러
주당 순자산가치 4달러
옵 션 PHIL

월간 주가범위
(오른쪽)

지난 12개월간
주당 순이익
(왼쪽)

1990/6/1
2대1
액면분할 조정

1992/6/1
2대1
액면분할 조정

1986/6/2
2대1
액면분할 조정

월간 거래량

백만주

1 '82 '83 '84 '85 '86 '87 '88 '89 '90 '91 '92 '93

〈그래프 7-2〉

월마트(WMT)
할인점

자본총액 1993/1/31
채 권 30억 7300만 달러
우선주   -
보통주   23억 달러
주당 순자산가치 4달러
옵 션 CBOE

월간 주가범위
(오른쪽)

지난 12개월간
주당 순이익
(왼쪽)

1982/7/12
2대1
액면분할
조정

1983/7/11
2대1
액면분할 조정

1985/10/17
2대1
액면분할 조정

1987/7/9
2대1
액면분할 조정

1990/7/9
2대1
액면분할 조정

1993/2/26
2대1
액면분할 조정

백만주

월간 거래량

1 '82 '83 '84 '85 '86 '87 '88 '89 '90 '91 '92 '93

〈그래프 7-3〉

브리스톨-마이어스 스퀴브(BMY)
제약, 의료기기, 건강식품, 세면용품, 화장품

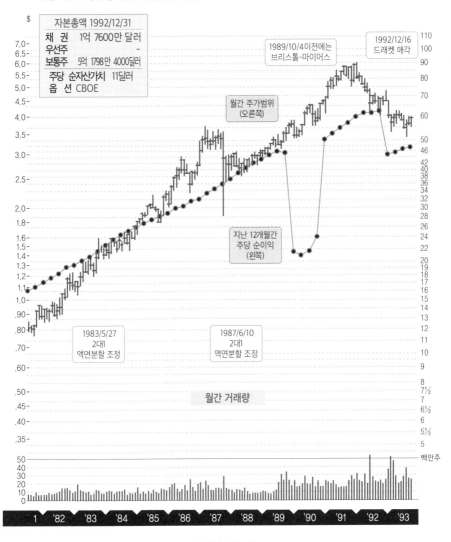

자본총액 1992/12/31
채 권   1억 7600만 달러
우선주   -
보통주   5억 1798만 4000달러
주당 순자산가치 11달러
옵 션 CBOE

1989/10/4이전에는
브리스톨-마이어스

1992/12/16
드래켓 매각

월간 주가범위
(오른쪽)

지난 12개월간
주당 순이익
(왼쪽)

1983/5/27
2대1
액면분할 조정

1987/6/10
2대1
액면분할 조정

월간 거래량

백만주

〈그래프 7-4〉

다우존스지수와 S&P500지수 역시 장부가치(순자산가치)에 비해 상당히 비싼 수준으로 올라갔다. 주가의 수준을 알아보는 다른 기준을 적용해도 다우존스지수와 S&P500지수는 높은 수준이었다. 그러나 소형주 중에는 비싸지 않은 주식이 많았다. 내가《배런스》라운드테이블에 참석할 준비를 하던 그해 늦가을, 세금 매도Tax Selling로 인해 소형주가 형편없는 수준으로 곤두박질쳤다. 세금 매도란 주가 하락에 실망한 투자자들이 세금을 줄이기 위해 손해가 난 주식을 매도해 손실을 실현시키는 것을 말한다.

세금 매도가 일어나는 11월과 12월에 하락한 종목을 샀다가 주가가 반등하는 다음 해 1월까지 보유하고 있으면 꽤 괜찮은 수익을 올릴 수 있을 것이다. 1월엔 주가가 오르는 경향이 있다는 이른바 1월 효과는 특히 소형주에서 두드러지게 나타난다. 소형주는 지난 60년간 1월 한 달에만 평균 6.86%가 올랐다. 반면 같은 기간 1월의 전반적인 주가 상승률은 1.6%에 불과하다.

1992년에 내가 저가 매수의 기회가 있을 것으로 기대했던 주식은 소형주였다. 그러나 나는 새로운 소형주를 발굴하기 전에 1991년에《배런스》라운드테이블에 추천했던 종목들을 다시 한 번 살펴봤다. 새롭고 뭔가 좀 다른 기업에 투자하려고 신문에서 읽었던 새로운 종목이나 경제 프로그램에서 봤던 색다른 기업에 투자하지는 말라. 이렇게 하다 보면 투자종목이 너무 많아져서 그 기업들에 투자한 이유조차 기억하지 못한다.

관심을 쏟는 기업의 수를 관리 가능한 범위로 한정시키고 이 범위 안에서만 주식을 사고파는 것은 나쁜 전략이 아니다. 어떤 주식에 투자하면 당신은 아마도 그 기업이 속한 산업에 대해, 그리고 그 산업 내에서 그 기업이 차지하고 있는 위치, 경기 침체 때 그 기업의 상황, 그 기업의 실적에 영향을 주는 요소 등 그 기업과 관련된 것들을 배우게 될 것이다. 비관적인 전망으로 인해 주식시장이 전반적으로 하락할 때 당신이 기존에 좋아했던 주식 역시 하락해 다시 한 번 저가 매수의 기회를 제공할 것이므로 이때 그 주식을 더 사들일 수 있다.

수많은 기업의 주식을 샀다가 팔고 그 다음에 잊어버리는 것은 주식 투자자들 사이에 일반적인 관행이다. 이러한 관행을 따르면 주식 투자에 성공하기 어렵지만 많은 투자자들이 이러한 행동을 계속하고 있다. 그들은 옛날에 샀던 주식은 잊어버리려 한다. 옛날에 샀던 주식들은 고통스런 기억을 상기시키기 때문이다. 어떤 주식을 너무 늦게 팔아 손해 보았거나 또는 너무 일찍 팔아 손해 보았다. 어떤 경우든 잊어야 할 과거이다.

한때 보유했던 주식, 특히 팔아버린 후에 주가가 오른 주식을 신문의 주식 시세표에서 보지 않으려는 것은 인간의 속성이다. 이는 마치 옛날 애인과 부딪치지 않기 위해 슈퍼마켓의 상품 진열대 통로를 눈치 보며 살금살금 지나가는 것과 같다. 자신이 판 뒤에 가격이 두 배로 뛰었다는 사실을 알게 되면 견디기 어려운 안타까움과 후회가 밀려들까봐 두려워 손으로 눈을 가린 채 손가락 틈으로 주식 시세표를 읽어 내려가는 사람들도 있다.

이런 공포증을 극복할 수 있도록 스스로를 훈련해야 한다. 나는 마젤란펀드를 운용하기 시작한 후에 억지로라도 이전에 보유했던 주식들을 피하지 않고 계속 살펴보려고 노력했다. 그러지 않으면 내가 살 만한 주식은 하나도 남아 있지 않았을 것이다. 이런 식으로 나는 투자란 분리된 각각의 사건이 아니라 지속적인 모험담이며, 때문에 모험담의 구성에서 새로운 급진전과 반전이 생기지 않았는지 때때로 재점검해 봐야 한다는 사실을 배우게 됐다. 기업이 망하지 않는 한 그 기업을 둘러싼 이야기는 결코 끝나지 않는다. 10년 전에 샀다 팔았던 주식, 혹은 2년 전에 샀다 팔았던 주식이라도 다시 살 만한 가치가 있을 수 있다.

나는 과거에 좋아했던 주식들의 최근 변화 상황을 계속 추적하기 위해 크고 두꺼운 스프링 노트를 가지고 다녔다. 이 노트는 제임스 보스웰이 쓴 전기《새뮤얼 존슨의 생애》와 같은 것이었다. 나는 이 노트에 기업의 분기보고서와 연차보고서 중에서 중요한 내용과 내가 각각 의 주식을 산 이유 또는 판 이유를 적어뒀다. 그러고는 다락방에서 우연히 발견한 연애편지를 훑어보듯 출근길과 퇴근길에 이 노트를 훑어보곤 했다.

이때쯤 나는 1991년에 선택했던 21개 종목을 검토했다. 여러 분야가 다양하게 섞인 21개 종목은 주식시장이 전반적으로 상승세를 누렸던 해에 극히 좋은 성과를 냈다. S&P500지수는 30% 올랐으나 내가 추천한 종목들은 50% 이상 상승했던 것 같다. 추천 종목은 켐퍼(보험 및 금융 서비스 회사), 하우스홀드 인터내셔널(금융 서비스 회사), 시더 페어(놀이공원), EQK 그린 에이커즈(쇼핑센터), 리복(스포츠용품), 시저스 월드(카지노), 펠프스 다지(구리), 코카콜라(음료), 제넨텍(생명공학), 구 아메리칸 패밀리(현재 AFLAC로 일본의 암보험), K마트(소매업체), 유니마(인도네시아 석유), 프레디 맥과 캡스테드 모기지(모기지 회사), 선 트러스트(은행), 5개의 S&P, 그리고 내가 6년 연속 추천한 패니 메이(모기지 회사) 등이다.

나는 노트를 꼼꼼히 읽어보다 몇 가지 중요한 변화를 눈치 챘다. 대부분은 주가가 올라갔다. 주가가 올랐다는 이유만으로 추천 목록에서 제외하는 것은 적절치 않다. 그러나 이는 대부분의 경우에 그 주식이 더 이상 싸지 않다는 것을 의미한다.

그런 주식 가운데 하나는 시더 페어였다. 시더 페어는 오하이오주와 미네소타주에 놀이공원을 소유하고 있다. 1991년에 내가 시더 페어에 관심을 갖게 된 이유는 배당수익률이 11%로 매우 높았기 때문이다. 시더 페어는 당시 12달러 미만으로 팔리고 있었다. 1년 후에 시더 페어의 주가는 18달러로 올랐고 이 때문에 배당수익률은 8.5%로 낮아졌다. 물론 이 정도만 해도 매우 높은 배당수익률이다. 그러나 시더 페어를 더 살 만한 이유는 되지 못했다. 실적이 개선될 만한 어떤 조짐이 필요했다. 그러나 기업 관계자들과 얘기를 나눠본 결과 주가를 끌어올릴 만한 어떤 일도 진행되고 있지 않았다. 결국 나는 시더 페어보다 다른 종목에 더 좋은 기회가 있을 것이라고 결론 내렸다.

1991년에 선택했던 나머지 20개 종목도 같은 기준을 가지고 꼼꼼히 살펴봤다. 롱아일랜드에 쇼핑센터를 보유하고 있는 EQK 그린 에이커즈는 가장 최근에 나온 분기보고서에서 본 한 문장 때문에 추천 목록에서 제외했다. 분기보고서를 주의 깊게 살펴보면 언제나 도움이 된다. EQK 그린 에이커즈의 분기보고서에서 눈길을 잡아 끈 것은 이 회사가 매 분기마다 정기적으로 올려왔던 (1센트 상당의) 배당금 상승분을 이번에는 지급할지 말지 논쟁을 벌였다는 사실이다. EQK 그린 에이커즈는 6년 전 주식시장에 상장한 후 매 분기마다 배당금을 올려 왔다. 따라서 10만 달러를 절약하기 위해 이런 전통을 그만둔다는 것은 이 회사가 단기적으로 절박한 상황이란 증거였다. 계속 배당금을 올려왔던 회사가 보잘것없는 돈을 절약하기 위해 이러한 전통을 그만 두겠다고 공개적으로 밝힌다면 이는 그 회사에 뭔가 주의할 만한 사항이 있다는 경고음이다. (1992년 7월에 EQK 그린 에이커즈는 배당금을 올리지 않은 것은 물론이고 오히려 배당금을 급격하게 삭감했다.)

코카콜라는 주가가 하락했다. 전망도 이전보다 훨씬 더 암울했다. 그래서 코카콜라 역시 추천 목록에서 제외했다. 패니 메이는 주가가 올랐으나 전망은 여전히 놀랄 만큼 좋았다. 따라서 나는 패니 메이를 7년 연속 투자대상에 포함시켰다. 주가가 이전보다 싸졌다는 것이 그 주식을 사야 하는 이유가 되는 것은 아니다. 마찬가지로 주가가 이전보다 비싸졌다고 해서 그 주식을 팔아야 하는 이유가 되는 것도 아니다. 나는 1991년에 투자했던 21개 종목 중 펠프스 다지와 2개의 S&L도 뒤에 설명할 이유 때문에 투자를 계속하기로 결정했다.

제8장

즐거운 주식 쇼핑,
유통업

BEATING THE STREET

나는 지난해에 추천했던 종목들을 검토해 다시 추천할 만한 종목 5개를 골랐다. 그리고 새로 투자할 기업을 찾기 위한 조사에 착수해 내가 가장 좋아하는 투자 아이디어의 창고, 벌링턴 쇼핑몰로 향했다.

내가 사는 마블헤드에서 25마일 떨어진 곳에 있는 벌링턴 쇼핑몰은 규모가 아주 크고 다양한 종류의 상품을 판매하는 쇼핑몰로 미국에 450여 개밖에 없었다. 또 즐겁고 유쾌한 분위기여서 투자할 만한 좋은 기업을 탐색하는 데 더없이 좋은 곳이다. 아마추어 투자자든 전문 투자자든 일주일 중 어느 날 방문해도 뜨는 기업, 가라앉는 기업, 쇠락하는 기업, 부진에서 벗어나 경영이 정상화되고 있는 기업 등을 파악할 수 있는 곳이 바로 벌링턴 쇼핑몰이다. 투자전략상 증권 중개인의 조언을 믿고 따르거나 최신 정보를 얻기 위해 경제신문을 꼼꼼히 읽는 것보다는 쇼핑몰을 둘러보는 것이 훨씬 더 낫다.

사상 최고 수준의 투자수익을 기록한 많은 종목들이 수백만 명의 소비자들이 늘 방문하는 장소에서 나왔다. 1986년에 인기 있는 4개의 유통업체인 홈데포, 리미티드, 갭, 월마트에 각각 1만 달러를 투자하고 5년간 보유했다면 1991년 말에 투자자산이 50만 달러 이상으로 늘어났을 것이다.

벌링턴 쇼핑몰로 가는 길은 내가 과거에 샀다 팔았던 수많은 유통업체들을 떠올리게 하는 기억의 행로 같았다. 나는 마블헤드를 벗어난 뒤 2개의 라디오 섁(전자제품 유통업체)과 토이저러스(장난감 유통업체), 키저러스(아동의류 유통업체), 에임스 백화점, 렌즈크래프터(안경 체인점) 등을 지나쳐 갔다. 라디오 섁은 탠디가 소유하고 있는데 1970년대에 1만 달러를 투자해 1982년에 주가가 사상 최고치에 올랐을 때 팔았다면 100만 달러의 수익을 올렸을 것이다. 토이저러스는 25센트에서 36 달러까지 치솟았다. 에임스 백화점의 경우 주가가 제로 수준까지 떨어질 수 있음을 가르쳐준 주식이다. 렌즈크래프터는 U. S. 슈(신발, 의류, 안경 유통업체)의 주요 사업부문이었지만 문제가 많아 U. S. 슈의 발목을 잡고 있었다.

폴라로이드와 EG&G 등 1960년대에 잘나가던 유명 기술기업 상당수가 자리하고 있어 한때 미국의 원조 실리콘밸리였던 128번 도로 북쪽에서 벌링턴이 가까워지면서 나는 고속도로를 빠져나왔다. 고속도로 진출 램프를 지나친 뒤 1950년대 탁월한 성장주였던 하워드 존슨즈와 펩시콜라가 인수하기 전까지 매우 뛰어난 기업이었고 인수된 뒤에는 펩시콜라의 이익을 끌어올려주는 역할을 해온 타코벨을 지나갔다. 그리고 EAT('먹다'란 뜻의 eat와 같은 철자)라는 매력적인 종목코드를 가진 칠리스(Brinker International 소유)도 지나갔다. 칠리스는 우리 집 아이들이 강력히 추천했지만 '지금도 많은데 또 다른 멕시코 레스토랑이 잘되겠어?'라고 생각하며 내가 결국 투자하지 않았던 기업이다.

벌링턴 쇼핑몰의 주차장은 마블헤드의 중심가만큼이나 컸지만 언제나 자동차들로 가득했다. 주차장 한쪽 끝에는 자동차 정비소가 있는데 그곳에는 굿이어 타이어 광고판이 붙어 있었다. 굿이어는 최근 주가가 회복되긴 했지만 내가 65달러에 샀다가 후회했던 주식이다.

벌링턴 쇼핑몰의 본관은 거대한 십자가 형태로 동쪽으로는 조던 마슈, 남쪽으로는 필렌즈Filenes와 접하고 있는데 둘 다 예전에 부동산 개발업자 로버트 캠포의 소유였다. 캠포는 어느 날 유통업에 관한 각종 수치와 자료를 가득 들고 내 사무실을 방문했다. 나는 캠포의 수치에 매료되어 캠포 코퍼레이션 주식을 샀는데 그건 또 하나의 실수였다. 벌링턴 쇼핑몰 북쪽에는 로드&테일러가 있는데 지금은 위대한 성장기업인 메이 백화점의 한 사업부문이다. 벌링턴 쇼핑몰 서쪽으로는 20년 전 사상 최고 주가를 기록한 뒤 아직까지 그때 수준을 회복하지 못하고 있는 시어스 백화점이 있다.

벌링턴 쇼핑몰 내부는 작은 호수들과 공원 벤치들, 키 큰 나무들, 사랑에 빠진 10대들과 나이 든 노인들이 거니는 산책길이 완비되어 있는 오래된 도심 광장을 연상시킨다. 다만 공원을 바라보고 있는 하나의 극장 대신 복도 아래에 4개 극장이 갖춰진 멀티플렉스가 있고, 드럭스토어(일용 잡화와 화장품, 책, 담배 등도 함께 파는 동네 약국 - 역자)와 철물점, 구멍가게 대신 2층으로 구성된 상업용 공간에 사람들이 가벼운 마음으로 둘러보며 상품을 고를 수 있는 160개의 독립된 매장들이 쭉 늘어서 있다는 점이 도심 광장과 다를 뿐이다.

하지만 나에게는 벌링턴 쇼핑몰을 둘러보는 것이 편안한 마음으로 상품을 훑어보는 행위가 아니다. 잠재 투자대상들의 면면을 검토할 수 있는 기초적인 주식분석 행위이다. 이곳에서는 한 달간 투자설명회를 쫓아다니며 얻을 수 있는 것보다 더 많은 기업 전망을 얻을 수 있다.

벌링턴 쇼핑몰에 증권사 지점이 없다는 것은 너무 아쉽다. 벌링턴 쇼핑몰에 증권사 지점이 있다면 온종일 각 상점에 사람들이 얼마나 많이 방문하는지 관찰한 뒤 가장 붐비는 기업의 주식을 곧바로 매수할 수 있기 때문이다. 이 방법이 절대 실패할 수 없는 완벽한 방법은 아니지만 주변 사람들이 좋다고 하는 말을 듣고 주식을 사는 것보다는 훨씬 더 나은 방법이라고 생각한다. 여기에서 피터 린치의 14번째 원칙이 나온다.

**어떤 기업의 매장을 좋아하게 되면
그 주식을 사랑하게 될 가능성이 높다.**

사람들이 음식과 패션에 대해 서로 비슷비슷한 취향을 갖게 되면 문화 자체는 지루해지겠지만 유통업체와 레스토랑 체인점을 소유한 사람들은 큰 부자가 된다. 한 지역에서 잘 팔리는 것은 다른 지역에서도 잘 팔릴 것이란 사실을 보증한다. 이는 도넛이나 청량음료, 햄버거, 비디오, 요양원 운영정책, 양말, 반바지, 여성의류, 정원 관리용 기구, 요구르트, 장례식 대행업 등에 모두 통용되는 원칙이다. 애틀랜타에서 시작해 서쪽으로 매장을 늘려나간 홈데포, 캘리포니아에서 시작해 동쪽으로 영역을 넓힌 타코벨, 위스콘신에서 시작해 남쪽으로 확대해 나간 랜즈 엔드, 아칸소에서 시작해 북쪽으로 진출해나간 월마트, 미드웨스트에서 시작해 해안 쪽으로 매장을 확대해나간 갭이나 리미티드 등에 투자한 투자자라면 세계 곳곳을 여행하며 쇼핑할 수 있을 만큼 엄청난 돈을 벌었을 것이다.

1950년대에는 유통주에서 돈을 벌 수 있는 기회가 상대적으로 적었다. 1950년대는 대량생산과 서로 비슷한 형태의 가정생활로 유명했지만 쇼핑과 식습관만은 여전히 다양했기 때문이다. 존 스타인벡이《찰리와 함께한 여행》을 썼을 때만 해도 그와 애완견 찰리는 각각의 다른 장소를 구분할 수 있었다. 하지만 지금 그들에게 벌링턴 쇼핑몰을 둘러보게 한 후 눈을 가린 채 워싱턴주 스포캔 쇼핑몰과 내브래스카주 오마하 쇼핑몰, 조지아주 애틀랜타 쇼핑몰에 차례로 내려준다면 그들은 자신이 한 발짝도 여행하지 않았다고 생각할 것이다.

나는 결코 잊을 수 없는 투자 경험인 레비츠 퍼니처를 100배 급등의 초기 단계에 소개받은 이후 유통주를 편애해왔다. 유통주에 투자하기만 하면 언제나 성공하는 것은 아니다. 그러나 유통주는 최소한 경영상황을 점검하기 쉽다. 이것은 유통주의 또 다른 매력적인 특징이다. 유통주는 매장이 어떤 한 지역에서 성공을 거두는지, 이후 다른 몇 개 지역에서도 역시 매장 운영이 성공적으로 이뤄지는지 충분히 살펴본 다음에 투자를 결정할 수 있다.

쇼핑몰 직원들은 기업 내부자로서 경쟁력을 갖고 있다. 그들은 매일 쇼핑몰에서 어떤 일이 일어나는지 알고 있는데다 어떤 매장이 번성하고 어떤 매장이 고전을 면치 못하는지 동료들에게 들을 수 있기 때문이다. 쇼핑몰 점장은 임대료를 계산할 때 활용되는 월별 매출액을 파악할 수 있다는 점에서 가장 경쟁력이 뛰어나다고 할 수 있다. 갭이나 리미티드의 매출액이 매월 성공적으로 늘어나고 있다는 사실을 가장 먼저 알았으면서도 갭이나 리미티드의 주식을 사지 않은 매장 직원들은 증권 시세 표시기의 종이테이프로 둘둘 감아 등받이 없는 의자에 앉혀 증권사 지점 창가에 본보기로 전시해야 한다. 내부거래로 악명 높은 냉혈

한 기업 사냥꾼 이반 보에스키조차도 이들보다 더 좋은 정보를 얻진 못했다. 게다가 보에스키는 사기꾼이지 않은가?

우리 친척 중에는 매장에서 일하는 사람이 없다. 만약 있었더라면 나는 그들을 일주일에 서너 번씩 저녁식사에 초청했을 것이다. 하지만 우리 가족 중에는 쇼핑족이 있다. 이는 유통업체에 대한 정보를 얻을 수 있는 차선책이다. 아내 캐롤린은 예전만큼 쇼핑을 많이 하진 않는다(쇼핑에 있어서는 유단자급 실력을 갖춘 친구들이 몇 명 있지만 말이다). 하지만 나의 세 딸은 쇼핑에 있어서 아내의 빈자리를 채우고도 남을 정도이다. 내가 딸들의 뛰어난 기업분석력을 따라잡는 데 어느 정도 시간이 필요할 정도이다.

2년 전에 가족이 식탁에 앉아 있을 때였다. 애니가 "클리얼리 캐내디언Clearly Canadian은 상장회사인가요?"라고 물었다. 우리 가족은 이런 종류의 질문을 하도록 서로 격려해왔다. 나는 우리 가족이 이 새로운 탄산음료를 좋아한다는 사실을 알고 있었다. 이미 우리 집 냉장고에는 클리얼리 캐내디언이 가득 차 있었기 때문이다. 하지만 질문의 의도를 눈치 채지 못한 나는 클리얼리 캐내디언을 분석하는 대신 S&P 상장기업 목록을 찾아 그 기업이 상장되어 있지 않다는 사실만 확인했다. 그리고 이 일에 대해선 까맣게 잊고 말았다.

나중에 알고 보니 클리얼리 캐내디언은 캐나다 증권거래소에 상장되어 있어 S&P 상장기업 목록에서 찾을 수 없었던 것이다. 클리얼리 캐내디언을 좀 더 조사하지 않고 무시해버린 것은 참으로 안타까운 일이다. 클리얼리 캐내디언은 1991년에 상장된 이후 주가가 15달러 수준으로 되돌아가기 전까지 3달러에서 26.75달러로 급등했다. 이는 1년 만에 거의 9배가 치솟아 오른 것이다. 이 같은 수익률은 설사 10년 만에 얻는다 하더라도 기뻐할 만한 것이며, 내가 1991년 《배런스》에 추천했던 어떤 종목보다도 수익률이 높은 것이다.

나는 칠리스 레스토랑에 대한 긍정적인 실적 신호 역시 무시했다. 나의 세 딸은 칠리스의 초록색 스웨터를 입고 자주 잠자리에 들었다. 이 기억을 떠올릴 때마다 세 딸의 투자조언을 심각하게 받아들이지 않은 내 자신이 정말 어리석게 느껴진다. 아이들이 쇼핑몰에서 갭 매장으로 곧바로 달려가는 것을 보고 투자정보를 파악하는 부모는 많지 않다. 대신 그들은 이웃의 잘못된 투자정보에 귀가 솔깃해 금광 개발 회사나 상업용 부동산에 공동 투자 형식으로 참여한다. 만약 갭에 1986년에 투자했다면 1991년까지 1000%의 수익률을 올릴 수 있었을 것이다. 만약 부모들이 1991년이 되어서야 아이들이 보내는 무언의 신호를 알아채고 갭에 투자했더라도 1년간 2배의 투자수익을 올릴 수 있었을 것이다. 이는 다른 유명한 뮤추얼펀드보다 월등히 높은 수익률이다.

우리는 아이들을 독특하다고 생각하지만 그 아이들은 모자와 티셔츠, 양말, 청바지 등에 대해 같은 취향을 가진 국제 쇼핑족의 일원이다. 따라서 큰딸 메리가 갭에서 옷을 샀다면 전국의 모든 10대들이 갭에서 옷을 사고 있다고 생각해도 무방하다.

메리는 1990년 여름부터 벌링턴 쇼핑몰 2층 갭 매장에서 학교에 입고 갈 옷을 사기 시작하면서 갭에 관심을 보였다. (쇼핑몰을 오래 관찰해 온 전문가로서 힌트를 한 가지 주자면 쇼핑몰이 2층 건물일 때 인기 있는 매상은 보통 2층에 있다는 점이다. 매장 관리자들은 고객들이 가능한 한 많은 매장을 지나치도록 하기 위해 인기 있는 매장을 통상 2층에 배치한다. 그래야 고객들이 가장 붐비고 가장 수익성 좋은 매장으로 가는 길에 많은 매장을 지나칠 수 있기 때문이다.) 메리는 갭에서 청바지만 팔았을 때는 그리 높이 평가하지 않았다. 그러나 갭에서 다채로운 색상의 옷을 팔기 시작하자 메리는 다른 수천 명의 10대들과 마찬가지로 갭에 끌리기 시작했다. 나는 칠리스와 클리얼리 캐내디언과 마찬가지로 강력한 매수 신호를 다시 한 번 무시했다. 1992년에 다시는 이런 실수를 반복하지 않겠다고 결심했다.

크리스마스 직전 나는 세 딸과 함께 벌링턴 쇼핑몰에 갔다. 명목상으로는 딸들에게 크리스마스 선물을 사주기 위한 외출이었지만 나에겐 종목분석을 위한 외출이나 마찬가지였다. 딸들이 가장 좋아하는 매장으로 나를 인도해주기를 바랐다. 과거 경험상 딸들이 가장 좋아하는 매장은 틀림없는 매수 신호였다. 갭은 평소처럼 사람들로 붐볐다. 그러나 딸들이 가장 먼저 방문한 매장은 갭이 아니었다. 그들은 바디샵 매장으로 가장 먼저 달려갔다.

바디샵은 바나나와 땅콩, 딸기 등에서 추출한 원료들로 로션과 목욕용 오일 등을 만들어 판다. 바디샵은 밀랍 마스카라, 키위 립밤(입술용 크림), 꿀과 오트밀(귀리 가루)로 만든 스크럽 마스크, 라즈베리 리플(나무딸기의 한 종류)로 만든 로션, 해초와 박달나무로 만든 샴푸 등을 비롯해 라솔Rhassoul 진흙 샴푸 같은 신비로운 이름의 로션과 목욕 용품 등을 판매하고 있다. 나는 라솔 진흙 샴푸 같은 것을 구매하지 않겠지만 바디샵 매장이 사람들로 가득한 걸로 보아 다른 사람들은 많이 사고 있는 것 같았다.

사실 바디샵은 갭과 네이처 컴퍼니와 함께 전체 벌링턴 쇼핑몰 매장에서 가장 붐비는 3개 매장 중 하나였다. 네이처 컴퍼니는 요즘 거실에서 자주 볼 수 있는 인기 있는 러닝머신 노르딕트랙을 소유한 CML 계열사이다. 바디샵과 네이처 컴퍼니 매장은 둘이 합해서 어림잡아 300제곱미터가량 되는 것 같았다. 하지만 두 매장은 판매 공간이 1만 제곱미터에 달하지만 매장이 한산한 시어스 전체 방문객만큼이나 많은 사람들을 끌어 모으고 있었다.

딸들이 구매하려고 계산대 위에 올려놓은 바나나 목욕오일 병을 만지작거리다 1990년 피델리티 주간 모임 때 바디샵을 추천했던 젊은 애널리스트 모니카 칼맨슨이 떠올랐다. 그 뒤 급여수준은 높지만 업무강도 역시 센 피델리티의 수석 사서직을 그만두고 바디샵 매장을 연 캐시 스티븐슨도 떠올랐다(그녀는 피델리티에서 30명으로 구성된 부서를 이끌었다).

매장 직원에게 스티븐슨이 이 특별한 바디샵 매장의 주인이냐고 물었더니 그렇다는 대답이 돌아왔다. 하지만 그때는 스티븐슨이 매장에 없어 만나지 못했다. 나는 그녀에게 만나고 싶다는 메모를 남겼다. 바디샵 매장은 잘 관리되고 있는 것 같았다. 젊고 열정적인 판매 직원들이 최소한 12명은 되어 보였다. 나와 딸들은 인상적인 샐러드 재료로 만든 샴푸와 목욕비누를 가득 담은 쇼핑백 몇 개를 들고 바디샵을 떠났다.

나는 사무실로 돌아와 피델리티를 떠나던 날 마젤란펀드가 소유하고 있던 종목 리스트에서 바디샵을 찾아보았다. 종목 리스트는 우리 동네 전화번호 목록보다 두 배나 더 길었다. 종목 리스트를 보니 안타깝게도 나는 1989년에 바디샵 주식을 샀다가 어떤 이유에서인지 샀다는 사실을 잊고 있었다. 바디샵은 미래의 성장성을 따라가기 위해 샀던 주식으로 후에 조정해야 할 많은 종목 중 하나였다. 그런데 바디샵에 대해선 나중에 조정해야 한다는 사실을 까맣게 잊고 있었던 것이 분명하다. 딸들이 바디샵 매장을 방문하지 않았더라면 나는 바디샵이 자동차 정비소 체인점이라고 말했어도 믿었을 것이다. 1400여 개나 되는 기업의 현황을 계속 추적하다 보면 어느 정도의 건망증은 어쩔 도리가 없다.

두어 개 증권사의 애널리스트 보고서를 통해 나는 바디샵이 어떤 회사인지 살펴봤다. 바디샵은 영국의 야심만만한 주부 아니타 로딕이 설립한 회사였다. 로딕은 남편이 사업차 집을 자주 비우자 드라마를 보거나 에어로빅 학원에 다니는 대신 창고에서 몇 가지 원료를 섞어 화장품을 만들었다. 그녀가 직접 만든 화장품은 이웃들 사이에서 매우 인기가 있어 본격적으로 제품을 만들어 돈을 받고 팔기 시작했다. 집 뒷마당에서 시작한 장사는 곧 어엿한 사업으로 발전했고 1984년에는 5펜스(대략 10센트)로 런던증권거래소에 상장됐다.

바디샵의 출발은 소박했지만 매장이 해외로 늘어나면서 국제적인 프랜차이즈 기업으로 발전해갔다. 바디샵의 주가는 2번의 주식시장 거품에도 불구하고 6년간 5펜스에서 362펜스로 70배 이상 올랐다. (바디샵의 주가는 1987년 10월 블랙 먼데이 때 절반, 1991년 이라크의 쿠웨이트 공격으로 촉발된 대량 매도 때 또다시 절반가량 하락했다.) 기업공개 IPO 때 바디샵을 샀던 운 좋은 로딕의 친구들은 70배 이상의 수익을 올렸다. 바디샵은 런던증권거래소에서 매매되지만 미국의 증권 중개인을 통해서도 사고 팔 수 있었다.

바디샵은 셀레스티얼 시즈닝(유기농 허브차 브랜드)이나 벤앤제리(아이스크림 회사)같이 사회적 책임에 관심이 많은 기업이다. 바디샵은 천연 원료를 사용한다. 예를 들어 바디샵의 원료 중 하나는 브라질 원주민 카야포 인디언이 열대우림 지역에서 추출해내는 것으로 만드는데, 바디샵이 일거리를 주지 않았다면 카야포 인디언들은 생계를 위해 나무를 베어야 했을 것이다. 바디샵은 또 광고를 하지 않고 모든 직원들에게 매주 하루씩 유급휴가를 주어 지역사회 활동에 참여하도록 하며, 아름다움보다는 건강을 추구한다. (우리 중 얼마나 많은 사람이 과연 앞으로 더 아름다워질 수 있겠는가?) 바디샵은 화장품 용기와 쇼핑백을 재활용한다. 다 쓴 로션 용기를 재활용하라고 갖다 주면 25센트씩 환불해준다.

돈 이외의 것을 추구하는 바디샵의 정신이 돈을 많이 버는 데 방해가 되는 것도 아니다. 캐시 스티븐슨에 따르면 바디샵 매장은 대개 1년 이내에 이익을 낸다고 한다. 캐시 스티븐슨은 벌링턴 쇼핑몰에서 바디샵 매장 운영에 크게 성공해 경기 침체 중임에도 하버드 광장에 두 번째 매장 개설을 준비하고 있었다.

경기 침체에도 불구하고 바디샵은 1991년에 동일 점포 매출이 늘어났다고 발표했다(동일 점포 매출은 유통업 경영현황을 분석할 때 핵심적으로 사용되는 2~3가지 요소 중 하나이다). 바디샵은 할인점에서 팔리는 샴푸와 로션보다는 비싸지만 전문점이나 백화점에서 팔리는 제품들보다는 싸다. 바디샵은 가격 틈새를 파고든 것이다.

바디샵에서 가장 마음에 드는 부분은 바디샵의 경영이념과 제품이 세계 어디에서나 호응을 얻을 만한 호소력을 갖추고 있음에도 매장 확장은 아직 초기 단계란 점이었다. 국민 1인당 바디샵 매장이 가장 많은 나라는 캐나다였다. 캐나다에는 총 92개의 바디샵 매장이 있는데 바디샵은 제곱미터당 매출액 면에서 캐나다에서 가장 수익성 높은 유통업체이다.

일본과 독일에는 바디샵이 단 1개씩밖에 없고 미국에는 70개가 있었다. 인구가 미국의 1/10에 불과한 캐나다에서 바디샵 매장 92개가 성공적으로 운영될 수 있다면 미국에는 최소한 920개 매장이 존재 할 수 있을 것이란 생각이 들었다.

그동안의 높은 성장세에도 불구하고 바디샵은 사업을 확장하고 키우는 데 매우 조심스러웠다. 유통업체가 너무 급하게 몸집을 불려나가는 것은 좋지 않다. 특히 돈을 빌려 매장을 늘릴 때는 더욱 그렇다. 하지만 바디샵은 프랜차이즈 사업이다. 은행에서 돈을 빌려 매장을 여는 것이 아니라 바디샵 매장을 운영하고 싶어 하는 사람의 돈으로 매장을 확장할 수 있다.

캐시 스티븐슨에 따르면 바디샵은 매장 오픈에 아주 신중했다. 캐시 스티븐슨은 이미 벌링턴 쇼핑몰에서 바디샵을 성공적으로 운영해 능력을 증명해 보였다. 하지만 캐시 스티븐슨이 하버드 광장에 두 번째 매장을 오픈하려 할 때 바디샵 이사회 회장이 직접 영국에서 날아와 입지를 조사하고 캐시 스티븐슨의 실적을 검토했다. 바디샵이 자신의 돈을 직접 투자해 매장을 여는 것이라면 이런 사실이 그리 놀랍지 않을 것이다. 하지만 매장은 바디샵의 돈이 아니라 스티븐슨의 돈으로 여는 것이고, 실패할 경우 돈을 잃는 것은 스티븐슨이다. 그럼에도 바디샵은 스티븐슨의 두 번째 매장을 즉각 승인해주지 않았다.

내가 바디샵 매장의 주인을 안다는 것은 정말 운 좋은 우연이었다. 하지만 세계 어느 곳에 살고 있는 사람이든 바디샵 매장을 방문해 보면 바디샵에 대해 같은 느낌을 받을 것이고, 바디샵의 연차보고서 혹은 분기보고서를 읽어도 같은 수치와 같은 사실을 알게 될 것이다. 포커를 함께 치는 친구에게 바디샵에 다녀온 얘기를 했더니 그는 아내와 딸이 바디샵을 좋아한다고 맞장구를 쳤다. 45살과 13살이 함께 좋아하는 매장이라면 기업분석을 시도해보는 것이 바람직하다.

바디샵을 분석해본 결과 동일 매장 매출액은 괜찮았고 확장 계획도 현실적이었다. 대차대조표상의 재정상태는 탄탄했고 연간 성장률은 20~30%에 달했다. 그렇다면 바디샵에 나쁜 것은 무엇일까? 바로 주가 수익비율(주가/주당 순이익)이 S&P의 1992년 실적 전망치에 근거해 42배나 된다는 점이었다.

어떤 성장주라도 다음 해 주당 순이익 전망치의 40배 가격에 팔린다면 이는 주가가 위험할 정도로 비싸다는 의미이고 대개의 경우는 주가가 터무니없는 수준이라고 판단할 수밖에 없다. 주식 투자에서의 경험 법칙에 따르면 주식은 성장률과 같거나 낮은 수준에서 팔려야 한다. 성장률이란 이익이 매년 늘어나는 속도를 말한다. 빠르게 성장하는 기업이라 해도 1년에 25% 이상 성장하기는 매우 어려우며 연간 성장률이 40%를 넘는 경우는 매우 드물다. 그런 미친 듯한 성장세는 오래 지속될 수 없으며 너무 빠른 속도로 성장한 기업은 자멸하는 경우도 적지 않다.

바디샵을 분석하는 2명의 애널리스트는 바디샵이 향후 2년간 30%의 성장세를 지속할 것으로 예상했다. 즉 바디샵은 주가가 순이익의 40배가 넘는 연간 성장률 30%짜리 기업이다. 이론적으로 보면 그리 매력적인 주식은 아니다. 그러나 현재의 주식시장 상황에 비춰 보면 그리

나쁜 것만도 아니다.

　내가 바디샵을 분석할 당시 S&P500지수 전체의 PER는 23배였고 코카콜라의 PER는 30배였다. 만약 주가가 순이익의 30배인 연간 성장률 15%짜리 코카콜라와 주가가 순이익의 40배에 팔리는 연간 성장률 30%짜리 바디샵 중에 하나를 선택하라면 나는 바디샵을 고를 것이다. PER가 높은 고성장기업은 결국엔 PER가 낮은 저성장기업보다 주가 상승률이 더 높게 마련이다.

　따라서 바디샵과 관련해 가장 핵심적인 문제는 바디샵이 현재의 높은 주가수준을 따라잡을 수 있을 만큼 오랫동안 연간 25~30%씩 성장을 계속할 수 있느냐였다. 이는 말하기는 쉽지만 행하기는 어려운 일이다. 그러나 나는 이미 바디샵이 증명한 신규시장 진출 능력과 세계적인 인기에 상당히 감동을 받은 상태였다. 또 바디샵은 거의 초창기 국제적인 기업이었다. 바디샵은 6개 대륙에 진출했으나 어떤 곳에서도 겉핥기식으로 사업을 펼치지 않았다. 모든 것이 계획대로 진행된다면 바디샵은 전 세계에 매장을 수천 개로 늘릴 것이며 주가는 앞으로 또다시 7000%(80배)가 오를지도 모른다.

　내가 바디샵을 《배런스》에 공개적으로 추천할 수 있었던 것은 바디샵이 독특한 글로벌 기업으로서의 특징을 갖고 있었기 때문이다. 그러나 바디샵을 반드시 소유해야 하는 유일한 주식으로 치켜세우진 않았다. 나는 주가가 이익에 비해 높으면 손해를 볼 수도 있다는 사실을 잘 알고 있다. 어떤 주식을 너무 사랑하는데 현재 주가가 그리 매력적인 수준이 아니라면 일단 조금 투자한 뒤 대규모 매도로 주가가 떨어질 때를 노려 투자를 늘리는 것이 현명한 방법이다.

바디샵이든, 월마트든, 토이저러스든 관계없이 이러한 고성장 유통업체에서 가장 매력적인 부분은 지켜볼 시간이 충분하다는 점이다. 기업의 성장세를 확인한 다음에 투자해도 늦지 않다는 말이다. 바디샵 창업자가 창고에서 원료를 배합하며 시험하는 단계에서 주식을 살 필요는 없다. 영국에 바디샵 매장이 100개로 늘어났을 때 바디샵 주식을 살 필요도 없다. 심지어 바디샵 매장이 전 세계에 300~400개로 늘어났을 때조차 살 필요가 없다. 바디샵이 주식시장에 상장된 뒤 8년째 되는 해, 딸들이 벌링턴 쇼핑몰에서 곧바로 바디샵 매장으로 달려가는 걸 본 후에 투자해도 여전히 늦은 것은 아니다. 그때도 바디샵의 사업이 성숙 단계로 접어든 것은 아니었다.

만약 어떤 사람이 어떤 기업의 주가가 이미 10배, 혹은 50배 올라서 더 이상 오를 여지가 없다고 말한다면 월마트의 주가 그래프를 보여주라. 23년 전인 1970년 월마트는 매장이 38개일 때, 그것도 매장 대부분이 아칸소주에 있을 때 상장했다. 상장 후 5년이 지난 1975년 월마트는 매장이 104개로 늘었고 주가는 4배가 됐다. 상장한 지 10년 후인 1980년에 월마트는 매장이 276개였고 주가는 거의 20배가 뛰었다.

최근 세상을 떠난 월마트 창업자 샘 월턴의 고향인 아칸소주 벤턴빌에 거주하는 운 좋은 많은 사람들이 월마트 초기에 투자할 수 있는 기회를 잡았고 월마트 상장 후 첫 10년간 20배의 수익을 올렸다. 그렇다면 이미 20배나 올랐으니 더 이상 욕심 부리지 않고 월마트를 팔고 그 돈을 컴퓨터회사에 투자했어야 할까? 월마트가 여전히 돈을 벌 가능성이 있다고 믿는다면 아니다. 주식은 누가 소유하고 있는지 개의치 않는다. 탐욕은 교회와 정신과 의사의 사무실에서나 깊이 고민해야 할 문제이지 증권계좌에서는 아니다.

주식을 분석할 때 가장 중요한 것은 월마트가 주주들의 탐욕을 응징할 것인가 아닌가가 아니라, 월마트의 시장이 포화상태인가 아닌가의 문제이다. 대답은 간단하다. 1970년대에 월마트의 이익이 그렇게 늘고 주가가 그렇게 올랐음에도 불구하고 월마트의 매장은 단지 미국의 15%에만 있었다. 나머지 85%를 통해 월마트는 여전히 성장할 가능성이 있었다.

따라서 월마트가 상장한 지 10년이 지나 이미 주가가 20배나 오르고 픽업트럭을 몰던 창업자 샘 월턴이 억만장자로 유명해진 1980년에도 투자자들은 월마트에 투자할 수 있었다. 1980년에 월마트를 사서 1990년까지 보유했다면 30배 수익을 올렸을 것이고 1991년에는 또다시 60%의 상승률을 누렸을 것이다. 11년 만에 50배 수익률이다. 참을성 있는 초기 투자자는 1970년대에 20배 수익을 얻고도 더 욕심을 냈을 것이고, 아마도 정신과 의사에게 치료비를 지불한다 해도 아무런 어려움을 겪지 않을 정도로 많은 돈을 벌었을 것이다.

유통업체나 음식점 체인점은 이익을 늘리고 주가를 끌어올리는 동력이 주로 매장 확장에서 나온다. 동일 매장 매출액이 증가세이고(동일 매장 매출액은 연차보고서와 분기보고서에서 확인할 수 있다), 과도한 부채로 어려움을 겪는 것도 아니며, 보고서에 밝힌 대로 확장 계획을 실천하고 있다면 그 주식은 대개 보유할 가치가 있다.

제9장

—

나쁜 소식에서 전망하기

BEATING THE STREET

평온하고 즐거운 곳 주변을 파헤치는 것은 안락한 의자에 앉아 수색 작업을 하는 것만큼이나 보람 없는 일로 판명 날 가능성이 높다. 수익성 높은 종목을 고르려면 다른 투자자, 특히 펀드매니저들이 다루기를 두려워하는 곳, 더 직설적으로 얘기하면 투자하기 꺼려하는 분야를 파고들어야 한다. 1991년 말이 다가올 때 사람들이 투자에서 가장 두려워했던 것은 주택과 부동산 관련 분야였다.

부동산은 2년 이상 전국적으로 가장 큰 두려움의 대상이었다. 그 악명 높았던 상업 부동산시장의 몰락이 주거용 부동산시장으로 확산될 것이란 소문이 퍼졌고, 그 결과 주택가격이 너무나 빠르게 하락해 집을 팔려던 사람들이 매도를 포기할 지경이었다.

내가 살던 마블헤드 지역에서도 집값 하락으로 인한 시름을 목격할 수 있었다. 우리 동네만 하더라도 '팔 집'이란 표지가 이 집 저 집 너무 많이 붙어 있어 '팔 집'이란 표지가 매사추세츠주에서 유행하는 새로운 꽃이 아닌가 싶을 정도였다. '팔 집'이란 표지는 집 주인들이 적당한 가격을 제시하는 매수자를 기다리느라 지쳐 결국엔 사라지고 말았다. 집 주인들은 2~3년 전보다 30~40% 싼 가격에 집을 사겠다는 사람밖에 없다며 불평했다. 부자들이 모여 사는 동네에서는 부동산 붐이 거품으로 꺼져버렸다는 증거를 얼마든지 발견할 수 있었다.

값비싼 집을 소유하고 있는 사람들 중엔 신문의 편집장이나 TV 논평가, 월스트리트 펀드매니저도 있었기 때문에 부동산시장 몰락이 신문 1면이나 TV 저녁시간대에 단골 주제로 등장하는 것이 당연했다. 문제는 기사 제목에 '상업용'이란 단어가 빠지고 '부동산'만 표기됐기 때문에 사람들은 부동산시장 전체가 곧 가치 없는 무용지물이 될 것이란 인상을 갖게 됐다는 점이다.

어느 날 신문 뒷면에 실린 토막기사가 내 눈길을 끌었다. 기사는 전미부동산중개인협회NAR에서 발표한 자료였는데 중간 규모의 주택 가격이 오르고 있다는 내용이었다. 기사에 따르면 중간 규모의 주택 가격은 협회가 1968년 주택가격 동향을 발표하기 시작한 이래 오름세를 유지해왔으며, 이런 추세는 최근에도 계속돼 가격이 1989년과 1990년에 이어 1991년에도 올랐다는 내용이었다.

이 소식은 시장에서 가장 투자하기 두려운 분야에 도전해보려는 투자자들에게 힘을 주고 위로가 되는 아주 좋은 정보였다. 사람들의 큰 관심을 끌진 못했지만 또 다른 유용한 정보는 전미주택건설업협회NAHB의 주택구입 능력 지수Affordability Index와 전체 채무불이행에서 주택담보대출이 차지하는 비율이다.

나는 지난 몇 번의 경험을 통해 널리 알려지지 않은 사실에는 널리 알려진 소란스러운 소식과는 상당히 다른 내용이 담겨 있음을 알게 됐다. 여러 번 거듭해서 성공을 거둔 투자비법 중 하나는 어떤 산업이 점점 악화되고 있다는 의견이 대세가 될 때까지 기다렸다가 그 산업에서 가장 선도적인 기업의 주식을 사는 것이다. (이 비법은 누구나 실천할 수 있을 만큼 쉬운 것은 아니다. 1984년에 사람들은 석유 및 가스산업이 더 이상 나빠질 것이 없다고 생각했다. 그러나 석유 및 가스산업은 그 뒤로도 계속 악화됐다. 널리 알려지지 않은 조용한 사실을 통해 산업 여건이 개선되고 있다는 사실을 확인하지 못한 상태에서 침체일로의 기업에 투자하는 것은 어리석은 일이다.)

1990년과 1991년에 중간 규모의 주택가격이 올랐다는 소식은 거의 알려지지 않아서 내가 이 사실을 《배런스》라운드테이블에서 소개하자 아무도 내 말을 믿지 못하겠다는 표정이었다. 게다가 금리가 인하되면서 사람들의 주택구입 능력은 최근 10년 이래 가장 높아졌다. 주택구입 능력 지수는 매우 호의적이어서 침체가 영원히 계속되지 않는다면 주택시장은 개선될 수밖에 없어 보였다.

그러나 조용한 사실이 긍정적인 방향을 가리키고 있는 반면 영향력 있는 많은 사람들은 여전히 주식시장의 붕괴를 걱정하고 있었다. 또 주택 건설과 주택금융과 조금이라도 관계가 있는 기업의 주가는 이런 비관적인 전망으로 인해 침체돼 있었다. 1991년 10월에 나는 유명한 건축회사로 때때로 마젤란펀드에 편입시켜 내 기록장에도 종종 등장했던 톨 브라더스를 찾아봤다. 톨 브라더스의 주가는 12.625달러에서 2.375달러로 1/5 수준으로 떨어져 있었다. 톨 브라더스를 판 사람 중에는 값비싼 주택을 소유한 사람들이 많았으리라.

나는 톨 브라더스를 좀 더 조사해보기로 했다. 내가 기억하기로 톨 브라더스는 경제적으로 어려운 시기에도 살아남을 수 있을 만한 자금력을 가진 탄탄한 회사였기 때문이다. 몇 년 전에 나에게 톨 브라더스를 추천했던 뛰어난 펀드매니저 켄 히브너는 톨 브라더스가 매우 멋진 기업이라고 칭찬했다. 피델리티의 동료인 앨런 라이퍼 역시 엘리베이터 안에서 톨 브라더스에 대해 언급한 적이 있었다.

톨 브라더스는 엄격한 의미에서 주택 건설회사이지 부동산 개발 업체가 아니다. 따라서 톨 브라더스는 자체 자금으로 부동산에 투자하는 위험을 감수하지 않았다. 자금력이 부족한 경쟁업체들이 파산하고 있었기 때문에 톨 브라더스는 경기 침체가 끝난 후에 건설시장의 점유율을 더 높일 수 있을 것으로 전망됐다.

그렇다면 무엇이 잘못되었길래 톨 브라더스의 주가가 5배나 하락했을까? 나는 톨 브라더스의 주가 폭락에 대해 납득할 만한 이유를 발견하기 위해 최근 보고서를 찾아 읽었다. 톨 브라더스의 부채는 2800만 달러 줄었고 현금 보유액은 2200만 달러 늘었다. 결과적으로 재정 상태는 부동산 경기 침체 동안 오히려 개선됐다. 수주액도 마찬가지였다. 톨 브라더스는 향후 2년간의 신규 주택 건설 주문을 확보해놓은 상태였다.

톨 브라더스는 몇몇 신규 시장으로 사업을 확장해놓아 경기가 회복될 때 수혜를 입기 좋은 상태였다. 톨 브라더스로선 사상 최고 이익을 경신하기 위해 건설 경기가 엄청나게 좋을 필요도 없었다. 경쟁사들이 사업을 포기하고 있는 상황에서 부채는 거의 없고 2년간 매출을 올려줄 주문을 확보해놓았으면서도 주가는 1991년 고점의 1/5 수준에 불과한 기업을 발견했을 때 내가 얼마나 흥분했을지 상상해보라.

나는 다음 해 1월에 열릴 《배런스》 라운드테이블에서 추천할 생각으로 그해 10월에 톨 브라더스를 '배런스 추천 종목 리스트' 가장 위에 올려놓았다. 하지만 그때부터 다음 해 1월까지 톨 브라더스의 주가는 8달러로 4배나 폭등했다. (라운드테이블이 열렸을 때 톨 브라더스의 주가는 다시 12달러를 회복한 상태였다.) 여기에서 얻을 수 있는 조언은 신속하게 행동하라는 것이다. 특히 연말 변동성이 심한 주식시장에서는 더욱. 최근엔 저가 매수자들이 주식시장에서 가치에 비해 싸게 거래되는 주식을 찾아내는 데 별로 오랜 시간이 걸리지 않는다. 저가 매수자들이 매수를 완료하면 그 주식은 더 이상 저평가주가 아니다.

가을에 절세 목적의 대규모 주식 매도로 주가가 급락, 저평가됐던 주식이 2개월 후인 다음 해 1월 《배런스》 라운드테이블에서 추천하려고 보면 이미 급등해버린 경우가 한두 번이 아니다. (미국에서는 가을에 주식 투자로 인한 손실을 확정하기 때문에 세금을 줄이기 위한 주식 매도가 일어난다 – 역자) 전자제품 체인점인 굿 가이즈는 내가 《배런스》 라운드테이블에서 추천한 1991년 1월 14일부터 이 내용을 담은 《배런스》가 일반인에게 판매되는 1월 21일 사이에 주가가 급상승했다. 상황이 이처럼 난처해지자 《배런스》 편집자들과 나는 어떻게 해야 할지 논의했고 결국 추천 목록에서 굿 가이즈를 제외하기로 결정했다.

1991년 가을에 톨 브라더스를 발견한 투자자는 분명 나뿐만이 아니었을 것이다. 다만 《배런스》에 톨 브라더스를 추천하기 전에 다른 사람들이 톨 브라더스를 발견하고 유레카를 외쳤다는 것이 실망스러울 뿐이었다. 이 때문에 나는 부동산 시장의 과장된 위기에서 좀 더 미묘한 방법으로 수혜를 입을 것으로 예상되는 다른 기업들로 관심을 돌렸다. 가장 먼저 떠오른 기업이 피어1이었다.

피어1

새 집이든 누가 살던 집이든 집을 사서 이사하는 사람들에게 전기 스탠드나 공간을 나누기 위한 칸막이, 식탁용 매트, 그릇 선반, 깔개, 블라인드, 자잘한 장식품, 의자 같은 것들이 필요하다는 사실은 뛰어난 통찰력이 없어도 누구나 생각할 수 있는 것이다. 피어1은 고객의 예산 범위 내에서 이런 물품 일체를 공급해주는 회사이다.

나는 자연스럽게 마젤란펀드에 피어1을 편입시켰다. 피어1은 1955년에 탠디에서 분리돼 나왔다. 극동지역의 특징을 지닌 가정용 가구 및 소품을 파는 피어1의 장점은 아내 캐롤린이 소개해줬다. 캐롤린은 노스 쇼어 쇼핑센터 변두리에 자리한 피어1을 즐겨 둘러보곤 했다. 피어1은 1970년대에 대단한 성장주였다 활기를 잃었으나 1980년대에 다시 한 번 큰 폭으로 뛰어올랐다. 이때 피어1을 샀던 사람들은 주가가 14달러에서 4달러로 폭락했던 1987년 블랙 먼데이 때까지 높은 수익률을 올렸다. 그 이후 피어1은 12달러 수준까지 회복하여 1991년 이라크의 쿠웨이트 공격으로 인한 이른바 '사담(당시 사담 후세인 이라크 대통령을 의미 – 역자) 급매' 때 다시 3달러로 곤두박질치기 전까지 그 수준을 유지했다.

피어1이 세 번째로 내 관심권에 들어왔을 때 주가는 10달러까지 쭉 올랐다가 7달러 수준으로 떨어진 상태였다. 나는 피어1이 7달러라면 저평가돼 있다고 생각했다. 주택시장의 회복이 기대되는 상황에서는 더욱 그랬다. 나는 노트에 적어놓은 피어1에 관한 부분을 다시 읽어보았다. 피어1은 부동산 경기 침체로 주가가 급락하기 직전에 12년 만의 최대 순이익을 냈다. 피어1은 한때 인터마크라 불리는 복합기업이 대주주로 있었다. 인터마크는 피어1의 지분 58%를 소유하고 있었는데 인터마크는 피어1의 가치를 굉장히 높게 평가해 주당 16달러에 팔라는 제안을 거절했던 것으로 알려졌다. 당시 월스트리트에서는 피어1의 주가가 20달러가 될 때까지 인터마크가 보유할 것이란 얘기가 있었다. 그러나 후에 인터마크는 재정난에 몰려 피어1을 주당 7달러에 팔아야 했고 곧이어 인터마크는 파산했다.

인터마크가 보유했던 주식이 시장에 나오면서 피어1 주식은 공급 과잉 상태였다. 이럴 때 피어1 주식을 확보하는 것은 매우 전도유망한 투자였다. 나는 피어1의 최고경영자인 클락 존슨과 1991년 9월 말과 1992년 1월 8일에 대화를 나눌 기회를 가졌다. 클락 존슨은 몇 가지 매우 긍정적인 사실을 설명해줬다. (1) 피어1은 1991년에 매우 어려운 환경에서도 이익을 냈다. (2) 피어1은 1년에 25~40개의 새로운 매장을 내고 있다. (3) 피어1은 미국에 매장이 500개밖에 없어서 어디에서도 시장이 포화상태에 이르지 않았다. 피어1은 또 1991년에 새로운 매장을 25개 개설했음에도 비용을 절감했다. 피어1이 비용 절감에 주력한 덕분에 이익마진은 계속 개선되고 있었다.

유통업체를 조사할 때 반드시 살펴봐야 할 동일 매장 매출액의 경우 존슨에 따르면 부동산 경기 침체가 가장 극심했던 지역에서 9% 감소했을 뿐 나머지 지역에서는 오히려 늘어났다. 경기 침체일 때 동일 매장 매출액이 감소하는 것은 이례적인 일이 아니다. 따라서 나는 존슨의 설명을 다소 긍정적인 것으로 받아들였다. 만약 유통업체가 전반적으로 호황을 누릴 때 동일 매장 매출액이 줄었다면 걱정했을 텐데 이는 그런 경우가 아니었다.

나는 유통업체의 가치를 평가할 때마다 이미 소개했던 요소들 외에 재고를 살펴보려고 노력한다. 재고가 평균적인 수준을 넘어 증가한다면 이는 경영진이 매출 부진 문제를 감추기 위해 노력하고 있다는 경고 신호일 수 있다. 결국 기업은 팔리지 않아 쌓인 재고를 처분하기 위해 가격을 내릴 수밖에 없다. 피어1은 재고가 늘어났으나 이는 새로 문을 연 25개 매장을 채워야 했기 때문이었다. 그 문제를 제외하면 피어1의 재고는 받아들일 만한 수준이었다.

피어1은 추가 성장할 여지가 많은 고성장기업이었다. 피어1은 비용을 절감하고 이익마진은 개선시키고 있으며 어려운 시기에도 이익을 냈다. 피어1은 5년 연속 배당금을 늘렸고 회복될 것이 분명한 시장, 즉 주택시장에서 완벽하게 좋은 위치를 차지하고 있었다. 게다가 아내 캐롤린의 친구들은 피어1을 매우 좋아했다. 여기에다 선벨트 너서리라는 보너스까지 있었다.

피어1은 1991년에 선벨트 너서리가 기업공개를 할 때 보유하고 있던 지분 50.5%를 매각했다. 피어1은 주식 매각대금 3100만 달러 중 2100만 달러는 부채를 줄이는 데 쓰고 나머지 1000만 달러는 선벨트의 시설 개선과 확장 자금으로 투자했다. 전체적으로 피어1의 부채는 1991년에 8000만 달러가 줄어 1억 달러로 낮아졌다. 부채가 많은 유통업체는 경기 침체 때 파산하는 경우가 자주 있지만 피어1은 재무 구조가 탄탄해지면서 가까운 시기에 부도가 날 위험은 거의 사라졌다. 피어1이 선벨트의 지분 절반을 팔고 받은 3100만 달러는 1990년에 피어1이 선벨트 주식 100%를 인수할 때 지불했던 돈보다 600만 달러가 더 많은 것이다. 피어1이 보유하고 있는 선벨트의 나머지 지분 절반도 3100만 달러의 가치가 있다고 추정할 수 있으며 이는 피어1의 숨겨진 가치 있는 자산이었다.

내가 이러한 사실을 모두 파악했을 때 피어1의 주가는 7달러였다. 1992년 주당 순이익을 70센트로 추정할 경우 PER가 10배 수준이었다. 피어1이 연간 15%씩 성장하고 있다는 점을 감안할 때 PER 10배는 투자하기에 매우 매력적인 수준이다. 내가《배런스》의 라운드테이블에 참석하기 위해 뉴욕으로 날아갔을 때 피어1의 주가는 7.75달러로 올랐다. 나는 피어1 자체의 장점과 선벨트 너서리라는 뜻밖의 자산을 감안할 때 이 수준에서 피어1을 사도 좋다고 생각했다.

가정용 가구 및 소품 시장에서 피어1의 경쟁업체는 대부분 지방 영세업체이며 그나마 파산해 문을 닫는 업체가 매달 늘어갔다. 백화점은 의류와 패션 액세서리에 집중하기 위해 가정용 가구 및 소품 매장을 축소하는 추세였다. 경기가 회복되면 피어1은 경쟁자가 거의 없는 시장에서 엄청난 점유율을 확보할 수 있다.

나는 아마 좌절한 중매인이라고 해도 좋을 것이다. 나는 어떤 기업에 관심이 생길 때마다 다른 기업이 그 기업을 인수하려 할지도 모른다고 상상했다. 상상 속에서 피어1이 K마트에 인수될 만한 충분한 이유가 있다고 생각했다. K마트는 약국 체인점, 서점 체인점, 사무용품 체인점 등을 인수한 것에 대해 어느 정도 만족하고 있었고 언제나 사업을 확장할 새로운 방법을 모색하고 있었다.

선벨트 너서리

피어1에 대한 검토가 끝나자마자 선벨트 너서리에 관한 자료를 꺼냈다. 열성적인 투자자는 종종 어떤 종목을 조사하다 다른 종목을 발견하게 된다. 이는 잘 훈련된 사냥개가 냄새를 쫓아가다 새로운 사냥감을 발견하는 것처럼 새로운 길로 접어드는 것이다.

선벨트는 잔디 판매와 정원 조성 사업을 하는 기업이다. 나는 주택 경기가 살아나면 전등 갓이나 그릇 선반 등 가정용 소품을 파는 기업만큼 잔디 및 정원 조성 사업도 수혜를 입을 것이라고 생각했다. 새로 이사 온 사람들은 집 외관을 아름답게 꾸미기 위해 나무와 관목, 화분 등이 필요하기 때문이다.

선벨트에 대해 조사하면서 정원 조성 시장에는 아직 프랜차이즈나 체인점이 굳건하게 자리 잡지 않아 자영업체가 장사할 수 있는 거의 마지막 남은 유통시장이라는 사실을 알게 됐다. 이는 경영을 잘하는 잔디 및 정원 조성 체인점이 있다면 던킨도너츠가 도넛 시장을 석권한 것처럼 사업을 전국적으로 크게 확장할 수 있는 기회가 있음을 의미한다.

선벨트는 전국적인 체인점을 구축할 수 있을까? 책상에서 찾아낸 스미스 바니의 보고서에 따르면 텍사스와 오클라호마주에서 사업을 펼치고 있는 울프 너서리나 캘리포니아에서 사업하고 있는 너서리랜드 가든 센터, 애리조나주의 팁탑 너서리 등과 같이 선벨트는 이미 미국에서 잔디 및 정원 조성 시장이 가장 큰 11개 지역 중 6개 지역에 진출해 있었다. 또 선벨트는 "할인정책을 펼치는 유통업체에서 일반적으로 제공하는 것보다 높은 수준의 서비스를 받길 원하며 다양한 종류의 상등품

나무와 화초 등을 구하는 상류층 고객들"의 요구에 부응하기 위해 노력하고 있었다.

원래 선벨트는 피어1과 함께 탠디에서 분사해 나온 회사이다. 내가 독립된 회사로서 선벨트를 처음 소개받은 것은 1991년 8월이었다. 당시 선벨트 경영진은 피어1이 기업공개를 추진하면서 시장에 내놓은 320만 주의 주식 중 일부를 팔기 위해 보스턴에서 기업설명회를 가졌다. 나는 기업설명회에서 사업설명서를 살펴봤다. 사업설명서는 붉은 훈제청어라고도 불린다. 이 별명은 붉은 색이 섞인 청어처럼 사업설명서 곳곳에 심각한 경고를 강조하기 위한 붉은 색 줄이 쳐져 있기 때문에 붙여졌다. 사업설명서를 읽는 것은 마치 항공권 뒷면에 붙어 있는 깨알 같은 글씨의 약관을 읽는 것과 같다. 항공권에 기재된 약관이 대부분 지루하고 일부 흥미로운 부분은 다시는 비행기를 타고 싶지 않게 만드는 것처럼, 사업설명서도 대개가 지루하고 일부 내용은 주식을 단한 주도 사고 싶지 않게 만든다.

기업공개 때 주식이 한 주도 남김없이 다 팔리는 것을 보면 대부분의 투자자들이 사업설명서에 붉은 색으로 밑줄 친 부분을 무시하는 것이 틀림없다. 하지만 사업설명서에는 절대 간과해서는 안 되는 유용한 정보들이 들어 있다.

선벨트의 기업공개는 공모가 8.5달러로 성공적으로 이뤄졌다. 선벨트는 기업공개를 통해 벌어들인 자금 덕분에 부채가 전혀 없는 것은 물론 주당 2달러씩 현금 유보금까지 가진 탄탄한 재무구조를 자랑하게 됐다. 선벨트는 현금 유보금으로 98개의 잔디 및 정원 매장 중 영업이 잘되는 곳을 골라 시설을 개선하여 수익성을 높이고 사업이 부진한 곳은 폐쇄할 계획이었다.

선벨트는 베트남 전쟁 이후 매장을 전혀 개조하지 않았기 때문에 개선할 여지가 많았다. 무엇보다도 가장 시급한 것은 나무와 화초가 겨울에 얼어 죽지 않도록 종묘장을 에워싸는 시설을 갖추는 일이었다. 나는 피어1이 여전히 지분 49%를 갖고 있는 선벨트의 대주주라는 점도 매우 긍정적이라고 생각했다. 피어1은 유통업체를 어떻게 경영해야 하는지 잘 알고 있는 회사이기 때문에 보험회사가 서류상에만 존재하는 회사(페이퍼 컴퍼니)의 지분을 갖고 있는 것과는 달랐다. 게다가 피어1은 자체 매장을 보수한 적이 있기 때문에 선벨트가 피어1의 경험에서 많은 도움을 얻을 수 있을 것이라고 생각했다. 선벨트와 피어1의 경영진모두 선벨트 주식을 많이 갖고 있었기 때문에 선벨트를 성공시켜야 할 동기가 충분했다.

선벨트를 유망 종목으로《배런스》에 추천할지 고민하고 있을 때 연말 절세를 위한 주식 매도로 선벨트의 주가가 고맙게도 5달러로 떨어졌다. 선벨트는 지난 분기 실적이 부진하다고 발표한 이후 시가총액이 절반 수준으로 내려앉았다. 그러나 선벨트의 실적 부진은 주로 애리조나주에 때 이른 서리가 내리고 텍사스주에 폭우가 쏟아지는 등 잔디와 정원에 몰아닥친 자연재해 때문이었다.

선벨트의 주식을 사려는 투자자에게는 커다란 행운이었다. 지금 주가가 5달러인 선벨트는 두 달 전 공모가 8.5달러로 상장했던 바로 그 회사이다. 주당 2달러의 현금을 유보한 것도 같고 매장 보수 계획도 여전히 유효하다. 선벨트의 주가 5달러는 선벨트의 주당 순자산가치 5.70달러보다도 낮은 것이었다. 또 선벨트의 1992년 주당 순이익이

50~60센트로 예상되고 있다는 점을 고려하면 PER는 10배도 안 되는 것이다. 그런데 선벨트는 연간 15%씩 성장하는 회사이다. 다른 잔디 및 정원 조성 회사의 주가는 순자산가치의 2배, PER 20배 수준으로 형성돼 있었다.

기업의 실제 가치를 계산하는 방법 중 하나는 집을 살 때 가장 최근에 주변에서 팔린 비슷한 집의 가격을 참조하는 것처럼 비슷한 다른 기업의 가치를 알아보는 것이다. 선벨트의 주가 5달러에 발행주식수를 곱한 결과 선벨트의 98개 잔디 및 정원 매장의 가치는 3100만 달러였다. (주가로 기업의 가치를 계산할 때 일반적으로는 주가와 주식 수를 곱한 시가총액에서 부채를 빼야 한다. 하지만 선벨트는 부채가 없었으므로 이 과정을 생략할 수 있었다.)

주식시장에 상장된 다른 잔디 및 정원 조성 기업을 조사한 결과 남동부지역에 선벨트와 같은 매장이 13개 있는 캘러웨이즈는 발행주식수가 400만 주에 주가가 10달러였다. 따라서 캘러웨이즈의 시가총액은 4000만 달러였다.

캘러웨이즈의 13개 매장의 가치가 4000만 달러라면 어떻게 선벨트의 98개 매장의 가치가 3100만 달러밖에 안 될 수가 있을까? 캘러웨이즈의 매장이 더 잘 운영되고 한 매장당 매출액이 선벨트보다 더 많다고 해도(실제로 그랬다) 선벨트의 매장은 캘러웨이즈보다 7배가 더 많고 매출액은 5배나 더 많다. 모든 조건이 캘러웨이즈와 비슷하다면 선벨트의 가치는 2억 달러, 주가는 30달러 이상 되어야 했다. 만약 다른 모든 조건이 같지 않다면, 예를 들어 캘러웨이즈의 주가가 고평가됐고 선벨트의 매장 운영이 별로 뛰어나지 않다 해도 선벨트의 주가는 여전히 싸다고 할 수 있다. 내가 선벨트를 추천하려 할 때 주가는 6.50달러로 반등한 상태였다.

제너럴 호스트

의도한 것은 아니지만 1992년에는 식물 관련 회사에 집중하게 되었다. 피어1을 통해 선벨트를 알게 된 것과 마찬가지로 선벨트를 통해 제너럴 호스트를 발견하게 됐다.

제너럴 호스트가 식물과 관련된 사업을 한다고는 생각도 못했을 것이다. 제너럴 호스트는 '제너럴(전반적인)'이라는 회사 이름이 암시하듯 한때 온갖 종류의 모든 사업을 다 하던 약간 별난 재벌이었다. 제너럴 호스트는 한때 제과회사인 핫 샘즈 프레즐, 소시지와 말린 과일 등 농장용 식품 전문회사 히코리 팜즈, 제염업체인 아메리칸 솔트 등을 소유했다. 또 냉동식품 전문회사인 올-아메리칸 고메와 냉동 생선 판매업체인 반 드 캠프, 잔디 및 정원용 식물 판매업체인 프랭스 너서리&크래프츠 등도 소유한 적이 있다. 심지어 위에서 소개했던 캘러웨이즈 너서리도 주식시장에 상장해 분사하기 전까지 제너럴 호스트 소유였다.

최근 제너럴 호스트는 미국 17개 주에서 사업을 펼치고 있는 280개 프랭스 너서리&크래프츠 매장에 집중하기 위해 핫 샘즈 프레즐과 제염업체, 냉동식품 전문업체, 농장용 식품 전문회사, 냉동 생선 회사 등을 모두 매각했다. 제너럴 호스트의 이 같은 움직임에서 가장 인상 깊었던 것은 장기적으로 자사주 매입 계획을 갖고 있다는 것이었다. 최근 제너럴 호스트는 자사주를 주당 10달러에 매입했다. 이는 회사 자체 전문가의 의견에 따르면 제너럴 호스트의 가치는 주당 10달러가 넘는다는 것을 의미한다. 그렇지 않다면 왜 제너럴 호스트가 쓸데없이 비싸게 자사주를 사서 돈을 낭비하겠는가?

어떤 기업이 배당금을 지급해온 자사주를 매입하기 위해 돈을 빌리면 2중으로 이점이 생긴다. 첫째, 대출에 붙는 이자는 세금을 내기 전에 비용으로 계산되기 때문에 세금이 줄어드는 효과가 있다. 둘째, 자사주를 사면 세금을 낸 뒤에 지급해야 하는 배당금 지출이 줄어든다. 몇 년 전 엑손은 주가가 너무 심하게 떨어져 배당수익률이 8~9%에 달했던 적이 있다. 당시 엑손은 배당금을 지급하는 수백만 주의 자사주를 매입하기 위해 금리 8~9%에 돈을 빌릴 수 있었다. 대출에 붙는 이자는 세금이 공제되기 때문에 엑손은 사실상 5%대의 대출이자로 8~9%의 배당금을 번 셈이다. 이런 단순한 방법으로 엑손은 한 방울의 원유도 추가로 정유하지 않은 채 순이익을 크게 늘릴 수 있었다. 나는 최근 제너럴 호스트의 주가가 자사주를 매입했을 때 가격보다 더 떨어졌다는 사실에 고무됐다. 어떤 기업의 주가가 자사주를 매입했을 때 가격보다 더 떨어졌다면 이는 시도해볼 만한 투자이다. 임원과 같은 기업의 내부자가 현재 주가보다 더 높은 가격에 그 기업의 주식을 사들였다면 이는 긍정적인 신호이다. 내부자가 자기 회사에 투자해서 실패하는 경우는 거의 없기 때문이다. (물론 텍사스나 뉴잉글랜드의 은행들은 주가가 떨어지는 내내 자사주를 미친 듯이 사들였지만 말이다.) 자신이 어떤 투자를 하고 있는지 잘 알고 있고, 헛된 곳에 돈을 낭비하지 않을 똑똑한 사람들이 어느 기업에나 있다. 그들은 또한 자신의 투자로부터 수익을 얻기 위해서라

도 추가로 열심히 일할 것이다. 여기에서 피터 린치의 15번째 원칙이
나온다.

기업 내부자가 주식을 사고 있다면 이는 긍정적인 신호이다.

제너럴 호스트의 가장 최근 재무제표를 검토하다가 제너럴 호스트
의 주식 수백만 주를 가진 최고경영자 해리스 J. 애슈턴이 최근 주가가
하락하는 동안 단 한 주도 팔지 않았다는 사실을 알게 됐다. 또 다른 매
력적인 점은 제너럴 호스트의 장부가치, 즉 순자산가치가 주당 9달러
로 당시의 주가 7달러보다 높다는 사실이었다. 다시 말해 7달러에 제
너럴 호스트의 주식을 사면 9달러의 가치가 있는 주식을 7달러에 산
다는 말이다. 이런 주식을 산다면 정말 돈을 잘 썼다고 표현할 수밖에
없다.

기업의 장부가치가 올라갈 때마다 나는 영화를 볼 때 흔히 하는 질
문을 스스로에게 던진다. '이건 사실에 근거한 이야기일까, 아니면 완
전한 허구일까?' 어떤 기업이든 장부가치는 여러 가지로 평가될 수 있
다. 따라서 어떤 장부가치가 정확한 것인지 확인하기 위해서는 기업의
대차대조표를 봐야 한다.

자, 이제 제너럴 호스트의 대차대조표를 살펴보면서 나의 대차대조
표 3분 강의를 시작하겠다. 일반적으로 대차대조표는 크게 오른쪽과
왼쪽의 2개 칸으로 나누어져 있다. 오른쪽은 대변이라고 해서 기업의
부채(기업이 돈을 얼마만큼 빌려 썼는지)를 나타내고, 왼쪽은 차변이라고
해서 기업의 자산(기업이 얼마나 많은 재산을 소유하고 있는지)을 나타낸다.

303쪽 상단 두 칸은 대차대조표의 왼쪽인 자산 부분을, 303쪽 하단은 오른쪽인 부채 부분을 실어놓았다. 대차대조표의 왼쪽과 오른쪽의 차이, 즉 총자산에서 총부채를 뺀 나머지가 주주들의 몫인 자본이다. 제너럴 호스트의 대차대조표를 보면 자본은 1억 4800만 달러이다. 이 숫자는 과연 믿을 수 있는 것인가?

1억 4800만 달러의 자본 중에서 6500만 달러는 현금이다. 현금은 확실히 믿을 수 있는 자산이다. 자본 중 나머지 8300만 달러 역시 믿을 만한 자산인지는 자산의 형태에 달려 있다.

대차대조표의 왼쪽인 자산 부분은 자산가치가 명확하지 않은 경우가 많다. 자산에는 부동산과 기계, 장비, 재고까지 포함되는데 이런 자산의 진짜 가치는 회사가 주장하는 것과 같을 수도 있지만 다를 수도 있기 때문이다. 철강공장의 가치가 대차대조표에는 4000만 달러로 표기돼 있는데 만약 장비가 매우 낡은 것이라면 거의 공짜나 다름없는 헐값으로 팔릴 수도 있다. 부동산의 경우 대차대조표에는 매입할 때 가격으로 기재돼 있는데 시간이 흐르면서 가치가 하락해 현재 매매되는 가격은 더 떨어졌을 수도 있다. 물론 부동산의 경우는 대개 이와 반대되는 상황이 벌어지지만 말이다.

유통업체의 경우 재고 역시 자산으로 계산된다. 대차대조표에 기재된 재고자산의 가치가 얼마나 믿을 수 있는가 여부는 재고가 어떤 상품이냐에 달려 있다. 재고가 이미 유행이 지난 미니스커트라면 거의 가치가 없다고 할 수 있다. 반면 유행을 타지 않는 흰 양말이라면 언제나 살 사람이 있다. 제너럴 호스트의 재고는 나무와 화초, 관목 등이며, 나는 이 재고는 꽤 괜찮은 가격으로 재판매될 수 있다고 생각했다. 기업이

다른 기업을 인수한 경우 영업권(또는 이 경우 무형자산)이란 항목에 반영된다. 제너럴 호스트의 경우 영업권의 가치가 2290만 달러인 것으로 되어 있다. 영업권은 다른 기업을 인수할 때 실제 자산의 장부가치, 즉 순자산가치보다 더 많이 지출한 금액이다. 예를 들어 코카콜라의 경우 콜라 공장과 트럭, 시럽 등 눈에 보이는 자산의 가치보다 훨씬 더 큰 가치가 있다. 제너럴 호스트가 코카콜라를 인수한다면 코카콜라라는 브랜드와 상표 등을 포함한 무형자산에 대해 수십억 달러를 지불해야 할 것이다. 코카콜라 매입가격 가운데 이러한 무형자산에 지불한 대금이 대차대조표에 영업권으로 표기되는 것이다.

물론 제너럴 호스트는 작은 회사라 코카콜라를 인수할 수 없겠지만 영업권을 설명하기 위해 예를 들어봤다. 제너럴 호스트의 대차대조표를 보면 이전에 다른 기업들을 인수했다는 사실을 알 수 있다. 제너럴 호스트가 이 영업권에 지불한 돈을 이미 다 벌어들였는지는 추측에 맡길 수밖에 없다. 아울러 제너럴 호스트는 이 영업권을 매년 조금씩 상각시켜나가야 한다.

나는 제너럴 호스트가 영업권을 인수하는 데 지불한 2290만 달러가 실제로 그만큼 가치가 있는지 확신할 수 없다. 만약 제너럴 호스트 전체 자산의 절반이 영업권 가치였다면 나는 제너럴 호스트의 장부가치와 자본총액을 신뢰하지 못했을 것이다. 하지만 전체 자본 1억 4800만 달러 중에서 영업권이 2290만 달러라면 그리 문제가 될 만한 비율은 아니다.

그렇다면 제너럴 호스트의 장부가치가 대차대조표에 나타나 있는 것처럼 대략 주당 9달러는 된다고 가정할 수 있다.

표 9-1 제너럴 호스트 결합 대차대조표

1991년 1월 27일과 1990년 1월 28일	1990	1989
자산(Assets)		(단위: 1000달러)
유동자산(Current assets):		
현금 및 현금 등가물(Cash and cash equivalents)	$ 65,471	$ 110,321
다른 유가증권(Other marketable securities)	119	117
외상 매출금과 받을 어음(Accounts and notes receivable)	4,447	2,588
연방 법인세 환급액(Federal income tax receivable)	4,265	13,504
상품 재고(Merchandise inventory)	77,816	83,813
선지급 경비(Prepaid expenses)	7,517	7,107
총 유동자산(Total current assets)	159,635	217,450
부동산, 공장 장비 등 고정자산 - 누적 감가상각비 각각 $77,819, $61,366(Property, plant and equipment, less accumulated depreciation of $77,819 and $61,366)	245,212	246,316
무형자산 - 누적 무형자산 상각비 각각 $5,209, $4,207 (Intangibles, less accumulated amortization of $5,209 and $4,207)	22,987	23,989
기타 자산 및 이연 비용(Other assets and deferred charges)	17,901	18,138
	$ 445,735	$ 505,893
부채와 자본(Liabilities and Shareholders' Equity)		
유동부채(Current liabilities):		
매입채무(Accounts payable)	$ 47,944	$ 63,405
미지급 비용(Accrued expenses)	41,631	38,625
유동성 장기 부채(Current portion of long-term debt)	9,820	24,939
총 유동부채(Total current liabilities)	99,395	126,969
고정부채(Long-term debt):		
선순위 채무(Senior debt)	119,504	146,369
후순위 채무-발행 시 할인가액(Subordinated debt, less original issue discount)	48,419	50,067
총 고정부채(Total long-term debt)	167,923	196,436

1991년 1월 27일과 1990년 1월 28일	1990	1989
이연 법인세(Deferred income taxes)	20,153	16,473
다른 부채와 이연 채무(Other liabilities and deferred credits)	9,632	12,337
위탁자산과 부수사항(Commitments and contingencies)		
자본(Shareholders' equity):		
보통주 액면가 1달러, 수권 주식 수 1억 주, 발행주식수 31,752,450주(Common stock $1.00 par value, 100,000,000 shares authorized, 31,752,450 shares issued)	31,752	31,752
주식발행 손과금(Capital in excess of par value)	89,819	89,855
이익 잉여금(Retained earnings)	158,913	160,985
	280,484	282,592
장기 시장성 지분 증권에 대한 미실현 순손실(Net unrealized loss on noncurrent marketable equity securities)		(2,491)
자사주 각각 13,866,517주와 12,754,767주에 대한 비용 (Cost of 133,866,517 and 12,754,767 shares of common stock in treasury)	(131,738)	(125,545)
스톡옵션 행사에 따라 받을 어음(Notes receivable from exercise of stock options)	(114)	(878)
총 자본(Total shareholders'equity)	**148,632**	153,678
	$ 445,735	$ 505,893

이제 대차대조표의 오른쪽인 부채 부분을 살펴보자. 대차대조표를 보면 제너럴 호스트는 자본이 1억 4800만 달러인데 부채는 1억 6700 만 달러이다. 이는 좀 문제가 있다. 최소한 자본이 부채의 2배는 되는 것이 바람직하고 자본은 많을수록, 부채는 적을수록 좋다. 제너럴 호스 트처럼 부채비율이 높은 경우 부채비율만으로도 매수 대상에서 제외 할 충분한 이유가 된다. 그러나 제너럴 호스트의 경우 다소 안심이 되

는 요인이 있었다. 부채의 대부분이 수년 내에 갚아야 하는 돈이 아니며 또 은행에서 빌린 돈도 아니란 점이다. 부채가 많은 기업의 경우 은행 부채는 위험하다. 기업의 경영이 부진해졌을 때 은행에서 대출금을 갚으라고 요구할 수 있기 때문이다. 그러면 관리 가능한 상황도 잠재적으로 매우 치명적인 상황으로 악화될 수 있다.

대차대조표의 왼쪽으로 돌아가서 나는 재고에 동그라미를 쳤다. 재고는 유통업체가 항상 걱정해야 할 문제이다. 재고가 너무 많은 것은 좋지 않다. 재고가 많다면 경영진이 팔리지 않은 상품을 대폭 할인된 가격으로 빨리 처분하지 않고 있다는 뜻이다. 재고를 그대로 보유하면서 손실을 지연시키고 있는 것이다. 재고가 쌓이도록 놓아두면 기업의 이익이 과대평가되는 결과를 낳는다. 제너럴 호스트의 재고는 표 9-1에서 알 수 있듯이 전년 수준보다 줄어들었다.

매입채무는 좀 많지만 문제는 없다. 대차대조표를 보면 제너럴 호스트는 매입대금을 서서히 갚아나가고 있으며 매입대금을 만기 직전까지 기다렸다가 상환해 현금을 가능한 한 오래 보유하여 활용하는 것으로 보인다.

제너럴 호스트는 연차보고서에 게재한 글에서 미국의 다른 모든 기업이 그렇듯이 좀 더 경쟁력 있고 수익성 높은 기업이 되기 위해 강력한 비용 절감책을 추진해왔다고 소개했다. 대부분의 기업들이 비용 절감을 위해 노력했다고 주장하지만 실제로 그랬는지는 손익계산서의 판매 및 일반관리비 항목에서 확인할 수 있다. 손익계산서를 보면 제너럴 호스트의 판매 및 일반관리비는 줄었고, 이러한 추세는 1991년까지 계속될 것이란 사실을 알 수 있다.

제너럴 호스트는 땅에서 뿐만 아니라 하늘에서도 비용을 줄여 자산을 늘리기 위한 조치를 취하고 있었다. 땅에서는 새로운 스캐닝 기구를 도입해 매출 정산 시스템을 자동화하고 있었다. 거래가 이뤄질 때마다 그 내용이 스캐닝 기구를 통해 위성통신으로 쏘아 올라간 뒤 중앙 컴퓨터에 전달된다. 이 위성통신 시스템이 본격적으로 작동하게 되면 모든 매장의 거래내역을 실시간으로 추적할 수 있어 훨씬 더 효율적으로 매장을 관리할 수 있다. 예를 들어 언제 포인세티아(크리스마스 장식용 꽃)의 재고를 더 보충해야 하는지, 언제 히비스커스를 포트 로더데일 매장에서 잭슨빌 매장으로 옮겨야 하는지 즉각 알 수 있다. 게다가 신용카드 조회시간이 거래 한 건당 25초에서 3초로 짧아져 계산을 기다리는 줄이 줄어들어 고객 만족도가 높아졌다.

선벨트 너서리처럼 제너럴 호스트도 나무와 화초를 판매하는 기간을 늘리기 위해 프랭스 너서리 매장을 벽이나 유리 같은 것으로 완전히 에워쌀 계획이었다. 또 크리스마스 판매를 겨냥해 쇼핑몰 안에 크리스마스 특별 간이매장을 설치할 계획도 세웠다. 제너럴 호스트가 히코리 팜즈 상품을 팔기 위해 1000개 이상의 간이매점을 설치해 운영한 적이 있다는 점을 감안하면 이는 무모한 계획이 아니다.

간이매점 설치는 유통업체가 판매 공간을 가장 싸게 확대할 수 있는 방법이다. 이미 제너럴 호스트는 1991년에 선물 포장지와 크리스마스 트리, 크리스마스 리스를 비롯한 각종 장식물을 판매하는 프랭스 너서리 간이매장을 쇼핑몰 안에 100개 이상 설치했다. 제너럴 호스트는 1992년 크리스마스 때까지 이런 간이매장을 150개까지 늘릴 계획이다. 아울러 간이매장을 완전히 둘러싸는 벽과 지붕을 설치해 간이매장

1991년 1월 27일과 1990년 1월 28일, 1989년 1월 29일로 각각 끝나는 회계연도	1990	1989	1988
	(단위: 1000달러, 주식 수를 의미할 때는 제외)		
수익(Revenues):			
매출액(Sales)	$ 515,470	$ 495,767	$ 466,809
다른 수입(Other income)	4,103	13,179	11,661
	519,573	508,946	478,470
원가와 비용(Costs and Expenses):			
매출원가, 구매비와 임대료 포함(Cost of sales, including buying and occupancy)	355,391	333,216	317,860
판매비와 관리비(Selling, general and administrative)	145,194	156,804	147,321
이자비용(Interest and debt expense)	21,752	26,813	21,013
	522,337	516,833	486,194
법인세 차감 전 영업손실(Loss from continuing operations before income taxes)	(2,764)	(7,887)	(7,724)
법인세 환급액(Income tax benefit)	(6,609)	(8,768)	(3,140)
영업이익(손실)(Income (loss) from continuing operations)	3,845	881	(4,584)
영업외 손실(Loss from discontinued operations)		(3,424)	(12,200)
경상이익(손실)(Income (loss) before extraordinary losses)	3,845	(2,543)	(16,784)
특별손실(Extraordinary losses)			(4,500)
당기순이익(당기순손실)(Net income (loss))	$ 3,845	$ (2,543)	$ (21,284)
주당 순이익(Earnings per share):			
주당 영업이익(손실)(Income (loss) from continuing operations)	$ .21	$ .05	$ (.23)
주당 영업외 손실(Loss from discontinued operations)		(.18)	(.61)
주당 특별이익(손실)(Income (loss) before extraordinary losses)	.21	(.13)	(.84)
주당 특별손실(Extraordinary losses)			(.23)
주당 순이익(손실)(Net income (loss))	$ .21	$ (.13)	$ (1.07)
평균 발행주식수(Average shares outstanding)	18,478	19,362	19,921

을 지속적으로 운영할 수 있는 방안을 마련하고 있다.

제너럴 호스트는 동시에 새로운 프랜스 너서리 매장을 서서히 신중하게 늘려나가고 있었다. 1995년까지 새로운 매장을 150개 더 열어 프랜스 너서리 매장을 총 430개로 늘릴 계획이다. 이와 함께 자체 브랜드를 붙인 비료와 종자도 출시했다.

이 세상 모든 기업은 주주들에게 사업이 점점 더 나아지고 있다고 말하고 싶어 한다. 그러나 제너럴 호스트의 이 같은 주장이 설득력이 있었던 것은 경영진이 분명한 계획을 갖고 있었기 때문이다. 제너럴 호스트는 예를 들면 베고니아 판매가 늘어날 때까지 두 손 놓고 기다리는 것이 아니라 판매 증대를 위해 간이매장 설치, 기존 매장 개선, 위성통신 시스템 도입 등 구체적인 방안을 마련해나갔다. 프랜스 너서리처럼 사업 아이템이 시대에 뒤떨어졌을 때 전면적인 현대화를 시도하면서 동시에 사업을 확장하면 이익이 늘어날 수 있는 기회가 생긴다.

제너럴 호스트에 대해 마지막으로 결정적인 확신을 갖게 된 계기는 캘러웨이즈 매각이었다. 제너럴 호스트는 1991년에 텍사스에서 사업을 하던 캘러웨이즈 너서리를 팔아 매각대금으로 부채를 줄여 재정 상태를 탄탄하게 만들었다.

제너럴 호스트는 현재 캘러웨이즈처럼 잔디 및 정원 조성 사업에 한정하고 있으므로 캘러웨이즈의 매출액을 통해 비슷한 두 기업을 비교할 수 있다. 내가 가지고 있는 가장 복잡한 투자기구인 15년 된 휴대용 계산기를 꺼내 두 기업의 가치를 비교했다.

캘러웨이즈는 13개 매장을 갖고 있고 시가총액은 대략 4000만 달러이므로 매장 하나당 가치는 대략 300만 달러이다. 제너럴 호스트는

280개 매장을 가진 프랭스 너서리를 보유하고 있으므로 매장 수로는 캘러웨이즈보다 21배 더 큰 기업이다. 프랭스 너서리의 매장은 캘러웨이즈보다 낡고 작으며 수익성도 떨어진다. 하지만 프랭스 너서리의 매장 가치를 150만 달러로 캘러웨이즈의 절반밖에 되지 않는다고 계산해도 프랭스 너서리는 매장이 280개나 되기 때문에 전체 가치는 4억 2000만 달러가 되어야 한다.

따라서 제너럴 호스트는 4억 2000만 달러의 재산을 갖고 있는 것이다. 여기에서 부채 1억 6700만 달러를 빼면 제너럴 호스트의 기업 가치는 2억 5300만 달러라는 계산이 나온다.

제너럴 호스트의 총 발행주식수는 1790만 주이므로 1주당 가격은 14달러여야 한다. 이는 내가 제너럴 호스트의 가치를 계산했던 당시 주가의 두 배 수준이다. 다른 비슷한 기업과 비교해보니 확실히 제너럴 호스트는 저평가된 상태였다.

제10장

—

이발소 체인점 슈퍼커트

머리부터 깎다

BEATING THE STREET

1991년 12월에 나는 슈퍼커트에서 머리를 잘랐다. 슈퍼커트는 최근 주식시장에 상장한 이발소 체인점으로 'CUTS'란 종목코드로 거래되고 있었다. 슈퍼커트의 사업설명서가 책상에 쌓인 자료들 가운데 가장 위에서 발견되지 않았더라면 나의 단골 이발사 비니 디빈센조를 배반하는 일은 없었을 것이다. 비니의 이발소는 매사추세츠주 마블헤드에 있는데 10달러에 머리를 자르면서 덤으로 이것저것 즐거운 대화를 나눌 수 있다.

  비니와 나는 아이들에 관해서나 나의 낡아빠진 구식 77 AMC 콩코드가 골동품이나 고전으로 평가받을 수 있을 것인지 등에 대해 얘기를 나눴다. 주식시장에 이발소를 상장하지 않은 비니가 종목 연구를 위해 어쩔 수 없었던 나의 단 한 번의 배신을 용서해주기 바란다.

  내가 방문한 슈퍼커트는 보스턴 보일스턴 829번가의 갈색 건물 2층에 자리하고 있었다. 건물 1층에는 슈퍼커트의 가격표가 달린 광고판이 서 있었다. 이 가격을 나의 또 다른 투자 필수품인 노란색 수첩에 적었다. 슈퍼커트의 이발가격은 8.95달러, 머리까지 함께 감으면 12달러, 이발하지 않고 머리만 감으면 4달러였다.

  이 가격은 비니의 이발소와 비슷하고 아내와 딸들이 머리를 다듬기 위해 방문하는 고급 미용실이나 남녀 공용 헤어숍보다는 상당히 싼 것이다. 염색이나 파마를 하는 부인 대신 돈을 내기 위해 고급 미용실이나 헤어숍을 방문한 적이 있는 남자들도 꽤 있을 것이다.

슈퍼커트 안으로 들어가자 매장 지배인이 나와 맞았다. 슈퍼커트에서는 3명의 손님이 머리를 자르고 있었고 4명은 대기실에서 기다리고 있었다. 손님은 모두 남자였다. 마침내 몇 명의 여자들이 나타나긴 했지만, 훗날 슈퍼커트 경영진과 얘기한 결과 슈퍼커트는 고객의 80% 이상이 남자인 반면 스타일리스트(머리를 손질해주는 사람을 아무도 이발사 혹은 미용사라고 부르지 않았다)는 95%가 여자였다. 나는 대기자 명단에 이름을 올리면서 많은 사람들이 슈퍼커트에서 이발하기 위해 기꺼이 기다린다는 사실을 기억해뒀다.

나는 의자에 앉아 사무실에서 가져온 슈퍼커트의 사업설명서와 회사소개서를 읽었다. 영업이 직접 이뤄지는 곳에서 그 기업에 대해 분석하는 것은 오후를 유용하게 보내는 한 가지 방법이다.

1991년 10월에 슈퍼커트는 공모가 11달러로 주식시장에 상장했다. 슈퍼커트는 이미 전국에 650개 이상의 체인점이 있는 맥트림이라는 이발소를 운용하고 있었다. 맥트림 창업자로부터 회사를 인수한 새 경영진은 매우 적극적인 확장 계획을 세웠다. 그들은 컴퓨터랜드의 전 대표인 에드 페이버를 설득해 영입했다.

페이버는 해병대 출신으로 컴퓨터랜드가 파산하기 전 급속도로 성장하던 번성기 때 경영을 맡아 놀라운 성과를 낸 인물이다. 페이버는 떠났고 컴퓨터랜드는 몰락했다. 그리고 그가 다시 돌아왔다. 해병대 출신이 이발업에 종사한다는 것은 놀랍지만 업종이 무엇인가는 그다지 중요하지 않았다. 페이버는 몇 개 안 되는 체인점을 전국적인 조직으로 늘려나가는 매장 확대의 전문가였다.

슈퍼커트의 사업 논리는 다음과 같았다. 미국 전체 이발시장은 150억~400억 달러로 대부분은 비니와 같은 이발사가 운영하는 자영업 이발소나 개별적으로 지역별로 사업을 하고 있는 남녀 공용 헤어숍이 차지하고 있다. 이발사들은 계속 줄고 있었다. (예를 들어 뉴욕주의 경우 자격증을 가진 이발사와 미용사가 지난 10년간 절반으로 줄었다.) 비니와 같은 이발사는 세상에서 점점 사라지고 있는데 사람들의 머리카락은 한 달에 1센티미터씩 자란다. 만약 효율적으로 관리가 잘되는 전국적인 체인점이 나타난다면 시장을 장악할 수 있을 것이다.

이는 몇 년 전에 장례 서비스 체인점인 서비스 코퍼레이션 인터내셔널이 지방의 소규모 장례업체들로부터 시장을 빼앗아 올 때와 비슷한 상황이다. 매시간 세상을 떠나는 사람들이 있으며 누군가는 이들의 장례를 치러줘야 한다. 사람들은 장례비가 합리적이길 바라지만 장례시장은 수백 개의 비효율적이고 영세한 업체들이 장악하고 있었다. 게다가 이런 영세업체 운영자들은 자녀들을 학비가 비싼 법학대 학원(로스쿨)에 보내길 원하기 때문에 돈이 많이 필요했다.

슈퍼커트의 회사소개서에 따르면 모든 스타일리스트는 허튼짓이나 농담으로 시간 낭비하지 않고 빠르고 효율적으로 머리를 자르도록 훈련을 받는다. 허튼짓으로 시간 낭비하지 않는다는 것은 1990년대 가치체계와도 잘 들어맞는다. 슈퍼커트의 스타일리스트들은 작은 가위와 혁신적인 빗을 가지고 1시간에 평균 2.8명의 머리를 자를 수 있다. 그리고 뉴멕시코주 앨버커키의 슈퍼커트에서 자른 머리나 하와이주 마이애미에서 자른 머리나 스타일은 똑같았다.

새로운 분야를 조사하다 보면 언제나 배우는 것이 생긴다. 여러분은 이발사나 미용사가 자격증을 받아야 한다는 사실을 알고 있는가? 나는 몰랐다. 이발사나 미용사는 자격증이 필요하며, 이는 펀드매니저에게 요구할 수 있는 것보다 더 확실한 것이다. 수십억 달러의 자금을 운용하는 데는 자격증이 필요하지 않다. 하지만 다른 사람의 귀밑머리를 자르기 위해서는 일정한 시험을 통과해 자격증을 따야 한다. 지난 10년 이상 펀드매니저들의 평균 수익률을 감안하면 아마도 이발사와 펀드매니저의 입장은 반대가 되어야 할 것이다.

슈퍼커트의 스타일리스트는 한 시간에 5~7달러를 받는다. 그리 높은 금액은 아니지만 의료보험에 가입되고 한 시간에 2.8명의 머리를 자르면 봉사료(팁)로 급료가 두 배로 늘어날 수 있다.

반면 스타일리스트는 체인점에 매시간 30달러의 매출을 창출해준다. 슈퍼커트 체인점이 수익성이 높은 이유도 이 때문이다. 이발업은 이익의 절반을 공장과 설비를 개선하는 데 써야 하는 알루미늄 산업이 아니다. 매장 임대료와 인건비를 제외하면 지속적으로 가장 많은 돈이 들어가는 것은 가위와 빗뿐이다.

사업설명서를 읽으면서 나는 슈퍼커트 체인점을 소유하기 위해서는 평균 10만 달러를 투자해야 한다는 사실을 알게 됐다. 이 돈은 슈퍼커트 체인점 가맹비와 세면대, 이발용 의자, 이발소 장식, 샴푸 등에 쓰인다. 슈퍼커트는 체인점을 개설한 지 2년 만에 세전 기준으로 투자한 자본금의 50%의 수익을 거둘 수 있을 것으로 기대된다. 이는 다른 어떤 곳에서 올릴 수 있는 투자수익률보다 높은 것이다. 이 때문에 슈퍼커트는 체인점을 쉽게 확장할 수 있었다.

체인점 주인에게 좋은 것은 주주들에게도 좋은 것이다. 이것이 내 관심을 끄는 부분이었다. 슈퍼커트는 각 체인점으로부터 총 매출액의 5%, 각 체인점에 진열해 판매하고 있는 넥서스 제품 매출의 4%를 받았다. (나는 넥서스 제품을 멀리 떨어진 벽 선반에서 볼 수 있었다.) 슈퍼커트 본사의 관리비는 최소한으로 들었다. 가장 돈이 많이 드는 부분은 스타일리스트 훈련비였다. 슈퍼커트는 새로 개설한 체인점 10개당 연봉 4만 달러의 미용교사 한 명을 새로 채용해 스타일리스트들의 훈련을 담당하도록 하고 있다. 그러나 이 10개 매장은 이후 슈퍼커트에 연간 30만 달러의 매출액을 창출해줘야 한다.

앞에서도 언급했지만 유통업에서 가장 먼저 파악해야 하는 것은 확장할 역량이나 여지가 있는가 하는 점이다. 슈퍼커트의 대차대조표를 보니 부채가 전체 자본의 31%에 달했다. 이는 좀 걱정스러운 부분이므로 이유가 무엇인지 꼭 확인해볼 필요가 있었다. 나는 이를 메모지에 기록해뒀다.

이런 생각에 빠져 있을 때(아마 슈퍼커트 직원들은 매장을 둘러보며 무엇인가를 기록하는 것을 보고 나를 이발업협회에서 나온 조사원으로 생각했을지도 모르겠다) 내 이름이 불렸다. 나는 대기실을 지나 머리를 감는 세면대로 갔다. 젊고 단정한 스타일리스트가 재빨리 내 머리를 감긴 뒤 이발용 의자로 안내했다. 그녀는 내 목 주위에 천을 두르고 귀밑머리를 포함해 모든 부분을 자르기 시작했다. 모든 일이 너무나 빨리 일어나 뭐라고 말할 시간조차 없었다. 나는 영화 〈가위손〉에 나오는 울타리용 관목이 된 듯한 느낌이었다.

평소에 내 머리가 잘 어울리는지, 혹은 이상한지 한 번도 자신 있게 생각해본 적이 없었기 때문에 슈퍼커트 거울 속에 비친 내 모습을 본 뒤에도 스타일리스트에게 아무 말도 할 수 없었다. 가장 가까운 내 가족들이 판단을 해줄 때까지 기다리기로 했다. 내가 거울을 보고 알 수 있었던 것은 머리를 깎은 사내가 있다는 것뿐이었다.

집에 돌아오자 아내 캐롤린과 딸들은 "도대체 무슨 일이에요?"라는 말로 나를 맞았다. 나는 바짝 자른 머리가 어울리지 않는다는 사실을, 최소한 앤디 워홀과 같은 흰 머리의 48세 남성에겐 어울리지 않는다는 사실을 깨달았다. 아는 사람 몇몇은 나에게 젊어 보인다고 말했지만 그들이 큰 거짓말을 하지 않으면서 긍정적인 단어를 고르다 보니 젊어 보인다는 표현을 썼을 뿐이란 사실을 알 수 있었다. 사람들이 나에게 젊어 보인다고 말하면 그들이 전에는 나를 늙었다고 생각했지만 단지 말을 하지 않았을 뿐이라고 생각하게 된다.

나는 늘 좋아하는 기업의 주식을 사야 한다고 생각해왔다. 유통업체의 경우 주식을 사기 전에 그 매장을 먼저 좋아해야 한다고 생각해 왔다. 하지만 이제 그 원칙에 예외가 생겼다. 슈퍼커트에서 이발한 뒤 나는 슈퍼커트라는 이발소보다는 슈퍼커트라는 주식을 훨씬 더 좋아한다는 것을 깨달았다. (최소한 사업설명서에 소개된 전망은 좋아하고 있었다.) 사실 나는 슈퍼커트에 한 번 다녀온 후 다시는 비니 디빈센조 외에 다른 곳에서 이발하지 않겠다고 결심했다.

캘리포니아에 있는 슈퍼커트 수석 부사장 겸 최고재무책임자CFO인 스티븐 J. 톰슨과 전화할 때 슈퍼커트에서 이발한 머리가 마음에 들지 않는다는 얘기를 꺼냈다. 그는 내 귀밑머리가 다 잘린 것에 대해 안타까움을 표현한 뒤 "머리카락은 한 달에 1센티미터씩 자라니 그나마 좋은 소식이죠."라고 말했다. 나는 이미 회사소개서에서 그 내용을 읽고 희망을 품고 있던 터였다.

나는 숙련이 덜 되고 불만이 많은 직원들 사이에서 나타날 수 있는 높은 이직률과 미숙한 이발 솜씨가 걱정됐다. 그 문제에 대해 톰슨은 슈퍼커트의 스타일리스트들은 모두 자격증을 받은 전문가이고 7개월마다 훈련과정을 밟으며 새로운 이발 기술을 익히고 있다고 말했다. 또 의료보험을 제공하고 봉사료가 있기 때문에 좋은 스타일리스트를 많이 확보할 수 있다는 얘기도 했다. 이 때문에 지금까지 이직률은 매우 낮다고 했다.

대부분의 정보는 긍정적이었다. 앞에서 잠재 위험요인으로 지목했던 부채도 생각했던 것만큼 많지 않은 것으로 드러났다. 톰슨에 따르면 슈퍼커트는 연간 현금흐름이 540만 달러이며 이 중 대부분은 부채를 갚는 데 쓰이고 있다. 슈퍼커트는 1993년이 되면 모든 부채를 다 갚을 것으로 기대하고 있으며, 그러면 1991년에 이자비용으로 썼던 210만 달러를 절약할 수 있다.

슈퍼커트는 체인점을 운영하고 있기 때문에 새로운 매장을 운영하는 데 드는 돈은 체인점을 개설하려는 사람이 직접 투자해야 한다. 이것은 또 다른 큰 장점이다. 슈퍼커트는 자체 자본금을 쓰거나 대출을 받지 않고도 매장을 빠르게 확장해나갈 수 있다.

무엇보다도 긍정적인 것은 2억 5000만 명의 미국인들이 매달 머리를 깎아야 하는데 동네의 소규모 이발소들은 계속 문을 닫고 있으며, 아직 이 공백을 장악할 만한 체인점은 나타나지 않았다는 사실이다. 슈퍼커트의 주요 경쟁업체는 쇼핑몰에서 마스터커트를 운영하고 있는 레지스 코퍼레이션인데 레지스 코퍼레이션의 임대료는 슈퍼커트보다 훨씬 더 비싸며 고객들은 대부분 여자들이다. 판타스틱 샘스는 슈퍼커트보다 매장 수가 두 배 더 많았지만 매장의 매출액이 대개의 경우 슈퍼커트의 절반 이하였다. 또 다른 경쟁업체로는 J. C. 페니 백화점 내에 있는 남녀 공용 헤어숍 J. C. 페니가 있다.

슈퍼커트는 일요일과 저녁에도 영업을 한다는 또 다른 이점이 있었다. 또 슈퍼커트는 브랜드 인지도를 높이기 위해 다른 경쟁업체들은 하지 않는 전국적인 광고 캠페인을 펼치고 있었다. 내가 추천할 당시 슈퍼커트는 상장 초기보다 20% 성장하여 주가는 순이익의 16배 수준이었다.

결국 나는 귀밑머리를 잃어버린 대신 좋은 종목을 발굴했다. 나는 슈퍼커트를 《배런스》에 추천하면서 다른 토론자들에게 "어떤 곳인지 알아보려고 거기에서 머리를 잘랐죠."라고 말했다. 그러자 마리오 가벨리는 "지금 이 머리가 거기에서 자른 건가요?"라고 물었고, 나는 "그렇습니다."라고 대답했다. 아벨슨은 이 말을 듣고 "우리라면 그 사실을 광고하진 않을 텐데요."라고 말했다.

제11장

—

저성장 산업에서 찾은 위대한 기업

사막의 꽃

BEATING THE STREET

선 TV & 어플라이언스

　나는 언제나 저성장 산업에서 위대한 기업이 없는지 찾아본다. 컴퓨터나 의료기술과 같이 빠르게 성장하는 위대한 산업은 사람들의 관심을 많이 받고 경쟁업체도 너무 많다. 뉴욕 양키스의 전설적인 선수 요기 베라는 마이애미 해변에 있는 유명한 식당에 대해 이렇게 말한 적이 있다. "거긴 너무 인기가 많아서 이제는 아무도 가지 않죠." 어떤 산업이 너무 인기가 많으면 그 산업에서는 더 이상 돈을 벌지 못한다.

　나는 언제나 투자할 곳으로 위대한 산업보다는 부진한 산업을 고른다. 설사 성장을 한다 해도 매우 천천히 성장하는 부진한 산업에서는 허약한 기업은 파산해버리고 생존 기업이 시장의 대다수를 차지하게 된다. 정체된 시장에서 시장점유율을 점점 늘려나가는 기업이 빠르게 성장하는 멋진 시장에서 줄어드는 시장점유율을 지키려고 고전하는 기업보다 훨씬 더 낫다. 여기에서 피터 린치의 16번째 원칙이 나온다.

사업에서 경쟁은 독점력보다 절대 강할 수 없다.

　저성장 산업의 위대한 기업들은 몇 가지 공통점을 갖고 있다. 그들은 저비용 사업자이며 임원들이 철저한 구두쇠이다. 그들은 빚을 싫어하고 사무직과 생산직을 브라만 계급과 불가촉천민으로 나누는 식의 기업 카스트제도, 혹은 계급제도를 거부한다. 이런 회사의 직원들은 대우를 잘 받으며 기업의 운명에 연대의식을 갖고 있다. 그들은 큰 기업들이 간과하는 틈새시장을 발견한다. 그들은 빠르게 성장한다. 특히 휘황찬란한 고성장 산업의 기업들보다 더 빠르게 성장한다. 으리으리한 회의실, 심하게 부풀려진 임원들의 급여, 사기가 꺾인 평사원들, 과도한 부채, 그저 그런 실적은 항상 붙어 다닌다. 그 반대도 마찬가지이다. 검소한 회의실, 합리적인 임원 급여, 동기부여가 확실한 평사원, 낮은 부채는 대개의 경우 높은 실적으로 귀결된다. 나는 캘리포니아에 있는 몽고메리 증권의 존 와이스에게 전화했다. 그는 가전용품 할인점에 대해 보고서를 쓴 적이 있다. 나는 그에게 1991년부터 쭉 살펴보고 있던 굿가이즈에 대한 의견을 물었다. 와이스는 서킷 시티와 경쟁이 심해 이익이 줄고 있다고 말했다. 내가 저성장 산업에서 권할 만한 다른 기업이 있는지 묻자 그는 선 TV & 어플라이언스를 언급했다.

와이스가 전해준 선 TV에 대한 이야기는 너무나 매력적이어서 나는 전화를 끊자마자 임원과 직접 얘기해보고 싶어 오하이오주에 있는 선 TV 본사로 전화를 걸었다.

한 번도 만나본 적 없는 최고경영자와 별다른 걸림돌 없이 바로 전화로 연결될 수 있다면 그 회사는 관료주의가 심하지 않은 것이다. 내 전화는 밥 오이스터라는 친절한 사람에게 연결됐다. 전화한 목적에 대해 얘기하기 전에 오하이오 골프장의 장점에 대해 잠시 얘기를 나눴다.

선 TV는 오하이오주의 유일한 대형 가전제품 할인점으로 냉장고와

세탁기, 건조기 등과 소형 가전제품을 판매했다. 오이스터는 오하이오주 콜럼버스에만 7개의 선 TV 매장이 있다고 말했다. 또 가장 수익성 높은 매장은 오하이오주 칠러코시에 있었다. 칠러코시는 후에 내가《배런스》라운드테이블에서 얘기할 때 토론자들이 어려운 발음을 했다고 축하해줬던 지역명이다. 선 TV는 피츠버그에서도 지배적인 확고한 위치를 차지하고 있었다.

선 TV & 어플라이언스의 주주들은 미국 인구의 50%가 콜럼버스를 중심으로 500마일 이내에 살고 있다는 사실을 안다면 행복해할 것이다. 사실 콜럼버스는 1950년부터 1990년까지 인구가 늘어난 미시시피 동쪽과 남북 경계선(메이슨-딕슨 선) 북쪽에 있는 유일한 대도시이다.

오하이오주 이쪽 지역의 인구가 늘고 있다는 사실은 아직 미국 동부 지역에선 생소한 소식이지만 선 TV의 앞날을 밝게 해주는 호재인 것만은 틀림없었다. 선 TV는 매장을 적극적으로 확장해 1991년에 7개, 1992년에 5개 매장을 새로 개설하여 총 매장이 22개로 늘었다. 선 TV의 부채는 1000만 달러 미만이었다. 선 TV는 연간 25~30%씩 성장하는 회사였음에도 주가는 18달러였고 PER는 15배였다. 선 TV의 경쟁 업체들은 경영난을 겪고 있었다.

선 TV는 경기가 최악이었던 1990~91년 침체기 때도 수익을 냈다. 선 TV의 순이익은 1991년에 사실상 늘어났다. 선 TV의 실적이 1992년에 더 개선될 것이라는 점에 대해 어떤 의심도 품을 수 없었다. 그러나 저성장 산업에서 잘나가는 기업 명단에 선 TV를 포함시키기 위해서는 증명해야 할 것이 아직 많이 남아 있었다. 표 11-1은 저성장 산업의 탁월한 7개 기업의 명단이다. (그린 트리는 잠정적으로 포함된 조건부 회원이다.) 표를 보면 이 기업들의 1990~91년 수익률을 알 수 있다. 이 기업들은 대부분 최근에 주가가 급등했기 때문에 1992년 추천 명단에는 이들을 제외했다. 그러나 이들은 후에 염두에 두고 살펴볼 만한 가치가 있는 기업들이다.

사우스웨스트 항공

1980년대에 항공산업보다 더 최악인 산업은 없었다. 이스턴, 팬암, 브래니프, 컨티넨탈, 미드웨이 등이 모두 파산했고, 나머지 몇몇은 파산 직전까지 갔다. 이처럼 극심한 10년간의 재난 속에서도 사우스웨스트

표 11-1 저성장 산업 내 7개 우량주(+1개)

기업	1990~91년 총 수익률(%)
사우스웨스트 항공	115
밴닥	46
쿠퍼 타이어	222
그린 트리 파이낸셜	188
딜라드	75
크라운 코크 & 실	69
누코르	50
쇼 인더스트리즈	17
한 종목당 평균 수익률	87
S&P500	26

항공의 주가는 2.40달러에서 24달러로 치솟았다. 이유가 뭘까? 사우스 웨스트 항공이 하지 않았던 일들 덕분이다.

사우스웨스트 항공은 파리로 취항하지 않았다. 사우스웨스트 항공은 환상적인 기내식을 제공하지 않았고, 더 많은 항공기를 구입하기 위해 너무 많은 돈을 빌리지 않았다. 임원들에게 과도하게 높은 급여를 지불하지 않았으며, 직원들에게 회사에 대해 불평할 거리를 제공하지 않았다.

사우스웨스트 항공(종목명 LUV)은 항공산업에서 가장 저비용 기업이다. 어떻게 이 사실을 알 수 있을까? 이 사실을 알아보는 데 가장 효과적인 통계는 좌석 마일당 운영비이다. 이는 유료 여객 한 명을 1마일 수송하는 데 드는 비용을 말한다. 항공산업의 좌석 마일당 운영비가 7~9센트일 때 사우스웨스트의 좌석 마일당 운영비는 5~7센트였다.

어떤 기업이 비용 절감을 위해 얼마나 노력하고 있는지 알아보려면 본사를 방문해보는 것도 좋은 방법이다. 투자 자문가인 윌리엄 도노휴는 다음과 같이 말했다. "당신이 투자하고 있는 기업이 큰 건물을 소유하고 있다고 해서 그 기업에서 일하는 사람들이 똑똑하다는 의미는 아니다. 그 건물을 사서 유지하는 데 드는 비용의 일부를 당신이 냈다는 사실을 뜻할 뿐이다." 내 경험으로 볼 때 도노휴의 말은 전적으로 옳다. 캘리포니아에 있는 골든 웨스트 파이낸셜은 비용 절감을 통한 생산성 향상 부문에서 최고를 달리며, 그 결과 S&L 중에서 가장 원가가 낮다. 골든 웨스트 파이낸셜에는 접수처에 안내원은 없고 오래된 구식 검정 전화기와 함께 '수화기를 들어주세요'라는 안내 표지만 있다.

사우스웨스트 항공은 18년간 댈러스의 러브필드에 있는 군대 막사와 비슷한 허름한 건물을 본사로 사용했다. 이 건물을 보고 할 수 있는 최대의 찬사는 '고풍스럽다'는 것뿐이다. 사우스웨스트 항공은 1990년에 돈을 들여 3층짜리 건물을 지었고 건물 내부를 꾸미기 위해 실내장식가를 고용했다. 이 실내장식가는 벽에 걸린 직원들의 표창장과 회사 야유회 때 찍은 직원들의 사진을 떼어내고 대신 비싼 그림을 걸었다. 사우스웨스트 항공의 최고경영자인 허브 켈러허는 이 얘기를 듣고 실내장식가를 해고해버렸다. 그리고 주말 내내 그림을 떼고 직원들의 표창장과 사진을 다시 벽에 걸도록 했다.

켈러허는 사우스웨스트 항공의 기업 분위기를 엉뚱하고 재미있게 만들었다. 그의 사무실은 잡동사니들로 장식되어 있다. 직원들간 연례 친목회는 야외에서 치렀다. 임원들의 임금 인상률은 일반 직원들의 임금 인상률과 같은 수준으로 유지했고, 한 달에 한 번씩 켈러허를 비롯한 모든 임원이 카운터 직원이나 수하물 담당자로 일하게 했다.

사우스웨스트 항공의 스튜어디스들은 청바지에 티셔츠를 입고 운동화를 신는다. 항공기 내에서 제공하는 음식은 땅콩과 칵테일로 제한했다. 양말에 구멍이 가장 크게 난 고객에게는 상품을 수여하고 항공기 안전정보는 랩으로 소개했다.

다른 항공사들이 LA와 뉴욕, 유럽 등 똑같은 노선을 다닐 때 사우스웨스트 항공은 단거리 비행이라는 틈새시장을 발견했다. 사우트웨스트 항공은 스스로를 '운항이 잦은 유일한 단거리 저가 항공사'라고 내세웠다. 다른 항공사들이 출혈경쟁을 하고 있는 동안 사우스웨스트 항공은 1978년 항공기 4대를 보유한 소형 항공사에서 미국에서 8번째로 큰 항공사로 성장했다. 사우스웨스트 항공은 1973년 이후 한 번도 적자를 내지 않은 유일한 항공사이다. 자본이익률Return On Capital, ROC이 사우스웨스트 항공을 능가할 만한 기업은 많지 않다. 경쟁업체들이 경영난으로 어려움에 처하자 사우스웨스트 항공은 상대적으로 수혜를 입었다. 이는 저성장 산업에서 위대한 기업이 자주 경험하는 일이다. 사우스웨스트 항공은 최근 US에어라인과 아메리카 웨스트가 포기한 노선으로 취항을 시작했다. US에어라인과 아메리카 웨스트는 재정난으로 서비스를 축소할 수밖에 없는 상황이었다.

사우스웨스트 항공은 1980년부터 1985년까지 주가가 10배 급등했다. 이후 1985년부터 1990년까지는 주가가 횡보하면서 주주들의 인내심을 시험했다. 사우스웨스트 항공에 투자한 사람들은 그나마 다행이다. 팬암이나 이스턴에 투자했다면 상황은 더욱 나빴을 것이다. 1990년 이후 사우스웨스트 항공의 주가가 2배로 뛰어 주주들의 인내심은 마침내 보상을 받았다.

밴닥

아이오와주 머스캐틴에서 재생 타이어를 만드는 회사만큼 흥미를 끌지 못하는 회사가 과연 몇이나 될까? 나는 머스캐틴에 한 번도 가본 적이 없다. 단지 지도에서 한 번 찾아봤을 뿐이다. 머스캐틴은 대번포트 남서쪽과 모스코, 아탈리사, 웨스트 리버티의 남동쪽 사이에 있는 미시시피강 유역에 자리한 작은 도시이다.

미주리주 캔자스시티에서 최근 어떤 일이 일어났는지 머스캐틴까지 전해지지 않았을 것이다. 아마도 이는 머스캐틴의 장점이리라. 월스트리트 역시 머스캐틴에 별 다른 관심이 없었다. 오직 3명의 애널리스트만이 주가가 15년간 2달러에서 60달러로 급등한 머스캐틴의 밴닥을 추적해왔을 뿐이다.

밴닥의 최고경영자 마틴 카버는 뉴욕에서 멀리 떨어져 있음으로써 이러한 호의에 보답했다. 그는 디젤 트럭의 세계 최고 속도 보유자이다. 그가 뉴욕의 트럼프 플라자 호텔 안뜰에서 샴페인을 마시는 모습은 절대 볼 수 없을 것이다. 하지만 그는 그럴 만한 능력이 충분한 사람이다.

밴닥은 재생 타이어 업계의 사우스웨스트 항공과 같은 기업이다. 밴닥은 경영진이 철저히 실용적이고 (밴닥은 1988년 연차보고서에서 가족들에게 감사하다는 뜻을 전했다.) 비용 절감에 주력하고 있으며, 경쟁이 치열했을 수도 있는 이례적인 틈새시장을 파고들었다. 미국에서는 매년 트럭과 버스 타이어 1200만 개가 재생 타이어로 교체되고 있다. 이런 재생 타이어 가운데 500만 개가량이 밴닥 제품이다.

밴닥은 1975년부터 매년 배당금을 늘려왔다. 순이익은 1977년 이후 매년 17%씩 성장해갔다. 대차대조표상 재정상황은 다소 약하지만 이는 밴닥이 해외 진출에 투자했기 때문이다. (밴닥은 현재 해외 재생 타이어 시장의 10%를 차지하고 있다.) 밴닥은 자사주 250만 주를 매입하기도 했다.

밴닥은 순이익이 계속 늘어났음에도 1987년 블랙 먼데이 때 주가가 급락했고, 1990년 이라크의 쿠웨이트 침공 때 또다시 큰 폭으로 떨어졌다. 이러한 과민반응은 주식 매입의 절호의 기회를 만들어준다. 두 번의 경우 모두 밴닥은 주가 하락을 회복했을 뿐만 아니라 이전보다 더 올랐다.

쿠퍼 타이어

쿠퍼 타이어는 또 다른 형태의 밴닥이라고 할 수 있다. 쿠퍼는 타이어 시장에서 틈새시장을 발견했다. 타이어 업계 거물들이 새로운 타이어를 신차에 팔기 위해 출혈경쟁을 하는 동안 쿠퍼는 중고차에 새로운 타이어를 제공하는 틈새시장을 개척했다. 쿠퍼는 생산원가가 낮았기 때문에 독립적인 타이어 판매상들은 쿠퍼와 거래하기를 원했다.

1980년대 말 타이어 업계의 빅 3인 미쉐린, 굿이어, 브리지스턴이 치열한 경쟁으로 손해를 보고 있을 때 쿠퍼는 이익을 냈다. 쿠퍼의 이익은 1985년부터 매년 늘어났고, 1991년에는 사상 최고 실적을 냈다. 주가는 1987년 저점에서부터 1990년 이라크의 쿠웨이트 침공으로 인한 사담 매도 직전까지 10달러로 3배나 급등했다. 그러나 사담 매도 때 그간의 상승폭을 상당 부분 잃고 6달러로 떨어졌다. 투자자들은 이라크의 쿠웨이트 침공으로 마치 세상이 끝날 것처럼 비관적이 됐고, 타이어 업계의 슬픈 전망에 주목하느라 쿠퍼의 펀더멘털은 무시했다. 이라크의 쿠웨이트 침공으로 세상이 끝나지 않는다는 것이 확인된 후 쿠퍼의 주가는 5배인 30달러까지 올랐다.

그린 트리 파이낸셜

그린 트리 파이낸셜은 시더 페어, 오크 인더스트리즈, EQK 그린 에이커즈, 메이플 리프 푸드, 파인랜드 등과 함께 매력적인 산림 포트폴리오 중 하나이다. 그린 트리는 빚이 많고 최고경영자는 프로야구의 2루수 선수들보다 더 많은 돈을 받는다. 따라서 그린 트리를 저성장 산업의 위대한 기업으로 분류할 수는 없다. 그린 트리를 여기에 소개하는 이유는 심지어 저성장 산업일지라도 그 산업의 괜찮은 회사라면 좋은 실적을 낼 수 있다는 사실을 보여주기 위해서이다.

지금 얘기하려는 침체산업은 이동주택에 대한 담보대출 사업이다. 그린 트리는 이동주택에 대한 담보대출 사업에 특화하고 있었다. 그런데 이동주택에 대한 담보대출 시장은 점점 더 악화돼갔다. 1985년 이후 매년 이동주택 판매는 줄어갔고 1990년에는 매수자가 거의 없어 신규 이동주택이 고작 20만 채만 팔렸을 뿐이다.

상황을 더욱 악화시킨 것은 이동주택 담보대출에 대한 채무불이행이 기록적으로 늘어났다는 점이다. 담보대출을 못 갚은 이동주택 소유자들은 대출회사에 '이 트레일러는 이제 당신 것입니다'란 메모 한 장만 달랑 남겨놓고 이동주택을 버리고 사라졌다. 트레일러 2대를 연결한 10년 된 이동주택은 팔아봤자 별로 가치도 없다.

그러나 이동주택 담보대출 시장에 닥친 이 같은 재난이 그린 트리에겐 행운이었다. 주요 경쟁업체들이 속속 사업을 포기했기 때문이다. 불운한 캘리포니아의 저축대부조합 밸리 페더럴은 이동주택을 담보로 10억 달러를 빌려줬다 크게 손해를 입고 사업을 접었다. 미시간에 위치한 보험회사의 계열사인 파이낸셜 서비스 코퍼레이션 역시 이동주택 담보대출 사업을 포기했다. 가장 큰 이동주택 담보대출 금융 기관이던 시티코프도 마찬가지였다. 그린 트리는 침체산업에서 살아남아 경쟁업체들의 사업 포기로 인한 이점을 온전히 누렸다.

1990년 말에 그린 트리의 주가는 8달러까지 떨어졌다. 이는 많은 사람들이 그린 트리의 회생 가능성에 의문을 품을 만큼 심각한 것이었다. 그해 5월 경제잡지 《포브스》는 그린 트리에 대한 부정적인 기사를 실었다. 기사 제목부터 '나무(그린 트리)의 뿌리가 시들고 있는 것인가?'여서 그린 트리 주식을 팔게 만들었다. 기자는 걱정스러운 점을 하나하나 철저히 나열했다. 이동주택의 판매 부진, 담보대출 채무불이행, 그린 트리 자산에 제기된 추잡한 소송 등이 그것이었다. 《포브스》는 다음과 같은 글로 기사를 맺었다. "그린 트리의 주가가 순이익의 7배 수준에 불과하다 해도 주가는 여전히 싸 보이지 않는다."

그러나 투자자들은 이런 부정적인 기사를 무시해버렸고 그린 트리의 주가는 9개월 만에 36달러로 급등했다. 끔찍한 상황이 어떻게 긍정적으로 변한 것일까? 경쟁업체가 사라지면서 그린 트리가 이동 주택담보대출 시장을 온전히 독점할 수 있었기 때문이다. 이 덕분에 그린 트리는 대출액이 급증했고, 주택담보대출 전문회사인 패니 메이처럼 대출채권을 담보로 증권을 만들어 유통시장에서 판매하기 시작했다. 그린 트리는 또 수익성이 높은 주택 개축 관련 대출과 중고 이동주택 매입 대출을 시작했고, 오토바이 할부금융 시장에도 뛰어들었다.

《포브스》의 기사를 읽은 직후에 그린 트리를 샀다면 9개월도 되지 않아 3배의 수익을 올렸을 것이다. 좋은 잡지를 비판할 생각은 없다. 사실 나는 그린 트리에 대해 많은 부분을 놓치고 있었다. 다만 여기에서 강조하고 싶은 것은 침체산업에서 살아남은 기업은 경쟁자들이 일단 사라지기 시작하면 운명이 180도로 바뀔 수 있다는 점이다. (이후 이 회사는 이름을 Green Tree Acceptance에서 Green Tree Financial로 바꾸었다.)

딜라드

딜라드 가문도 기업의 지출을 철저히 관리하는 서민적인 경영자이다. 딜라드 가문(기본적으로 77세의 윌리엄 딜라드와 그의 아들 윌리엄 딜라드 2세)은 백화점 지분을 8% 보유하고 있으며 대부분은 의결권이 있는 주식이다. 그들은 아칸소주 리틀록에서 백화점을 경영하고 있다. 그들은 장부를 꼼꼼히 훑어보며 스크루지와 같은 열정으로 더 줄일 비용이 없는지 검토했다. 그러나 직원들의 급여는 깎지 않았다. 딜라드의 직원들은 상대적으로 높은 급여를 받았다. 딜라드 부자가 특히 비용을 줄이려던 항목은 대출이자였지만 대차대조표를 보면 부채가 거의 없다.

딜라드 부자는 매우 일찍부터 컴퓨터 시스템을 도입했는데 이는 자금의 흐름을 꼼꼼히 추적하기 위한 것이기도 했지만 재고관리를 위한 것이기도 했다. 만약 전국 어느 딜라드에서든 티셔츠가 하나 팔리면 매장 컴퓨터가 이를 인식해 자동적으로 창고 컴퓨터에 이 사실을 전달한다. 창고 컴퓨터는 이 주문을 납품업체에 전달한다. 매장 관리자와 본사에 있는 사람들은 어디에서 무엇이 팔리고 있는지 항상 알기 때문에 어떤 상품이 재고가 없어 더 주문해야 하는지 돌아다니면서 일일이 조사하는 직원을 둘 필요가 없다.

딜라드는 대형 유통업체들이 치열하게 경쟁하는 매력적인 시장에서 비켜나 있다. 딜라드의 매장은 위치토나 멤피스 같은 소도시에 주로 자리하고 있다. 페더레이티드, 얼라이드, 메이시스 등과 같은 대형 백화점들이 구조조정을 하거나 파산하는 동안 딜라드는 대형 유통업체들이 포기한 지역의 매장 일부를 사들여 딜라드의 컴퓨터 시스템으로 통합시켰다. 딜라드는 얼라이드로부터 조스크스_{Joskes}를, B. A. T. 인더스트리즈로부터 J. B. 아이비를 사들였다.

1980년에 1만 달러를 딜라드에 투자했다면 지금은 60만 달러로 불어났을 것이다.

크라운 코크 & 실

크라운 코크 & 실은 〈타인의 돈_{Other Peoples Money}〉이란 영화에서 대니 드비토가 인수하려고 노력했던 뉴잉글랜드 와이어 & 케이블이란 회사를 연상시킨다. 뉴잉글랜드 와이어의 임원실은 목도리 가게에서 가져온 달력으로 장식한 공장 위의 너저분한 방이다. 크라운 코크 & 실의 임원실도 조립 라인 위에 벽 없이 개방된 일종의 다락이다. 뉴잉글랜드 와이어는 전선을 만들고, 크라운 코크 & 실은 탄산음료 캔과 맥주 캔, 페인트 통, 애완동물 사료용기, 부동액을 넣는 용기, 병마개, 병 세척기, 병 라벨, 캔 온열기 등을 판다.

두 회사 모두 최고경영자는 구식 사고방식을 가진 사업가이다. 차이가 있다면 뉴잉글랜드 와이어 & 케이블은 파산 직전인 반면 크라운 코크 & 실은 세계에서 가장 성공한 캔 제조업체란 사실이다.

캔 제조업은 이익이 아주 박한 저성장 산업이며 크라운 코크 & 실이 원가가 매우 낮은 저비용 제조업체란 사실을 굳이 말할 필요는 없을 것이다. 크라운 코크 & 실의 매출 대비 비용은 2.5%에 불과하다. 이는 캔 제조업의 평균인 15%에 비하면 무척 낮은 것이다.

수도사들의 생활에 버금가는 엄청난 수준의 지출관리는 최근 세상을 떠난 CEO 존 코넬리가 도입했다. 코넬리는 사치와 낭비를 혐오했다. 여기에서 피터 린치의 17번째 원칙이 나온다.

다른 모든 조건이 같다면
연차보고서에 컬러 사진이 가장 적은 기업에 투자하라.
– 외양을 꾸미지 않을수록 실속 있는 기업이다.

코넬리의 연차보고서에는 사진이 한 장도 없었다. 그가 돈 쓰는 것을 아까워하지 않은 분야는 새로운 캔 제조기술밖에 없었으며, 이러한 신기술은 크라운 코크 & 실을 저비용 생산업체로 만들었다.

이익은 캔 생산을 개선하는 데 재투자되지 않으면 자사주를 사는 데 쓰였다. 크라운 코크 & 실의 자사주 매입으로 남은 주식의 주당 순이익이 높아졌고, 이 때문에 주가가 올랐다. 이는 주식을 팔지 않고 있던 주주들에게 큰 행운이었다. 아마도 이 글을 읽는 당신은 코넬리가 주주들의 이익을 위해 열심히 일했다고 생각할 것이다. 사실 많은 기업에서 주주들의 이익을 위해 일하는 것을 별난 짓으로 여기고 있다.

코넬리가 세상을 떠난 뒤 회사의 전술은 바뀌었다. 크라운 코크 & 실은 이제 경쟁업체를 사들이는 데 상당한 규모의 현금을 쓰고 있으며 이 친숙한 방법으로 성장하고 있다. 자본 지출이 늘어나면서 부채도 증가하고 있지만 지금까지 새로운 전술은 과거 전술만큼 수익성이 높았다. 크라운 코크 & 실의 주가는 1991년에 54달러에서 92달러까지 올랐다.

누코르

요즘은 누구도 철강회사에 투자하고 싶지 않을 것이다. 일본 철강 업체와의 경쟁이 심하고 곧 구식이 될 장비에 수십억 달러를 투자해야 하기 때문이다. 한때 미국 경제력의 상징이었던 거대 철강업체인 US스틸과 베들레헴 스틸은 12년째 주주들의 인내심을 시험하고 있다. 베들레헴 스틸의 주가는 1986년에 5달러로 떨어진 뒤 오랜 기간 동안 서서히 올랐으나 지금도 13달러에 불과해, 최고치였던 1981년의 32달러를 회복하기까지는 아직 갈 길이 멀다. US스틸 역시 1981년의 고점을 아직 회복하지 못하고 있다.

반면 누코르의 주가는 1981년에 6달러에서 현재는 75달러까지 올랐다. 만약 1981년에 누코르에 투자했다면 큰 수익을 누렸을 것이고 철강산업을 여전히 대단하다고 생각할 것이다. 만약 1971년에 누코르가 1달러였을 때 투자했다면 당신은 아마 철강산업이 역사상 가장 위대한 산업이라고 확신하고 있을 것이다. 1971년에 24달러 하던 베들레헴 스틸에 투자했다면 주가가 오히려 13달러로 떨어져 채권에 투자하는 것이 훨씬 나았을 것이고 철강산업에 대해서도 완전히 다른 생각을 갖게 됐을 것이다.

여기에 다시 한 번 인색하지만 비전을 가진 업계의 이단자가 등장한다. F. 케네스 아이버슨은 기업의 최우량 고객에게 점심을 대접할 때조차 노스캐롤라이나주 샬럿에 있는 본사 맞은편의 필스 델리보다 더 좋은 식당에 가는 법이 없다. 필스 델리는 햄버거와 샌드위치, 소시지, 샐러드 등을 파는 곳이다. 누코르에는 임원식당이 따로 없으며 회사 주차장엔 리무진이 없다. 공항엔 회사 전용기가 없으며 양복을 입고 근무하는 사람들을 위한 특권도 없다. 이익이 줄면 양복을 입은 직원이든 작업복을 입은 직원이든 급여가 줄어든다. 이익이 늘어나면 (누코르에선 대개 그렇지만) 모든 사람들이 성과급을 받는다.

5500명의 누코르 직원들은 노조가 없다. 그럼에도 다른 철강회사 직원들보다 더 나은 대우를 받고 있다. 누코르 직원들은 회사의 이익을 나눠 받으며 해고될 위험도 없다. 자녀들이 대학에 진학하면 학자금을 받는다. 경기가 둔화되고 생산이 줄어들면 감원하는 대신 전체 직원의 근무시간을 줄여 일을 공유한다. 실직의 고통을 일부에게 전담시키는 것이 아니라 근로시간 단축이란 형태로 모두에게 골고루 분산시키는 셈이다.

누코르는 기업 역사상 2개의 틈새시장을 공략했다. 1970년대에는 고철을 건축용 철강으로 만드는 데 주력했다. 최근에는 다른 철강회사들이 이 공정에 뛰어들자 한 발 더 앞서나가 고품질의 원통형 롤을 생산하고 있다. 원통형 롤은 자동차 강판과 가전제품을 만드는 데 쓰인다. 이러한 새로운 박薄슬래브 연주Thin-Slab Casting 공법으로 누코르는 이제 베들레헴 철강 및 US스틸과 직접 경쟁할 수 있게 됐다.

쇼 인더스트리즈

잡지 기사를 모아놓은 데이터베이스에서 쇼 인더스트리즈에 대한 기사를 찾아보니 딱 2건이 검색됐다. 하나는 《텍스타일 월드》에서 이 회사에 대한 단락을 발견했으며, 또 하나는 《데이터메이션》이라는 기술잡지에 이 회사에 대한 문장이 있었다. 월스트리트에서는 이 회사에 대한 특집기사 2건을 발견했다. 기업과 정부기관, 각종 단체의 보도자료를 컴퓨터로 전달해주는 《PR 뉴스와이어》에서는 기사 하나를 찾아냈다. 10억 달러짜리 이 기업이 언론에 거의 소개되지 않은 것이 분명하다. 하지만 이 회사는 미국 카펫 시장의 20%를 점유하고 있어 기업 가치가 곧 20달러로 늘어날 예정이다.

지금 설명하고 있는 '변두리에 위치한 위대한 기업'이라는 주제에 적합하게 쇼 인더스트리즈의 본사는 블루리지 산맥 남쪽의 조지아 주 달튼에 있으며, 주요 공항으로부터 최소한 2시간은 떨어져 있다. 역사적으로 달튼은 달빛과 나막신 춤으로 유명했다. 또 1895년에 이 지역 출신의 젊은 여성이 술이 달린 침대 덮개를 만드는 방법을 고안해냈다는 사실로도 유명하다. 새로운 술 달린 침대 덮개 제조법으로 침대 덮개 판매가 늘어났으며, 이로 인해 카펫 산업까지 호황을 누렸다. 하지만 쇼 인더스트리즈는 그 당시에는 존재하지도 않았다.

쇼 인더스트리즈는 1961년에 설립됐다. 현재 58세인 창업자 로버트 쇼는 여전히 회사의 사장이자 CEO로 활동하고 있으며, 그의 형 J. C. 쇼는 여전히 회사의 회장이다. 개략적인 언론보도에 따르면 로버트 쇼는 말이 적고 말을 하는 경우엔 대부분 심각한 말이라고 설명되어 있다. 사장의 책상 뒤에는 매력적인 표어가 붙어 있다. '생산설비를 완전히 가동할 수 있도록 충분한 시장점유율을 유지하라.'

그가 사람들을 웃긴 적이 한 번 있는데 쇼 인더스트리즈가 10억 달러짜리 회사가 될 것이라고 선언했을 때였다. 쇼 인더스트리즈보다 카펫을 두 배나 더 많이 판매하는 카펫 업계의 거인 웨스트 포인트-페퍼럴은 이 소식을 듣고 조소를 보냈다. 웨스트 포인트-페퍼럴의 사무실 곳곳에서 터져 나오는 비웃음소리가 들리는 것 같았다. 그 비웃음은 쇼 인더스트리즈가 웨스트 포인트-페퍼럴의 카펫사업부를 인수할 때 완전히 그쳤다.

현대 미국에서 카펫 산업보다 더 최악의 사태를 겪은 산업도 없을 것이다. 쇼 형제가 카펫 산업에 뛰어든 1960년대에는 1만 달러만 있으면 누구나 카펫 공장에 투자할 수 있었다. 달튼 인근에 350여 개의 소규모 신생 카펫 생산업체들이 빽빽하게 들어섰다. 이들 카펫 생산업체들은 집의 각 층마다 카펫을 깔려는 전국적인 수요에 부응하기 위해 공장을 최대한으로 가동시켜야 했다. 수요는 엄청났지만 공급은 더 많았다. 이 때문에 카펫 생산업체들은 곧 가격을 낮춰야 했고, 결과적으로 누구도 카펫을 만들어 이익을 내기가 힘들었다.

1982년에 집 주인들이 나무 바닥의 장점을 재발견하자 카펫 붐은 끝나고 말았다. 1980년대 중반까지 상위 25개 카펫 생산업체 중 절반이 파산했다. 카펫은 영원히 저성장 침체산업이 됐지만 쇼 인더스트리즈는 저비용 생산업체로 바꿔나가 번성을 계속했다.

쇼 인더스트리즈는 쓸 수 있는 모든 돈을 가지고 생산 공정을 개선하고 비용을 줄이는 데 투입했다. 실을 사는 데 쓰는 돈이 아까워 실 생산 설비를 사들였고, 도매상을 거치지 않고 자체 트럭으로 자체 유통망을 구축했다. 쇼 인더스트리즈는 비용을 줄이기 위해 끊임없이 절약 하느라 애틀랜타에 있던 상품 판매 전시실마저 없앴다. 대신 쇼 인더스트리즈는 애틀랜타에 버스를 보내 고객들을 직접 달튼으로 데려왔다.

카펫 산업이 최악의 침체를 겪을 때도 쇼 인더스트리즈는 연간 20%의 성장세를 지속했다. 주가는 쇼 인더스트리즈의 이러한 놀라운 실적에 부응해 1980년 이후 50배나 올랐다. 1990년과 1991년에는 주가 움직임이 좀 부진했지만 1992년에는 2배로 뛰었다. 카펫 생산업체가 50배 수익을 안겨줬다는 사실을 믿을 수 있는가?

1992년 5월에 쇼 인더스트리즈는 세일럼 카펫 밀스를 인수해 카펫 시장에 대한 지배력을 더욱 강화했다. 쇼 인더스트리즈는 20세기 말까지 서너 개의 큰 기업이 전 세계 카펫 시장을 지배할 것으로 예상하고 있다. 경쟁업체들은 큰 업체 하나가 시장을 독점할 것이라고 걱정하고 있는데 그 업체가 누가 될 것인지는 이미 알고 있다.

제12장
———

환상적인 투자

구름을 벗어난 달처럼

BEATING THE STREET

가장 최근에 주식 투자에서 불가촉천민 취급을 받았던 업종은 저축대부조합S&L이다. 저축대부조합이란 단어만 꺼내도 사람들은 지갑부터 잡으며 경계심을 드러냈다. 사람들은 저축대부조합이란 단어를 들으면 세금으로 조성된 5000억 달러의 저축대부업 구제자금과 1989년 이후 파산해 문을 닫은 675개의 저축대부 업체, 임원들의 방만한 비용 지출, 연방수사국FBI이 조사 중인 1만여 개의 금융사기 등을 떠올렸다. 한때 '저축은행'이란 단어를 들으면 영화 〈멋진 인생It's a Wonderful Life〉에 나오는 저축대부조합에서 일하는 정직하고 마음씨 착한 주인공 지미 스튜어트를 떠올렸다. 그러나 이제는 위험한 투자로 링컨 저축대부조합을 파산시켜 예금자들에게 엄청난 피해를 입히고 횡령, 사기, 회사 자금 유용 모의 등의 혐의로 구속된 찰스 키팅을 생각하게 만든다.

1988년 이후, 신문에서는 저축대부조합이 파산했거나 민사소송에 직면했거나 기소됐거나 위기에 처한 저축대부조합 구제자금을 둘러싸고 국회에서 논쟁이 벌어지고 있다는 등의 부정적인 보도가 나오지 않은 적이 하루도 없었다. 서민들의 예금을 위험에 빠뜨린 저축대부조합의 대규모 부실에 관한 책이 최소 5권은 쓰였다. 물론 여기에는《S&L 주식에 투자해 돈 버는 방법》같은 책은 포함되지도 않았다.

그러나 이러한 소란에서 멀찌감치 떨어져있거나 위기에서 벗어난

S&L은 여전히 멋진 인생을 보여줬다. 가장 기초적인 재무 건전성 지표인 자기자본비율(자기자본/총 자산 비율)을 기준으로 할 때 100개 이상의 S&L이 미국에서 가장 재무구조가 탄탄한 금융기관인 JP모건보다 더 건실했다. 코네티컷주 브리튼에 위치한 피플스 세이빙스 파이낸셜도 재무 건전성이 뛰어난 S&L이다. 피플스 세이빙스 파이낸셜의 자기자본비율은 12.5로 5.17인 JP모건보다 더 높다.

JP모건이 미국 상위권 금융기관으로 자리 잡은 데는 다른 여러 가지 요인들이 함께 작용하기 때문에 JP모건과 피플스 세이빙스 파이낸셜을 단순 비교하는 것은 비현실적이다. 다만 여기에서 말하고자 하는 핵심은 우리가 항상 접하고 있는 일반적인 소식과는 달리 많은 S&L의 재무구조가 탁월하다는 점이다.

물론 재무구조가 엉망인 S&L 역시 많다. 이 때문에 S&L 중에서 옥석을 가려내는 것이 중요하다. 나는 S&L을 부정을 저지른 나쁜 녀석, 회사를 망쳐버린 탐욕스런 녀석, 그리고 멋진 인생의 지미 스튜어트로 나눈다. 이제 한 가지씩 살펴보자.

부정을 저지른 나쁜 녀석

공모자들이 재빠르게 모방해 전국으로 확산된 금융사기의 구조는 다음과 같다. 여러 사람이 돈을 모아 S&L을 세운다. 계산을 쉽게 하기 위해 10명이 각각 10만 달러씩 출자해 메인 스트리트에 있는 '우리가 믿는 하나님God We Trust S&L'이란 이름의 S&L를 샀다고 해보자. 그러면 이 10명의 소유주는 100만 달러의 자기자본으로 1900만 달러의 예금을 받을 수 있고 대략 2000만 달러 상당의 자금을 대출해줄 수 있다.

1900만 달러의 예금을 유치하기 위해 그들은 이례적으로 높은 금리를 제공해 양도성예금증서CD를 끌어들이고 메릴린치나 시어슨과 같은 투자은행의 브로커를 고용해 금융상품을 팔도록 한다. 몇 년 전에 TV와 신문에 이런 광고가 등장한 적이 있다. "우리가 믿는 하나님 이 13% 금리의 점보 CD를 제공합니다. 원금은 연방저축대부조합 보험공사FSLIC에서 보장합니다." FSLIC라는 정부기관이 뒤에 있기 때문에 우리가 믿는 하나님은 광고를 하자마자 별 어려움 없이 CD를 모두 팔 수 있었고 중개인들은 두둑한 판매 수수료를 챙겼다.

우리가 믿는 하나님의 소유주들과 임원들은 CD를 발행해 모은 2000만 달러의 자금을 친구들과 친척들, 의심스러운 이권이 얽힌 여러 가지 건설 프로젝트를 통해 알게 된 사람들에게 대출해준다. 이 돈으로 인해 큰 건물이 전혀 필요 없는 지역에 건설 붐이 일어난다. 한편 S&L 은 대출해줄 때 선이자를 뗀 덕분에 장부상으로는 이익이 매우 많은 것처럼 보인다.

이 이익은 S&L의 자기자본으로 더해지고, 자기자본이 1달러 늘어날 때마다 우리가 믿는 하나님은 20달러의 신규 대출을 해줄 수 있다. 이들은 이러한 과정을 되풀이하며 스스로를 먹고 자란다. 이런 방법으로 텍사스의 버논 같은 소도시 S&L이 10억 달러 규모로 덩치를 키웠다. 대출이 늘어날수록 자기자본도 늘어난다. 단 회계사와 감사에게 뒷돈을 주고 국회 은행위원회 같은 상임위원회에 속한 하원의원과 상원의원들에게 비즈니스 전용 경비행기인 리어 제트기를 제공해주고 매춘부와 수입한 코끼리가 나오는 요란한 파티를 열 수 있는 돈이 있을 때까지만 이 구조는 지속된다.

찰스 키팅의 링컨 S&L과 같이 예외가 있긴 하지만 사기행각을 벌인 대부분의 S&L은 비상장회사이다. 이런 식의 더러운 부정을 저지르는 S&L은 상장회사에 요구되는 엄격한 회계기준을 따르기가 어렵기 때문이다.

회사를 망쳐버린 탐욕스런 녀석

이런 사기꾼만이 S&L을 파산으로 몰고 가는 것은 아니다. 그저 탐욕스럽기만 해도 S&L을 파산시킬 수 있다. 우리가 믿는 하나님을 경쟁업체로 여기는 퍼스트 백워터First Backwater는 그들이 엄청난 상업용 부동산 대출로 수수료나 선이자를 받아 부자가 되는 것을 보면서 문제가 시작된다. 다른 금융기관 임원들이 하룻밤 사이에 수백만 달러를 벌었다며 칵테일파티에서 자랑하는 동안 퍼스트 백워터는 구식 주택담보대출에 주력하며 성실히 돈을 벌어왔다.

그러나 어느 날 퍼스트 백워터 이사들이 우리가 믿는 하나님을 보고 월스트리트 전문가 잘난체 씨를 고용해 어떻게 이익을 극대화할 수 있는지 자문을 구한다. 잘난체 씨가 내놓는 해법은 언제나 똑같다. 연방주택대출은행FHLB에서 최대한 많은 돈을 빌려 다른 S&L이 하는 것처럼 상업용 부동산 대출을 해주라는 것이다.

퍼스트 백워터는 이 조언에 따라 연방주택대출은행에서 돈을 빌리고 CD를 팔고 우리가 믿는 하나님의 광고 바로 옆에 광고를 한다. 돈이 들어오면 이를 복합 상업단지와 콘도, 쇼핑센터 등을 지으려는 부동산 개발업자에게 빌려준다. 퍼스트 백워터는 더 많은 이익을 내기 위해 몇몇 개발 프로젝트에 직접 파트너로 참여해 투자하기까지 한다. 그런 상황에서 경기가 가라앉으면 복합 상업단지와 콘도, 쇼핑센터 등에 입주할 사람들이 사라져버리고 개발업자는 빌린 돈을 갚지 못하게 된다. 결국 퍼스트 백워터가 50년간 쌓아온 자산이 5년도 안 돼 공중으로 사라져버린다.

근본적으로 퍼스트 백워터의 이야기는 친구에게 돈을 빌려주지 않았다는 것과 뇌물을 상납하지 않았다는 것만 빼면 모든 것이 우리가 믿는 하나님과 닮은꼴이다.

멋진 인생의 지미 스튜어트

나는 영화 〈멋진 인생〉에서 지미 스튜어트가 다니는 S&L을 가장 좋아한다. 그들은 조용하게 꾸준히 이익을 낸다. 이웃들로부터 예금을 받아 구식의 주택담보대출을 해주는 데 만족하고 허례허식이 없으며 원가가 낮다. 그들은 큰 은행이 간과하는 소도시나 작은 마을 어디에서든 발견할 수 있다. 적지 않은 S&L들이 상당한 규모의 예금을 가진 큰 지점들을 보유하고 있는데 이는 작은 지점을 많이 확보하고 있는 것보다 훨씬 더 수익성이 높다.

지미 스튜어트 S&L은 단순한 영업에 집중하기 때문에 큰 은행들이 고용하는 몸값 높은 대출 애널리스트나 거물급 금융 전문가는 채용하지 않는다. 그리스 신전처럼 생긴 멋진 건물에 본사를 차리고 로비를 앤 여왕 시대의 화려한 가구로 꾸미는 데 돈을 쓰지도 않는다. 장식용 비행기나 값비싼 진품 그림, 유명한 후원자들의 사진 등으로 벽을 장식하지도 않는다. 벽 장식은 관광포스터만으로도 충분하다.

시티코프같이 전국적인 지점망을 갖춘 대형 은행은 회사를 운영하는 데 드는 관리비로 대출금리의 2.5~3%포인트 정도를 쓴다. 따라서 대형 은행은 예금자에게 지급하는 예금이자와 대출자에게서 받는 대출이자 사이의 예대마진이 최소한 2.5%포인트는 되어야 손익분기점을 맞출 수 있다.

반면 지미 스튜어트 S&L은 예매마진이 더 낮아도 운영이 가능하다. 지미 스튜어트 같은 S&L은 손익분기점이 되는 예대마진이 1.5%포인트이다. 예대마진이 1.5%포인트에 불과하기 때문에 이론적으로 보면 대출영업을 전혀 하지 않아도 이익을 낼 수 있다. 통상적으로 예금 금리가 4%이므로 지미 스튜어트 S&L은 예금을 받아 이를 금리 6%인 국채에 투자하면 1.5%포인트 이상의 차익을 남길 수 있기 때문이다. 그러나 대출금리는 통상 8~9%이므로 대출영업을 하는 것이 주주들에게 더 이익이다.

지난 몇 년간 조사한 결과 지미 스튜어트 S&L의 모든 요소를 갖춘 S&L이 캘리포니아주 오클랜드에 있는 골든 웨스트였다. 골든 웨스트는 3개의 S&L 자회사를 갖고 있으며 모두 샌들러 부부가 경영하고 있었다. 매우 유쾌한 부부인 허브와 매리언은 1950년대 인기를 끌었던 시트콤 〈오지와 해리엇 모험〉에 나오는 오지와 해리엇 넬슨 부부와 같은 침착성과 주식 투자가 워런 버핏과 같은 현명함을 갖췄다. 이 두 가지는 사업을 성공적으로 꾸려나가는 데 필수적인 완벽한 결합이다. 그들은 오지와 해리엇 부부처럼 불필요한 흥분이나 과장을 피하려고 노력해왔다. 그들은 고수익 채권(정크본드)과 마찬가지로 유혹적인 고수익 상업용 부동산에 투자하는 짜릿함을 거부했기 때문에 미국 정부가 저축대부조합의 위기를 해결하기 위해 설립한 정리신탁 공사Resolution Trust Corporation에 인수되는 사태를 피할 수 있었다.

샌들러 부부는 어리석다고 생각되는 데 돈 쓰는 것을 극도로 싫어했다. 최신 유행을 꺼려해 ATM기도 설치하지 않고 있다. 고객을 유치하기 위해 지점에 토스터기나 음료수용 얼음을 마련해두지도 않는다. 그들은 불건전한 건설업 대출이 호황을 이룰 때도 참여하지 않았다. 오직 주택담보대출에만 주력했고 현재도 골든 웨스트 대출의 96%를 차지한다.

샌들러 부부는 본사 건물에 드는 비용을 절약하는 데는 챔피언이라고 할 만하다. 나는 대부분의 금융기관들이 모여있는 샌프란시스코에 있지 않고 임대료가 싼 오클랜드에 있는 그들의 본사를 방문한 적이 있다. 방문객은 안내 데스크에 놓인 검은색 전화를 들어 자신이 누구이고 누구를 만나러 왔는지 밝혀야 한다.

샌들러 부부는 고객이 방문하는 지점에 돈 쓰는 것은 아까워하지 않았다. 그들은 고객들이 행복하고 편안하게 이용할 수 있도록 지점을 꾸몄다. 샌들러 부부가 조사원이라고 부르는 사람들이 은밀히 지점을 방문해 서비스 상태를 조사하곤 했다.

매리언 샌들러와 관련해 S&L 업계에 유명한 일화가 하나 있다.

1980년대 중반에 매리언 샌들러는 웨스트 버지니아에서 열린 S&L 회의에서 자신이 좋아하는 주제인 생산성과 비용 통제에 대한 연설을 했다. 이 주제는 다른 S&L 임원들에게도 너무나 매력적인 주제라 강당 안이 가득 찼으나 그중 1/3이 연설 도중에 자리를 떠났다. 아마도 그들은 매리언 샌들러가 그날 얘기했던 비용 절감이 아니라 최신 컴퓨터 시스템이나 ATM기에 대한 얘기를 들을 것으로 기대하고 왔을 것이다. 만약 그들이 그녀의 연설을 조금 더 듣고 기록을 했더라면 오늘날 S&L 산업에 남아 있는 사람이 더 많아졌을 것이다.

1980년대 이전까지만 해도 골든 웨스트는 S&L 중에서는 몇 안 되는 상장회사였다. 그 뒤 1980년대 중반에 기업공개 붐이 불면서 '상호 저축은행'으로 영업을 하는 개인회사였던 수백 개의 S&L이 거의 동시 다발적으로 주식시장에 상장했다. 나는 이 중 많은 S&L을 마젤란펀드에 편입시켰다. '최초'라거나 '신탁'이란 단어가 들어가면 어떤 S&L이든지 사 모았다. 언젠가《배런스》라운드테이블에서 나는 내 책상 위에 놓여있던 145개의 S&L 사업설명서 중 135개를 골라 주식을 샀다고 밝혔다. 아벨슨은 평소와 같은 반응을 보였다. "나머지 S&L은 왜 안 산 거죠?"

당시 내가 무차별적으로, 때론 치명적인 매력을 느끼며 S&L에 끌렸던 이유는 2가지였다. 첫째, 마젤란펀드는 규모가 큰데 반해 S&L의 시가총액은 작았기 때문에 S&L을 의미 있는 수준으로 펀드에 편입시키려면 대규모로 사들이는 수밖에 없었다. 마치 플랑크톤을 먹고 사는 고래가 엄청난 양의 플랑크톤을 먹어치우는 것과 같은 이치이다. 둘째, 공모가가 싸게 정해질 수밖에 없는 S&L의 독특한 기업공개 방식 때문이었다. (당신 역시 공짜로 돈을 얻는 방법을 배우고 싶다면 381쪽을 보라.)

　미국의 모든 S&L을 계속 주시하며 관찰해온 버지니아주 샬럿빌에 있는 SNL 증권 전문가들은 1982년 이후에 상장한 464개 S&L이 최근 어떻게 됐는지 조사한 결과를 나에게 보내왔다. 이 중 99개는 이후에 더 큰 S&L이나 은행에 인수돼 주주들에게 큰 이익을 안겨줬다. (대표적인 예가 모리스 카운티 (뉴저지) 저축은행이다. 이 회사가 1983년 상장할 때 공모가는 10.75달러였으나 3년 후 인수될 때 가격은 65달러였다.) 1982년 이후에 상장된 S&L 중 65개는 파산했고 주주들은 대부분 투자원금을 단 한 푼도 건지지 못했다. (나 역시 이들 중 몇몇에 투자하고 있었기 때문에 경험으로 이 사실을 잘 알고 있다.) 나머지 300개는 여전히 사업을 하고 있다.

S&L 평가하는 방법

　나는 S&L에 투자하고 싶은 생각이 들 때마다 골든 웨스트와 비교하곤 했으나 1991년에 골든 웨스트의 주가가 두 배가 된 후에는 더 좋은 평가방법을 찾기로 했다. 1992년 《배런스》 라운드테이블을 준비하며 S&L 명단을 쭉 훑어보다 몇 가지 사실을 발견했다. S&L 주식을 저가 매수하기에 이보다 더 좋은 시기가 없다는 점이었다.

　S&L 사기사건이 신문 1면에서 사라진 후 주택시장 붕괴가 우려된다는 기사가 그 자리를 채웠다. 주택시장 침체는 최근 2년간 계속된 화제였다. 주택시장은 붕괴되기 직전이었고 이와 함께 금융 시스템도 걱정된다는 내용이었다. 사람들은 1980년대 초 텍사스주 주택시장이 침체

됐을 때 그 여파로 몇 개 은행과 S&L이 덩달아 파산했다는 사실을 기억하고 있었다. 따라서 고급주택들이 이미 조정에 들어섰으니 노스웨스트와 캘리포니아에 있는 S&L도 비슷한 운명을 겪을 것이라고 생각했다.

전미주택건설업협회의 가장 최근 통계에 따르면 중간 규모 주택의 가격은 1990년에 이어 1991년에도 올랐다. 이 통계를 보고 나는 주택시장 붕괴가 고급주택 시장에서 일어나고 있는 현상을 확대 해석한 허구라는 확신을 갖게 됐다. 지미 스튜어트식 S&L은 고급주택과 상업용 부동산, 부동산 개발 대출에 극히 제한적으로만 관여하고 있었다. 이런 S&L의 대출은 대개 10만 달러짜리 거주용 주택의 담보대출에 집중돼 있었다. 그들은 이익성장률이 좋았고 충성도 높은 예금자들을 확보하고 있었으며 JP모건보다도 자기자본비율이 높았다.

그러나 지미 스튜어트식 S&L의 장점은 별 근거 없는 두려움 속에서 잊혀갔다. 월스트리트나 일반 투자자나 공통적으로 S&L 주식을 싫어했다. 피델리티의 셀렉트 S&L 펀드는 1987년 2월 6600만 달러에서 1990년 10월 규모가 최고로 줄었을 때 300만 달러로 위축됐다. 증권사들은 저축금융기관에 대한 분석을 축소했고 일부는 아예 그만둬 버렸다.

피델리티에는 S&L 산업을 담당하는 애널리스트가 2명 있었다. 데이브 엘리슨이 규모가 큰 S&L을, 알렉 머레이는 규모가 좀 작은 S&L을 담당했다. 하지만 머레이가 다트머스 대학원에 진학하기 위해 회사를 그만둔 뒤 후임자를 충원하지 않았다. 남은 엘리슨도 S&L 외에 패니메이, GE, 웨스팅하우스 같은 기업까지 맡아야 했다. 결국 엘리슨에게

S&L은 전문 분야가 아니라 부업이 되어버렸다.

미국에는 월마트를 분석하는 애널리스트가 거의 50명, 필립모리스를 담당하는 애널리스트는 46명이나 있다. 그러나 주식시장에 상장된 S&L 전체를 계속 추적하며 분석하는 애널리스트는 극소수에 불과하다. 여기에서 피터 린치의 18번째 원칙이 나온다.

애널리스트마저 외면할 때야말로
그 업종 혹은 그 기업에 투자할 때이다.

나는 S&L의 저렴한 주가에 끌려《저축금융기관 편람The Thrift Digest》를 읽었다. 이 책은 잠잘 때 읽기에 완벽한 스릴러다. 이 책은 앞서 소개했던 SNL 증권이 발간하고 리드 네이글이 편집했다. 책을 보면 그가 정말 대단한 일을 해냈다는 생각이 든다.《저축금융기관 편람》은 보스턴 전화번호부만큼 두껍고 새로운 정보가 추가돼 매달 발간되는데 1년 구독료가 700달러이다. 가격을 소개한 이유는 당신이 괜히 이 책을 주문했다가 나중에 하와이 왕복 항공권이나 살 걸 잘못했다고 후회할 수도 있기 때문이다.

만약 당신이 저평가된 S&L이란 주제에 관심을 갖고 있다면(나는 하와이로 여행하는 것보다 이 주제가 훨씬 더 좋다) 도서관에 가서《저축금융기관 편람》을 빌려 보거나 증권사의 아는 중개인에게서 빌려 보라고 권한다. 나는 피델리티 자료실에 있는 것을 빌려 왔다.

내가 저녁식사 전부터 식사하는 동안, 또 식사가 끝난 후까지 이 책을 붙들고 놓지 않자 아내 캐롤린이 이 책을 구약성경이라고 부르기 시작했다. 나는 이 구약성경을 손에 들고 가장 재정이 탄탄한 145개 S&L을 각 주별로 분류해 적은 뒤 다음과 같은 몇 가지 항목을 기록해 S&L 채점표를 만들었다. 간단히 말하면 이 채점표는 당신이 S&L에 대해 알아야 할 모든 것을 담고 있다.

현재 주가

쉽게 확인할 수 있다.

공모가

S&L의 현재 주가가 공모가보다 더 낮다면 저평가되어 있다는 신호가 될 수 있다. 물론 다른 요소들도 함께 살펴봐야 한다.

자기자본비율

재무 건전성과 생존 가능 역량을 보여주는 가장 중요한 기준이다. 자기자본비율은 높으면 높을수록 좋다. 자기자본비율은 낮으면 1 또는 2에서부터(쓰레기 더미에 던져질 후보들) 높으면 20까지(JP모건보다 4배나 더 높은 것) 있다. 평균은 5.5에서 6이다. 만약 자기자본비율이 5 이하라면 부실한 저축금융기관으로 위험 범위이다.

나는 어떤 S&L이든 자기자본비율이 최소 7.5 이상 되는지 살펴본다. 자기자본비율이 높으면 파산할 위험이 낮기 때문만이 아니라 자기자본비율이 높은 S&L은 매력적인 인수·합병M&A의 대상이 될 수 있기 때문이다. 자기자본이 많으면 대출을 더 많이 해줄 수 있고, 이는 규모가 더 큰 은행이나 S&L이 원하는 것이기 때문이다.

배당금

S&L은 대개 주식시장 평균 이상의 배당금을 준다. 어떤 S&L이 다른 모든 기준에 부합하고 배당수익률마저 높다면 이건 보너스이다.

자산가치

은행이나 S&L은 대부분의 자산이 대출로 나가 있다. 어떤 S&L이 고위험 대출을 피해왔다면 재무제표에 기재된 자산가치가 S&L의 실제 가치를 정확히 반영하고 있다고 믿어도 좋다. 가장 수익성이 뛰어난 지미 스튜어트식 S&L 상당수가 현재 주식시장에서 자산가치 이하로 팔리고 있다.

주가수익비율^{PER}

어떤 주식이라도 PER는 낮을수록 좋다. 어떤 S&L은 연평균 성장률이 15%인데도 지난 12개월간 이익 기준으로 PER는 7이나 8에 불과하다. 이는 매우 유망한 투자대상이다. 현재 S&P500지수에 편입된 종목의 전반적인 PER가 23이라는 사실을 감안하면 더욱 그렇다.

고위험 부동산 자산

일반적으로 문제가 되는 분야로, 특히 상업용 부동산 대출과 부동산 개발 대출이 많은 S&L을 파산으로 이끌었다. 나는 고위험 자산이 전체의 5~10%를 넘으면 좀 신중하게 본다. 다른 모든 조건이 같다면 고위험 자산으로 분류되는 부동산 자산 비율이 적은 S&L을 선택한다. 일반 투자자가 고위험 부동산 대출을 분석하기는 불가능하기 때문에 가장 안전한 방법은 이런 대출을 하는 S&L에는 아예 투자하지 않는 것이다.

《저축금융기관 편람》이 없어도 고위험 자산을 직접 계산할 수 있다. 연차보고서의 자산 항목에서 모든 부동산 개발과 상업용 부동산에 대해 이뤄진 대출의 가치를 찾은 다음 전체 대출의 가치를 알아보라. 그런 뒤 전체 대출의 가치를 부동산 개발과 상업용 부동산에 대해 이뤄진 대출의 가치로 나누라. 그러면 상당히 정확한 고위험 자산의 비율을 구할 수 있을 것이다.

90일 이상 장기 연체 채권

90일 이상 이자를 못 내고 있는 대출채권이면 이미 부실채권으로 대출금을 회수하지 못할 가능성이 높다. 장기 연체 채권의 비율은 낮을수록 좋다. S&L의 전체 대출채권에서 2% 미만이 바람직하다. 아울러 장기 연체 채권의 비율은 올라가는 것이 아니라 내려가는 추세여야 좋다. 전체 대출채권의 1~2%포인트만큼만 부실채권의 비율이 높아져도 S&L의 전체 자본이 잠식될 수 있다.

유질처분 부동산 Real Estate Owned, REO

채무자가 빌린 돈을 갚지 못해 S&L 소유로 넘어온 담보물이다(압류). REO는 이미 대출금을 회수하지 못해 손실로 상각 처리된 상태이기 때문에 REO는 지나간 과거의 문제일 뿐이다.

REO는 이미 일어난 재정적 타격을 의미하기 때문에 이 비율이 높다고 해서 장기 연체 채권만큼 걱정할 필요는 없다. 하지만 REO 비율이 높아지는 추세라면 걱정스러운 일이다. S&L은 부동산 사업을 하는 회사가 아니다. 따라서 유지하는 데 많은 돈이 들고 팔기 어려운 콘도나 업무용 빌딩을 많이 갖고 있어서 좋을 게 없다. 연체로 소유권이 넘어온 부동산을 많이 보유하고 있다면 부동산을 처분하느라 어려움을 겪고 있다는 뜻이다.

나는 꼼꼼히 조사한 결과 7개의 S&L을 《배런스》에 추천하기로 했다. 이는 내가 《배런스》의 라운드테이블을 얼마나 좋아하는지 보여주는 것이다. 내가 고른 S&L 7개 중 5개는 지미 스튜어트식 S&L로 재정이 매우 탄탄했다. 2개는 파산법 11조에 의해 파산보호를 신청할 뻔했다 회생한 회사로 모험을 걸어야 하는 투자였다. 재무 건전성이 뛰어난 5개 S&L 중 2개는 1991년에도 추천했던 저먼타운 세이빙스와 글레이셔 뱅코프였다.

지미 스튜어트식 S&L 5개는 7개의 평가항목에서 모두 뛰어났다. 7개 항목은 자산가치(4개 사가 주가가 자산가치보다 낮음), 자기자본비율(모두 6 이상), 고위험 대출(10% 이하), 90일 이상 장기 연체 채권비율(2% 이하), 유질처분 부동산(1% 이하), PER(11 이하)이다. 이 중 2개 사는 최근 몇 개월간 자사주를 매입하고 있다는 점도 긍정적이었다. 글레이셔 뱅코프와 저먼타운 세이빙스는 상업용 부동산 대출이 다소 높았지만 회사 측의 설명을 들은 뒤 다소 안심이 됐다.

2개의 회생기업은 많은 평가항목에서 기준에 미달해 보수적인 투자자라면 피해야 할 조건을 갖고 있었다. 그럼에도 내가 이 2개 기업을 모험을 걸 만한 투자대상으로 고른 이유는 여러 가지 문제에도 불구하고 자기자본비율이 높았기 때문이다. 이 정도의 자기자본이라면 어려움을 이겨내고 경영난을 해결해나갈 만한 여유가 있을 거라고 판단했다. 이 2개 사가 사업을 하고 있는 매사추세츠주와 뉴햄프셔주 경계 인근 지역도 안정되고 있다는 신호가 나타나고 있었다.

나는 이 2개 사가 완전히 회생할지 자신할 수는 없었다. 그러나 주가가 너무 심하게 떨어진 상태여서(로렌스 세이빙스는 13달러에서 75센트로 떨어졌다) 회생에 성공하기만 한다면 이 주식을 싸게 산 투자자들은 큰돈을 벌 수 있을 것이다.

12개 정도의 S&L이 내가 선택한 5개의 S&L만큼 재무 건전성이 탄탄하거나 혹은 더 뛰어났다. 당신이 살고 있는 지역에서도 이런 탄탄한 S&L을 한두 개 정도 발견할 수 있을 것이다. 많은 투자자들이 이런 S&L에 집중해왔다는 사실을 알게 되면 매우 기뻐할 것이다. 지미 스튜어트식 S&L은 독자적으로 계속 성장해가든지, 더 큰 금융기관에 현재 주가보다 훨씬 더 비싼 가격으로 인수될 것이기 때문이다.

풍부한 자기자본, 넉넉한 대출 역량, 충성도 높은 예금고객 등은 시중은행들이 몹시 탐낼 만한 재산이다. 시중은행은 본사가 위치한 주에서만 예금을 받을 수 있다. (이 법은 현재 어느 정도 바뀌고 있다.) 하지만 대출은 어느 지역에든 해줄 수 있다. S&L이 매우 매력적인 인수대상인 것도 이 때문이다.

예를 들어 내가 보스턴 은행의 행장이라면 매사추세츠주 낸터킷의 홈포트 뱅코프에 러브콜을 보냈을 것이다. 홈포트는 자기자본비율이 20%에 달하기 때문에 아마도 현대 사회에서 가장 재무 건전성이 뛰어난 금융기관일 것이다. 게다가 낸터킷이라는 매우 매력적인 섬을 시장으로 확보하고 있다. 이 지역에 살고 있는 뉴잉글랜드(매사추세츠주, 코네티컷주 등 6개 주) 사람들은 보수적이라 금융습관을 쉽게 바꾸지 않으며 예금을 버리고 유행하는 MMF로 갈아타지도 않아 충성도가 매우 높았다.

아마도 보스턴 은행은 낸터킷에서 대출 영업을 하고 싶지 않은 듯하다. 하지만 홈포트의 자본과 예금고객을 인수하기만 하면 보스턴 은행은 미국 어디에서든 대출할 수 있는 자산이 늘어난다.

1987~90년은 S&L 산업이 매우 어려웠던 시기이다. 이때 100개 이상의 S&L이 더 큰 금융기관에 인수됐다. 이들 금융기관은 보스턴 은행이 홈포트에 주목해야 한다고 설명한 것과 같은 잠재력을 발견하고 S&L 인수에 나섰다. 은행과 S&L은 앞으로도 합리적인 이유로 빠르게 통합될 것이다. 현재 미국에는 7000개 이상의 은행, S&L과 또 다르게 분류되는 저축기관들이 6500개 정도 있는데 이는 필요 이상으로 많은 것이다.

내가 사는 작은 동네인 마블헤드만 해도 6개의 서로 다른 이름의 저축기관이 있다. 뉴잉글랜드 지역 전체에 있는 총 12개의 저축기관 중 절반이 들어와 있다.

제13장

S&L 좀 더 깊이 파헤치기

BEATING THE STREET

일반 주식 투자자들은《저축금융기관 편람》을 읽고 지미 스튜어트 식 S&L 5개를 골라 투자하는 데서 그쳐도 좋다. 이 5개 S&L 각각에 똑같은 규모의 자금을 투자해 좋은 수익률을 올릴 때까지 기다리면 된다. 이 중 하나는 기대보다 좋은 수익률을 낼 것이고, 3개는 괜찮은 정도일 것이며, 하나는 생각보다 나쁠 것이다. 이렇게 해서 전반적으로는 고평가된 코카콜라나 제약회사 머크에 투자한 것보다 뛰어난 실적을 내게 된다.

하지만 나는 의문이 많고 간접적으로 얻은 정보에 전적으로 의존하고 싶지 않기 때문에 투자하기 전에 회사에 직접 전화를 걸어 투자의 성공 확률을 높여보려고 한다. 이렇게 하면 전화요금은 많이 나오지만 이 비용은 장기적으로 보상받는다.

보통 나는 회사의 사장이나 최고경영자, 또는 최고위급 임원과 통화한다. 그렇지 않더라도 전화 통화를 통해 월스트리트 애널리스트들의 관심을 아직 끌지 못하는 무엇인가 특별한 것, 또는 놀랄 만한 것을 발견하려고 노력한다. 예를 들어 글레이서 뱅코프는 재무 건전성이 뛰어난 S&L지고는 상업 대출이 낮은 편이었다. 만약 이 문제에 관해 글레이셔 뱅코프 측의 얘기를 직접 들어보지 못했다면 나는 이 주식을 사지 않았을 것이고 다른 사람들에게 추천하지도 않았을 것이다.

S&L에 전화해 얘기를 나누기 위해 당신이 반드시 전문가여야 할 필요는 없다. 하지만 S&L의 사업이 어떻게 돌아가고 있는지에 대한 기초적인 지식과 정보는 갖고 있어야 한다. S&L은 예금계좌에 돈을 유치해 줄 충성도 높은 예금고객이 있어야 한다. 이 돈을 빌려주어 돈을 버는 것이다. 하지만 파산할 채무자에겐 돈을 빌려주지 않아야 한다. 또 S&L은 운영비를 줄여 이익을 극대화해야 한다. 은행가들은 3과 6을 기반으로 살기를 원한다. 즉 3% 금리에 예금을 유치해 6% 금리에 돈을 빌려주고 골프는 핸디 3을 치고 싶어 한다.

어쨌든 나는 의미 있고 상세한 정보를 얻기 위해 6개의 S&L에 6번 전화했다(내가 전화한 S&L 중 4개는 재무구조가 탄탄한 회사였고 2개는 파산 직전에서 회생한 회사였다). 이글 파이낸셜에는 굳이 전화하지 않았다. 이글 파이낸셜은 회계연도 마감이 9월이기 때문에 내가 구체적인 재정 항목들을 검토하기에 딱 적절한 시점에 연차보고서가 도착했다. 이글 파이낸셜의 연차보고서는 은행 감사들이 꿈꾸는 이상처럼 완벽했다. 다른 S&L들은 12월 결산이기 때문에 연차보고서는 2월이나 3월이나 돼야 도착할 것이다. 그래서 나는 나머지 6개 S&L에 전화했고 그 결과 다음과 같은 사실을 발견했다.

글레이셔 뱅코프

크리스마스 바로 다음 날 글레이셔 뱅코프에 전화했다. 나는 격자무늬 모직 바지와 스웨터를 입고 보스턴에 있는 사무실로 출근했다. 사무실엔 나와 경비원을 제외하곤 아무도 없었다. 공휴일은 이런 종류의 일을 하기에 적합한 시간이다. 나는 12월 26일 사무실 책상 앞에 앉아 있는 임원들을 보면 언제나 감동받았다.

책상 위의 잡다한 자료들 위에 놓여있던 글레이셔 뱅코프에 관한 자료를 읽어보았다. 주가는 12달러로 지난 한 해 동안 60% 올랐다. 이 회사는 연간 성장률이 12~15%였고 주가는 순이익의 10배 정도였다. 주가가 특별히 싸다고 할 수는 없지만 특별한 위험도 없었다.

글레이셔 뱅코프의 옛날 이름은 퍼스트 페더럴 저축금융과 글레이셔가 위치하고 있는 지역명을 따서 지은 '론 오브 칼리스펄'이었다. 나는 이 옛날 이름을 바꾸지 않았던 편이 나았다고 생각한다. 옛날 이름은 고풍스럽고 영역이 한정된 느낌을 주는데 이런 느낌은 늘 나의 믿음을 환기시키고 강화시켜준다. 나는 현대적이고 다방면에 능통한 것보다 고풍스럽고 영역이 한정된 느낌의 기업을 더 좋아한다. 현대적이고 다방면에 능통한 듯한 느낌을 준다는 것은 그 기업이 이미지 개선에 주력하고 있다는 의미이다.

나는 기업이 본연의 사업에 충실하고 기업 이미지는 그 결과 스스로 개선되는 것이 좋다고 생각한다. 금융기관 사이에 이름에서 '뱅크(은행)'를 빼고 대신 '뱅코프'를 붙이는 유감스러운 유행이 불고 있다. 나는 뱅크가 무엇인지는 알지만 뱅코프란 단어는 좀 짜증스럽다.

어쨌든 몬태나주 칼리스펄에 자리한 글레이셔 뱅코프에서 내 전화를 받은 사람은 직원들이 모두 한 임원의 퇴직 환송회에 참석했다고 말했다. 하지만 찰스 머코드 회장에게 내가 전화했다는 사실을 전하겠다고 했다. 바로 몇 분 후에 머코드 회장이 전화한 것을 보면 내 전화를 받은 사람이 머코드 회장을 급히 환송회장에서 데리고 나왔던 것 같다.

회사의 실적 목표는 사장이나 CEO에게 꺼내기 조심스러운 주제이다. 어떤 사람도 사장이나 CEO에게 내년 실적 목표가 얼마냐고 불쑥 물으며 대화를 시작하지는 않을 것이다. 처음에는 우호적인 분위기를 만드는 것이 중요하다. 우리는 몬태나주의 유명한 산에 대해 얘기를 나눴다. 나는 가족들과 함께 서부 여러 주를 돌며 국립공원을 방문한 적이 있는데 몬태나주가 정말 아름다웠다고 말했다. 우리는 또 목재산업과 얼룩 올빼미, 몬태나주의 빅 마운틴 스키 리조트, 내가 기업분석 때문에 가끔 방문하는 아나콘다 소유의 구리 제련소 등에 대해 얘기했다.

그런 다음 "주변 인구가 몇 명인가요?", "그 지역 높이가 어느 정도 되나요?" 등과 같은 좀 더 투자와 관련된 진지한 이야기로 화제를 돌리면서 "앞으로 지점을 더 늘릴 계획인가요, 아니면 현상 유지하는 데 주력할 계획인가요?" 같은 핵심적인 질문을 던졌다. 나는 글레이셔의 분위기가 어떤지 살피려고 노력했다.

계속 질문을 이어갔다. "3분기에 뭔가 이례적인 일이 있나요? 글레이셔는 주당 38센트의 이익을 냈던데요." 정보가 담겨 있는 이런 질문을 던지는 것이 최고다. 그래야 상대방은 내가 웬만한 조사는 다 끝내고 알 만한 것은 다 알고 있다고 생각한다.

글레이셔 뱅코프의 분위기는 긍정적이었다. 무수익여신(연체되어 이자를 받지 못하는 대출)은 거의 없는 것이나 마찬가지였다. 1991년 한 해 동안 부실채권으로 상각 처리한 돈은 1만 6000달러에 불과했고 15년 연속으로 배당금을 올려왔다. 글레이셔는 또 '퍼스트 내셔널 뱅크 오브 화이트피시'와 '유레카'란 멋진 이름의 저축금융기관 2개를 인수했다.

재무 건전성이 뛰어난 많은 S&L들이 향후 몇 년간 이런 식으로 성장 속도를 높여갈 것이다. 그들은 재정난에 빠져 파산한 S&L의 우수한 예금을 인수하는 것이다. 글레이셔는 퍼스트 내셔널 뱅크 오브 화이트피시를 완전히 통합해 화이트피시의 예금으로 더 많은 대출을 할 수 있을 것이다. 운영비도 어느 정도 줄일 수 있다. S&L 2개를 합하면 각각 하나였을 때보다 운영경비가 더 적게 들기 때문이다.

나는 화이트피시 인수를 언급하며 "정말 좋은 자산을 보유하게 되셨네요."라며 "회계적으로 매우 현명한 판단인 것 같습니다."라고 말했다. 하지만 나는 글레이셔가 화이트피시를 너무 비싼 값에 인수한 것은 아닌지 걱정돼 우회적으로 이 점을 지적했다. "제 생각엔 화이트 피시를 인수하기 위해 자산가치 이상의 돈을 지불하셨을 것 같은데요." 하며 머코드 회장이 최악의 상황을 인정하도록 유도했다. 그러나 글레이셔는 필요 이상의 돈을 지불하지 않았다.

우리는 글레이셔의 전체 대출 중 상업용 부동산 대출의 비중이 9.2%라는 점에 대해서도 얘기를 나눴다. 이 부분은 《저축금융기관 편람》에서 찾아본 글레이셔와 관련된 자료 중에서 유일하게 문제가 되는 수치였다. 만약 글레이셔가 뉴잉글랜드에 자리한 S&L이었다면 이처럼 높은 상업용 부동산 대출 비율에 대해 크게 걱정했을 것이다. 하지만 몬태나주는 매사추세츠주가 아니다. 머코드 회장은 글레이셔가 임대도 안 되는 텅 빈 사무실 빌딩이나 팔리지도 않는 휴양지 콘도를 짓는 부동산 개발업체에 돈을 빌려준 것은 아니라는 사실을 설명했다. 글레이셔의 상업용 부동산 대출은 대부분 다가구주택 대출이었다. 몬태나주는 매년 캘리포니아주에서 수천 명의 사람들이 이주해 다가구주택 수요가 크게 늘고 있었다. 많은 사람들이 공기 오염과 높은 세금을 피해 캘리포니아주에서 나와 광활한 자연과 작은 정부가 있는 몬태나주에 자리를 잡았다.

나는 기업분석을 위해 통화할 때 전화를 끊기 전에 반드시 다른 회사 중에서 가장 존경하는 회사는 어디냐고 묻는다. 베들레헴 스틸의 CEO는 이 질문에 마이크로소프트ᴹˢ라고 대답했는데 내 질문은 이처럼 대단한 것이 아니다. 한 S&L 사장은 다른 S&L을 존경한다고 대답했는데 이는 다른 S&L이 사업을 매우 잘하고 있다는 뜻이다. 나는 이런 식으로 좋은 주식을 많이 발견할 수 있었다. 나는 머코드 회장으로부터 유나이티드 세이빙스와 시큐리티 페더럴이라는 대답을 듣자 수화기를 놓는 즉시 S&P 주식편람을 펼쳐 이 두 회사의 주식코드인 UBMT와 SFBM을 찾아보고 쿼트론에 두 회사 주식코드를 쳐봤다. 그가 설명한 대로 두 회사 모두 몬태나주에 있었고 자기자본비율이 매우 인상적이었다(시큐리티 페더럴은 자기자본비율이 무려 20%였다). 나는 이 두 회사를 나중에 살펴봐야 할 주식 목록에 올려놓았다.

저먼타운 세이빙스

저먼타운 세이빙스에는 1월에 전화했다. 《배런스》 라운드테이블에 참석하기 위해 뉴욕으로 출발하기 바로 전날이었다. 저먼타운 세이빙스도 내가 그 전 해에 추천했던 주식이다. 저먼타운은 내가 추천할 당시 10달러에서 14달러로 올랐다. 주당 순이익이 2달러이고 PER는 7배가 안 된다. 저먼타운은 주당 순자산가치가 26달러, 자기자본 비율이 7.5이고 무수익여신 비율이 1% 미만이었다.

필라델피아 교외에 자리하고 있는 저먼타운은 14억 달러의 자산과 놀랄 만한 실적을 갖고 있으나 어떤 증권사도 분석하지 않고 있었다. 나는 전화를 걸기 전에 저먼타운의 연차보고서를 읽었다. 예금이 늘고 있었다. 이는 고객들이 계속 돈을 맡긴다는 뜻이다. 반면 대출은 줄고 있었다. 이 때문에 대차대조표의 자산 부분에 감소세가 보였다. 이는 대출을 신중하게 하면서 늘리지 않고 있다는 의미이다.

나는 투자증권이 지난해보다 5000만 달러 더 늘어난 것을 보고 저먼타운이 대출에 신중을 기하고 있다는 것을 다시 한 번 확인할 수 있었다. 투자증권은 국채, 회사채, 주식, 현금 등을 포함한다. S&L이 경제를 어둡게 보거나 채무자의 신용도에 대해 걱정스럽다면 개인 투자자가 그렇듯 자산을 채권에 묻어둔다. 경제가 개선되고 돈을 빌려 줘도 안전하다는 판단이 들면 저먼타운은 투자증권을 팔고 대출을 늘릴 것이고 그러면 이익이 큰 폭으로 늘어날 것이다.

실적과 관련해 손익계산서를 꼼꼼히 살피며 투자자들에게 오해를 불러일으킬 만한 이례적인 요소가 있는지 알아봤다. 기업의 손익계산서에서 이익이 늘어난 것을 보고 투자했다가 후에 이익 증가가 단지 투자증권 매각과 같은 일회적인 사건 때문에 일어난 이례적인 현상이었다는 사실을 확인하고 후회하는 일은 없어야 할 것이다. 그런데 저먼타운은 반대였다. 증권 일부를 팔아 손실이 났으며 이 때문에 이익이 평소보다 줄었다. 그러나 평소와 비교해 크게 차이가 나는 정도는 아니었다.

전화 통화에서 저먼타운의 CEO인 마틴 클리페는 "우리 회사 이야기는 따분하죠."라고 말했다. 내가 원하는 바로 그런 회사이다. 그는 내가 어떤 회사를 좋아하는지 알고 있음에 틀림없다. "우리는 요새와 같은 대차대조표를 원합니다. 우리가 만약 재정난에 빠진다면 다른 S&L들은 파산 직전일 거요."

저먼타운은 처음부터 대출로 인한 손실과 부실채권이 거의 없었으나 그나마도 매달 점점 줄어들고 있었다. 그럼에도 저먼타운은 부실채권에 대비해 대손충당금(외상매출, 어음 등 회수되지 않은 매출채권 중 회수 불가능으로 예상되는 금액을 비용으로 처리하기 위해 설정하는 것. 즉 돈을 빌려줬는데 나중에 돌려받을 수도 있고 떼일 수도 있지만 당장은 떼인 것으로 결정한다는 것이다.)을 쌓고 있었다. 대손충당금을 적립하면 단기적으로는 이익이 줄지만 부실채권이 적어 대손충당금을 쓰지 않게 되면 회사 재정으로 되돌아오기 때문에 장기적으로는 이익이 늘어난다.

저먼타운 세이빙스 주변은 크게 번창한 지역은 아니지만 그곳에 사는 사람들은 착실하게 저축하는 충성도 높은 고객이다. 저먼타운 세이빙스는 이 돈을 쓸데없이 낭비하지 않을 것이다. 나는 이 신중한 S&L이 어디에선가 큰 이익을 내고 있는 공격적인 경쟁자들보다 더 오래 살아남을 것이라고 생각했다.

소버린 뱅코프

1991년 11월 25일자 《배런스》에서 '재정이 풍부한 알짜 회사로 변한 소도시 대부업체'란 제목의 기사를 발견했다. 이 기사는 소버린 뱅코프가 어떻게 본사가 있는 펜실베이니아 리딩에서 펜실베이니아 남동부지역을 포괄하는 부유한 지역을 대상으로 영업을 할 수 있게 됐는지 소개하고 있었다. 소버린 뱅코프 각 지점에서 대출이 승인될 때마다 어떻게 벨이 울리는지 설명해놓은 부분이 특히 흥미로웠다.

주간지를 통해 주식을 소개받은 것은 이번이 처음은 아니다. 소버린 뱅코프의 연차보고서와 분기보고서를 살펴봤다. 모든 중요한 항목에서 좋은 평가를 받았다. 무수익여신은 자산의 1%였고 상업 및 건설 대출은 4%였다. 소버린은 또 무수익여신 전체가 손해난다 해도 이를 보전할 수 있을 만큼 충분한 충당금을 쌓아두고 있었다.

소버린은 정리신탁공사로부터 뉴저지에 있는 2개의 S&L을 인수해 예금이 늘었고 그 결과 이익도 증가했다. 구체적인 경영현황을 알고 싶어서 나는 인도 출신의 사장 제이 시두에게 전화했다. 1년 전에 자선여행으로 다녀왔던 인도의 봄베이(1995년에 뭄바이로 개명)와 마드라스에 대해 얘기를 나눴다.

내가 진지한 주제로 넘어가자 시두는 소버린을 매년 최소한 12%씩 '성장'시킬 방침이라고 말했다. 반면 소버린은 1992년 이익 전망치에 근거해 이익의 8배 수준에 주가가 형성돼 있었다.

소버린에서 유일하게 부정적인 점은 1991년에 250만 주를 새로 발행해 증자했다는 것이었다. 앞에서 기업이 여력이 있는 한도 내에서 자사주를 매입하는 것은 호재라고 설명했다. 반대로 기업이 증자를 해서 주식 수를 늘리는 것은 악재이다. 이것은 정부가 돈을 많이 찍어냈을 때와 같은 결과를 초래한다. 돈을 많이 찍어내면 통화 가치는 떨어지게 마련이다.

최소한 소버린은 증자한 돈을 탕진하진 않았다. 소버린은 증자한 돈으로 정리신탁공사로부터 파산한 S&L을 인수했다.

나는 시두가 골든 웨스트를 성공 모델로 삼고 있다는 사실을 알고 기뻤다. 기본적으로 시두는 신규 대출을 늘리고 비용을 줄임으로써 검약한 샌들러 부부를 닮고 싶어 했다. 소버린은 최근 2개 회사를 인수해 직원수가 늘어나는 바람에 관리비가 대출의 2.25%로 골든 웨스트의 1%보다 훨씬 높다. 하지만 시두는 관리비를 낮추는 데 전력을 다하는 것처럼 보였다. 시두는 회사 지분을 4% 보유하고 있으므로 비용 절감에 주력할 만한 상당한 동기가 있는 셈이다.

소버린은 다른 많은 S&L이 담보대출에만 주력하는 것과 달리 담보대출에 대한 채권을 묶어 증권으로 만들어 패니 메이나 프레디 맥과 같은 회사에 판매한다. 소버린은 돈을 빌려준 뒤 이를 대출채권으로 만들어 팔았기 때문에 돈을 빨리 회수할 수 있으며 이 돈으로 또다시 대출을 해줄 수 있다. 소버린은 이런 방식으로 예대마진 외에 선불 수수료에서도 이익을 낼 수 있었다. 채권을 보유하는 데 따른 리스크는 다른 곳으로 넘어간다.

소버린은 대출에 있어서는 매우 보수적이었다. 주택담보대출에 주력하고 있으며 1989년 이후 상업용 부동산 대출은 단 한 건도 하지 않았다. 소버린의 대출 규모는 담보주택 가격의 69%를 넘지 않았다. 얼마 안 되는 부실채권은 철저히 점검해 원인을 파악해서 다시는 같은 실수를 반복하지 않도록 조심했다.

기업의 사장이나 임원들과 얘기할 때 자주 그렇듯이 시두 사장과의 전화 통화에서도 새로운 사실을 알게 됐다. 그는 비도덕적인 은행과 S&L들이 문제성 채권을 감추는 비열한 방법을 소개해줬다. 예를 들어 어떤 부동산 개발업체가 상업 대출로 100만 달러를 빌리려 한다면 은행은 대출심사 때 이 개발업체의 가치를 부풀려서 120만 달러를 대출해주도록 한다. 그런 다음 남는 20만 달러는 은행에 예치해둔다. 만약 부동산 개발업체가 빌린 돈을 갚지 못하면 은행은 남겨뒀던 20만 달러로 이 개발업체가 이자를 꼬박꼬박 갚아나가는 것처럼 위장한다. 이런 식으로 일시적이나마 이미 부도가 난 채권도 재무제표에는 우량채권으로 표기된다.

나는 이런 관행이 얼마나 광범위하게 이뤄지고 있는지 모른다. 그래도 만약 시두의 말이 사실이라면 상업용 부동산 대출이 많은 은행과 S&L에 투자하지 말아야 할 또 한 가지 이유가 생겼다.

피플즈 세이빙스 파이낸셜

나는 피플즈 세이빙스 파이낸셜의 최고재무책임자인 존 G. 메드벡에게 전화를 걸었다. 피플즈는 코네티컷주의 주도인 하트퍼드와 가까운 뉴브리튼에 자리하고 있다. 메드벡은 그 지역에서 재정이 부실한 많은 은행들이 파산했으며 이 때문에 피플즈가 안전하게 돈을 맡길 만한 곳으로 입지를 강화하고 있다고 말했다. 피플즈는 광고를 통해 이런 상황을 적극 활용했다. 광고의 요점은 피플즈가 자기자본비율이 13이나 되는 안전한 금융기관이라는 것이었다. 광고 덕분에 1990년 2억 2000

만 달러였던 피플즈의 예금이 1991년에는 2억 4200만 달러로 늘어났다.

피플즈가 자본의 일부로 자사주를 매입하지 않았다면 자기자본비율은 더 높아졌을 것이다. 피플즈는 2단계에 걸쳐 440만 달러를 들여 자사주 16%를 소각했다. 피플즈가 이런 방법으로 자사주를 계속 사들인다면 언젠가 피플즈 주식은 매우 적어져 가치가 높아진다. 발행된 주식이 적으면 전체 이익이 늘지 않아도 1주당 이익이 늘어난다. 만약 회사전체의 이익까지 늘고 있다면 주가는 하늘로 치솟아 올라간다.

기업 경영진은 "주주의 가치를 강화하겠습니다."라고 주주들에게 듣기 좋은 말을 한 뒤에 주주의 가치를 높이는 가장 단순하면서 직접적인 방법인 자사주 매입은 하지 않으면서 엉뚱한 기업을 인수하는 데 돈을 낭비한다. 아이스크림 및 레스토랑 체인점인 인터내셔널 데어리 퀸이나 캔 제조업체인 크라운 코크 & 실 같은 평범한 회사가 굉장한 주가수익률을 보일 수 있었던 것도 경영진이 자사주를 꾸준히 매입했기 때문이다. 전자부품 업체인 텔레다인의 주가가 10배 오른 것도 자사주 매입 덕분이었다.

피플즈 세이빙스 파이낸셜은 1986년에 공모가 10.25달러로 주식시장에 상장했다. 상장 후 5년간 피플즈는 규모가 더 커지고 수익성은 더 높아졌으며, 유통되는 주식 수는 점점 줄고 있지만 주가는 여전히 11달러에 불과하다. 내가 생각하기에 피플즈의 주가가 오르지 않은 것은 침체된 코네티컷주에서 사업을 해야 하기 때문이다.

모든 점을 고려하면 경기가 호황일 때 번성하는 지역에서 사업을 해 어려운 시기를 한 번도 겪어보지 못한 S&L보다는 침체된 주에서 생존

할 수 있다는 사실을 증명해낸 S&L에 투자하는 편이 더 낫다고 생각한다.

《저축금융기관 편람》을 통해 피플즈의 무수익여신이 상대적으로 낮은 편인 2%라는 사실을 알고 있었지만 이 문제를 좀 더 깊이 파악하고 싶었다. 메드벡은 2%의 문제성 채권 대부분이 건설 대출 하나에서 발생했으며 이 때문에 피플즈는 이런 종류의 대출은 신규로 하지 않는다고 설명했다.

피플즈는 이 무수익여신을 상각할 때 이미 실적 감소를 경험했다. 다음 단계는 채무자로부터 이 여신에 대한 담보물을 넘겨받아 경매 처리하는 것이다. 메드벡은 다른 곳에서도 들었던 말, 즉 담보물을 넘겨받아 처리하는 과정이 매우 길며 비용도 많이 든다는 점을 알려줬다. 빌린 돈을 갚지 못하는 채무자로부터 담보물에 대한 권리를 넘겨받는 데 2년이 걸릴 수도 있다. 이것은 스크루지가 직원인 밥 크래치트를 해고해 그와 꼬마 팀을 거리로 내모는 것과 같은 행위가 아니다. 피플즈의 부실채권은 대부분 상업용 부동산 대출이거나 아니면 소송이 끝날 때까지 채무자들이 별도의 비용 없이 점유할 수 있는 대저택에 대한 담보 대출이기 때문이다.

마침내 채무자로부터 담보물의 권리를 넘겨받으면 대차대조표에 유질처분 부동산이라는 항목으로 편입되며, 이 문제로 고통받아온 채권자는 이 담보물을 팔아 오랫동안 손실을 입혀온 대출에서 얼마간이라도 돈을 회수하려고 노력한다. 어떤 경우에는 채권자가 담보물을 팔아 기대했던 것 이상의 돈을 받기도 하기 때문에 이는 잠재적인 이익 상승 요인이 된다.

메드벡과 나는 코네티컷주의 영업환경에 대해서도 대화를 나눴다. 1992년에 코네티컷주에 대해 얘기할 때면 늘 이 문제에 대해 걱정하곤 했다. 메드벡은 금속 제조업체들이 뉴브리튼에서 사람들을 많이 고용했으나 이제는 스탠리웍스 하나만 남았다고 말했다. 센트럴 코네티컷 스테이트 대학과 뉴브리튼 제너럴 병원이 실업자 일부를 고용하긴 했지만 실업률은 여전히 높았다.

전화를 끊기 전에 마지막으로 늘 물어보는 질문을 던졌다. 가장 인상 깊은 경쟁업체가 어디냐는 것이다. 메드벡은 뉴브리튼에 있는 아메리칸 세이빙스 뱅크를 꼽았다. 이 회사는 자기자본비율이 12%였으며 아직 상장하지 않았다. 나는 당장 뉴브리튼으로 달려가 아메리칸 세이빙스 뱅크에 예금계좌를 개설하여 상장하는 첫 단계의 예금고객이 되고 싶은 충동을 느꼈다. 내가 왜 이런 생각을 했는지는 381쪽을 보면 알 수 있을 것이다.

퍼스트 에식스

퍼스트 에식스는 파산 직전에서 돌아온 2개의 S&L 중 하나이다. 퍼스트 에식스는 어떤 때 자사주를 사는 것이 적절치 않은지 보여준다. 퍼스트 에식스는 1987년에 800만 주를 발행해 공모가 8달러에 상장했다. 주가는 2년 뒤에도 공모가에서 꼼짝도 하지 않았다. 이 때문에 경영진은 주식 200만 주를 공모가와 같은 8달러에 매입했다. 만약 경영진이 1991년까지 기다렸으면 자사주를 75% 할인된 가격으로 살 수 있었을 것이다. 퍼스트 에식스의 주가가 2달러로 떨어졌기 때문이다.

퍼스트 에식스의 재무제표를 보면 충격적인 숫자들이 많다. 10%의 무수익여신, 3.5%의 유질처리 부동산, 13%의 상업 및 건설 대출 등. 매사추세츠주 로렌스에 위치한 이 작은 S&L은 1989년에만 1100만 달러의 적자를 냈고 1990년에는 또다시 2800만 달러의 손실을 냈다. 퍼스트 에식스는 경기 침체 때 몰락해간 콘도 개발업체와 부동산 거물들에게 열성적으로 돈을 빌려줬다가 희생양이 됐다. 로렌스는 뉴잉글랜드에서 경기 침체가 가장 심한 곳 중 하나인 뉴햄프셔주의 경계 건너편에 자리하고 있다.

내가 전화했을 때 퍼스트 에식스의 CEO인 레너드 윌슨은 자신이 처한 곤경을 "180미터짜리 낚싯줄로 바다낚시를 하고 있다."라고 표현했다. S&L은 3년간 어려운 시기를 겪은 뒤 부실채권 상각과 부실채권에 대한 담보물 유질처리 과정을 앞두고 있다. 부실채권 하나를 상각할 때마다 이익은 큰 타격을 입을 것이고 채무자로부터 담보물의 권리를 빼앗아오면 퍼스트 에식스는 또 하나의 부동산을 소유하게 된다. 현금은 계속 줄어들고 아무도 살 사람이 없는 텅 빈 빌딩은 많아지는 것이다. 퍼스트 에식스는 그 지역에서 임대인이 없는 텅 빈 부동산을 가장 많이 가진 부재지주였다.

그럼에도 퍼스트 에식스는 주당 자산가치가 7.875달러로 자기자본비율이 9가 될 만큼 자본을 충분히 갖고 있었다. 그리고 주가는 2달러에 불과했다.

퍼스트 에식스처럼 경기 침체 때 재정난에 빠진 S&L에 투자하는 것은 일종의 도박이다. 만약 상업용 부동산시장이 안정되고 S&L의 부실채권 상각이 멈춘다면 퍼스트 에식스는 살아남을 것이고 적자에서 벗어날 것이다. 그러면 주가는 쉽게 10달러로 오를 수 있다. 문제는 상업용 부동산시장이 언제 안정될지, 혹은 안정되기나 할지, 침체가 얼마나 깊을지 아무도 알 수 없다는 점이다.

나는 퍼스트 에식스의 연차보고서를 통해 1991년 말 현재 상업용 부동산 대출이 4600만 달러라는 것을 알았다. 퍼스트 에식스는 한편으로 4600만 달러의 자기자본을 갖고 있다. 자본과 상업용 부동산 대출의 비율이 1:1이라는 것은 어느 정도 투자에 자신감을 심어줬다. 퍼스트 에식스의 상업용 부동산 대출 중 절반이 부실채권으로 처리된다면 퍼스트 에식스는 자본의 50%를 잃게 된다. 그래도 여전히 살아남을 수는 있다.

로렌스 세이빙스

로렌스 세이빙스는 퍼스트 에식스와 같이 메리맥 골짜기(매사추세츠 주 북동쪽)에 있는 또 하나의 모험 투자대상이다. 로렌스는 퍼스트 에식스와 마찬가지로 지역의 경기 침체라는 문제를 안고 있었다. 문제의 내용도 똑같다. 수익성 높은 S&L이 무모한 상업용 부동산 대출에 발목이 잡혀 수백만 달러의 손실을 내고 주가는 급락했다.

1990년 연차보고서에 따르면 로렌스의 자기자본비율은 여전히 7.8이었다. 그러나 내가 직접 분석한 결과 로렌스의 상황은 퍼스트에 식스보다 위험했다. 퍼스트 에식스는 전체 대출 중 상업용 부동산 대출이

13%였으나 로렌스는 21%에 달했다. 로렌스는 퍼스트 에식스에 비해 상업용 부동산 대출이 더 많았고(5500만 달러 상당) 순수한 자기 자본은 더 적었다(2700만 달러). 로렌스는 손실을 냈을 때 감내할 만한 여력이 훨씬 더 적었다. 만약 남아 있는 상업용 부동산 대출 중 절반이 부실 처리된다면 로렌스는 망한다.

이런 식으로 위험부담이 큰 S&L을 분석할 수 있다. 즉 자기자본과 남아 있는 상업용 부동산 대출의 가치를 비교해보고 최악의 상황을 가정해보는 것이다.

찰스 기브스가 놓친 손해볼 수 없는 제안

집을 샀는데 전 주인이 당신이 집값으로 지불한 돈을 봉투에 넣어 부엌 싱크대 서랍에 놓고 갔다고 생각해보라. 돈과 함께 남겨진 메모에는 이렇게 쓰여있다. "이 돈을 가지십시오. 이 돈은 원래 당신 돈이었습니다." 당신은 집을 갖게 됐는데 아무런 비용도 치르지 않았다.

기업공개를 하는 S&L을 공모가에 사는 투자자들은 이런 종류의 횡재를 얻었다. 그리고 1178개의 S&L이 아직 상장하지 않고 있으므로 투자자들이 이런 횡재를 만날 기회는 아직 많다.

나는 마젤란펀드를 운영하던 시절, S&L에 투자하면 장롱 속에 숨겨진 비자금 같은 환급액이 있다는 사실을 배웠다. 내가 퀴트론에 나타난 거의 모든 S&L과 상호저축은행(S&L과 비슷한 금융기관의 또 다른 이름)에 투자한 이유도 이 때문이었다.

전통적으로 지방 S&L이나 상호저축은행은 주주가 없이 모든 예금자들이 조합 형식으로 소유하고 있다. 지방의 전력회사가 전기 사용자 모두의 공동 소유로 조합 방식으로 운영되는 것과 마찬가지이다. 역사가 100년이 됐을 수도 있는 상호저축은행의 순자산가치는 이 은행의 지점 중 한 곳에라도 저축예금 계좌나 당좌예금 계좌를 가지고 있는 모든 사람에게 속한 것이다.

이런 조합식 주주 체제가 유지되는 한 수천 명의 예금자들은 기업의 지분을 보유한 대가로 아무것도 얻을 수가 없다. 지분을 갖고 있어도 1.5달러를 내야 물을 사 마실 수 있을 정도이다.

상호저축은행이 월스트리트에 등장해 상장하자 놀랄 만한 일이 일어났다. 상장을 추진하는 이사들과 주식을 사려는 매수자가 같은 생각을 갖고 있다는 점이다. 이사들 자신도 주식을 사야 했다. 상장안내서를 보면 얼마나 많은 이사들이 주식을 살 예정인지 알 수 있다.

이사들이 직접 주식을 사야 한다면 공모가를 어떻게 결정할까? 낮게 결정할 것이다. 이사들과 마찬가지로 예금자들도 공모가에 주식을 살 기회가 주어진다. 여기에서 흥미로운 점은 기업공개로 유치한 자금에서 인수 수수료(기업공개를 주선한 대가로 증권사에게 지불하는 돈)를 뺀 나머지는 그대로 은행 금고에 다시 들어간다는 것이다.

다른 기업이 상장할 때는 이런 일이 일어나지 않는다. 대개의 경우 상장으로 인한 자금의 상당 부분은 창업자나 상장 이전부터 주주였던 사람들이 가져간다. 이들은 상장 차익으로 백만장자가 되어 이탈리아에서 궁전을 사거나 스페인에서 성을 산다. 하지만 상호저축은행의 경우 예금자들이 공동으로 은행을 소유하고 있었기 때문에 예금자로 주식을 샀다가 상장 후에 주식을 파는 수천 명의 사람들에게 상장 차익을 나눠주는 것도 불편하다. 따라서 상장으로 모인 돈은 고스란히 상호저축은행에 돌아가 자본의 일부가 된다.

어떤 S&L이 상장 전 자산가치가 1000만 달러였다고 가정해보자. 이 S&L은 공모가 10달러로 1000만 달러가량의 주식을 팔고 상장했다. 주식을 팔아 번 1000만 달러는 다시 S&L로 돌아와 자산가치가 두 배가 된다. 결국 주당 순자산가치가 20달러로 늘어난 주식이 10달러로 팔리고 있는 것이다.

그러나 이렇게 공짜로 자산가치가 두 배로 뛰는 주식에 투자하기만 하면 반드시 성공한다고 보장할 수는 없다. 그 S&L이 지미 스튜어트식의 탄탄한 회사일 수도 있지만 경영진이 무능하여 적자를 내다보면 자본금을 까먹고 파산할 수도 있기 때문이다. 따라서 절대 손해 보지 않을 것 같은 이런 식의 투자를 할 때도 반드시 투자하기 전에 그 S&L의 재정상태가 어떤지 점검해봐야 한다.

다음에 조합 방식으로 운영되는 상호저축은행이나 S&L을 발견하면 계좌를 만들라. 그러면 상장할 때 공모가에 주식을 확실히 살 수 있다. 물론 상장 후 주식시장에서 주식을 살 수 있을 때까지 기다렸다가 사도 여전히 저가에 살 수 있다.

하지만 너무 오래 기다리진 말라. 월스트리트는 이런 장롱 속 비자금의 비밀을 파악하기 시작한 것으로 보인다. 1991년 이후에 상장한 상호저축은행과 저축기관의 주가는 놀랄 만큼 큰 폭으로 상승했다. 상호저축은행은 미국의 저쪽 끝에서 다른 쪽 끝까지 어디에서 찾든 노다지를 안겨줬다.

1991년에 16개 상호저축은행이 상장했다. 2개는 공모가의 4배 이상에 인수됐고 14개는 가장 수익률이 저조한 상호저축은행만 87% 올랐을 뿐 나머지는 모두 2배 이상 급등했다. 이 중 3배 오른 것이 4개, 7배 오른 것이 1개, 10배 오른 것이 1개이다. 미시시피주 해티즈버그에 있는 망가 뱅코프에 투자해 32개월 만에 10배가 된다고 상상해보라.

1992년에는 다른 42개의 상호저축은행이 상장했다. 이 중에서 유일하게 주가가 떨어진 것은 샌 버나디노의 퍼스트 FS & LA로 7.5% 하락했다. 나머지는 모두 주가가 올랐다. 38개가 50% 이상 올랐고 이 중 23개는 100% 이상 급등했다. 이러한 수익률은 모두 단 20개월 만에 달성한 것이다.

미시간주의 베이시티 상호저축은행과 세인트루이스주의 유나이티트 포스탈 뱅코프는 4배가 올랐다. 만약 1992년에 상장된 42개의 상호저축은행 중 수익률이 가장 좋은 5개에 투자했다면 수익률이 285%였을 것이다. 정말 운이 나빠 수익률이 가장 나쁜 5개를 골랐다 해도 1993년 9월까지 수익률은 31%일 것이다. 1991년에 상장한 42개 상호저축은행 중에서 수익률이 가장 나쁜 5개에 투자했어도 S&P500지수와 대부분의 주식형 펀드보다 더 좋은 수익률을 얻었을 것이다.

1993년 들어 9개월간 또 다른 34개의 상호저축은행이 상장했다. 이 짧은 기간 동안 수익률이 가장 나쁜 것이 5% 올랐고, 26개는 30% 이상, 20개는 40% 이상, 9개는 50% 이상 올랐다. (이 모든 통계는 SNL 증권의 숙련된 전문가들이 제공한 것이다.)

동해안 쪽의 노스캐롤라이나주 애셔보로부터 매사추세츠주 입스 위치까지, 서해안 쪽의 캘리포니아주 패서디나부터 워싱턴주 에버렛에 이르기까지 중앙의 오클라호마주 스틸워터부터 일리노이주 캔카키와 텍사스주 로젠버그에 이르기까지 주변에서 흔히 볼 수 있는 S&L은 수십만 명의 사람들에게 역사상 가장 좋은 투자대상이었다. 이는 기관투자가 대부분이 보유하고 있는 기업들을 무시하고 집 주변을 꼼꼼히 조사한 개인 투자자들이 주식 투자에 어떻게 성공할 수 있는지를 보여주는 최고의 사례다. 당신의 귀중품 보관함과 당좌예금 계좌가 있는 지방 상호저축은행보다 집에서 더 가까운 것이 무엇이겠는가?

이런 상호저축은행이나 S&L 중 한 지점에 계좌를 만들어놓으면 그 상호저축은행이나 S&L이 기업공개를 할 때 공모가로 참여할 수 있다. 물론 반드시 참여해야 하는 것은 아니다. 당신은 잠재 투자자들을 대상으로 열리는 상장설명회에 참석해 기업 임원들이 주식을 사는지 살펴보고, 사업계획서를 통해 자산가치와 PER, 이익, 무수익여신의 비율, 대출의 질 등을 점검할 수 있다. 이런 식으로 필요한 정보를 다 얻은 다음 이 정보에 기초해 기업공개에 참여할 수 있다. 그 기업공개가 마음에 들지 않거나 회사나 경영진이 탐탁지 않으면 투자하지 않으면 그만이다.

아직 주식시장에 상장하지 않은 상호저축은행이 1372개나 있다. 이 중에서 당신이 사는 지역에 어떤 것이 있는지 조사해보라. 어떤 곳에라도 저축예금 계좌를 만들어 기업공개에 참여할 수 있는 권리를 확보하라. 그런 다음 앞으로 전개되는 상황을 지켜보며 기다려라.

제14장

—

상장 합자회사의 매력

BEATING THE STREET

상장 합자회사$_{\text{Master Limited Partnership, MLP}}$ 역시 여러 가지 장점이 있
으나 월스트리트에서 철저히 무시되고 있다. '합자회사'라는 이름이 수
천 명의 투자자들이 겪었던 고통을 상기시키기 때문이다. 합자회사는
파트너들간의 공동사업이기 때문에 파트너 개인에 대해서만 소득세가
부과될 뿐 회사 자체에는 법인세가 부과되지 않아 세제 혜택이 있다.
이런 세제 혜택이 대대적으로 부각되면서 많은 투자자들이 석유 및 가
스 합자회사, 부동산 합자회사, 영화 합자회사, 농장 합자회사, 묘지 합
자회사 등에 투자했다가 피하려고 했던 세금보다 훨씬 더 많은 돈을 손
해 봤다.

이런 쓰레기 같은 합자회사가 나쁜 이미지를 심어놓은 결과 주식시
장에 상장돼 거래되고 있는 좋은 상장 합자회사들도 계속 고전을 면치
못하고 있다. MLP는 지속적으로 사업을 해나가야 하는 회사로 돈을 버
는 것이 목적이지 국세청$_{\text{IRS}}$을 피하기 위해 적자를 내는 것이 목적이
아니다. 미국에서는 여러 증권거래소에 100개 이상의 MLP가 상장돼
거래되고 있다. 나는 매년 이들 MLP 중에서 한두 개 정도의 저가 매수
대상을 발견한다.

MLP의 주주가 되면 다른 기업과는 달리 특별한 납세신고서를 제출
해야 하기 때문에 추가적인 서류작업이 필요하다. 최근에는 납세신고

서를 MLP의 투자자 관계 부서에서 작성해주기 때문에 그나마 덜 성가시다. 최근에는 1년에 한 번씩 MLP가 납세신고서 작성을 위해 보내는 서류를 보고 소유하고 있는 주식이 몇 주인지, 또 지난 1년간 소유한 주식 수에 변화가 있었는지 확인만 해주면 된다. 하지만 이 정도의 일도 귀찮아하며 많은 투자자들, 특히 펀드매니저들이 MLP에 투자하기를 꺼린다. MLP가 보내는 서류에 대답해주는 것이 MLP가 조금이라도 덜 소외받는 데 도움이 된다면 나는 설사 산스크리트어로 쓰인 서류라 하더라도 정성껏 확인해 대답해줄 것이다. MLP는 너무나 인기가 없어서 주가가 계속 침체 상태였고, 이 때문에 이런 종류의 기업들에서 자주 발견되는 저가 상태가 지속되고 있기 때문이다.

MLP의 또 다른 매력은 일상생활과 굉장히 밀접한 사업을 하고 있다는 점이다. 예를 들어 보스턴 셀틱스처럼 농구단을 운영한다거나 석유나 기름을 추출하는 사업을 하는 식이다. 서비스매스터는 빌딩 관리 및 청소 대행사업을 하고 있으며, 선 디스트리뷰터스는 자동차 부품을 팔고, 시더 페어는 놀이동산을 운영하며, EQK 그린 에이커즈는 롱아일랜드에 쇼핑센터를 갖고 있다.

MLP의 이름은 대부분 구식인데다 현대의 최첨단 문화와는 동떨어지게 들리기조차 한다. 시더 페어는 1800년대 영국 소설가였던 윌리엄 메이크피스 새커리가, 그린 에이커즈는 제인 오스틴이 쉽게 쓸 수 있었던 제목처럼 느껴진다.

MLP는 어울리지 않게 낭만적인 이름을 가지고 있고 일상생활과 밀접한 평범한 사업을 하는데다 주주가 되면 추가적인 서류작업이 필요한 복잡한 형태의 회사이다. 상상력이 풍부한 사람은 합자회사의 주식을 소유한다는 낭만에 끌려 투자했다가 상상력이 풍부한 사람이 가장 견디기 어려워하는 서류작업에 맞닥뜨리게 된다. 주식을 오래 보유하는 성향을 가진 소수의 상상력 풍부한 사람들만이 남아 수익을 거둘 수 있다.

MLP가 주식회사와 가장 다른 점은 MLP는 이익을 배당금 형태로든, 자본수익 형태로든 주주들에게 모두 배분해줘야 한다는 것이다. 규정상 MLP의 배당금은 높은 편이다. 자본수익은 MLP 특징상 연간 분배액의 일정 비율만큼 연방 세금이 면제된다.

주식시장에 MLP가 처음 등장한 것은 1981년이었으며, MLP의 대부분은 합자회사의 형태가 이전보다 훨씬 더 유리하도록 세법이 바뀐 후인 1986년에 상장했다. 부동산과 천연자원 합자회사는 무기한으로 계속 유지될 수 있는 반면 다른 MLP는 1997~98년에 MLP 구조를 청산해야 한다. 그때가 되면 MLP의 세제 혜택이 사라진다. 어떤 MLP의 주당 순이익이 현재 1.80달러라면 1998년에는 1.20달러로 낮아질 수 있다. 그러나 이는 3~4년 후에나 걱정할 일이지 지금은 아니다.

내가 좋아하는 MLP는 대부분 뉴욕증권거래소에 상장돼 있다. 1991년 《배런스》 라운드테이블에서 나는 EQK 그린 에이커즈와 시더 페어를 추천했고, 1년 후에는 선 디스트리뷰터스와 테너러를 선택했다. 내가 이들 각각의 MLP에 끌린 이유는 다음과 같다.

EQK 그린 에이커즈

EQK 그린 에이커즈에 관심을 갖게 된 것은 사담 후세인 매도 때였다. EQ는 EQK 그린 에이커즈의 파트너인 에퀴터블 생명보험Equitable Life Assurance Society에서 딴 것이고 K는 크라브코Kravco를 의미한다. EQK 그린 에이커즈 4년 전에 공모가 10달러로 상장돼 한때 최고 13.75달러까지 올랐으나, 1990년 여름에 다른 유통업과 함께 쇼핑센터도 침체될 것을 우려해 9.75달러로 떨어졌다. 이 가격이면 EQK 그린 에이커즈의 배당수익률은 13.5%로 거의 고수익 채권(정크본드)의 수익률에 맞먹는다. 게다가 나는 EQK 그린 에이커즈가 일부 정크본드보다는 훨씬 더 안전하다고 생각한다. EQK 그린 에이커즈의 주요 자산은 롱아일랜드에 있는 거대한 폐쇄형 쇼핑몰(모든 점포가 한 지붕과 건물 안에 수용된 형식 - 역자)이다.

EQK 그린 에이커즈는 주가가 오를 가능성이 있을 뿐 아니라 경영진이 상당 지분을 보유하고 있으며 배당금은 상장 이후 매 분기마다 늘어났다.

나는 EQK 그린 에이커즈를 마젤란펀드에 편입시킨 적이 있기 때문에 이런 내용을 알고 있다. 피델리티의 펀드매니저인 스튜어트 윌리엄스에게 EQK 그린 에이커즈를 처음 소개받긴 했지만 롱 아일랜드에 살면서 그린 에이커즈에서 쇼핑하는, 이른바 내부자라고 할 수 있는 75만 명도 기본적으로 나와 같은 정보를 얻을 수 있었다. 이것만 봐도 인구밀도가 높은 낫소 카운티 중앙에 위치한 그린 에이커즈 쇼핑몰 인근 8킬로미터 안에 얼마나 많은 사람들이 살고 있는지 알 수 있다.

쇼핑몰에서 분석할 수 있는 기업을 나는 선호한다. 그린 에이커즈에 방문해 신발 한 켤레를 샀다. 그곳은 매우 인기 있는 지역이었다. 미국 전체에 그린 에이커즈와 같은 폐쇄형 쇼핑몰은 450개에 불과하며, 인기가 있다는 인식과는 달리 새로운 폐쇄형 쇼핑몰은 그리 많이 세워지지 않고 있다. 비슷한 규모로 경쟁이 되는 폐쇄형 쇼핑몰을 지으려 해도 점포들을 모두 둘러쌀 건물과 지붕을 세울 부지를 확보하기가 어려우며 주차장을 만들 92에이커의 빈 땅을 발견하기도 쉽지 않다.

개방형 몰은 각 지역마다 계속 세워지고 있지만 폐쇄형 몰은 틈새시장이라고 할 만큼 숫자가 많지 않다. 이러한 틈새시장의 가치를 믿는다면 폐쇄형 몰에 투자할 생각이 들 것이다. 그린 에이커즈는 폐쇄형 몰 하나를 운영하는 데 전적으로 주력하고 있는 유일한 상장회사이다.

어떤 몰이든 문제는 임대가 안 돼 비어 있는 매장이다. 이 때문에 나는 쇼핑몰의 연차보고서를 읽을 때 가장 먼저 공실률부터 살펴본다. 쇼핑몰의 공실률은 평균 4%인데 그린 에이커즈의 공실률은 이보다 낮았다. 진정한 내부자라면(즉 낫소 카운티에 살면서 그린 에이커즈에서 쇼핑하는 사람들이라면) 매주 공실률을 살필 수 있다는 점에서 유리하다. 어쨌든 나는 공실률이 문제가 되지 않는다는 데 만족했다.

게다가 뉴욕주의 슈퍼마켓 체인점인 월드바움즈와 뉴욕주와 뉴저지주, 코네티컷주 등의 주택 보수용품 체인점인 퍼거먼트 홈센터도 그린 에이커즈에 입주하려 했다. 이 2개 체인점이 입주할 경우 그린 에이커즈의 임대료 매출액이 늘어날 것이 확실하다. 그린 에이커즈의 전체 매장 중 1/3가량이 1992~93년에 임대료가 큰 폭으로 오를 것으로 보인다. 이는 그린 에이커즈의 미래 실적에 매우 긍정적이다.

걱정스러운 부분은 대차대조표에서 부채비율이 너무 높다는 것이다. (그린 에이커즈는 1997년까지 부채를 모두 갚아야 한다.) PER도 높으며 다른 쇼핑몰과 마찬가지로 경기 침체에 취약하다는 점도 약점이다. 하지만 단기적으로는 이러한 우려보다 배당수익률이 높다는 점과 주가가 이미 많이 떨어졌다는 점에 더 초점을 맞춰도 될 것 같다. PER가 높은 것은 MLP의 일반적인 특징이다.

1992년에 추천할 종목을 찾고 있을 때 그린 에이커즈는 주가가 11달러였다. 배당수익률까지 합한 그린 에이커즈의 1991년 총 수익률은 20%가 넘는다. 이는 매우 탁월한 실적이다. 하지만 그린 에이커즈를 다시 살펴보다 몇 가지 걱정스러운 요소들이 더 나타났다. 우선 연휴기간 동안 입주한 매장들의 매출이 부진해 임대료가 줄었다. 임대료 일부는 입주 매장의 매출에 비례해 받고 있다. 따라서 매장의 판매가 부진하면 임대료도 줄어든다.

하지만 모든 쇼핑몰과 유통업체들이 같은 곤경에 처해 있을 것이다. 그린 에이커즈가 다른 유통업체보다 더 타격을 받을 것이라고 우려할 필요는 없다. 나는 산업 전체가 불황을 겪는 것이 경쟁업체가 모두 호황을 누리는데 특정한 한 업체만 고전하는 것보다는 걱정할 필요가 없다고 생각한다. 그러나 그린 에이커즈의 1991년 3분기 보고서에서 매우 마음에 걸리는 문장을 하나 발견했다. 매년 1페니씩 인상해왔던 배당금을 이번에는 올리지 않을 수도 있다는 내용이었다.

그린 에이커즈의 이 같은 결정은 주주들에게 크게 손해가 될 것 같진 않지만 2장에서도 언급했듯 매우 주목해야 할 사항이다. 그린 에어커즈처럼 13분기 연속으로 배당금을 올려왔다면 이런 관행을 계속 유지하고 싶은 동기는 매우 강력하다. 1주당 배당금 1페니, 모두 합해 서 10만 달러를 절약하기 위해 13분기 연속 배당금 인상 기록을 깨려 한다면 이는 회사에 큰 문제가 있음을 보여주는 징후라고 생각한다.

그린 에이커즈를 1992년에는 추천하지 않기로 결정한 또 다른 이유는 굉장히 좋은 소식이 전해졌기 때문이다. 그린 에이커즈는 쇼핑몰 2층의 확장한 공간을 임대하기 위해 미국의 대표적인 백화점인 시어스와 JC페니를 대상으로 협상을 벌이고 있다고 발표했다. 이는 협상일 뿐 계약에 사인한 것과는 다르다. 만약 그린 에이커즈가 시어스와 JC페니에 매장을 임대하기로 계약을 맺었다면 나는 그린 에이커즈의 주식을 최대한 사 모았을 것이다. 하지만 협상 단계에서의 잠재적인 합의는 너무 불확실하다.

주식시장에서 인기 있는 격언 중 하나는 '전쟁의 대포 소리가 울릴 때 사서 승전보가 들릴 때 팔라'는 것이다. 하지만 나는 이 격언이 잘못된 투자조언이라고 생각한다. 나쁜 소식이 들릴 때 주식을 사는 것은 매우 값비싼 전략이다. 특히 나쁜 소식은 더 나쁜 소식으로 악화되는 경향이 많기 때문에 더욱 그렇다. 얼마나 많은 사람들이 악재가 쏟아질 때 뉴잉글랜드 은행 주식을 샀다가 많은 손해를 입었는가? 뉴잉글랜드 은행의 주가가 40달러에서 20달러로, 또는 20달러에서 10달러로, 다시 10달러에서 5달러로, 또다시 5달러에서 1달러로 떨어지는 순간마다 많은 사람들이 악재가 나올 때 사야 한다며 뉴잉글랜드 은행 주식을 매수했다. 그러나 뉴잉글랜드 은행의 주가는 0달러로 떨어져 투자한 돈 전체가 휴지 조각이 되고 말았다.

좋은 소식이 나올 때 주식을 사는 것이 장기적으로 훨씬 더 건강한 전략이며, 좋은 소식에 대한 근거가 확실해질 때까지 기다렸다가 사는 것이 성공 확률을 높이는 길이다. 시어스와 임대 계약이 이뤄진 다음에 그린 에이커즈 주식을 사면 시어스와 임대 협상 단계, 즉 소문의 단계에서 주식을 샀을 때보다 1달러 정도 손해를 볼지도 모른다. 그러나 그린 에이커즈와 시어스 사이에 진짜 임대 계약이 이뤄진다면 앞으로 그린 에이커즈의 주가는 1달러보다 훨씬 더 많이 오를 것이다. 그리고 임대 계약이 이뤄지지 않을 경우 소문만 듣고 사지 않고 계약 단계까지 기다림으로써 협상 결렬로 인한 주가 하락을 피할 수 있다. 나는 그린 에이커즈를 사지 않고 기대되는 발표가 나오는지 지켜보기로 했다.

시더 페어

시더 페어는 내가 1991년에 추천했던 두 번째 MLP이다. 시더 페어는 2개의 놀이공원을 운영하고 있는데 하나는 오하이오주 이리 호수 인근에 있는 시더 포인트이고, 또 하나는 미네소타주의 밸리 페어이다. 시더 페어의 놀이공원은 5월부터 9월 1일 노동절까지 개장하고 가을에는 주말에만 문을 연다.

시더 포인트에는 10개의 서로 다른 롤러코스터가 있는데 매그넘은 떨어지는 폭이 세상에서 가장 크고, 민 스트릭은 나무로 만든 세상에서 가장 높은 롤러코스터이다. 내 책상 맞은편 벽에는 커다란 민 스트릭 포스터가 걸려 있다. 그 포스터와 워싱턴에 있는 패니 메이 본사 사진은 아이들이 만든 작품과 가족들 사진으로 가득한 내 사무실에서 유일하게 기업과 관련된 장식물이다.

시더 포인트는 역사가 120년이나 됐으며 롤러코스터를 도입한 지도 100년이나 됐다. 시더 포인트는 7명의 미국 대통령이 방문한 곳이며, 미식축구 감독인 크눗 로큰이 여름방학 때 일했던 곳이기도 하다. 볼을 적의 골 방향으로 패스하는 전방 패스는 로큰이 처음 시작했음이 분명해 보인다. 시더 포인트에 있는 기념비가 이 같은 사실을 증명하고 있다.

다음 주에 누군가 새로운 AIDS 치료제를 개발하면 그동안 AIDS 치료제를 경쟁적으로 개발하던 기업들의 주가가 하룻밤 사이에 반토막이 날 수도 있다. 그러나 이리 호수 주변에 아무도 모르게 5억 달러짜리 놀이기구를 세울 순 없다.

놀이공원 주식에 투자할 때 또 다른 장점은 석유회사와 달리 놀이공원에 갈 때마다 투자 목적의 기업분석을 할 수 있다는 점이다. 놀이공원에서 회전 관람차와 롤러코스터를 직접 타보면서 기업에 대한 기본적인 사항을 점검할 수 있다. 놀이공원을 좋아하는 성인에겐 놀이공원에 자주 가는 변명거리도 된다.

게다가 시더 포인트에서 자동차로 3시간 내에 도착할 수 있는 지역에 사는 600만 명의 사람들이 경기 침체로 인해 여름휴가를 프랑스로 가지 않고 시더 포인트 호텔에 머무르면서 세상에서 가장 높은 롤러코스터를 탈 수도 있겠다는 생각이 들었다. 시더 포인트는 경기 하락기에 수혜를 입는 회사였다.

1991년에 시더 페어는 주가가 11.50달러에서 18달러로 올랐다. 배당수익률까지 합할 경우 1년 수익률은 60% 이상이다. 1992년 초에 나는 시더 페어가 여전히 살 만한 주식인지 자문해보았다. 배당수익률은 8.5%로 여전히 괜찮지만 배당수익률이 아무리 좋아도 순이익이 계속 늘지 않으면 주가가 장기적으로 오를 수 없다.

주식 투자자라면 누구에게나 유용한 연말 투자점검 요령을 소개한다. 지난 1년간 투자한 기업들을 하나씩 짚어가며 올해보다 내년에 더 좋아질 이유가 있는지 생각해보라. 만약 내년에 더 좋아질 만한 이유나 근거를 발견하지 못했다면 "나는 왜 이 주식을 계속 보유하고 있어야 하나?"라는 질문에 대답해보라.

나는 이 질문을 염두에 두고 시더 페어에 전화해 사장인 딕 킨젤과 통화했다. 소액 투자자라서 사장과 전화 통화하기가 어렵다면 투자자 관계 부서에 전화해서 정보를 얻을 수 있다. 경영진에 정보원이 있다고 해서 반드시 더 좋은 투자를 할 수 있는 것은 아니다. 이는 경주마 주인을 알고 있다고 해서 우승마를 맞힐 수 있는 확률이 크게 높아지지 않는 것과 마찬가지이다. 경주마 주인들은 언제나 자신의 말이 우승할 수밖에 없는 이유를 설명하지만 결국 90%는 빗나간다.

나는 킨젤에게 "이익이 개선될 것으로 예상됩니까?"라고 직설적으로 묻지 않고 궁금증을 자제했다. 먼저 오하이오주의 날씨와 골프장 상태가 어떤지, 클리블랜드와 디트로이트의 경제는 좋은지, 방문객이 가장 많은 여름에 직원 구하기가 어렵지 않았는지 등에 대해 물어봤다. 킨젤과 편안하게 대화를 나눈 후에야 중요한 질문을 꺼냈다.

지난해까지 시더 페어에 전화했을 때는 매년 새로운 놀이기구가 있었고 이는 이익을 늘리는 효과를 가져왔다. 1991년에는 나무로 만든 가장 높은 롤러코스터가 확실히 실적에 도움이 됐다. 하지만 1992년에는 호텔을 확장한 것 외에는 놀이공원에 눈에 띌 만한 발전이나 변화가 없었다. 시더 페어의 방문객은 대개 새로운 놀이기구가 도입된 다음 해에는 줄어들었다.

킨젤과의 전화 통화에서 1992년에 시더 페어의 실적이 올라갈 만한 특별한 근거를 발견하지 못했다. 나는 시더 페어보다는 선 디스트리뷰터스가 더 좋았다.

선 디스트리뷰터스

선 디스트리뷰터스는 선Sun이란 이름이 붙었지만 태양 에너지와는 전혀 관계가 없다. 이 회사는 1986년에 선 오일에서 독립했으며 자동차 정비소와 건설업체에 자동차용 유리, 판유리, 절연유리, 케이블, 거울, 자동차 전면유리, 조임 장치, 볼 베어링, 유압장치 등을 판매한다. 이러한 사업 내용은 피델리티의 MBA 학위를 가진 경영대학원 졸업생들에게는 매우 따분한 것이다. 금융 애널리스트들은 자동차 부품을 판매하는 회사를 분석하는 것보다는 천장 타일 개수를 세는 것이 훨씬 더 쉬울 것이다.

사실 위트 퍼스트 증권의 캐런 페인만이 유일하게 이 회사를 분석해왔다. 하지만 그녀도 1990년 4월을 마지막으로 더 이상 보고서를 내지 않았다. 나는 1991년 12월 23일에 선 디스트리뷰터스의 사장인 돈 마셜과 통화했는데 그마저도 이런 사실을 모르는 것 같았다.

월스트리트가 신경 쓰지 않고 있다는 것, 이것이 선 디스트리뷰터스의 첫 번째 장점이다.

나는 (물론) 마젤란펀드를 통해 선 디스트리뷰터스에 투자했다. 그리고 1991년 말에 선 디스트리뷰터스의 부진한 수익률이 다시 한 번 나의 관심을 끌었다. 선 디스트리뷰터스에는 배당금을 많이 주는 A주식과 배당금을 많이 주지 않는 B주식, 2가지 종류의 주식이 있다. A주식과 B주식은 모두 뉴욕증권거래소에서 거래된다. 주식의 종류가 2가지라는 것은 선 디스트리뷰터스가 다른 MLP보다 더 복잡한 구조를 갖고 있으며 해치워야 할 서류작업도 더 많다는 것을 의미한다. 페인은 선 디스트리뷰터스에 대한 마지막 보고서에서 이를 "선 디스트리뷰터스는 복잡한 재무구조 속에 감춰진 경영이 잘되는 회사란 점에서 단순하다."라고 표현했다.

배당금을 제외하면 A주식은 거의 오르지 않았다. 이 때문에 선 디스트리뷰터스는 마침내 A주식을 10달러에 매입하기로 했으나 A주식은 이미 10달러에 팔리고 있었다. 모든 행동은 B주식을 통해 이뤄질 것이다. B주식은 1991년에 4달러에서 2달러로 떨어졌다.

페인의 마지막 보고서에 따르면 시어슨 리먼 증권이 B주식을 52% 보유하고 있으며, 선 디스트리뷰터스의 경영진은 시어슨 리먼이 보유한 주식의 절반을 일정한 가격에 살 수 있는 옵션을 갖고 있었다. 선 디스트리뷰터스의 경영진으로선 회사를 성공시켜 주가를 끌어올려야 하는 강력한 동기가 있는 셈이다. 사장이 크리스마스 이틀 전에 사무실에 앉아 내 전화를 받는 것도 경영진이 이러한 사명을 매우 심각하게 여기고 있다는 증거로 해석됐다.

마셜은 패션과 스타를 다루는 월간지 《배니티 페어》에 한 번도 실린 적이 없는, 나서기 싫어하는 조용한 사람이지만 《서비스 경쟁력The Service Edge》이란 책에 소개된 적이 있다. 그는 비용 절감형 경영 시스템을 도입해 회사가 특별히 좋은 실적을 낸 해가 아니면 임원들에게 상여금을 지급하지 않았다. 성과급도 지위가 아니라 순수하게 업무에서의 성공 여부에 따라 지급했다.

선 디스트리뷰터스를 분석할 때 내가 초점을 둔 부분은 주가가 침체를 벗어나지 못하고 있는 다른 모든 기업을 분석할 때와 다르지 않았다. 선 디스트리뷰터스는 살아남을 것인가? 선 디스트리뷰터스가 주식시장에서 이처럼 소외당할 만한 기업인가? 아니면 단지 주식을 팔아 손실을 현실화해 절세를 하고자 하는 매도 세력의 희생양일까?

매년 이익이 났으므로 선 디스트리뷰터스가 계속 돈을 벌고 있는 것은 분명했다. 선 디스트리뷰터스는 1986년 선 오일에서 분리된 이후 계속 이익을 냈다. 심지어 유리산업이 전반적으로 극심한 불황에 빠져 전기부품 산업까지 침체를 겪었던 1991년에조차 흑자를 냈다. 게다가 유체동력 사업부에서 이익을 끌어올린 것도 아니었다. 선 디스트리뷰터스는 저비용 사업자가 경쟁자가 파산하거나 사라지는 경기 침체 때도 살아남아 불황을 오히려 도약의 발판으로 활용하는 또 다른 사례일 뿐이다.

선 디스트리뷰터스가 저비용 사업자라는 것을 어떻게 알 수 있을까? 나는 손익계산서(표 14-1)에서 선 디스트리뷰터스가 저비용 사업자라는 것을 파악했다. 매출원가를 매출액으로 나누면 매출원가율이 나온다. 선 디스트리뷰터스의 매출원가율은 지난 2년간 대략 60%였다. 그동안 매출액이 늘면서 전반적인 이익 역시 증가했다. 매출원가율이

60%라는 것은 매출액총이익률, 즉 매출액에서 매출총이익(매출액-매출원가)이 차지하는 비율이 40%라는 의미이다. 이 말은 어떤 회사가 100달러어치의 상품을 팔 때 40%의 이익이 생긴다는 뜻이다. 이는 유리나 조임 장치를 파는 회사 중에서 최고 수준이다.

선 디스트리뷰터스가 하는 사업은 설비투자가 거의 필요하지 않다는 점도 또 다른 장점이다. 설비투자는 많은 제조업체가 몰락하는 주요 원인 중 하나이다. 예를 들어 철강회사의 경우 1년에 10억 달러를 벌 수 있지만 그렇게 하려면 9억 5000만 달러를 투자해야 한다. 자동차 전면유리나 예비 부품 등을 판매하는 지방 잡화점은 이런 문제가 없다. 나는 연차보고서 2쪽에서 선 디스트리뷰터스가 설비투자로 1년에 300만~400만 달러만 지출하고 있다는 사실을 확인했다. 이 정도 지출은 매출액에 비하면 새발의 피였다.

선 디스트리뷰터스는 저성장 산업에서 돈을 함부로 쓰는 경쟁업체들이 뒤처지는 동안 철저한 비용 절감으로 시장점유율을 확대해왔다는 점에서 나의 '사막의 꽃'에 충분히 포함될 자격이 있었다. 선 디스트리뷰터스가 MLP가 아니었다면 나는 '사막의 꽃'으로 분류해 소개했을 것이다.

기업에서 순이익보다 더 중요한 것이 현금흐름이다. 나는 인수를 많이 하는 기업을 분석할 때는 현금흐름에 주목한다. 선 디스트리뷰터스는 1986년 이후 36개나 되는 관련 기업을 인수해 통합하면서 총 관리비를 줄여 수익성을 더욱 높여왔다. 이것이 선 디스트리뷰터스의 성장 전략이었다. 마셜은 전선과 조임 장치, 유리 등과 같은 예비 부품을 판매하는 초대형 잡화점이 되는 것이 목표라고 설명했다.

표 14-1 선 디스트리뷰터스와 자회사의 결합 손익계산서
(단위: 1000달러, 유한책임사원의 보유 지분 제외)

	1990년	1989년	1988년
매출액	$ 594,649	$ 561,948	$ 484,376
매출원가	357,561	340,785	294,640
매출총이익	237,088	221,163	189,736
영업비용:			
판매비와 관리비	187,762	175,989	151,784
무한책임사원에 대한 경영 수수료	3,330	3,330	3,330
감가상각비	5,899	6,410	7,024
무형자산상각비	4,022	3,920	3,282
총 영업비용	201,013	189,649	165,420
영업이익	36,075	31,514	24,316
이자수익	352	283	66
이자비용	(12,430)	(12,878)	(11,647)
기타 영업외 이익(비용)	173	678	(384)
주 및 외국 법인세 충당금 차감 전 순이익	24,170	19,597	12,951
주 및 외국 법인세 충당금	1,024	840	637
당기 순이익	$ 23,146	$ 18,757	$ 12,314
책임사원에게 배분된 이익:			
무한책임사원	$ 231	$ 188	$ 123
유한책임사원 A	$ 13,820	$ 18,569	$ 12,191
유한책임사원 B	$ 9,095	-	-
가중평균 유한책임사원 보유 주식 수:			
A주식	11,099,573	11,099,573	11,099,573
B주식	22,127,615	22,199,146	22,199,146
유한책임사원 보유지분의 주당 순이익:			
A주식	$ 1.25	$ 1.67	$ 1.10
B주식	$ .41	-	-
유한책임사원의 주당 예상 순이익:			
A주식	$ 1.10	$ 1.10	$ 1.10
B주식	$ .48	$ .29	-

기업을 인수할 때 보통은 자산가치보다 더 많은 비용을 지불해야 한다. 인수금액과 자산가치의 차이가 대차대조표에 반영해야 하는 영업권의 가치이다.

1970년대 이전에는 기업들이 이익에서 일부를 지출해 영업권을 상각할 필요가 없었다. 과거 회계규정에서는 X라는 회사가 Y라는 회사를 사면 X는 자산에서 Y를 인수하는 모든 비용을 지출해야 했다. X가 Y를 너무 비싼 가격에 인수했어도 X는 인수대금을 회수할 수 있는지 알 길이 없는 주주들에게 이 거래가 어리석었다는 사실을 숨길 수 있었다.

이 문제를 풀기 위해 회계규칙을 만드는 사람들이 회계규정을 바꿨다. 이제 X가 Y를 사면 Y가 가진 유형자산의 가치보다 더 지불한 금액, 즉 영업권 프리미엄만큼을 몇 년에 걸쳐 X의 이익에서 차감해 나가야 한다.

이러한 이익에 대한 타격은 재무제표상 나타나는 결과일 뿐이기 때문에 기업이 재무제표에 발표하는 이익은 실제 이익보다 줄어들게 된다. 이 때문에 다른 기업을 인수한 기업은 실제보다 수익성이 떨어지는 것처럼 비쳐지며 주가는 저평가되는 경향이 있다.

선 디스트리뷰터스는 상각해야 할 영업권이 5700만 달러가 있었기 때문에 재무제표에 나타나는 주당 순이익은 A주식과 B주식 모두 1.25달러로 낮아졌다. 그러나 실제로 선 디스트리뷰터스의 이익은 이보다 거의 두 배 정도 많았다. 기업이 벌어들인 돈이지만 이익이라고 주장하지 못하는 이러한 남는 이익을 잉여현금흐름이라고 한다.

잉여현금흐름이 건강하면 기업은 호황일 때나 불황일 때나 적응할 수 있는 유연성을 갖게 된다. 선 디스트리뷰터스는 특히 자본총계에서 부채가 차지하는 비율이 60%로 높기 때문에 잉여현금흐름이 중요했다. 선 디스트리뷰터스의 현금흐름은 부채에 대한 이자를 4배 이상 감당할 수 있을 만큼 충분했다. 나는 이 사실을 확인하고 더욱 안심하게 됐다.

선 디스트리뷰터스는 경기가 좋을 때 넉넉한 현금흐름으로 총 4100만 달러에 상당하는 기업들을 인수해 사업을 확장했다. 마셜은 1991년에는 인수를 줄이고 현금흐름으로 부채를 줄이면서 경기 침체에 대처하고 있다고 말했다. 만약 선 디스트리뷰터스가 모든 현금흐름을 부채를 갚는 데만 쓴다면 9.5%의 이자로 빌린 1억 1000만 달러의 부채를 2년 이내에 완전히 갚을 수 있을 것으로 예상된다. 선 디스트리뷰터스는 이미 그렇게 하기로 결정을 내렸다. 경기가 더욱 나빠지면 부채를 더욱 줄이기 위해 인수한 사업체를 몇 개 팔면 된다.

일시적으로 기업 인수를 중단하면 선 디스트리뷰터스의 이익은 과거처럼 빠르게 늘진 않을 것으로 예상된다. 그러나 대차대조표는 훨씬 더 탄탄해질 것이다. 나는 선 디스트리뷰터스의 경영진이 현실을 잘 직시하고 부채를 줄이기로 결정했다고 생각한다. 또한 이 결정으로 선 디스트리뷰터스는 결국 살아남아 미래에 더 많은 기업을 인수할 수 있을 것이란 확신도 들었다.

선 디스트리뷰터스는 경기가 더 침체되어도 살아남을 것이다. 경기가 살아난다면 더욱 더 번창할 것이다. MLP 구조를 청산해야 할 때가 되면 전체 사업은 매각될 것이다. 1100만 주의 A주식 주주들은 계약대로 1주당 10달러씩 받을 것이고 2200만 주의 B주 주주들은 사업을 매각하고 받은 돈 중 A주 주주들에게 배분하고 남은 자금을 나눠 갖게 된다. 이 돈은 1주당 5~8달러가 될 수 있다. 이렇게 되면 B주 주주들은 투자금액의 두 배 이상 받는 것이다.

테너러 합자회사

테너러는 문제가 많은 회사였다. 테너러의 가장 큰 장점이라면 1991년에 주가가 9달러에서 1.25달러로 폭락했다는 것밖에 없었다. 테너러는 소프트웨어 및 컨설팅 회사이다. 소프트웨어는 내가 쉽게 이해하지 못해서 신뢰할 수 없는 사업이고, 컨설팅은 믿고 안심하기엔 사업 내용이 너무 모호하다. 테너러의 가장 큰 고객은 원자력 산업이고 사업계약을 주로 맺는 상대방은 연방정부이다.

테너러에 두 번 전화한 결과 나는 주가가 왜 폭락했는지 알 수 있었다. 테너러는 주요 매출 기반이 되는 고객과 다툼 중이었다. 그 고객은 바로 연방정부였다. 연방정부는 테너러가 특정 서비스에 대해 비용을 너무 많이 부과했다고 판단하고 테너러와 맺은 일부 계약을 취소해버렸다. 더 나쁜 점은 개발하는 데 수백만 달러가 소요됐고 테너러가 전세계 전력회사에 팔기를 바라는 소프트웨어 프로그램이 기대만큼의 실적을 올리지 못하고 있다는 것이었다.

이 때문에 테너러는 인원을 큰 폭으로 줄이지 않을 수 없었다. 사장인 돈 데이비스를 비롯한 핵심 임원 몇몇은 사임했다. 남은 사람들도 조화롭고 협력적인 분위기를 만들지 못했다. 컨설팅 산업에서 테너러와 경쟁하는 업체들은 주요 고객들에게 테너러를 비방하고 다녔다.

1991년 6월에 테너러는 배당금을 지급하지 않았다. 또 배당금을 분기당 20센트였던 과거 수준으로 회복하기까지 오랜 시간이 걸릴 것이라고 발표했다.

나는 테너러를 너무 높이 치켜세울 생각은 없다. 이 회사가 10센트라도 빚이 있었으면 나는 1초도 관심을 두지 않았을 것이다. 부채가 없고 지불해야 할 큰 비용이 없기 때문에 나는 테너러가 오늘 내일 망하지는 않을 것이라고 생각했다. 부채가 전혀 없고 꼭 필요한 설비 투자가 없다는 점은 긍정적이었다. 컨설턴트에게 책상과 수수료를 계산할 계산기와 전화 외에 무엇이 더 필요하겠는가? 또 평가가 좋은 원자력 서비스 사업부는 청산할 때 상당한 값을 받고 팔 수 있을 것 같았다.

테너러는 1991년 이전까지 4년간 매년 주당 77~81센트의 순이익을 냈다. 테너러는 여전히 이익 창출 능력이 있다. 하지만 80센트 수준의 주당 순이익을 회복하진 못할 것이다. 그래도 주당 40센트라도 이익을 낸다면 테너러의 주식은 4달러의 가치는 있는 셈이다.

나는 이처럼 절박한 상황에 빠진 기업을 분석할 때는 이익을 계산하지 않는다. 최악의 사태에 대비해 자산의 잠재가치를 계산할 뿐이다. 분석 결과 테너러가 경매에 부쳐지면 주당 1.5달러의 가치는 있다는 판단을 내렸다. (당시 나는 직접 분석해 이런 가격을 산출했다.) 테너러는 부채도 없고 지불해야 할 비용도 거의 없기 때문에 매각대금은 법적인 수수료만 제외하고 모두 주주들에게 분배될 것이다.

테너러가 일부 문제를 회복한다면 주가는 큰 폭으로 반등할 것이고 해결하지 못한다면 주가는 소폭 반등에 그칠 것이다. 이것이 최소한 내가 가진 기대였다.

테너러는 회생을 책임질 사람으로 밥 달을 영입했는데 나는 그가 통신산업에서 일할 때 만난 적이 있다. 달은 내가 《배런스》 라운드테이블에 참석하기 하루 전 뉴욕에 있을 때 전화를 했다. 그는 테너러가 6~12개월 안에 회생할 수 있다고 설명했다. 그는 또 기업 임원들이 테너러 주식을 많이 보유하고 있다고 말했다. 나는 그의 말을 듣고 테너러에 어느 정도의 가치가 있다고 확신했다.

제15장

경기순환주의
위험과 기회

BEATING THE STREET

경기 침체일 때 전문 자산운용가들은 경기순환주 투자를 고려한다. 알루미늄과 철강, 제지, 자동차, 화학, 항공 등의 산업이 호황에서 불황으로, 또다시 호황으로 등락을 반복하는 것은 널리 알려진 사실로 계절의 변화만큼이나 믿을 만한 것이다.

　단지 다른 사람들보다 먼저 경기순환주에 투자하려는 펀드매니저들의 욕망 때문에 혼란스러울 뿐이다. 월스트리트는 실제보다 훨씬 더 일찍 경기순환주의 부활을 기대하고 있으며 이 때문에 경기순환주에 대한 투자는 점점 더 어려워진다.

　대부분의 주식에서 PER가 낮다는 것은 좋은 징조로 여겨진다. 하지만 경기순환주에서는 그렇지 않다. 경기순환주의 PER가 매우 낮다면 이는 호황기가 막을 내렸다는 의미이다. 경솔한 투자자들은 사업이 여전히 잘되고 이익 수준도 높다는 이유로 경기순환주에 계속 투자하지만 상황은 곧 바뀐다. 현명한 투자자들은 매도 행렬을 피하기 위해 이때 경기순환주를 처분한다.

　대중들이 경기순환주를 팔기 시작하면 주가는 오직 한 방향으로만 나아갈 수 있다. 주가가 떨어지면 PER는 떨어지고 이 때문에 초보 투자자들에게 경기순환주는 더욱 매력적으로 느껴진다. 하지만 이때 경기순환주를 사면 값비싼 대가를 치르게 된다.

경기가 곧 하강세로 돌아서면 경기순환주의 이익 역시 깜짝 놀랄 만한 속도로 떨어진다. 많은 투자자들이 경기순환주에서 빠져나가려고 할수록 주가는 더욱더 빠른 속도로 급락한다. 몇 년간 기록적인 이익 상승세를 보인 후 PER가 바닥을 쳤을 때 경기순환주에 투자하는 것은 짧은 기간 내에 투자자금의 절반을 잃어버리는 가장 확실한 방법이다.

반대로 PER가 높다는 것은 대부분의 주식에서 나쁜 징조로 해석되지만 경기순환주에서는 좋은 소식일 수도 있다. PER가 높다는 것은 경기순환주가 이미 최악의 침체를 지나갔으며, 사업이 곧 개선될 것이고, 이익이 애널리스트들의 전망보다 많아질 것이며, 펀드매니저들이 진지하게 주식을 매입하기 시작할 것임을 시사하기 때문이다. 그 결과 주가는 오른다.

경기순환주 투자는 예측의 게임이기 때문에 수익을 내기가 두 배로 더 어렵다. 경기순환주 투자에서 가장 기본적인 위험은 너무 일찍 들어가 실망한 채 너무 일찍 주식을 파는 것이다. 따라서 산업(구리, 알루미늄, 철강, 자동차, 제지 등)과 산업의 경기에 대해 실질적인 지식이 없는 상태에서 경기순환주에 투자하는 것은 위험하다. 만약 당신이 동파이프의 가격동향을 계속 파악할 수 있는 배관공이라면 구리회사인 펠프스 다지가 단지 싸 보인다는 이유로 투자를 결정한 경영학 석사 출신의 펀드매니저보다 펠프스 다지에 투자해 돈을 벌 확률이 더 높다.

내가 경기순환주에 투자해 얻은 성과는 약간 좋은 수준이다. 나는 경기 침체 때마다 경기순환주에 주목해 투자기회를 노렸다. 나는 항상 긍정적으로 생각하기 때문에 신문기사가 경제에 관해 아무리 비관적이라 해도 언젠가는 경기가 회복될 것이라 믿고 경기가 바닥일 때 경기순환주에 투자하려 한다. 경기순환주를 둘러싼 여건이 더 이상 악화되기 어려운 것처럼 보이는 때야말로 상황이 개선되기 시작하는 때이다. 침체됐던 경기순환주는 반드시 건강해진 재무제표로 돌아오게 마련이다. 여기에서 피터 린치의 19번째 원칙이 나온다.

상황을 비관적으로 봐서 얻을 것은 아무것도 없다.
공매도 투자자거나 돈 많은 배우자를 찾는 시인이 아니라면.

펠프스 다지

주택 경기가 회복될 것으로 기대하고 건설업체 주식을 사려던 나의 계획이 같은 생각을 가진 발 빠른 다른 투자자들에 의해 어떻게 좌절됐는지는 이미 소개했다. 그러나 그들은 구리시장 회복까지는 예측하지 못했고, 1992년 1월에 펠프스 다지란 이름으로 다가온 저가 매수 기회를 나는 무시하기 어려웠다. 아는 배관공에게 물어봐서 동파이프 가격이 오르고 있다는 사실을 확인할 수 있었다.

1991년에 펠프스 다지를 추천했으나 펠프스 다지의 주가는 1년간 제자리걸음만 계속했다. 지난 1년간 주가가 오르지 않았다고 해서 그 주식을 투자목록에서 제외할 필요는 없다. 주가가 오르지 않았다는 것이 오히려 그 주식을 더 사야 하는 이유가 될 수도 있다. 1992년 1월 2일에 펠프스 다지를 다시 한 번 점검해보고 상황이 1년 전보다 더 나아졌다는 사실을 확인했다.

펠프스 다지가 뉴욕에 있을 때는 회사를 가끔 방문하곤 했다. 그러나 애리조나주로 이주한 뒤엔 전화로만 연락을 취했다. 나는 펠프스 다지에 전화해 더글러스 이얼리 회장과 통화했다.

회사 측과 대화를 나누면서 구리에 관한 몇 가지 사실을 알게 됐으며, 이로 인해 구리가 알루미늄보다 더 값진 상품이라는 점을 확신하게 됐다. 지구 표면(정확히는 지구 표면에서 8%)에는 알루미늄이 많다. 알루미늄은 가을에 땅을 뒤덮는 낙엽만큼이나 흔할 뿐 아니라 캐내기도 쉽다. 하지만 구리는 알루미늄보다 적으며 점점 더 줄어들고 있다. 구리광산은 구리가 고갈되거나 물에 잠겨 폐쇄되고 있었다. 구리는 생산 교대조를 늘려 많이 생산할 수 있는 양배추 인형 생산라인이 아니다.

환경 규제로 미국의 수많은 제련업체들이 문을 닫고 많은 기업이 상품을 만들기 위한 제련을 포기하고 있다. 이 때문에 이미 미국은 제련업이 부족한 상태이며 이런 현상은 전 세계로 확산되고 있다. 펠프스 다지 주주들은 제련업의 이런 추세에 오히려 안도할 것이다. 펠프스 다지는 제련소가 많으며 과거에 비해 경쟁업체도 많이 줄었다.

구리 수요가 단기적으로 부진하다고 해도 곧 늘어나게 되어 있다. 소비에트연방에서 독립한 크고 작은 국가들을 포함해 개발도상국들이 전화 시스템을 개선하려 하기 때문이다. 요즘은 모든 사람들이 자본가가 되기를 원하는데 전화 없이 자본가가 되기는 어렵다.

유선전화 시스템에는 수천 미터의 구리선이 계속 필요하다. 개발도상국의 모든 국민들이 휴대전화를 갖고 다니지 않는 한 개발도상국은 구리를 자주 구매할 수밖에 없다. 개발도상국은 선진국에 비해 더 많은 구리를 필요로 하며, 개발도상국이 많아지고 있다는 사실은 구리시장의 전망을 밝게 한다.

최근 펠프스 다지는 전형적인 경기순환주의 모습을 보였다. 경기 침체 전인 1990년에 펠프스 다지의 주당 순이익은 6.50달러(최근의 주식 분할에 따라 조정한 것)였고 주가는 23달러와 36달러 사이로 PER가 낮을 때는 3.5배, 높을 때는 5.5배였다. 1991년에는 이익이 주당 3.90달러로 줄었고 주가는 고점인 39달러에서 26달러로 내려갔다. 주가가 여기에서 더 내려가지 않았다는 것은 많은 투자자들이 펠프스 다지의 장기 전망을 긍정적으로 평가하고 있다는 증거이다. 그렇지 않다면 경기순환주 투자자들이 다음 번 경기 호황기에 대비해 평소보다 일찍 투자에 나섰다는 의미이다.

경기순환주에 투자할 때 가장 중요하게 살펴봐야 할 것은 경기가 다시 하강해도 견뎌낼 수 있을 만큼 기업의 재무구조가 탄탄한가 하는 점이다. 나는 당시 구할 수 있는 가장 최근의 재무정보인 펠프스 다지의 1990년 연차보고서 30쪽에서 이에 대한 정보를 얻을 수 있었다. 펠프스 다지는 자본총계가 16억 8000만 달러였고 총 부채(단기 차입금＋장기 차입금-현금 및 단기 금융상품)는 3억 1800만 달러밖에 되지 않았다. 펠프스 다지는 구리 가격이 얼마나 떨어지든 파산하지는 않을 것 같았다. (물론 구리 가격이 0달러로 떨어진다면 문제가 되겠지만 말이다.) 경기가 하강하면 펠프스 다지가 자금난에 직면하기 전에 재무 구조가 약한 다른 많은 경쟁업체들이 광산을 폐쇄하고 구리 제련소를 정리할 것이다.

펠프스 다지는 큰 기업이며 구리 이외의 분야에도 사업이 다각화되어 있기 때문에 다른 사업도 경영이 잘되고 있는지 궁금했다. 최고경영자인 이얼리는 각 사업부문을 짚어가며 다음과 같이 설명했다. "카본블락 OK, 절연 구리선 OK, 트럭 바퀴 OK, 펠프스 다지가 72%의 지분을 가지고 있는 몬태나주 금광 캐니언 리소시스는 엄청난 수익원이 될 예정이다."

이러한 사업은 경기가 좋지 않았을 때(1991년의 경우)도 최소한 주당 1달러의 이익을 냈으므로 경기가 좋을 때는 주당 2달러까지 이익을 기대할 수 있다고 말해도 무리는 아니다. PER를 별로 높지 않은 5~8배로 적용해도 이들 사업은 10~16달러 정도의 가치가 있었다. 금광사업은 주당 5달러 정도의 가치는 있어 보였다.

나는 종종 이런 식으로 기업의 여러 사업부를 나눠서 가치를 계산해본다. 각 사업부에 상당한 가치의 자산이 숨겨져 있을 수도 있기 때문이다. 사업부별로 분리해 가치를 계산해보는 방법은 투자하기를 원하는 어떤 주식에도 유용하게 적용할 수 있다. 각 사업부의 가치를 산정해 더한 총합이 기업 전체의 주가보다 더 큰 경우도 종종 있는 일이다.

어떤 기업이 몇 가지 사업을 하고 있는지는 연차보고서를 보면 쉽게 알 수 있다. 연차보고서는 각 사업부별로 어느 정도 이익을 냈는지 분류해서 보여준다. 각 사업부의 이익을 살펴보고 평균적인 산업 PER를 적용해보면(예를 들어 경기순환주의 경우 평균 이익의 8~10배, 또는 최고 수준의 이익일 경우 3~4배) 각 사업부별로 어느 정도 가치가 있는지 대략적이나마 추정해볼 수 있다.

펠프스 다지의 경우 금광사업이 주당 5달러의 가치가 있고 구리 이외의 다른 사업이 주당 10~16달러의 가치가 있는 것으로 보이는데 주가는 현재 32달러이다. 그렇다면 주가에 구리사업의 가치는 아주 조금밖에 반영돼 있지 않다는 의미이다.

표 15-1 펠프스 다지의 결합 대차대조표
(단위: 1000달러, 주당 가격만 제외)

	1990년 12월 31일	1989년 12월 31일
자산		
유동자산:		
현금 및 현금 등가물	$ 161,649	12,763
매출채권 – 부실 매출채권에 대한 충당금 (1990-$16,579; 1989-$11,484)	307,656	346,892
재고자산	256,843	238,691
저장품	95,181	84,283
선지급 경비	17,625	8,613
유동자산	838,954	691,242
투자 및 장기성 매출채권	93,148	79,917
부동산, 공장, 장비 등	1,691,176	1,537,359
기타 자산 및 이연비용	204,100	196,109
	$ 2,827,378	2,504,627
부채		
유동부채:		
단기 차입금	$ 43,455	92,623
장기 부채 중 단기 상환액	32,736	33,142
매입채무 및 미지급 비용	362,347	307,085
법인세	51,193	46,197
유동부채	489,731	479,047
고정부채	403,497	431,523
이연법인세	110,006	67,152
기타 부채 및 이연 채무	116,235	156,743
	1,119,469	1,134,465
자회사 출자 지분	24,971	20,066
자본		

보통주 주당 가격 $6.25;
  수권주식 100,000,000;
  자사주 3,152,955주(1989년 2,975,578주)를 차감한
  발행주식수 34,441,346주* (1989년 3,4618,723주)
	215,258	215,367

주식발행 초과금	268,729	281,381
이익잉여금	1,269,094	917,848
누적된 이전 및 변경 조정 등 기타	(70,143)	(65,500)
자본	1,682,938	1,350,096
	$ 2,827,378	$ 2,504,627

※ 최근의 2대1 액면분할 이전 기준

수많은 제조업체를 파멸로 이끄는 원인이기도 한 설비투자도 살펴 봤다. 설비투자는 펠프스 다지에 큰 문제가 안 되는 것 같았다. 펠프 스 다지는 1990년에 공장과 기계를 개선하기 위한 설비투자비로 2억 9000만 달러를 썼는데 이는 현금흐름의 절반도 안 되는 규모였다.

펠프스 다지의 1990년 연차보고서 31쪽(표 15-2)을 보면 현금흐름 은 6억 3300만 달러로 설비투자와 배당금을 합한 것보다 더 많다. 불 황이던 1991년에도 현금흐름이 설비투자를 앞섰다. 기업이 쓰는 것보 다 더 많은 돈을 가지고 있다는 것은 좋은 신호다.

펠프스 다지의 광산과 설비들은 상태가 매우 우수했다. 매년 새로운 상품을 개발하고 기존 상품을 밀어내는 데 엄청난 돈을 써야 하는 컴퓨 터회사와 달리 펠프스 다지는 광산을 유지하는 데 아주 적은 돈만 쓰면 된다. 펠프스 다지는 또 공장시설을 개량하는 데 엄청난 돈을 쏟아붓고 도 더 싼 가격에 철강을 판매하는 외국 경쟁업체들로 인해 이익이 줄어 들고 있는 철강회사들보다 훨씬 더 형편이 좋았다.

설비투자나 여러 가지 다른 사업부문에 어떤 일이 일어나든 펠프 스 다지의 운명은 기본적으로 구리 가격에 달려 있다. 계산은 아주 간 단하다. (연차보고서에 따르면) 펠프스 다지는 1년에 11억 파운드의 구리 를 생산한다. 따라서 구리 가격이 1파운드당 1센트 오르면 세전이익이 1100만 달러 늘어난다. 펠프스 다지의 발행주식수는 7000만 주이므로 1100만 달러의 이익 증가는 1주당 세후 10센트의 이익 증가로 이어진 다. 따라서 구리 가격이 1파운드당 1센트씩 오를 때마다 펠프스 다지 의 순이익은 주당 10센트씩 늘고 구리 가격이 1파운드당 50센트 오르 면 순이익은 주당 5달러가 늘어난다.

표 15-2 펠프스 다지의 결합 현금흐름표

	1990년	1989년	1988년
영업활동			
순이익	$ 454,900	$ 267,000	$ 420,200
당기순이익과 영업활동으로 인한 현금흐름 차이 조정:			
감가상각비, 무형자산상각비	132,961	133,417	116,862
이연법인세	$ 50,918	(53,670)	70,323
보유지분에 대한 미분배 이익	(5,280)	(8,278)	(15,807)
비생산 자산 등에 대한 충당금	–	374,600	50,000
영업활동으로 인한 현금흐름	633,499	712,979	641,578
영업활동으로 인한 현금흐름과 영업활동으로 인한 순현금 차이 조정:			
유동자산과 유동부채에 대한 비용:			
• 매출채권 감소(증가)	42,115	76,850	(69,278)
• 재고자산 감소(증가)	(24,700)	11,394	(26,706)
• 저장품 감소(증가)	(9,713)	(2,801)	(6,344)
• 선지급 경비 감소(증가)	(10,565)	1,778	6,986
• 지급이자 증가(감소)	(983)	(2,958)	(918)
• 기타 매입채무 증가(감소)	35,016	(38,816)	(6,770)
• 미지급 법인세 증가(감소)	2,702	(11,292)	14,687
• 미지급 비용 증가(감소)	23,500	24,898	(2,031)
기타 조정	(48,995)	(27,833)	(8,413)
영업활동으로 인한 순현금	641,876	744,199	542,791
투자활동			
자본지출	(290,406)	(217,407)	(179,357)
고정자산 원가에 붙는 이자(자본화된 이자)	(1,324)	(1,529)	(6,321)
자회사 투자	(4,405)	(68,797)	(253,351)
자산매각 차익	3,155	5,131	35,413
투자활동으로 인한 순현금	(292,980)	(282,602)	(403,616)
재무활동			
부채 증가	19,124	79,830	184,727
부채 상환액	(98,184)	(114,244)	(235,048)
보통주 매입	(21,839)	(141,235)	(50,371)
우선주 배당금	–	(4,284)	(15,000)
보통주 배당금	(103,654)	(454,307)	(29,202)
기타	4,543	13,102	1,959
재무활동으로 인한 순현금	(200,010)	(621,138)	(122,935)
현금 및 단기 투자 증가(감소)액	148,886	(159,541)	16,240
연초 현금 및 단기 투자액	12,763	172,304	156,064
연말 현금 및 단기 투자액	161,649	12,763	172,304

만약 사람들이 내년에, 또 그 이후에 구리 가격이 어떻게 될지 알 수 있다면 자동적으로 펠프스 다지를 언제 샀다가 언제 팔아야 할지 알 수 있을 것이다. 나는 그러한 예지력이 있어야 한다고 주장하는 것은 아니다. 하지만 1990~91년에는 경기 침체 때문에 구리 가격이 쌌으며 이런 낮은 가격이 영원히 지속되지 않으리라는 것은 안다. 그리고 구리 가격이 올라가기 시작하면 펠프스 다지의 주주들이 일차적인 수혜자가 될 것이란 사실도 잘 알고 있다. 이제 해야 할 일은 펠프스 다지에 투자해 배당금을 계속 받으면서 인내심을 갖고 기다리는 것뿐이다.

GM

자동차주는 주식시장에서 종종 우량주로 오인되는 경향이 있는데 사실은 전형적인 경기순환주이다. 자동차주를 사서 25년간 보유하는 것은 알프스 산맥을 비행기로 넘는 것과 같다. 알프스 산맥을 비행기로 건넌다 해도 무엇인가 얻는 것은 있을 것이다. 하지만 도보로 산맥의 오르막과 내리막을 모두 경험하며 넘는 것만큼 많은 것을 얻을 수는 없다.

나는 1987년에 마젤란펀드에서 가장 큰 비중을 차지했던 크라이슬러와 포드 등 자동차주에 대한 투자지분을 낮췄다. 1980년대 초에 시작됐던 엄청난 자동차 구입 붐이 곧 끝날 것이라는 사실을 감지했기 때문이다. 하지만 자동차주가 최고 주가에서 50% 급락하고 전국의 자동차 전시장은 텅 비어 썰렁한데다 자동차와 트럭 판매업자들이 손님이 없어 카드놀이로 시간을 때우고 있던 1991년 경기 침체기 때 나는 다시 한 번 자동차주에 주목했다.

누군가 믿을 만한 가정용 호버크래프트Hovercraft(땅이나 물 위에 한 뼘 정도 떠서 움직이는 비행물체)를 발명하지 않는 한 자동차는 앞으로도 미국에서 가장 사랑받는 개인 소유물일 것이다. 지금 타고 있는 자동차에 싫증이 나거나 브레이크가 못 쓰게 되고 녹슨 자동차 바닥 밑으로 도로가 보일 정도로 자동차가 낡으면 누구나 자동차를 바꿔야 한다. 나는 1977년산 AMC 콩코드를 지금까지 타고 다니지만 이 오랜 충복조차도 이젠 심한 소음을 내기 시작했다.

1980년대 초에 내가 자동차주 비중을 크게 늘렸을 때 미국의 연간 자동차 및 트럭 판매대수는 1977년에 1540만 대에서 1982년에는 1050만 대로 감소했다. 물론 자동차 판매대수가 더 줄어들 수도 있겠지만 자동차가 한 대도 팔리지 않을 수는 없다. 대부분의 주에서 자동차를 갖고 있으면 1년에 한 번씩 정기검사를 받아야 하며 이 때문에라도 사람들은 낡은 자동차를 영원히 몰고 다닐 수 없다. 결국 이런 낡아 빠진 차들은 도로에서 사라지게 될 터였다.

물론 새로운 판매기법이 자동차 산업이 반등하는 것을 늦출 수도 있다. 바로 60개월 자동차 할부 판매이다. 과거에 36개월 할부 판매가 일반적이었을 때 사람들은 자동차 할부를 다 갚을 때쯤 자동차를 바꿀 결심을 했다. 기존 자동차 할부가 좀 남아 있더라도 타던 자동차로 남은 할부를 모두 갚고 신차를 살 수 있었다. 하지만 60개월 할부 판매는 이런 관행을 바꿨다. 4~5년 타고 다닌 자동차는 남아 있는 할부금만큼도 가치가 없었기 때문에 타던 차로 남아 있는 할부금을 치를 수가 없었다. 하지만 결국 60개월 할부도 다 갚게 된다.

자동차주 매수시점을 가늠할 때 유용한 지표 중 하나가 중고차 가격이다. 중고차 판매상들이 가격을 낮추면 중고차 판매에 어려움을 겪고 있다는 의미이며, 중고차 시장이 부진하면 신차 시장은 더욱 부진하게 마련이다. 하지만 중고차 가격이 올라가면 자동차 산업의 전망이 밝다는 신호이다.

더욱 믿을 만한 지표는 구매가 연기된 자동차 대수이다. 나는 이 인상적인 통계를 크라이슬러 출판부에서 발간하는 《코퍼레이트 이코노미스트Corporate Economist》에 게재된 도표(표 15-3)에서 발견했다.

표에서 두 번째 칸을 보면 연도별 실제 자동차 판매대수가 표기돼 있다. 각 숫자의 단위는 1000대이다. '적정'이란 제목이 붙은 세 번째 칸은 인구 통계와 전년도 자동차 판매대수, 도로에 다니는 자동차들의 연식 등에 근거해 그해에 팔렸어야 하는 적정한 자동차 대수를 추정한 것이다. 실제 판매대수와 적정 판매대수 사이의 차이가 구매가 연기된 자동차 대수, 즉 잠재된 수요이다.

1980년부터 1983년까지 4년간은 경기 침체로 사람들이 절약하려는 경향이 강했기 때문에 실제 팔린 자동차가 적정 자동차 판매대수보다 700만 대나 적다. 이는 자동차를 사야 하는 700만 명의 사람들이 구매를 연기했다는 의미이며 앞으로 자동차 판매가 늘어날 수 있음을 시사한다. 확실히 1984년부터 1989년까지는 자동차 판매가 늘어나 실제 판매대수가 적정 판매대수를 780만 대나 초과했다.

실제 판매된 자동차 대수가 4~5년간 적정 수준을 밑돌면 실제 판매대수가 적정 판매대수를 따라잡은 후 4~5년간 실제 판매대수가 적정

표 15-3 미국 승용차 및 상용차 실제 판매대수 대 적정 판매대수
(단위: 1000대)

연도	실제	적정	적정 판매대수 - 실제 판매대수	잠재수요 대수
1960	7,588	7,700	(112)	(112)
1970	10,279	11,900	(1,621)	(2,035)
1980	11,468	12,800	(1,332)	(1,336)
1981	10,794	13,000	(2,206)	(3,542)
1982	10,537	13,200	(2,663)	(6,205)
1983	12,310	13,400	(1,090)	(7,295)
1984	14,483	13,600	883	(6,412)
1985	15,725	13,800	1,925	(4,487)
1986	16,321	14,000	2,321	(2,166)
1987	15,189	14,200	989	(1,177)
1988	15,788	14,400	1,388	211
1989	14,845	14,600	245	456
1990	14,147	14,800	(653)	(197)
1991	12,541	15,000	(2,459)	(2,656)
추정치*				
1992	13,312	15,200	(1,888)	(4,544)
1993	14,300	15,400	(1,100)	(5,644)

자료: 크라이슬러 코퍼레이션
※ 피터 린치 추정치

> 1992년 자동차 판매대수는 전년에 비해 크게 늘어났음에도 여전히 적정 판매대수 추이를 크게 밑돌고 있다. 이는 적정 판매대수 추이를 따라 잡으려면 향후 4~5년간 승용차 및 상용차 판매가 크게 늘어나야 함을 의미한다.

수준을 웃돈다. 만약 이 사실을 모르고 있다면 자동차주를 너무 빨리 파는 실수를 범하게 된다. 예를 들어 자동차 판매대수가 전년의 1050만 대에서 1230만 대로 늘어난 1983년에 포드나 크라이슬러 주식을 팔아 차익을 실현하려 할 수도 있다. 하지만 판매 추이를 알고 있다면 700만 대 이상의 잠재된 수요가 있으며, 이는 1987년이 되어야 소진될 수 있다는 사실을 파악할 수 있을 것이다.

자동차주를 팔아야 하는 시기는 1980년대 초 이후에 자동차 구매를 연기해온 누적된 잠재수요가 모두 소진된 1988년이었다. 사람들은 5년간 총 7400만 대의 새 차를 구입했고 이후 자동차 판매대수는 늘어나기보다는 줄어들 가능성이 컸다. 1989년에는 경기가 전반적으로 호황이었음에도 자동차 판매대수는 100만 대 정도 줄었고 자동차주도 하락했다.

1990년 들어서 다시 한 번 구매가 연기된 자동차 잠재수요가 발생했다. 2년간 자동차는 적정 수준보다 덜 팔렸으며 이런 추세가 지속되면 1993년까지 560만 대의 잠재수요가 누적되고, 그 결과 1994~96년에는 자동차 판매가 붐을 이룰 것이다.

자동차 경기 사이클을 잘 파악하는 것은 자동차주 투자에서 단지 절반에 해당할 뿐이다. 나머지 절반은 어떤 자동차회사가 자동차 판매가 늘어날 때 가장 큰 수혜를 입을지 골라내는 것이다. 만약 자동차 산업의 사이클에 대해선 잘 맞혔는데 자동차회사는 잘못 골랐다면 자동차 산업에 대해 잘못 예측한 것만큼이나 쉽게 돈을 잃을 수 있다.

1982년에 시작된 자동차 호황기 동안 나는 (1) 자동차주를 매수하기에 적기이며 (2) GM보다는 크라이슬러와 포드, 볼보의 수익률이 더 높을 것이라는 결론을 내렸다. GM은 미국 최대의 자동차회사이기 때문에 대부분의 사람들은 호황일 때 가장 큰 수혜를 입을 것이라고 생각한다. 하지만 그렇지 않다. GM은 뛰어난 평판에 비해 그에 부합하려는 노력과 열정이 부족했다. GM은 거만하고 근시안적이며 이미 얻은 명예에 안주할 뿐이었다. 하지만 그 외에는 사업 전반이 괜찮은 상태였다.

GM 본사에 들어가는 데 어려움을 겪은 사람은 다큐멘터리 〈로저와 나〉의 감독 마이클 무어만이 아니었다. (마이클 무어 감독은 미국 플린트시의 GM 공장 폐쇄로 일자리를 잃게 된 근로자들을 필름에 담으면서 로저 스미스 GM 회장을 인터뷰하려 시도하지만 GM 본사에서 쫓겨난다 - 역자) 나는 GM에 기업 방문을 간 적이 있었는데 투자자 관계IR를 담당하는 사람이 안내했다. 문제는 그 IR 담당자가 대학 캠퍼스만큼이나 큰 연구개발R&D 센터를 찾지 못해 나와 함께 거의 2시간가량을 헤매고 다녔다는 점이다. IR 부서의 직원들이 사내 지도조차 제대로 읽지 못한다면 회사의 나머지 사람들이야 어떨지 상상이 갈 것이다.

1980년대에 GM은 자동차주 투자자들에게 나쁜 인상을 남겼다. GM은 10년간 두 배가 올랐지만 크라이슬러를 산 사람들은 1982년 주가 바닥 때부터 5년간 거의 50배 수익을 올렸고 포드를 산 사람들은 17배의 수익을 올렸다. 1980년대 말 GM의 약점은 더 이상 비밀이 아니었다. 길거리에서 만나는 사람조차 미국 최고의 자동차회사가 일본과의 전쟁에서 졌다고 말했다.

하지만 주식시장에서 어제의 뉴스를 심각하게 받아들이거나 한 가지 의견을 오랫동안 고수해서 보답을 얻는 경우는 거의 없다. GM의 주가가 떨어질 때 월스트리트에서 인기 있는 의견은 GM이 수익성 높고 강력한 회사로 전망이 밝다는 것이었다. 1991년에 인기 있는 의견은 GM이 허약한 회사로 미래도 암담하다는 것이었다. 나는 과거에 GM을 좋아하지 않았지만 월스트리트에서 최근 인기 있는 이 관점이 과거의 관점만큼이나 잘못된 것으로 판명될 것이라는 예감이 들었다.

1982년에 언론은 크라이슬러를 몰락하는 거인으로 표현했다. 그때 기사를 찾아 크라이슬러의 이름만 GM으로 바꿔보라. 그러면 그때나 지금이나 같은 얘기라는 사실을 알게 될 것이다. 그때와의 차이점이라면 1992년의 GM이 1982년의 크라이슬러보다 재무구조가 더 튼튼하다는 것밖에 없다. 나머지는 모두 똑같다. 강력한 기업이 자동차를 어떻게 만드는지조차 잊어버렸고 대중의 신뢰를 잃어버렸으며 수천 명의 직원들을 해고했고 몰락을 향해 걸어가고 있다는 것이다.

1991년에 GM에 대한 이 모든 부정적인 소식들이 나를 매혹했다. 1990년 3분기 보고서에서 나는 무엇인가를 발견했다. 대부분의 관심은 GM의 미국 내 자동차 판매가 시들해지고 있다는 데 쏠렸지만 GM이 미국에서 자동차를 더 많이 팔지 않고도 성공할 수 있다는 사실이 드러났다. GM의 가장 수익성 높은 사업은 유럽 사업부와 금융 자회사인 GMAC, 그리고 항공 방산업체인 휴즈 에어크래프트, 자동차 전자부품 디자인 회사인 델코, 일렉트릭 데이터 시스템즈 등이었다.

이러한 GM 사업부는 모두 호황이어서 미국 자동차 사업부만 손익분기점을 넘긴다면 1993년에는 주당 6~8달러의 이익이 예상됐다. 이같은 이익 예상치에 PER 8을 적용하면 주가는 48~64달러가 되어야 하며 이는 현재 주가에서 큰 폭의 상승을 의미한다. 만약 GM의 자동차 사업부가 경기가 회복될 때 그래왔듯 손익분기점을 넘는 것은 물론이고 이익을 낸다면 GM은 주당 10달러의 이익도 낼 수 있다.

공장 몇 개를 폐쇄하면 수천 명의 근로자들이 일자리를 잃겠지만 GM은 가장 수익이 저조한 사업부에서 비용을 절감할 수 있다. GM은 일본 자동차 업체와의 경쟁에서 이길 필요도, 미국 자동차 시장을 다시 석권할 필요도 없다. GM은 미국 내 자동차 시장점유율이 40%에서 30%로 축소됐다는 사실에 화가 나겠지만 GM은 여전히 시장점유율이 일본 자동차 업체들을 모두 합한 것보다 더 높다. GM의 미국 내 자동차 시장점유율이 25%까지 떨어진다고 해도 자동차 사업부는 다시 한 번 공장을 축소하고 관련 비용을 절감해 이익에 기여할 수 있다. 이는 이미 GM이 시작한 일이다.

내가 이런 결론을 내린 바로 그 주에 몇 개 신문에서 그렇게 비난하던 캐딜락을 포함해 GM의 여러 차종이 자동차 산업 내에서 중요한 상을 받았다는 기사를 읽었다. 그토록 험담을 듣던 캐딜락은 다시 한 번 비평가들을 매혹시켰고 GM의 트럭과 중형차 부분도 좋아 보였으며 GM에는 현금이 많았다. GM의 평판이 더 이상 나빠지기는 어려워 보이므로 깜짝 놀랄 만한 무엇인가가 있다면 상황은 금방 바뀔 것이다.

제16장

곤경에 빠진 전력회사

BEATING THE STREET

CMS 에너지

전력, 가스, 통신 등과 같은 공공설비주는 1950년대까지는 위대한 성장주였으나 그 이후부터는 중요한 매력이 성장 대신 배당으로 바뀌었다. 소득이 필요한 투자자들은 공공설비주에 투자하는 것이 은행에서 CD를 사는 것보다 장기적으로 수익이 더 좋았다. CD를 사면 이자를 받다가 후에 원금을 돌려받을 수 있다. 반면 공공설비주에 투자하면 매년 조금씩 증가해온 배당금을 받을 수 있고 주가 상승에 따른 자본이득까지 기대할 수 있다.

미국 대부분의 주에서 전력 수요가 둔화되면서 대표적인 공공설비주인 전력회사가 더 이상 위대한 성장주로 간주되지 않는 최근에도 몇몇 전력 및 가스회사는 상당히 높은 수익률을 기록했다. 예를 들어 서던 컴퍼니는 5년간 11달러에서 33달러로 올랐고 오클라호마 가스 & 일렉트릭은 13달러에서 40달러로, 필라델피아 일렉트릭은 9달러에서 26달러로 상승했다.

나는 마젤란펀드를 운용하면서 잠깐씩 전체 자금의 10% 가량을 공공설비주에 투자하곤 했다. 대개 금리가 하락하거나 경기가 나빠질 때 공공설비주에 투자했다. 다시 말하면 나는 공공설비주를 금리에 반응하는 일종의 금리순환주로 생각했고, 금리에 따라 공공설비주를 사고 파는 시점을 맞추려고 노력했다.

하지만 내가 공공설비주에 투자해 가장 좋은 실적을 올렸던 것은 곤경에 빠진 전력 및 가스회사에 투자했을 때였다. 나는 1979년 펜실베이니아주에 있는 스리마일 아일랜드의 원자력 발전소 2기에서 방사성 물질이 유출되는 사건이 발생한 후 스리마일 아일랜드의 지주사였던 제너럴 퍼블릭 유틸리티즈에 상당한 돈을 투자했고, 퍼블릭 서비스 오브 뉴햄프셔의 채권과 롱아일랜드 라이팅, 걸프 스테이트 유틸리티즈, 이후에 이름을 엔터지로 바꾼 미들 사우스 유틸리티즈 등에 더 많은 돈을 투자했다. 여기에서 피터 린치의 20번째 원칙이 나온다.

사람이나 기업이 이름을 바꾸는 이유는 다음 2가지 중 하나다.
결혼(합병)을 했거나 사람들이 잊기를 바라는 재난을 당했거나.

위에 소개한 전력 및 가스회사들은 원자력 발전소 건설이나 원자력 발전소를 건설하기 위한 자금 조달과정에서 문제를 겪었고, 원자력 공포가 확산되면서 주가가 급락했다.

나는 곤경에 빠진 전력 및 가스회사에 투자했을 때 일반적으로 어려운 상황에 처한 기업에 투자했을 때보다 더 좋은 수익률을 올렸다. 전력회사를 포함한 공공설비 회사들은 정부의 규제를 받기 때문이다. 예를 들어 전력회사가 파산을 선언하고 배당금을 지급하지 않더라도 사람들은 계속 전력이 필요하므로 전력회사가 계속 전력을 공급할 수 있는 방법을 찾아야만 한다.

규제당국은 전기료와 가스료를 어느 정도 부과해야 하는지, 전력회사와 가스회사는 어느 정도 이익을 취해도 되는지, 전력회사와 가스회사가 저지른 실수의 대가를 요금을 통해 고객에게 전가해도 되는지 등을 결정한다. 주정부는 이러한 기업들의 생존권을 갖고 있기 때문에 곤경에 빠진 전력 및 가스회사가 위기를 벗어날 수 있는 방법을 제공할 가능성이 매우 높다.

최근 냇웨스트 인베스트먼트 뱅킹 그룹의 애널리스트 3명(캐슬린 랠리, 존 켈러니, 필립 스미스)이 작성한 보고서가 나의 관심을 끌었다. 이들 중 켈러니는 몇 년간 알고 지낸 사람인데 매우 탁월한 애널리스트이다.

이들 3명의 공공설비주 애널리스트들은 '곤경에 빠진 공공설비주 사이클'이란 것이 있다고 주장하며 이 사이클을 모두 거치고 살아남은 공공설비 회사 4개를 사례로 들었다. 1973년 제1차 석유파동으로 유가가 급등하면서 자금난에 직면한 콘솔리데이티드 에디슨, 무리한 원자력 발전소 설립으로 자금난에 빠진 엔터지 코퍼레이션, 원자력 발전소를 건설했지만 승인을 받지 못한 롱아일랜드 라이팅, 방사선 유출 사고로 유명한 스리마일 아일랜드 원자력 발전소 2기의 지주사인 제너럴 퍼블릭 유틸리티즈 등이 '곤경에 빠진 공공설비주 사이클'로 소개된 4가지 사례이다.

이들 4개 전력회사의 주가는 너무나 큰 폭으로 너무나 빨리 떨어졌기 때문에 투자자들은 충격에 빠졌다. 또한 주가가 폭락하는 와중에 주식을 처분했던 투자자들은 이후 주가가 반등에 성공해 4배, 5배씩 폭등하자 더욱 절망했다. 이 과정에서 급락한 주식을 샀던 투자자들은 엄청난 수익률에 기뻐하며 한 사람의 불행이 다른 사람에게는 기회가 된다는 사실을 다시 한 번 증명했다. 3명의 애널리스트에 따르면 곤경에 빠진 4개 전력회사에서 이익을 얻기까지는 총 4단계를 통과하는 긴 시간이 필요하다.

첫 번째는 '위기가 발생하는 단계'이다. 이 단계는 콘솔리데이티드 에디슨처럼 유가 상승으로 지출이 엄청나게 늘어났지만 이를 고객에게 전가하지 못하거나 엄청난 자산이 투자수익원으로 활용되지 못하고 대개는 원자력 발전소 등에 묶여있어 이익이 크게 줄거나 손실이 나는 단계이다. 이익 감소 또는 손실 발생에 따라 주가도 1~2년 사이에 40~80%가 급락한다. 콘솔리데이티드 에디슨은 1974년 6달러에서 1.50달러로 폭락했고, 엔터지는 1983~84년에 16.75달러에서 9.25달러로, 제너럴 퍼블릭 유틸리티즈는 1979~81년에 9달러에서 3.88달러로, 롱아일랜드 라이팅은 1983~84년에 17.50달러에서 3.75달러로 주가가 떨어졌다. 이러한 주가 급락은 공공설비주를 안정적인 투자자산으로 생각했던 투자자들에게 충격적인 사건이었다.

급락한 공공설비주는 주가가 주당 순자산가치의 20~30% 수준으로 형성된다. 월스트리트는 특히 수십억 달러가 투입된 원자력 발전소가 문을 닫게 될 경우 이들 전력회사가 입는 피해는 치명적일 것이라고 생각하기 때문에 낮은 주가 수준을 당연하게 받아들인다. 이러한 인식이 바뀔 때까지 어느 정도 시간이 걸리는지는 위기의 종류에 따라 다르다. 롱아일랜드 라이팅의 경우 파산 우려 때문에 주가가 4년간 순자산가치의 30% 수준에 불과했다.

두 번째 단계는 3명의 애널리스트가 '위기관리'라고 부르는 단계이다. 이 단계에서 전력회사들은 곤경에 대처하기 위해 설비투자를 줄이고 긴축경영에 돌입한다. 긴축경영에는 배당금을 줄이거나 없애는 조치도 포함된다. 배당금 삭감은 기업이 어려움을 극복하기 위해 취하는 첫 시도지만 주가는 이러한 개선된 상황을 반영하지 않는다.

세 번째 단계는 '재정 안정화'로 전기료나 가스료 수입만으로 경영을 할 수 있을 정도로 비용 절감에 성공하는 단계이다. 자본시장은 여전히 이들 기업의 새로운 프로젝트에 돈을 빌려주기를 꺼려하고 기업은 여전히 주주들에게 아무런 수익도 안겨주지 못하지만, 이들 기업이 살아남을 것이란 사실은 의심할 여지없이 확실해진다. 주가도 다소 회복되어 이제는 순자산가치의 60~70% 수준으로 형성되어 있다. 첫 번째나 두 번째 단계에서 주식을 샀던 사람들은 이미 투자자금을 두 배로 불렸다.

네 번째 단계는 마침내 '회복되는 단계'로, 기업이 드디어 주주들에게 수익을 안겨주고 월스트리트도 이익이 늘어나고 배당금 지급도 재개될 것으로 기대할 수 있다. 이 단계에서 상황이 어떻게 진전되는가는 2가지 요소에 달려 있다. 첫째는 자본시장의 평판이다. 공공설비 회사는 자본 없이는 전기료나 가스료 등 요금을 받을 수 있는 고객층을 확대할 수 없다. 둘째는 규제당국의 지원 여부이다. 공공설비 회사의 비용을 어느 정도까지 요금 인상이라는 형태로 고객에게 전가할 수 있는지를 결정하는 것이 규제당국이다.

그래프 16-1, 16-2, 16-3, 16-4는 위에서 소개한 4개 전력회사의 주가 움직임을 나타낸 것이다. 그래프에서 알 수 있듯이 높은 수익을 올리기 위해 곤경에 빠진 공공설비주에 서둘러 뛰어들 필요는 없다. 각 기업의 주가흐름을 보면 위기가 가라앉고 비관론자들의 예측이 틀렸다

뉴욕 콘솔리데이티드 에디슨
뉴욕시 전력 및 천연가스회사

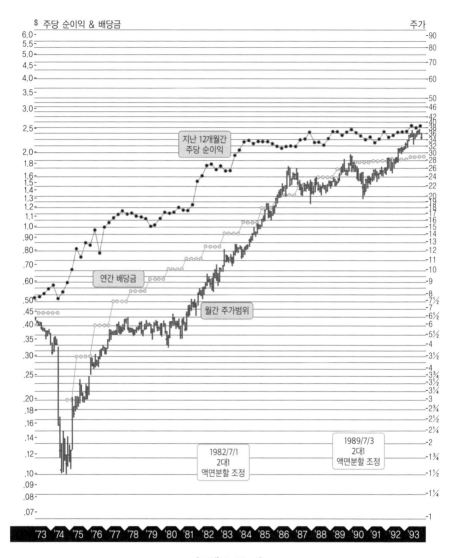

$ 주당 순이익 & 배당금

주가

지난 12개월간
주당 순이익

연간 배당금

월간 주가범위

1982/7/1
2대1
액면분할 조정

1989/7/3
2대1
액면분할 조정

'73 '74 '75 '76 '77 '78 '79 '80 '81 '82 '83 '84 '85 '86 '87 '88 '89 '90 '91 '92 '93

〈그래프 16-1〉

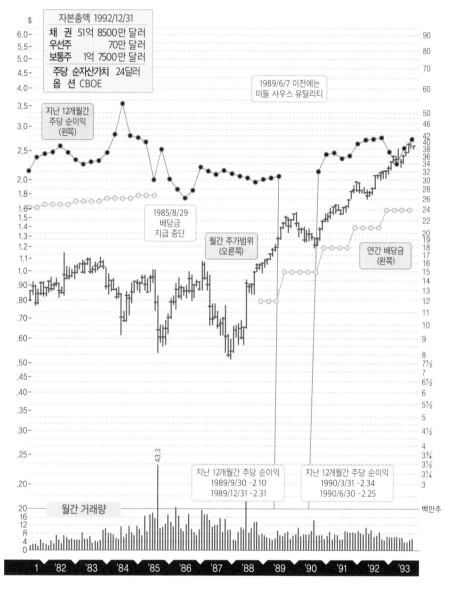

엔터지 코퍼레이션(ETR)
루이지애나주에 위치한 전력회사

자본총액 1992/12/31
채 권 51억 8500만 달러
우선주 70만 달러
보통주 1억 7500만 달러
주당 순자산가치 24달러
옵 션 CBOE

1989/6/7 이전에는
미들 사우스 유틸리티

지난 12개월간
주당 순이익
(왼쪽)

1985/8/29
배당금
지급 중단

월간 주가범위
(오른쪽)

연간 배당금
(왼쪽)

43.3

지난 12개월간 주당 순이익
1989/9/30 -2.10
1989/12/31 -2.31

지난 12개월간 주당 순이익
1990/3/31 -2.34
1990/6/30 -2.25

월간 거래량

백만주

1   '82   '83   '84   '85   '86   '87   '88   '89   '90   '91   '92   '93

〈그래프 16-2〉

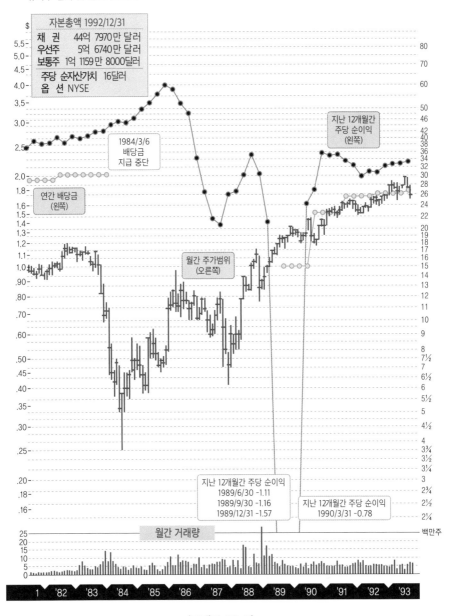

롱아일랜드 라이팅(LIL)
뉴욕주 전력 및 천연가스회사

자본총액 1992/12/31	
채 권	44억 7970만 달러
우선주	5억 6740만 달러
보통주	1억 1159만 8000달러
주당 순자산가치	16달러
옵 션	NYSE

1984/3/6
배당금
지급 중단

지난 12개월간
주당 순이익
(왼쪽)

연간 배당금
(왼쪽)

월간 주가범위
(오른쪽)

지난 12개월간 주당 순이익
1989/6/30 -1.11
1989/9/30 -1.16
1989/12/31 -1.57

지난 12개월간 주당 순이익
1990/3/31 -0.78

백만주

월간 거래량

〈그래프 16-3〉

438

제너럴 퍼블릭 유틸리티즈(GPU)
펜실베이니아주 및 뉴저지주 전력회사

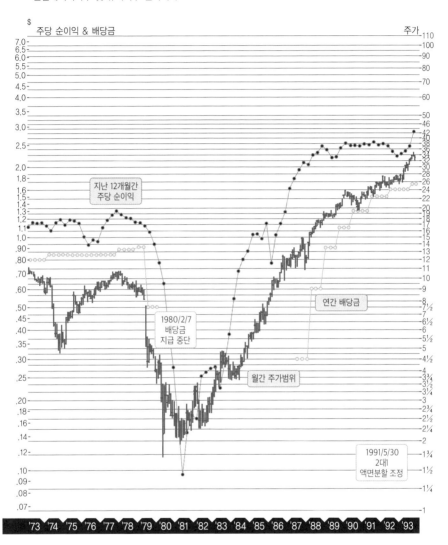

〈그래프 16-4〉

는 사실이 증명될 때까지 기다렸다가 투자해도 상대적으로 짧은 기간 동안 2배, 3배 또는 4배의 수익을 거둘 수 있다.

공공설비 회사가 배당금을 삭감할 때 사서 좋은 소식이 나올 때까지 기다려라. 아니면 두 번째 단계에서 공공설비 회사에 관한 좋은 소식이 처음 공개될 때 사라. 사람들이 흔히 저지르는 실수는 이런 기업의 주가가 4달러까지 떨어진 뒤 8달러로 반등하면 수익을 얻을 수 있는 기회를 놓쳤다고 생각하는 것이다. 곤경에 빠진 공공설비 회사가 가야 할 길은 멀다. 그러니 바닥에서 매수하지 못했다는 사실은 잊어 버려라.

곤경에 빠진 공공설비 회사와 오페라의 차이점은 곤경에 빠진 공공설비 회사가 행복한 결말을 맺을 가능성이 더 높다는 점이다. 여기에서 곤경에 빠진 전력회사에 투자해 돈을 버는 단순한 방법을 알 수 있다. 배당금 지급을 중지할 때 전력회사 주식을 사서 배당금 지급을 재개할 때 팔아라. 이는 성공 확률이 매우 높은 투자전략이다.

1991년 여름에 냇웨스트의 공공설비 회사 애널리스트들은 곤경에 빠진 후 서로 다른 회복 단계를 거치고 있는 5개 전력회사 주식을 골라 냈다. 이들이 고른 주식은 걸프 스테이트, 일리노이 파워, 나이아가라 모호크, 피너클 웨스트, 퍼블릭 서비스 컴퍼니 오브 뉴멕시코였다. 이들 5개 주식은 모두 자산가치보다 낮게 팔리고 있었다. 하지만 나는《배런스》에 다른 기업을 추천할 생각이었다. CMS 에너지였다.

CMS 에너지는 과거에 컨슈머즈 파워 오브 미시간으로 불렸으나 텍사스주 미들랜드에 원자력 발전소를 설립한 뒤 이름을 CMS 에너지로 바꾸었다. 미들랜드 원자력 발전소는 주주들이 잊기를 바라는 대실패였다. CMS 에너지의 주가는 20달러대였으나 1984년 10월에 배당금을 지급하지 않기로 결정한 직후 1년도 안 돼 4.50달러로 폭락하며 바닥을 쳤다.

CMS 에너지는 규제당국이 원자력 발전소 설립을 승인했으니 운영도 허락할 것이라는 잘못된 생각을 갖고 값비싼 원자력 발전소를 세운 가장 최근의 전력회사이다. 만화 〈찰리 브라운〉에 나오는 심술쟁이 소녀 루시처럼 미국 거의 모든 주의 규제당국은 전력회사들이 원자력 발전소 설립에 자원을 집중 투자해 더 이상 돌이킬 수 없을 때까지는 원자력 발전소 설립을 지지하는 듯하다가 마지막 순간에 프로젝트를 방해해 전력회사를 완전히 파산 지경으로 몰고 가는 나쁜 습관이 있다.

CMS 에너지, 예전 컨슈머즈 파워에도 이런 일이 일어났다. 이 회사는 원자력 발전소를 세웠으나 운영 승인을 얻지 못해 발전소 건설비용 40억 달러를 상각하게 됐다. 월스트리트는 이 사실을 접하고 이 회사의 파산이 머지않았다고 예상했다.

그러나 CMS 에너지는 파산하지 않았다. 사용하지 못하게 된 원자력 발전소를 최대 고객인 다우 케미컬의 도움을 받아 천연가스 발전소로 용도 변경해 최악의 상황을 효과적으로 활용했다. 이 과정에서 많은 돈이 들어가긴 했지만 40억 달러의 발전소 건설 자금을 완전히 낭비하는 것보다는 훨씬 나았다. 용도 변경된 발전소는 1990년 3월에 가동을 시작했다. 킬로와트당 1600달러의 비용이 들었으나 이는 예산 범위 내였고 가동도 성공적이었다. 주가는 회복되기 시작해 어느 순간 36달러까지 올라 5년 만에 9배 수익을 올렸다. 하지만 이후 미시간주의 공공서비스위원회가 CMS 에너지에 우호적이지 않은 두 번의 요금 결정을 내리면서 주가가 다시 17달러로 떨어졌다. 내가 CMS 에너지에 주목한 것은 이때였다.

CMS 에너지에 대한 얘기는 피델리티에서 예상치 못한 사건이나 상황으로 주가가 폭락했을 때를 노려 투자하는 특이상황Special Situation 펀드를 운용하는 매니저 대니 프랭크로부터 들었다. 그는 곤경에 빠진 몇 개의 전력회사에 피델리티가 관심을 갖도록 해준 장본인이다. 프랭크는 CMS 에너지가 처한 상황을 철저히 파악했다. 그는 CMS 에너지의 가장 최근 문제는 우호적이지 않은 공공서비스위원회라며, 이 때문에 주가가 50%나 하락하는 것은 합리적이지 않다고 밝혔다.

1992년 1월 6일 나는 CMS 에너지의 신임 사장인 빅터 프라이링과 통화했다. 몇 년 전 프라이링이 에너지 및 파이프라인 회사인 코스탈에서 일할 때 만난 적이 있다. 프라이링은 2가지 긍정적인 변화를 언급했다. 첫 번째는 가스 발전소로 변경된 미들랜드 발전소가 킬로와트당 6센트의 비용으로 전력을 생산하고 있다는 점이다. 이는 석탄으로 가동되는 화력발전소를 새로 설립할 때 킬로와트당 9.2센트의 비용이 드는 것이나 원자력 발전소에서 13.3센트의 비용이 드는 것과 비교하면 매우 낮은 것이다. 미들랜드 발전소는 내가 좋아하는 저비용 공장이었다.

두 번째는 미시간주의 전력 수요가 늘고 있다는 점이다. 미시간주의 전력 수요는 12년 연속으로 증가하고 있었다. 1991년 경기 침체 때도 미시간주의 전력 수요는 전년에 비해 1% 이상 늘었다. 전력 사용이 최고조에 이른 날에는 CMS 에너지가 보유하고 있는 추가 생산능력에서 19.6%밖에 남지 않았다. 이는 공급에 그리 여유가 없는 것으로 여겨진다. 미국 중서부지역에서 늘어나는 전력 수요를 충당하기 위해 현재 건설되고 있는 신규 발전소는 거의 없었고, 완전히 처음부터 발전소를 지으려면 6~12년은 걸린다. 심지어 오래된 일부 발전소는 가동을 멈추고 있는 실정이다. 경제학원론에 따르면 수요가 공급보다 빠르게 늘어날 때 가격이 오른다. 가격이 오르면 기업은 더 많은 이익을 남길 수 있다.

CMS 에너지는 원자력 발전소 사업 실패로 여전히 많은 부채를 안고 있었다. CMS 에너지는 미들랜드 원자력 발전소를 가스 발전소로 바꾸기 위해 10억 달러 규모의 채권을 발행했다. (이 채권 가격이 발행 당시보다 오른 것을 보면 투자자들은 이 채권이 부도를 내지 않을 것이란 믿음을 갖고 있는 것 같다.) CMS 에너지는 또 5억 달러의 선순위채권을 발행했는데 이 채권을 10년간 상환하지 않아도 된다는 말을 듣고 안심했다. 부채가 많은 기업인데 단기간에 다 갚아야 한다면 그리 반갑지 않았을 것이다.

CMS 에너지는 채권자들에게 이자를 지불할 수 있을 만큼 현금흐름이 충분했다. 나는 대차대조표를 통해 이 사실을 확인했다. 순이익에 감가상각비를 더한 뒤 이를 발행주식수로 나눠 주당 현금흐름을 구했다. CMS 에너지의 주당 현금흐름은 6달러였다. CMS 에너지의 발전설비는 대부분 새 것이기 때문에 수리비가 많이 들지 않는다. 따라서 감가상각비로 쌓아둔 현금을 다른 목적으로 사용할 수 있다. CMS 에너지는 이 돈을 (1) 자사주를 사거나 (2) 다른 기업을 합병하거나 (3) 배당금을 높이는 데 쓸 수 있다. 세 경우 모두 주주들에게 혜택이 돌아가지만 나는 (1)과 (3)을 더 좋아한다.

프라이링에게 현금으로 무엇을 할 계획인지 물었다. 그는 이 돈을 가스 발전소를 확장하고 전력 전달 라인의 효율성을 개선하는 데 쓸 예정이라고 말했다. 둘 다 기업의 전력 생산능력을 늘리는 것이다. 전력 생산능력이 10% 늘면 전기료를 결정하는 규제당국이 적용하는 공식에 근거할 때 이익도 자동적으로 10% 늘어난다. 따라서 전력회사가 새로운 발전소를 짓거나 (최소한 가동 허가를 받을 수 있다면) 다른 방법으로 생산능력을 늘리면 이는 주주들에게 매우 좋은 일이다. 생산능력이 늘어나면 요금을 받을 수 있는 고객 기반을 확대할 수 있고 자연히 이익도 늘어나기 때문이다.

프라이링과 나는 CMS 에너지와 코노코가 공동 투자해 최근에 발견한 에콰도르의 유전에 대해서도 얘기를 나눴다. 석유는 1993년부터 생산될 예정이다. 만약 계획대로 석유를 생산할 수 있다면 CMS 에너지는 1995년까지 2500만 달러를 받을 수 있다. 2500만 달러는 주당 순이익을 20센트 늘리는 효과를 가져온다. 프라이링은 또 CMS 에너지의 자회사로 몇 개의 작은 열병합 발전소를 보유하고 있는 파워 그룹에 대해서도 설명했다. 파워 그룹은 최근 계속 손실을 내고 있었으나 1993년부터는 흑자 전환할 수 있다고 말했다.

한편 CMS 에너지는 정치문제로 가동을 못하고 있는 롱아일랜드 라이팅의 쇼어햄 원자력 발전소를 천연가스 발전소로 전환할 수 있도록 지원하기를 원했지만 이 협력사업은 1991년에 결렬됐다.

그러나 CMS 에너지를 지속적으로 실망시키는 대상은 규제당국이었다. 전력회사의 마지막 회복 단계는 규제당국에 달려 있다. 규제당국이 전력회사의 문제를 우호적으로 처리하면서 사업 실패로 인한 비용을 요금에 전가할 수 있도록 승인하는가 여부가 중요하다. 하지만 미시간 주의 규제당국은 비협조적이었다. CMS 에너지에 비우호적인 요금 결정을 세 번 연속으로 내렸고 미들랜드 발전소에서 사용하는 천연가스 가격을 소비자에게 받는 요금에 반영하지 못하도록 했다.

CMS 에너지는 최근 미시간주 공공서비스위원회의 위원으로 임명된 사람들이 좀 더 우호적일 것이라고, 즉 이전에 비해 덜 적대적일 것이라고 믿는 이유가 있다. 덜 적대적이기만 해도 과거 공공서비스 위원회의 태도에 비쳐볼 때 상당한 진전이다. 위원회의 직원들은 CMS 에너지에 어느 정도 우호적인 연구 결과를 발표했고 전체 위원회는 곧 연구 결과에 대해 투표를 할 예정이다.

위원회가 CMS 에너지의 관점에서 합리적인 결정을 내린다면 CMS 에너지는 내년에 월스트리트가 현재 예상하고 있는 주당 1.3달러보다 많은 주당 2달러의 순이익을 낼 수 있을 것이고 이후로도 순이익이 꾸준히 늘어날 것이다. 나는 이러한 가능성을 염두에 두고 《배런스》에 CMS 에너지를 추천했다.

단지 미시간주 규제당국의 정치논리에 도박을 걸고 CMS 에너지를 추천한 것은 아니다. 나는 장기적으로 볼 때 공공서비스위원회가 우호적이든 우호적이지 않든 CMS 에너지가 번영할 수 있다고 생각했다. CMS 에너지는 탄탄한 현금흐름을 기반으로 다시 우량 공공설비 회사의 범주에 들어갈 것이고, 이렇게 되면 다시 한 번 낮은 금리로 돈을 빌릴 수 있을 것이다.

모두 상황이 유리하게 전개된다면 CMS 에너지는 주당 2.20달러의 순이익을 낼 수 있을 것이고, 그렇지 않다 해도 주당 1.5달러 정도의 순이익은 벌어들일 수 있을 것이다. 만약 규제당국이 CMS 에너지가 너무 많은 이익을 남기지 못하도록 규제하려 한다면 CMS 에너지는 현금을 전력 생산설비를 늘리는 데 쓰거나 사업을 내적으로 성장시키는 데 쓸 것이다. 현재 CMS 에너지는 주가가 18달러로 주당 순자산가치에도 못 미치기 때문에 위험은 없이 상승 잠재력만 풍부한 주식으로 생각된다.

그래도 CMS 에너지에 투자할 마음이 생기지 않는다면 운 나쁜 뉴멕시코주의 퍼블릭 서비스 컴퍼니나 더 운이 나쁜 투손 일렉트릭을 한번 조사해보라. 투자자 관계를 담당하는 사람이 너무 바빠 당신과 통화하지 못할 일은 없을 것이다.

제17장

민영화 기업의 창고 세일

BEATING THE STREET

얼라이드 캐피털 II

미국 정부나 영국 정부가 공기업을 민영화할 때 나는 언제나 참여하려고 노력한다. 공기업 민영화를 지원하는 데 있어서는 영국이 미국보다 앞서 있다. 영국은 상수도 시설에서부터 항공회사에 이르기까지 거의 모든 것을 민간에 팔아치웠다. 하지만 재정적자가 현재 속도로 계속 진행된다면 언젠가는 미국도 국가 부채를 갚기 위해 국립공원과 케네디 우주센터, 심지어는 백악관의 로즈가든까지 팔아치워야 할지도 모른다.

민영화는 이상한 개념이다. 공공 소유인 공기업의 주식을 팔아 이를 공공에게 되돌려준 뒤 이때부터 민간기업이라고 하는 것이다. 실용적인 관점에서 민영화를 알아두는 것은 매우 유용하다. 미국 정부든 영국 정부든 공기업을 민영화할 때 주식을 사는 사람들에게 매우 유리한 가격으로 팔기 때문이다.

그 이유는 어렵지 않게 상상할 수 있다. 민주주의 국가에서 민영화된 기업의 주식을 사는 사람들은 언제나 유권자이다. 정부는 재선되기 위해 해결해야 할 골치 아픈 문제들이 많기 때문에 전화회사나 가스회사에 투자했다가 손해를 봤다고 투덜대는 투자자 집단까지 상대하고 싶진 않을 것이다.

영국 정부는 1983년에 브리토일과 아머샴을 민영화한 뒤 이 교훈을 깨달았다. 당시 영국 정부는 이 두 공기업의 주식을 고평가된 가격에 민영화했다가 주가가 떨어지자 투자자들 사이에 반감이 확산되면서 곤혹을 치렀다. 그 이후 영국 정부는 민영화할 때 투자자들이 초기 단계에서는 손해를 보지 않도록 매각 가격을 조정해왔다. 1984년에 민영화한 브리티시 텔레콤은 하루 만에 주가가 두 배나 뛰었다. 300만 명의 영국인들이 브리티시 텔레콤 주식을 갖고 있었다. 당시 집권당이던 보수당이 여전히 내각 다수당인 것도 놀랄 일이 아니다. 여기에서 우리는 피터 린치의 21번째 원칙을 생각해볼 수 있다.

영국 정부가 무엇인가를 팔려고 하면 무조건 사라.
– 공기업이 민영화할 때는 주저 말고 참여하라.

몇 년 전에 나는 피델리티 사무실을 방문한 영국 대표단으로부터 매혹적인 제안을 받았다. 그들은 서로를 무슨 경이라고 소개하며 두꺼운 책자를 꺼냈다. 나중에 보니 그 책자는 곧 민영화할 영국 상수도 회사들의 사업설명서였다. 그 사업설명서는 몇 권 안 남은 희귀본인 것처럼 번호가 매겨져 있었다. 표지에는 새로운 기업 이름과 로고가 적혀 있었는데 노섬브라이언 수도, 서번 트렌트, 요크셔 수도, 웰시 수도 PLC 등이었다.

나는 이미 브리티시 텔레콤(매각 규모가 40억 달러로 당시 세계 최대의 공기업 민영화)과 브리티시 항공이라는 노다지에 투자한 경험이 있었으나 상수도회사의 민영화에서 수익을 얻을 준비는 되어 있지 않았다. 이들 회사는 다른 모든 상수도회사가 그렇듯 독점이었다. 독점사업을 소유하는 것은 언제나 좋은 일이다. 영국 정부는 이들 상수도회사를 민영화하기 전에 부채를 대부분 갚았다.

이들 회사는 부채가 없는 것은 물론 정부가 제공한 추가자금까지 가지고 시장에 나왔다. 정부가 제공한 추가자금은 이들 상수도회사가 민간기업으로 순조롭게 출발할 수 있는 든든한 지참금과 같았다. 이들 회사는 상수도 시설을 개선하기 위한 10년 계획을 추진하기로 영국 정부와 약속했다. 시설 개선에 드는 비용의 일부는 정부가 제공한 이 지참금으로 충당하고 나머지는 수도요금을 인상해 조달할 계획이었다.

영국 신사들은 나에게 영국 수도요금은 1년에 100파운드로 너무 낮기 때문에 수도요금이 두 배로 올라도 불만이 그리 많지 않을 것이라고 말했다. 설사 수도요금이 올랐다고 불평해봤자 수도를 쓰지 않는 것 외에 다른 방법이 없는데 수도를 쓰지 않을 가능성은 없었다. 영국의 상수도 수요는 매년 1%씩 늘고 있었다.

이들 상수도회사의 주식은 자동차나 오디오, 카펫 등과 같이 할부로 살 수 있었다. 전체 매입대금의 40%를 계약금으로 낸 뒤 나머지는 두 번에 걸쳐 천천히 납부하면 되는데 한 번은 12개월 이내에, 나머지는 20개월 이내에 내면 된다. 영국 정부는 브리티시 텔레콤을 민영화할 때도 그들이 '부분 납입 주식'이라 부르는 이와 같은 조건을 제시했다. 브리티시 텔레콤은 민영화할 때 1주당 30달러에 팔렸는데 매수자는 계약금으로 6달러만 내면 1주를 살 수 있었다. 주가가 36달러로 오르면 계약금으로 6달러를 냈던 매수자는 주식을 팔고도 계약금으로 냈던 6달러의 두 배를 받을 수 있었다.

나는 브리티시 텔레콤의 민영화에 참여할 때 부분 납입 방식의 진가를 충분히 이해하지 못했다. 브리티시 텔레콤의 주가가 너무 빨리 올랐다고 생각했지만 부분 납입 방식의 장점을 이해하자 사람들이 왜 브리티시 텔레콤을 매수하려고 난리인지 납득할 수 있었다. 영국 상수도회사도 이 같은 조건을 제시했다.

영국 상수도회사들은 주식을 할부로 살 수 있게 해주는 것은 물론 처음부터 8%의 배당금을 지급했다. 이들 회사의 공모에 참가하면 최소한 1년간은 주식 매입대금의 40%만 내고도 사기로 계약한 전체 주식의 8%를 배당금으로 받을 수 있다. 이는 이들 회사의 주가가 오르지 않고 공모가만 유지해도 첫 12개월 동안은 투자자금 대비 20%의 수익률이 보장된다는 의미이다.

영국 상수도회사들의 주식 공모가 큰 인기를 끈 것은 당연하다. 이들 회사의 기업공개 전에 미국의 펀드매니저들과 기관투자가들은 일정 주식을 할당받았다. 나는 마젤란펀드에 할당된 주식 전체를 샀고 기업공개 이후에는 런던증권거래소에서 거래되는 이들 회사의 주식을 더 샀다. 이들 5개 상수도회사에 투자한 돈은 3년간 두 배로 뛰었다.

민영화한 다른 영국 기업들도 주식 공모 후 6개월에서 1년간 이 정도 수준의 좋은 수익률을 기록했다. 만약 영국의 창고세일(민영화) 펀드가 있다면 어땠을까? 표 17-1에서 알 수 있듯 영국의 민영화 기업에 투자했다면 1년 후에 놀랄 만한 수익을 얻었을 것이다.

필리핀이나 멕시코, 스페인 등 어떤 국가에서든 전화회사가 민영화될 때 주식 공모에 참여하면 일생일대의 수익을 얻을 수 있다. 어느 나

표 17-1 영국의 공기업 민영화 펀드

기업명	공모가	1년 후 주가상승률(%)
브리티시 항공	2/81	103.0
브리티시 가스	12/86	194.0
브리티시 스틸	12/88	116.0
브리티시 텔레콤	11/84	200.0
노섬브라이언 수도	12/89	75.9
서번 트렌트	12/89	54.6
웰시 수도	12/89	76.9
요크서 수도	12/89	74.4

자료: 데이터 스트림
미국 주식시장에서 거래된 주가 기준

라의 정치인이든 전화 서비스를 개선하는 데 주력하고 있다. 특히 개발도상국의 경우 전화 서비스가 부족해 전화에 대한 갈증이 더욱 심하기 때문에 이들 국가의 전화회사들은 연간 20~30%씩 성장한다. 이들 회사는 성장률은 작은 성장기업 수준인 반면 규모나 안정성은 우량 대기업인 블루칩 수준이다. 게다가 독점기업으로서 성공이 보장되어 있다. 1910년 AT&T의 민영화 때 투자기회를 놓친 사람이라면 1980년대 말 스페인과 멕시코의 전화회사를 민영화할 때 이를 충분히 만회할 기회가 있었다.

마젤란펀드는 멕시코 전화회사에 투자해 많은 돈을 벌었다. 멕시코 전화회사에 투자하기 위해 직접 멕시코 전화회사에 가서 정말 노다지 기업인지 확인할 필요는 없다. 경제가 발전하기 위해서는 전화 서비스

표 17-2 이머징마켓의 전화회사

기업명	상승률(%)	기간
칠레 전화회사	210.0	1990년 7월~1992년 9월
멕시코 전화회사	774.8	1990년 7월~1992년 9월
홍콩 텔레커뮤니케이션	72.3	1988년 12월~1992년 9월
스페인 전화회사	100.0	1987년 6월~1992년 9월
필리핀 장거리 전화회사	565.0	1990년 1월~1992년 9월

미국 주식시장에서 거래된 달러 주가 기준

가 개선돼야 한다는 사실은 정부가 알고 있기 때문이다. 전화는 도로처럼 중요하다. 정부는 또 자본이 충분하고 경영을 잘하는 좋은 전화회사 없이는 좋은 전화 시스템을 갖출 수 없다는 사실도 잘 알고 있다. 그리고 주주들에게 상당한 수익을 제공해주지 않으면 자본을 유치할 수 없다.

표 17-2는 이머징마켓 전화회사에 투자했을 때 어떤 수익률을 얻을 수 있었는지 보여준다.

1990년까지 전 세계적으로 공기업의 민영화에 따른 주식 매각 금액은 2000억 달러에 달했고 이후에도 민영화할 기업은 많았다. 프랑스 정부는 전력회사와 철도회사를 매각했다. 스코틀랜드는 수력발전소 회사를 팔았고 스페인과 아르헨티나는 석유회사를 처분했으며 멕시코는 항공회사를 민영화했다. 영국은 언젠가 철도와 항구를 매각할 것이고 일본은 고속열차를 민영화할 것이다. 또 한국은 국영은행, 태국은 항공사, 그리스는 시멘트회사, 포르투갈은 전화회사를 민영화할 것이다.

미국의 경우 다른 나라와 달리 민영화할 것이 그리 많지 않았다. 미국은 석유회사, 전화회사, 전력회사가 처음부터 민간회사였다. 미국에서 최근에 있었던 가장 큰 민영화는 콘레일, 공식 명칭으로 콘솔 리데이티드 레일 코퍼레이션이었다. 콘레일은 펜 센트럴을 포함해 북동부 지역의 파산한 철도회사 6개를 통합해 만든 회사이다. 콘레일은 지난 몇 년간 정부가 경영하면서 적자가 쌓였다. 마침내 레이건 정부는 콘레일이 더 이상 정부에 손을 벌리지 못하게 할 방법은 민영화밖에 없다고 결론을 내렸다. 그때까지 콘레일이 적자를 보전하기 위해 정부로부터 지원받은 돈은 70억 달러가 넘었다.

처음에는 일부 정치세력이 콘레일을 기존 철도회사에 매각하는 것이 바람직하다는 입장을 보이면서 노퍽 서던 철도가 가장 유력한 인수자로 떠올랐으나, 이후 의회에서 적지 않은 논란을 거친 끝에 일반인에게 주식을 매각하는 쪽으로 결론이 났다. 콘레일은 1987년 3월에 미국 역사상 최대 규모인 16억 달러의 주식 공모에 나섰다. 당시 공모가는 10달러였는데 이 글을 쓰는 현재 주가는 46달러에 달한다.

레이건 대통령은 콘레일의 성공적인 매각을 축하하기 위한 모임에서 "그럼 TVA는 언제 매각할까요?"라고 농담을 던지기도 했다. 물론 그 후에 테네시강 유역 개발공사 TVA를 민영화하기 위한 어떤 진지한 시도도 이뤄지지 않았지만 만약 TVA를 민영화한다면 나는 사업설명서를 얻기 위해 기꺼이 줄을 설 것이다. 한때 암트랙(미국 철도여객 공사)과 캘리포니아주와 와이오밍주 해군의 석유 비축분을 매각한다는 얘기도 돌았는데 만약 그런 일이 있다면 나는 당연히 사업설명서를 얻기 위해 줄을 설 것이다. 언젠가는 국립미술관이나 해군 군악대, 나이아가라 폭포까지도 민영화될 수 있다.

그러나 내가 《배런스》에 추천할 종목을 찾고 있을 때 새로 민영화되는 기업은 없었다. 멕시코 전화회사나 스페인 전화회사처럼 계속 추적하고 있던 이미 민영화된 기업들은 지난해에 큰 폭으로 올라 실제 가치 이상으로 주가가 상승한 것으로 보였다. 그렇다면 1992년에는 투자자들이 공기업의 민영화로 수익을 얻을 수 있는 방법이 없을까? 정리신탁공사RTC가 있는 한 그렇지 않다.

앞서 S&L에서 수익을 얻을 수 있는 한 가지 방법을 소개하면서 파산한 S&L의 지점과 예금을 인수하는 재정이 튼튼한 S&L에 투자하라고 말했다. S&L에서 수익을 얻을 수 있는 또 다른 방법은 얼라이드 캐피털 II 라고 불리는 회사의 주식을 사는 것이다.

얼라이드 캐피털은 주식시장에 상장된 몇 안 되는 벤처캐피털이다. 얼라이드 캐피털은 대개 작은 회사에 돈을 빌려주고 그 대가로 상대적으로 높은 이자와 함께 스톡옵션이나 워런트warrant (주가가 일정 수준이 되면 주식을 더 살 수 있는 권리) 같은 추가적인 권리를 얻는다. 얼라이드 캐피털은 돈을 빌려준 회사가 성공했을 경우 스톡옵션과 워런트 등을 통해 그 회사가 벌어들인 이익의 일부를 차지할 수 있는 권리를 갖는다. 이 전략은 너무나 성공적이어서 얼라이드 캐피털 I 이 1960년 주식시장에 상장할 때 1만 달러를 투자했다면 지금은 150만 달러로 불어나 있을 것이다.

우리 집 침실에 있는 공기청정기도 얼라이드 캐피털이 신생기업에 돈을 빌려주어 어떤 결과를 얻을 수 있는지 보여주는 증거가 된다. 이 놀랄 만한 기구는 공기 중의 작은 먼지를 제거해 공기의 질을 유전 공학 실험실 수준으로 높여준다. 나는 이 공기청정기를 장모님과 내 비서 한 명에게도 선물했는데 그들 역시 생활 속의 먼지를 제거해버릴 수 있었다. 이 공기청정기는 인바이로케어Envirocare라는 기술기업이 만들었는데 얼라이드 캐피털은 이 회사에 대출을 해준 것은 물론 상당한 지분을 갖고 있다.

최근 얼라이드 캐피털은 기존 성공 모델을 그대로 복사해 새로운 벤처캐피털을 만들기로 했다. 얼라이드 캐피털은 지금 장외시장에서 거래되고 있는 얼라이드 캐피털Ⅱ의 주식을 팔아 벤처기업에 투자할 2차 기금으로 9200만 달러를 조성했다. 얼라이드 캐피털Ⅱ의 기본적인 사업 모델은 얼라이드 캐피털Ⅰ과 같다. 조성한 기금을 작은 기업에 빌려준다는 것이다. 얼라이드 캐피털Ⅱ의 초기 기금은 9200만 달러였지만 지금은 1억 8400만 달러로 늘었다. 얼라이드 캐피털Ⅱ는 1억 8400만 달러로 10% 금리의 채권을 산다.

만약 얼라이드 캐피털Ⅱ의 조달비용이 8%인데 10%의 금리를 주는 채권을 매입한다면 2%포인트라는 매우 만족할 만한 차익을 남길 수 있다. 게다가 위에서 설명한 대로 돈을 빌려준 회사의 지분까지 확보할 수 있다. 얼라이드 캐피털Ⅱ는 직원이 별로 없어 회사 운영비도 많이 들지 않는다.

얼라이드 캐피털의 핵심 성공 비결은 빌려준 돈을 돌려받는 경영진의 능력이다. 은행이나 S&L과 달리 얼라이드 캐피털은 돈을 빌려줄 곳을 결정할 때 아주 까다롭고 담보 제공도 매우 엄격했다. 들은 얘기에 따르면 얼라이드 캐피털Ⅱ는 기금의 일부를 정리신탁공사RTC의 채권을 사는 데 사용하고 있다고 한다.

사람들은 RTC가 콘도나 골프장, 금테 두른 고급 그릇, 값비싼 예술품, 파산한 S&L의 대주주가 한때 타고 다녔을 제트기 같은 것을 처분하는 곳으로만 알고 있다. RTC는 이외에 파산한 S&L의 대주주들이 무분별하게 승인해준 대출에 대한 채권도 매각한다. 이런 S&L의 대출채권 중 상당 부분은 돌려받지 못할 돈이지만 괜찮은 담보를 받고 평판이 있는 채무자에게 빌려준 좋은 채권도 종종 있다.

월스트리트의 투자회사와 큰 은행들은 수백만 달러 규모의 이런 채권을 많이 사들였다. 하지만 100만 달러 미만의 채권은 팔기가 쉽지 않았다. 얼라이드 캐피털Ⅱ는 매수자가 별로 없는 100만 달러 미만의 채권 경매에 참여하기로 결정한 것이다.

얼라이드 캐피털Ⅱ에 전화해 확인한 결과, 얼라이드 캐피털Ⅰ을 경영하는 사람들과 얼라이드 캐피털Ⅱ에서 의사결정을 내리는 사람들이 같다는 대답을 들었다. 얼라이드 캐피털Ⅱ는 현재 주가가 19달러로 배당수익률은 6%이다. 얼라이드 캐피털Ⅱ는 대규모 S&L 파산 사태로 인한 손실을 어느 정도 만회할 수 있는 투자기회로 보인다. 위기에 처한 S&L을 구하기 위해 정부가 조성한 구제금융에 들어간 우리의 세금 일부를 돌려받을 수 있는 기회가 여기에 있다.

제18장

나의 패니 메이 투자 일지

BEATING THE STREET

나는 1986년부터 매년 《배런스》에 패니 메이를 추천해왔다. 나의 패니 메이 추천은 이제 지겨울 정도다. 나는 1986년에 피델리티의 4분의 1에 불과한 직원으로 10배 이익을 낸다는 사실을 지적하며 패니 메이를 "문자 그대로 미국에서 최고의 사업을 하고 있는 기업"이라고 소개했다. 1987년에는 "최고의 저축 및 대출기관"이라고 칭찬했고, 1988년에는 "1년 전보다 훨씬 더 좋은 기업이 됐음에도 주가는 오히려 8달러가 떨어졌다"며 추천했다. 1989년에는 앨런 아벨슨이 "가장 좋아하는 주식은 무엇입니까?"라고 물었을 때 "몇 년 전부터 계속 추천했던 주식"이라며 '연방 저당권 협회Federal National Mortgage Association'라는 패니 메이Fannie Mae, FNMA의 원래 이름을 또박또박 말했다.

　내 사무실 선반에 가족사진들과 함께 패니 메이 본사 사진이 놓여있는 것도 우연이 아니다. 패니 메이 본사 사진을 보면 그 장소가 떠올라 마음이 따뜻해진다.

　내가 마젤란펀드를 운용하던 마지막 3년간 패니 메이는 마젤란펀드에서 가장 비중이 큰 종목으로 5억 달러나 투자돼 있었다. 다른 피델리티 펀드들 역시 패니 메이에 많은 돈을 투자하고 있었다. 피델리티와 우리 고객들은 주식과 워런트로 1980년대에 패니 메이에 투자해 10억 달러 이상의 수익을 얻었다.

나는 한 뮤추얼펀드 회사가 한 종목을 통해 역사상 가장 많은 수익을 낸 기록이라며 이 수치를 기네스북에 제출했다.

패니 메이는 분명한 주식시장의 승리자일까? 돌아보면 그렇다. 하지만 패니 메이가 언제나 투자자들이 선뜻 매수하기에 좋은 종목은 아니었다. 항상 무엇인가 걱정거리가 있었다. 그리고 항상 "당신의 생각이 틀렸어."라고 말하는 저명한 투자가들이 있었다. 당신은 그들보다 더 많이 알고 있어야 하며 당신이 알고 있는 것에 대해 신념을 가져야 한다.

어떤 주식이 기대 이상으로 높은 수익을 올리기 위해서는 주식시장에서 전반적으로 과소평가되고 있어야 한다. 그렇지 않으면 그 주식은 처음부터 높은 가격에 팔릴 것이다. 어떤 기업에 대한 주식시장의 전반적인 의견이 당신의 의견보다 더 부정적이라면, 그 기업에 대해 지속적으로 점검하고 또 점검해서 당신이 무작정 낙관적이기만 한 것은 아니라는 사실을 스스로 확인할 필요가 있다.

기업의 상황은 좋은 방향으로든 나쁜 방향으로든 계속 변하므로 이러한 변화를 계속 추적하고 거기에 맞게 행동해야 한다. 월스트리트는 패니 메이의 이러한 변화를 무시했다. 과거의 패니 메이가 너무나 강렬한 인상을 남긴 탓에 사람들은 새로운 패니 메이가 바로 눈앞에 나타났음에도 발견하지 못했다. 나도 새로운 패니 메이를 봤지만 제대로 본 것은 아니었다. 제대로 보지 못했음에도 짧은 기간에 2억 달러를 투자해 6배의 수익을 올렸을 정도이다. 다음은 패니 메이에 대한 나의 투자기록이다.

1977년

패니 메이를 처음으로 주당 5달러에 샀다. 나는 이 회사에 대해 무엇을 알고 있을까? 1938년에 정부 소유의 기업으로 설립됐고 1960년대에 민영화됐다. 역할은 은행과 S&L의 주택담보대출 채권을 사서 담보대출 시장에 유동성을 제공하는 것이다. 패니 메이의 모토는 '짧게 빌려 길게 빌려준다Borrow short and lend long'이다. 패니 메이는 낮은 금리로 자금을 조달해 더 높은 고정금리의 장기 주택담보대출 채권을 사서 금리 차를 이익으로 취한다.

이런 전략은 단기 금리가 떨어질 때는 효과가 있다. 패니 메이는 금리 인하 시기에 많은 돈을 벌었다. 은행이나 S&L에서 사오는 주택담보대출 채권은 고정금리로 변함이 없는 반면 금리가 하락하면서 자금을 빌려올 때 내야 하는 단기 금리는 낮아지기 때문이다. 하지만 금리가 올라가면 조달금리가 높아지기 때문에 패니 메이는 많은 손해를 보게 된다. 나는 패니 메이를 샀다가 몇 개월 뒤 약간의 이익을 남기고 팔았다. 금리가 올라가고 있었기 때문이다.

1981년

패니 메이는 최근에 닥친 큰 불행을 이겨내기 위해 노력한다는 점에서 영화 〈폴린의 위기The Perils of Paulin〉에 나오는 영웅 폴린과 닮은 점이 많다. 패니 메이가 1970년대 중반에 매입한 장기 주택담보대출 채권은 금리가 8~10%였다. 반면 패니 메이가 이러한 채권을 사기 위해 빌린 자금에 적용되는 단기 금리는 18~20%로 치솟아 올랐다. 9% 이자를 받기 위해 18%로 돈을 빌린다면 결코 성공할 수 없다. 투자자들은 이 사실을 알고 있었고 주가는 급락했다. 1974년에 9달러까지 올라갔던 주가는 역사적 최저점인 2달러까지 떨어졌다.

금리가 가파르게 올랐던 이때는 주택 소유자들이 "우리 집은 그럭저럭 괜찮은 편이고 우리 집의 주택담보대출도 더할 나위 없이 만족스럽다."라고 말할 수 있었던 유일한 기간이었다. 집 밖에 광석을 제련하고 남은 찌꺼기 더미가 쌓여있다고 해도 사람들은 이사 가기를 원치 않았다. 그들의 만족스러운 주택담보대출을 유지하기 위해 이사 가지 않고 기존의 집에서 계속 살기를 바랐다. 이는 은행에는 나쁜 일이었고 패니 메이에는 끔찍한 일이었다. 시장에는 패니 메이가 문을 닫을 것이란 소문이 돌았다.

1982년

패니 메이는 중요한 체질 변화를 겪으려 하고 있었다. 몇몇 사람들은 이를 알아챘다. 세상에서 패니 메이를 가장 열심히 분석하는 애널리스트로 알려진 그런털 & Co.의 엘리엇 슈나이더는 "패니 메이가 엄마에게 소개하고 싶은 여자친구와 같이 될 것"이라고 예측했다.

우리가 알고 있었던 패니 메이는 금리 변화에 민감해 한 해에 수백만 달러의 손실을 봤다가 다음 해엔 수백만 달러의 이익을 낼 수 있는 기업이었다. 이 기업이 스스로를 재창조하려고 시도했다. 데이비드 맥스웰이 패니 메이의 최고경영자로 영입됐다. 그는 변호사로서 펜실베이니아주의 보험감독관으로 일했으며, 그 전에는 자신이 직접 담보대출 보험회사를 설립해 성공시켰던 사람이다. 그는 담보대출 산업에 대해 잘 알고 있었다.

맥스웰은 금리에 따라 손익이 크게 달라지는 패니 메이의 사업구조를 바꾸기로 결심했다. 패니 메이를 꾸준히 이익을 내는 안정적이고 성숙한 기업으로 바꾸기 위해 그는 두 가지 방법으로 패니 메이의 체질을 변화시키기로 했다. (1) 자금을 단기로 빌려 장기로 빌려주는 사업은 끝낸다. (2) 프레디 맥의 사업 모델을 모방한다.

프레디 맥은 이전에 '연방 주택대출 저당권 협회Federal Home Loan Mortgage Corporation'라 불렸던 회사로, 패니 메이와 마찬가지로 연방정부가 설립했다. 프레디 맥의 역할은 오로지 S&L에서만 주택담보대출 채권을 사는 것이다. 프레디 맥은 1970년에 상장되었다. 프레디 맥은 단순히 주택담보대출 채권을 사서 보유하는 데 그치지 않고 이 대출채권을 묶어 증권으로 만들어 판다는 새로운 아이디어를 생각했다.

아이디어는 간단하다. S&L에서 주택담보대출 채권을 산다. 그리고 이 대출채권을 묶어 증권으로 만들어 은행과 S&L, 보험회사, 대학, 자선재단 등에 판다.

패니 메이는 프레디 맥의 아이디어를 모방해 1982년부터 대출채권을 묶어 증권으로 팔았다. 예를 들어 당신이 ○○은행으로부터 주택담보대출을 받아 ○○은행이 당신 집에 저당권(모기지)을 갖고 있다고 해보자. ○○은행은 당신 집에 대한 저당권을 패니 메이에 판다. 패니 메이는 당신 집에 대한 저당권을 다른 저당권들과 함께 묶어 주택저당증권MBS을 만든다. 이 주택저당증권은 어디에든 팔 수 있으며, 심지어 처음에 저당권을 제공했던 은행에도 팔 수 있다.

패니 메이는 MBS를 팔 때 MBS에 포함된 개별 대출의 원리금을 보증해주는 대가로 상당한 수수료를 챙길 수 있었다. 또 이전에는 보유하고 있던 주택담보대출 채권을 이제는 MBS로 매각해 자금을 조달할 수 있기 때문에 금리 변동에 따른 리스크도 크게 줄어들었다.

이러한 MBS 사업은 은행업 사이클에서 매우 인기가 많았다. MBS가 나오기 전에는 은행과 S&L이 수천 가지의 소규모 모기지, 즉 주택담보대출 채권을 갖고 있어야 했다. 이런 소규모 대출을 일일이 추적해 관리하기도 힘들었고 급할 때 팔아버리기도 어려웠다. 이제 은행들은 이런 소규모 대출채권을 패니 메이에 팔고 매각대금으로 더 많은 대출을 해줄 수 있게 됐다. 한 번 대출해준 돈이 한 채무자에게 묶여있는 것이 아니라 회전되어 다시 활용되는 것이다. 은행이나 S&L이 주택담보대출 채권을 계속 보유하기를 원한다면 패니 메이로부터 MBS를 몇 개 사오면 된다.

곧 MBS 시장이 등장해 MBS도 주식이나 채권 또는 모스크바의 보드카처럼 즉시 거래할 수 있게 됐다. 소규모 모기지는 수천 개씩, 나중엔 수백만 개씩 묶여 MBS로 전환됐다. MBS를 발명이라고 부를 수 있다면 이 작은 발명이 거대한 철강산업, 거대한 석탄산업, 거대한 석유산업보다 더 큰 연간 3000억 달러의 산업을 조성한 것이다.

하지만 나는 1982년에도 여전히 패니 메이를 금리 변화에 휘둘리는 회사로 여기고 있었다. 이때 생애 두 번째로 패니 메이를 샀는데 그 이유는 금리가 떨어지고 있었기 때문이다. 나는 1982년 11월 23일 패니 메이에 전화한 뒤 노트에 "주당 5달러의 이익을 낼 것으로 예상된다."라고 썼다. 그해 패니 메이의 주가는 금리에 민감한 전형적인 기업의 모습을 보이며 2달러에서 9달러로 반등했다. 이는 순환주에서나 볼 수 있는 주가흐름이다. 패니 메이 투자자들은 1982년에는 손해를 봤지만 금리가 하락하고 있어 패니 메이의 차세대 황금기가 도래하고 있다고 판단했고, 그 결과 주가가 4배나 폭등한 것이다.

1983년

2월에 전화했을 때 패니 메이의 MBS 사업은 한 달에 10억 달러 규모였다. 이때 나는 패니 메이가 은행과 같지만 은행보다 장점이 더 많다고 생각했다. 은행은 운영경비로 대출금리의 2~3%가 들지만 패니메이는 0.2%밖에 들지 않는다. 패니 메이에는 화려한 장식물이 없다. 토스터기를 가져다놓지도 않는다. TV에 MBS를 광고하기 위해 뉴욕 양키스의 전설적인 유격수 필 리주토를 모델로 기용하지 않아도 된다. 패니 메이의 전체 직원은 1300여 명이며 이들은 4개의 다른 도시에 자리한 4개의 사무실에 분산돼 있다. 뱅크 오브 아메리카는 패니 메이의 직원만큼이나 많은 지점을 갖고 있다.

패니 메이는 정부기관과 유사한 성격을 갖고 있기 때문에 어떤 은행보다 더 싸게 자금을 조달할 수 있다. 은행은 물론 IBM과 GM 또는 다른 수천 개의 기업들보다 더 싸게 자금을 빌릴 수 있다. 패니 메이는 예를 들어 15년 만기에 8% 금리로 돈을 빌려 15년 만기에 금리 9%짜리 주택담보대출 채권을 사서 1%포인트의 금리 차를 이익으로 취할 수 있다.

미국에 있는 어떤 은행, 어떤 S&L, 어떤 금융기관도 1%포인트의 금리 차로 이익을 낼 수 없다. 따라서 1%포인트의 금리 차는 대단하지 않게 여겨진다. 하지만 1000억 달러의 대출에서 1%포인트의 금리 차를 취한다면 10억 달러가 된다.

패니 메이는 '골칫거리'라 부르는 장기 주택담보대출 채권을 조금씩 줄여가기 시작했다. 이 장기 주택담보대출 채권은 1970년대에 매입했던 것으로 금리가 불리했다. 이 과정은 느리게 전개됐다. 대출 만기가 돌아오면 패니 메이는 이를 금리가 더 높은 담보대출로 바꿨다. 그래도 패니 메이가 돈을 빌릴 때 내야 하는 평균 조달금리가 11.87%일 때 패니 메이가 받을 수 있는 전체적인 금리 수준이 9.24% 밖에 안 되는 골칫거리 대출채권이 600억 달러나 남아 있었다.

패니 메이는 메릴린치의 토머스 헌스와 베어스턴스의 마크 앨퍼트, 베르테하임의 토머스 클린겐스타인의 관심을 끌었다. 이제 많은 애널리스트들이 패니 메이를 높이 평가했다. 금리가 더 낮아질 것으로 전망됐기 때문이다. 한 애널리스트는 "이익이 폭발할 것"이라고 말하기도 했다.

패니 메이는 8분기 연속 적자를 기록한 끝에 1983년 흑자로 돌아섰다. 하지만 주가는 움직이지 않았다.

1984년

패니 메이에 대한 나의 투자는 실패였다. 마젤란펀드의 고작 0.1%만 투자했을 뿐이니 말이다. 하지만 이 정도라도 투자하고 있었기에 나는 패니 메이를 계속 주시할 수 있었다. 나는 1984년 말에 패니 메이에 대한 투자 비중을 아주 조금, 즉 0.37%로 높였다. 패니 메이의 주가는 9달러에서 4달러로 다시 한 번 반토막 났다. 금리가 오르면 이익이 떨어진다는 과거 패니 메이에 대한 전형적인 주식시장의 반응이었다. MBS의 장점은 여전히 패니 메이의 골칫거리인 장기 주택담보대출 채권 때문에 빛을 보지 못했다.

패니 메이는 향후 이러한 문제를 피하기 위해 빌려오는 돈과 빌려주는 돈의 상환기간을 맞춰나가기 시작했다. 금리가 가장 낮은 단기 자금을 차입하던 패니 메이는 이제 금리가 더 높은 3년, 5년, 10년 만기 채권을 발행해 자금을 조달했다. 조달비용이 높아지면서 단기적으로 패니 메이의 실적에 타격을 받았다. 하지만 이는 장기적으로 볼 때 패니 메이의 가장 큰 약점이던 금리 변화에 대한 취약성을 극복할 수 있는 방법이었다.

1985년

나는 패니 메이가 가진 이 모든 잠재력에 눈을 뜨기 시작했다. MBS는 거대한 산업이고 패니 메이는 1983년과 1984년의 두 배 수준인 연간 230억 달러의 MBS를 취급했다. 골칫거리였던 장기 주택담보대출 채권은 상당 부분 없어졌다. 경영진은 이제 구 사업구조와 신 사업구조를 나눠 말한다. 여기에는 두 가지 다른 사업이 있다. 주택담보대출 채권을 묶어 증권으로 판매하는 사업과 주택담보대출 채권을 매입해 그대로 유지하는 사업이다.

그리고 새로운 걱정거리가 생겼다. 금리 변화가 아니라 무분별한 S&L들이 유전탐사 붐에 편승해 돈을 빌려줘서 발생한 문제였다. 텍사스주 휴스턴에는 5%의 계약금을 내고 주택담보대출을 받았다가 대출금을 갚지 못해 열쇠를 두고 집을 나가는 사람들이 늘어났다. 패니 메이에는 이런 주택담보대출 채권이 많았다.

5월에 나는 워싱턴에 있는 패니 메이를 방문해 데이비드 맥스웰을 만났다. 당시 담보대출 시장에서 중요한 경쟁업체 몇몇이 사업을 포기하고 있었다. 주택담보대출 채권을 사고파는 경쟁업체가 줄어들면 대출 마진이 커지고 패니 메이의 이익도 증가한다.

당시 나는 패니 메이의 변화된 상황에 깊은 인상을 받았음이 틀림없다. 패니 메이를 더 사서 마젤란펀드 내 비중을 2%로 높였다. 그 결과 패니 메이는 마젤란펀드의 상위 10대 보유 종목에 들었다.

7월 초에 나는 정기적인 상황 점검을 위해 패니 메이의 투자자 관계 담당자인 폴 파퀸에게 전화했다. 내 사무실 전화요금 청구서를 보면 전화번호 두 개가 제일 자주 등장한다. 하나는 패니 메이이고 다른 하나는 마블헤드에 있는 우리 집이다.

다소 위험하지만 전망이 밝은 주식을 분석할 때 물어봐야 할 핵심적인 질문은 바로 이런 것이다. "모든 상황이 제대로 전개된다면 나는 얼마나 벌 수 있을까?", "위험과 수익의 등식에서 수익 측면은 어떤가?" 나는 패니 메이가 MBS 사업에서 벌어들인 돈으로 회사 운영비를 모두 지불할 수 있다고 생각했다. 그리고 1000억 달러의 주택담보대출 채권에서 금리 차로 1%포인트의 수익을 얻는다면 순이익은 주당 7달러가 된다. 어떤 기업이 1년에 1주당 자신의 주가만큼 이익을 벌어들인다면 그 주식은 매우 좋은 투자대상이다.

처음에 패니 메이 측 관계자와 전화할 때는 내가 정리해놓은 노트를 뒤적이면서 대화를 나눴는데 이제는 패니 메이에 대해 너무나 잘 알기 때문에 패니 메이의 최근 변화를 종이 한 장에 간략하게 정리할 수 있다.

패니 메이는 1984년에 주당 87센트의 손실을 냈지만 1985년에는 주당 52센트의 이익을 냈다. 주가는 4달러에서 9달러로 올랐다.

1986년

나는 패니 메이에 대해 다소 주춤했다. 이제 마젤란펀드에서 패니 메이의 비중은 1.8%로 줄었다. 월스트리트는 여전히 텍사스주 S&L과 집 열쇠를 놓고 사라지는 채무자들에 대해 걱정했다. 1986년 5월 19일에 기록한 메모를 보니 더 중요한 변화가 있었다. 패니 메이가 골칫거리 대출채권 100억 달러를 처분해 이제 장기 주택담보대출 채권은 300억 달러만 남게 됐다. 나는 처음으로 '이 주식은 이제 MBS만 바라보고 사도 되겠어!'라고 생각했다.

새로운 카드도 등장했다. 패니 메이는 새로운 주택담보대출 채권에는 더욱 엄격한 기준을 적용하기로 했다. 패니 메이의 이런 결정은 매우 현명한 것이었다. 그 덕분에 패니 메이는 향후 다가올 경기 침체의 타격을 크게 입지 않을 수 있었다. 시티코프 같은 은행들은 패니 메이보다 주택담보대출을 쉽게 해줬다. 서류가 전혀 필요 없는 주택담보대출, 서류가 거의 필요 없는 주택담보대출 등 대출을 해줄 때 서류를 거의 요구하지 않는 반면 패니 메이는 대출채권에 대한 심사를 엄격히 하고 있다. 패니 메이는 텍사스주 S&L과 같은 실수를 하지 않으려고 노력했다. 패니 메이는 텍사스주에서 '텍사스식 주택담보대출은 사절'이라는 내용의 캠페인을 펼치기도 했다.

패니 메이의 결점은 MBS의 장점에 가려졌다. 주택담보대출 채권을 매각해 확보한 자금을 다시 대출해주는 것이 일반화되면서 MBS 사업이 더욱 성장할 것은 확실해 보였다. 새로 지은 집이 팔리지 않는다 해도 주택담보대출 사업은 성장할 것이다. 사람들이 기존에 살던 집을 팔고 새로운 집을 사면 새로운 주택담보대출이 이뤄져야 하기 때문이다. 이 중 상당 부분은 패니 메이에 의해 MBS로 만들어지고 그 결과 패니 메이의 보증 수수료 수입은 더욱 늘어날 것이다.

애널리스트 토머스 클린겐스타인이 1983년에 예측했듯 패니 메이는 스스로를 재창조하는 데 성공해 이익 급증을 눈앞에 두고 있었다. 그러나 대부분의 애널리스트들은 패니 메이에 대해 회의적이었다. 몽고메리 증권은 고객들에게 "패니 메이는 우리가 분석하고 있는 평균적인 저축금융기관들과 비교할 때 고평가됐다."라고 밝혔다. 패니 메이가 정말 평균적인 저축금융기관일까? 몽고메리 증권은 "최근 큰 폭의 유가 하락으로 (남서부) 지역에 관계된 패니 메이의 185억 달러에 달하는 주택담보대출 채권이 타격을 입을 수도 있다."라고 지적했다. 패니 메이는 문제가 되는 대출채권을 서서히 줄여왔다. 패니 메이에 불리한 금리가 적용되는 과거 대출채권 중 100억 달러를 추가로 처리했다.

1986년의 마지막 5개월간 패니 메이는 8달러에서 12달러로 올랐다. 이 해에 패니 메이는 주당 1.44달러의 순이익을 냈다.

1987년

1987년 내내 마젤란펀드 내 패니 메이의 투자 비중을 2~2.3% 수준으로 유지했다. 패니 메이는 12달러에서 16달러로 올랐다 다시 12달러로 떨어졌다 다시 16달러를 회복하는 등 12달러와 16달러 사이에서 왔다 갔다 했다. 그러다 10월 블랙 먼데이 때 8달러로 떨어졌다. 12달러와 16달러를 번갈아 지켜보던 투자자들은 어리둥절해졌다.

나는 패니 메이의 실적 개선을 너무 빨리 예단해 앞서 나가버렸다. 2월에 패니 메이의 임원 4명과 얘기를 나눴다. 이때 채무자가 대출을 갚지 않아 패니 메이가 담보로 잡고 있던 주택의 소유권을 갖고 오는 유질처분 건수가 여전히 늘어나고 있다는 사실을 확인했다. 패니 메이는 텍사스주에서 담보물로 잡았던 주택을 상당히 많이 소유하게 됐다. 많은 채무자들이 대출을 갚지 못해 패니 메이는 텍사스주의 최대 부동산 거물이 되어버렸다.

텍사스주 휴스턴에서만 패니 메이 직원 38명이 대출을 갚지 못한 담보주택을 처리하고 있었다. 패니 메이는 이러한 주택들의 소유권을 가져오는 데만 수백만 달러를 써야 했고, 대출 원리금 대신 떠안게 된 이런 주택들을 살 사람이 나타날 때까지 관리하는 데 또 수백만 달러를 써야 했다. 당시에는 집을 살 사람이 드물었다.

알래스카주의 주택 경기도 악화되고 있었다. 패니 메이에 그나마 다행스러운 일은 알래스카주의 주택시장은 아주 작다는 점이었다.

내 마음속에서는 이런 부정적인 재료가 MBS의 놀랄 만한 성공에 가려져버렸다. 패니 메이는 1987년 한 해에만 1000억 달러의 MBS를 팔았다. 패니 메이는 또 금리 변화에 따라 실적이 큰 폭으로 변하는 문제도 해결했다. 패니 메이는 더 이상 금리에 반응하는 순환주가 아니었다. 패니 메이는 실적이 예측 가능한 수준으로 안정적으로 성장하고 있는 브리스톨-마이어스나 GE를 닮아가고 있었다. 하지만 브리스톨 마이어스보다는 훨씬 성장속도가 빨랐다. 패니 메이의 순이익은 주당 83센트에서 1.55달러로 뛰었다.

블랙 먼데이 며칠 전인 10월 13일 패니 메이에 다시 한 번 전화했다.

CEO인 데이비드 맥스웰은 전화 통화에서 내 믿음을 확고히 해주는 흥미로운 말을 했다. 그는 금리가 3%나 올라도 패니 메이의 주당 순이익은 50센트밖에 줄지 않는다고 말했다. 과거 패니 메이였다면 절대 이런 말을 할 수 없었다. 이는 패니 메이의 중대한 분기점이었다. 맥스웰은 패니 메이의 변신이 마침내 성공했다고 말했다.

패니 메이도 다른 주식과 마찬가지로 10월 19일 블랙 먼데이 때 폭락했다. 투자자들은 미친 듯이 주식을 팔아댔고 증시 전문가들은 세상이 끝날 것 같은 비관적인 전망을 쏟아냈다. 패니 메이의 유질처분 건수는 여전히 늘고 있지만 90일 이상 장기 연체 채권은 줄어들고 있었다. 연체가 채권 부도로, 다시 유질처분으로 이어진다는 점을 고려할 때 연체율 하락은 최악의 상황은 지났음을 시사한다.

나는 더 큰 그림을 그려볼 때 패니 메이는 보유할 만한 좋은 기업이라는 사실을 스스로에게 상기시켰다. 패니 메이에 일어날 수 있는 최악의 일은 무엇일까? 경기 침체가 깊은 불황으로 이어지는 것? 경기가 불황일 때는 금리가 내려가고 패니 메이는 더 낮은 단기 금리로 돈을 빌려 주택담보대출 채권을 매입할 수 있으니 이익이다. 사람들이 주택담보대출을 갚는 한 패니 페이는 지구상에서 가장 수익성 높은 사업을 하는 것이다.

경기 전망이 나빠서 사람들이 주택담보대출을 갚지 않으면 패니 메이는 은행 시스템을 비롯한 다른 모든 시스템과 함께 붕괴되어갈 것이다. 하지만 그런 일은 하룻밤 사이에 이뤄지지 않는다. 사람들이 마지막까지 포기하지 않으려 하는 것이 바로 집이다. 나는 문명의 황혼기에 패니 메이보다 더 좋은 투자대상을 상상하기 어려웠다.

패니 메이의 경영진도 나와 같은 의견이었던 것 같다. 블랙 먼데이가 지나가고 이후 패니 메이는 500만 주의 자사주를 매입하겠다고 발표했다.

1988년

주식을 사라고 추천할 때도 사소한 차이가 있게 마련이다. '이거 말고 달리 살 종목이 있겠나?'라는 뜻의 매수가 있다. 그런가 하면 '아마 이 종목은 오를 거야'란 의미의 매수도 있다. '지금 샀다가 나중에 팔라'는 매수도 있다. 또 '부모에게 사라'고 권하는 매수도 있고 '부모와 이모, 고모, 삼촌, 외삼촌, 사촌 등 일가친척 모두에게 사라'고 추천하는 매수도 있다. '집을 팔아 이 주식을 사라'는 매수도 있고 '집과 차와 보트와 바비큐 기구까지 몽땅 팔아서 이 주식을 사라'는 매수도 있다. 그리고 '부모와 이모, 고모, 삼촌, 외삼촌, 사촌 등 일가친척 모두에게 집과 차와 보트와 바비큐 기구까지 몽땅 팔아서 이 주식을 사라'고 강력히 권하는 매수도 있다. 패니 메이는 바로 이 마지막 매수 추천 종목이 되어가고 있었다.

나는 1988년 대부분의 기간 동안 마젤란펀드에서 패니 메이의 비중을 3%로 유지했다. 패니 메이의 주당 순이익은 1.55달러에서 2.14달러로 늘어났다. 더 엄격해진 새로운 기준에 따라 이뤄진 대출채권이 전체 대출채권의 6%를 차지했다. 채무자가 대출을 못 갚아 담보로 잡은 주택의 소유권을 이전해오는 유질처분 건수가 1984년 이후 처음으로 떨어졌다.

게다가 정부는 담보대출 사업에 대해 새로운 회계규정을 도입했다.

이전에는 주택저당증권, 즉 MBS를 매매해 보증 수수료를 받으면 곧바로 회계장부에 수입으로 기재됐다. 이 때문에 패니 메이의 수수료 수입은 어떤 분기에는 1억 달러였다가 다음 분기에는 1000만 달러로 떨어질 수도 있었다. 과거 회계규정에서는 패니 메이의 분기 실적 변동이 컸고 이번 분기 실적이 전 분기보다 감소하는 경우도 드물지 않았다. 전 분기 대비 실적 감소는 투자자들에게 걱정을 안겨주어 주식을 팔게 만드는 원인이 됐다.

새로운 회계규정에서는 보증 수수료가 각각의 새로운 주택담보대출 채권의 만기 때까지 분할 배분돼 수입으로 기재된다. 새로운 회계규정이 적용되기 시작하면 패니 메이는 분기 실적이 줄어 매도공세에 시달리지 않아도 된다.

1989년

주식 투자의 대가인 워런 버핏이 패니 메이를 220만 주 보유하고 있다는 사실을 알게 됐다. 나는 패니 메이에 여러 번 전화를 걸어 회사 안팎에 어떤 변화가 있는지 점검했다. 7월에는 부실채권에서 상당한 개선의 징조가 나타났다. 콜로라도주에서는 부실채권에 약간 문제가 있었지만 텍사스주의 부실채권 문제는 해결됐다. 기적 중의 기적이었다. 텍사스주 휴스턴의 집값이 오르고 있었던 것이다.

최근 내가 잠자리에 들기 전에 즐겨 읽는 '전국 연체율 조사National Delinquency Survey'에 따르면 패니 메이의 90일 이상 장기 연체율은 1988년의 1.1%에서 1989년에는 0.6%로 다시 떨어졌다. 나는 또 집값이 붕괴되고 있는 것이 아니란 사실을 확인하고 싶어 중간 규모 주택 가격

통계를 살펴봤다. 역시 주택시장은 침체를 겪고 있지 않았다. 평소와 같이 중간 규모 주택 가격은 오르고 있었다.

1989년에 나는 창고에 트럭을 갖다 댔다. '트럭을 갖다 대다'는 월스트리트에서 통용되는 전문적인 용어인데 물건을 가득 싣기 위해 트럭을 창고 같은 곳에 갖다 대는 것처럼 어떤 주식을 최대한으로 산다는 뜻이다. 이제 마젤란펀드의 4%가 패니 메이에 투자되고 있었고, 1989년 말에는 패니 메이의 비중이 뮤추얼펀드가 한 종목에 투자할 수 있는 최대 비율인 5%에 도달했다. 패니 메이는 마젤란펀드에서 투자 비중이 가장 높은 종목이 됐다.

패니 메이는 2250억 달러 규모의 새로운 MBS를 매매했다. 이 MBS 사업으로부터 벌어들이는 수입은 연간 4억 달러로 늘어났다. 이 수입은 1981년에만 해도 아예 존재하지도 않았던 것이다. 이제 어떤 S&L도 주택담보대출 채권을 그대로 보유하고 있지 않으려 했다. S&L은 대출채권을 모두 프레디 맥이나 패니 메이에 넘겼다.

마침내 월스트리트도 패니 메이가 매년 15~20%의 성장을 계속 할 수 있을 것이란 사실을 파악하기 시작했다. 패니 메이의 주가는 16달러에서 42달러로 올랐다. 1년 사이에 두 배 반이 오른 것이다. 주식시장에서 자주 일어나는 일이듯 수년간의 인내심이 한 순간에 보상을 받게 됐다.

주가가 이렇게 올랐음에도 패니 메이는 PER가 10으로 여전히 저평가돼 있었다. 12월 《배런스》에 주택시장에 부정적인 내용인 '무너지고 있는 대저택'이라는 제목의 기사가 실렸다. 기사의 결말은 "부동산시장의 침체는 불길한 기운을 드리우고 있다"는 문구였다. 기사에는 '임대,

매매, 어떠한 것도 가능'이라고 호소하는 팻말이 붙은 2층짜리 주택이 삽화로 실려 있었다.

끊임없이 되살아나는 주택시장 침체에 대한 우려만 없었다면 패니 메이는 100달러짜리 주식이 되어 있었을 것이다.

1990년

나는 패니 메이의 투자 비중을 증권거래위원회 규정상 뮤추얼펀드 가 한 종목에 투자할 수 있는 최대치인 5% 한도를 지키려고 노력했다. 주가가 단기간에 오르면서 마젤란펀드에서 패니 메이의 투자 비중은 사실상 6%가 됐다. 하지만 주식을 추가로 사서 그런 것이 아니라 주가 가 올라 5% 한도를 넘어선 것이라서 괜찮았다.

패니 메이의 모든 사업이 잘 진행되고 있음에도 여름과 겨울에 외부 에서 발생한 새로운 악재 때문에 패니 메이의 주가가 하락했다. 사담 후세인 이라크 대통령이 쿠웨이트를 침공했고 미국도 다른 서방 국가 와 함께 사담 후세인을 공격했다. 사람들은 걸프전쟁으로 인해 전국의 부동산시장이 침체에 빠질 수도 있다고 걱정했다. 텍사스주를 강타했 던 부동산시장 불황이 미국 동쪽 끝에서 서쪽 끝까지 전역에 몰아칠지 도 모른다는 걱정이었다. 수만 명의 사람들이 대출금을 갚지 못하겠다 며 집 열쇠를 패니 메이에 맡기고 집을 버릴지도 모른다. 패니 메이는 미국에서 가장 많은 주택을 보유한 부동산 거물이 되어 주택을 관리하 고 팔고 변호사에게 관련 비용을 지불하느라 수십억 달러를 써야 할 수 도 있다.

나는 가치 있는 기업이 별다른 이유 없이 투자자들의 매도 공세에 시달리며 주가가 하락하는 것을 여러 차례 봐왔다. 하지만 패니 메이만큼 근거 없이 투자자들의 매도 공세에 시달리는 기업도 보지 못했다. 패니 메이의 연체 문제는 하찮은 수준이었다. 그럼에도 여전히 주택담보대출에 대한 전반적인 우려 때문에 시달렸다. 1990년 11월에《월스트리트 저널》은 '시티코프 대출 담당자들의 좌절'이란 제목으로 시티코프의 연체율이 2.4%에서 3.5%로 올랐다는 내용의 기사를 내보냈다. 기사는 패니 메이와 전혀 관계가 없었지만 패니 메이의 주가도(다른 많은 주택담보대출 관련 기업의 주가와) 함께 떨어졌다.

투자한 기업의 경영현황을 살펴보지 않고 전 세계적인 큰 그림만 주목하여 주택시장이 침체될 것이라며 주식을 팔아버린 투자자에겐 무척 안타까운 일이다. 고급주택을 제외하고는 주택시장이 침체될 기미는 보이지 않았다. 전미부동산중개인협회는 1990년에, 그리고 1991년에 또다시 평균 주택 가격은 올랐다고 발표했다. 패니 메이의 사업 내용을 계속 조사해왔다면 패니 메이가 20만 2000달러 이상의 고급주택에 대한 담보대출은 취급하지 않고 있으며 결과적으로 패니 메이는 호화로운 대주택과는 전혀 상관이 없다는 사실을 알았을 것이다. 패니 메이가 보유한 담보주택의 가격은 평균 9만 달러였다. 패니 메이는 엄격한 대출채권 매입 기준을 갖고 있으며 텍사스주 방식이던 5% 계약금 대출은 더 이상 하지 않았다. 그리고 MBS 사업은 여전히 빠른 속도로 성장하고 있었다.

패니 메이의 주가는 사담 후세인 매도로 42달러에서 24달러로 떨어졌다가 곧바로 38달러로 반등했다.

1991년

나는 마젤란펀드를 떠났다. 펀드 운용은 모리스 스미스가 내 뒤를 이어 맡았다. 패니 메이를 계속 주시할 것인지는 모리스의 판단에 달려 있다. 모리스는 패니 메이를 계속 주목하면서 마젤란펀드 내의 편입 비중도 최고 수준으로 유지했다. 패니 메이의 주가는 38달러에서 60달러로 올랐다. 패니 메이는 기업 역사상 가장 많은 11억 달러의 이익을 냈다.

1992년

나는 6년 연속으로 《배런스》에 패니 메이를 추천했다. 패니 메이의 현재 주가는 69달러, 주당 순이익은 6달러이며 PER는 11이다. 이는 주식시장 평균 PER가 23인 것과 비교해보면 매우 좋은 것이다.

패니 메이의 경영상태는 더욱 개선됐다. 패니 메이는 상환이 자유로운 임의상환사채를 발행해 금리 변화에 따른 리스크를 줄였다. 임의상환사채는 패니 메이가 유리하다고 판단할 때 언제든지 부채를 갚고 되살 수 있는 채권이다(채권을 발행한 주체가 만기 이전에 조기 상환할 수 있다). 예를 들어 금리가 떨어지면 패니 메이는 낮은 금리로 돈을 빌려 금리가 더 높은 임의상환사채를 갚을 수 있다.

패니 메이는 임의상환사채 발행으로 단기적으로는 실적에 타격을 입었다. 임의상환사채는 더 높은 금리를 지급하지 않으면 사려는 투자자가 거의 없기 때문이다. 그러나 장기적으로 볼 때 임의상환사채는 금리 변화에 따라 패니 메이의 실적이 큰 영향을 받지 않도록 하는 또 다른 방법이다.

패니 메이는 지난 8년간과 마찬가지로 여전히 1년에 12~15%씩 성장하고 있으며 여전히 저평가됐다. 어떤 것은 세월이 지나도 절대 바뀌지 않는 법이다.

제19장

뒷마당의 보물, 뮤추얼펀드

BEATING THE STREET

콜로니얼 뮤추얼펀드 그룹

나는 몇 년간 월스트리트에서 가장 수익률이 높은 산업을 놓치고 있었다. 바로 뮤추얼펀드 산업, 즉 자산운용업이다. 갭의 월별 판매실적을 가장 먼저 바로 코앞에서 확인할 수 있었으면서도 갭에 투자하지 못한 매장 관리자처럼 나 역시 뮤추얼펀드 산업에 종사하면서 드레퓌스, 프랭클린 리소시스, 콜로니얼 그룹, T. 로 프라이스, 스테이트 스트리트 뱅크, 얼라이언스 캐피털 매니지먼트, 이튼 밴스 등에 투자하지 못했다. 정말 왜 그랬는지 모르겠다. 아마도 나는 숲을 보느라 나무를 보지 못한 것 같다. 펀드를 운용하면서 정작 바로 옆에 있는 펀드 관련 회사의 주가가 얼마나 올랐는지는 놓친 것이다. 내가 유일하게 투자한 펀드 관련 회사는 유나이티드 애셋 매니지먼트였다. 이 회사는 30~40명의 펀드매니저들과 계약을 맺고 이들이 다른 회사에서 일하도록 하고 있다.

위에서 언급한 8개 회사는 이른바 펀드산업의 직접적인 당사자이다. 펀드사업도 하지만 주력사업은 보험 판매인 머시 & 맥레넌의 자회사 푸트남이나 켐퍼와는 다르다. 이 8개 회사는 1987년 블랙 먼데이로 자산운용업이 붕괴할지 모른다는 우려가 기우에 불과했다는 사실이 드러난 이후 1988년과 1989년에 좋은 수익률을 보였다.

블랙 먼데이로 인한 주가 하락은 이전까지 간과하고 있었던 펀드회사를 낮은 가격에 살 수 있는 기회를 제공했다. 만약 이들 8개 펀드회사의 주식을 똑같은 금액만큼 사서 1988년 초부터 1989년 말까지 보유하고 있었다면 어떻게 됐을까? 아마도 이들 회사가 판매하는 펀드들 99%보다 더 좋은 수익을 얻었을 것이다.

뮤추얼펀드가 인기를 끌었던 기간에는 펀드를 판매하는 펀드회사에 투자하는 것이 이들 회사가 판매하는 펀드에 투자하는 것보다 수익이 더 좋을 가능성이 높다. 금을 캐기 위해 사람들이 서부로 몰려들었던 골드러시 때 금을 캐러 다닌 사람들보다 이들에게 삽과 곡괭이를 팔았던 사람들이 돈을 더 많이 벌었다는 사실을 기억한다.

금리가 떨어지면 채권형 펀드와 주식형 펀드로 돈이 몰리고, 그럼 이런 펀드에 주력하고 있는 회사(예를 들어 이튼 밴스나 콜로니얼)가 이례적으로 수익성이 높아진다. 드레퓌스는 MMF를 많이 운용하기 때문에 금리가 올라가면서 사람들이 주식시장과 장기 채권에서 돈을 빼낼 때 유리하다. 얼라이언스 캐피털은 연기금이나 대학재단과 같은 기관투자가들의 돈을 운용하는 동시에 증권사를 통해 개인에게도 펀드를 판매하고 있다. 얼라이언스 캐피털은 1988년에 상장했으며 주가는 1990년에 소폭 하락했으나 그 이후 위로 쭉 뻗어 올라갔다.

채권형 펀드, 주식형 펀드, MMF에 수십억 달러의 돈이 몰렸다는 것을 감안하면 펀드회사들이 주식시장보다 더 높은 수익률을 올린다는 것이 전혀 이상하지 않다. 이상한 것은 펀드회사에만 집중 투자하는 펀드회사 전문 펀드가 아직 나오지 않고 있다는 것뿐이다.

어떤 종류의 펀드에 돈이 얼마나 늘었고 줄었는지에 대한 정보는 자산운용업 차원에서 공식적으로 발표하고 있다. 따라서 전문 투자가든 개인 투자자든 이 정보를 이용해 투자 판단을 내릴 수 있다. 만약 1987년 블랙 먼데이 대폭락 때 펀드회사에 투자하지 못했다면 1990년대 말 사담 후세인 매도 때 펀드회사 주식을 살 수 있었다. 당시 이튼 밴스는 1년간 30% 하락했고 드레퓌스는 18.86% 떨어졌다. 다른 펀드회사 주가들은 이보다 적은 폭으로 하락했지만 상당폭 떨어진 것은 마찬가지였다.

자산운용업이 붕괴할 것이란 루머는 다시 한 번 전혀 근거가 없다는 사실이 드러났다. 1990년 12월과 1991년 1월 펀드 판매 통계만 살펴봐도 자산운용업에 대한 쓸데없는 걱정을 벗어버릴 수 있을 것이다. 나는 잘못된 습관을 반복하지 않겠다고 결심했음에도 방심하고 있었던 탓에 1991년《배런스》에 펀드회사를 단 한 종목도 추천하지 못했다. 피터 린치 추천 종목의 팬이라면(내 아내 외에도 혹시 있다면) 1991년에 75%가 오른 프랭클린 리소시스와 55% 상승한 드레퓌스, 116% 급등한 T. 로 프라이스, 80% 뛰어오른 유나이티드 애셋 매니지먼트, 40% 오른 콜로니얼, 81.77% 상승한 스테이트 스트리트 뱅크 등에 투자할 기회를 놓쳤을 것이다. 만약 이런 펀드회사에만 전문적으로 투자하는 펀드가 있었다면 1991년 한 해 동안 가치가 두 배 상승했을 것이다.

그나마 위로가 되는 것은 보험회사이긴 하지만 500억 달러 규모의 자산을 운용해 펀드산업에 관여한다고 할 수 있는 켐퍼를 추천했다는 사실이다. 켐퍼를 추천한 이유는 단지 펀드사업을 하기 때문만은 아니었다. 보험사업이 회복되고 있었고 프레스콧, 볼, 터번 등 증권 중개 자회사들도 실적이 좋아지고 있었기 때문이다. 켐퍼는 1991년에 주가가 두 배 뛰어올랐다. 그러니 내가 펀드회사를 추천하지 않은 데 대해 어느 정도 면죄부는 되는 셈이다.

1992년에는 1987년까지 계속해왔고 1991년에도 반복했던 실수를 다시 하지 말자고 결심했다. 이번에는 펀드산업 상황을 유심히 살펴봤다. 금리가 떨어지면 매달 만기가 돌아오는 2000억 달러 규모의 CD에서 자금이 이탈하면서 돈이 은행에서 나와 펀드로 흘러들어가게 된다. 이는 위에서 언급한 7개 대형 펀드회사에 매우 좋은 소식이다. 그러나 문제는 펀드회사가 1991년에 큰 폭으로 올랐기 때문에 고평가된 것으로 보인다는 점이다. 단 하나 예외는 콜로니얼이었다.

콜로니얼은 1991년에 40% 급등했지만 주가가 1987년에 상장할 때 공모가 17달러 그대로였다. 콜로니얼은 상장 당시 50~60억 달러의 자금을 운용하면서 주당 1달러의 순이익을 냈다. 지금은 90억 달러의 자금을 운용하면서 주당 1.55달러의 순이익을 내고 있다. 게다가 주당 4달러의 현금을 확보하고 있고 전체 발행주식의 7%를 자사주로 매입했다. 상장 후 6년간 더욱 강해진 기업을 6년 전 가격 그대로 살 수 있다는 얘기이다. 특히 콜로니얼이 보유하고 있는 주당 4달러의 현금을 감안하면 주가는 오히려 1985년보다 4달러가 싸진다. 콜로니얼은 부채가 없다. 또 월스트리트의 어떤 애널리스트도 최근 2년간 콜로니얼에 대해 한마디도 언급한 적이 없다.

내가 매력적인 산업에서 저평가된 종목을 찾을 때 이용하는 한 가지 방법은 비슷한 사업을 하는 경쟁업체와 PER를 비교해보는 것이다. 나는 이 방법을 통해 좋은 실적을 낼 수 있었다. T. 로 프라이스는 주가가 주당 순이익의 20배 수준이다. 프랭클린 리소시스도 주가가 주당 순이익의 20배이다. 그러나 콜로니얼은 주당 순이익의 10배에 불과하다. 왜 콜로니얼이 유독 저평가되고 있는지 자문해봐야 한다.

한 가지 이유는 콜로니얼의 이익이 4년간 거의 늘지 않았기 때문일 수도 있다. 콜로니얼은 운용하는 자산이 거의 두 배로 늘었지만 이는 펀드에 흘러들어온 전체 자금 규모와 비교했을 때 새발의 피다. 사람들은 드레퓌스와 T. 로 프라이스, 이튼 밴스에 대해서는 들어본 적이 있지만 콜로니얼은 가정이나 이웃에서 흔히 들을 수 있는 기업이 아니다.

그렇다고 해서 콜로니얼이 경쟁업체에 비해 절반 정도밖에 가치를 인정받지 못하는 것이 당연한 일일까? 나는 그렇다고 생각하지 않는다. 콜로니얼은 이익을 내고 있었다. 또 배당금을 자주 올렸고 자사주를 매입했다. 콜로니얼은 미래의 이익도 배당금을 더 올리고 자사주를 더 사는 데 쓸 수 있다.

1월 3일에 콜로니얼의 재무 담당자인 데이비 스쿤에게 전화를 걸었다. 그는 사업 여건이 좋아지고 있으며 특히 지방채펀드 상황이 개선되고 있다고 말했다. 콜로니얼은 지방채를 몇 개 가지고 있었으므로 절세 상품인 지방채의 인기가 올라가면 수혜를 입을 것이다. 콜로니얼은 공공설비주 펀드와 같이 흥미로운 펀드도 새로 출시했다.

나는 오래 전에 10개의 다른 기업에 10개의 질문을 한다면 최소 한 1개의 예상치 않았던 정보를 얻을 수 있다는 사실을 배웠다. 이 예상치 않았던 정보는 주가를 올릴 수도 있고 떨어뜨릴 수도 있는 것이다. 스쿤은 이와 관련해 흥미로운 얘기를 한 가지 들려줬다. 콜로니얼이 스테이트 스트리트 뱅크가 만든 새로운 펀드 일부를 판매하는 창구로 선정됐다는 소식이었다.

스테이트 스트리트는 자산운용업의 후선업무Back Office라고도 알려진 문서업무를 담당하고 있는 상업은행이다. 후선업무란 고객 서비스, 주식 거래내역 기록, 주식 보유 현황 등과 같이 주식 매매 이후의 사항을 담당하는 업무를 말한다. 후선업무는 스테이트 스트리트의 매우 수익성 높은 사업이다. 스테이트 스트리트는 1991년에 주가가 81% 상승했다.

스쿤이 스테이트 스트리트의 이름을 언급하자 내가 장모님에게 저질렀던 실수가 떠올랐다. 몇 년 전에 MMF에서 자금이 빠져나가는 것처럼 보이자 나는 장모님에게 스테이트 스트리트 주식을 매도하라고 권했다. 그 이유는 (1) 스테이트 스트리트의 이익이 줄어들 것으로 예상되고 (2) 장모님이 이미 스테이트 스트리트에 투자해 두 배의 수익을 올렸기 때문이었다. 장모님이 나의 재기 넘치는 조언을 받아들여 주식을 처분한 후 스테이트 스트리트는 3배가 더 올랐다. 하지만 스테이트 스트리트가 주식을 3:1로 액면분할하여 장모님은 이 안타까운 사실을 모르고 있다. 3:1로 액면분할했기 때문에 스테이트 스트리트의 주가가 3배나 올라도 장모님이 보시기엔 매각할 때 주가와 비슷하기 때문이다. 장모님은 종종 나에게 좋은 투자조언을 해줬다고 고맙다고 말한다. 하지만 나는 아직까지 스테이트 스트리트가 3:1로 액면분할했으며 장모님이 주식을 판 뒤 3배가 올랐다는 사실을 고백하지 못하고 있다.

액면분할은 성가신 일이 될 수도 있지만 한 가지 좋은 점은 너무 빨리 팔라고 잘못 조언했던 과거의 실수를, 주식시장을 계속 쳐다보고 있지 않은 친구나 친척들에게 숨기기가 쉽다는 점이다.

아무튼 스테이트 스트리트는 다른 펀드회사의 후선업무를 담당하면서 쌓은 경험을 바탕으로 직접 펀드를 운용해 이 노다지 산업의 전면에 나서고자 한 것이다. 하지만 스테이트 스트리트는 후선업무의 고객인 다른 펀드회사들과 직접 경쟁해 자극하고 싶지 않기 때문에 콜로니얼을 통해 판매함으로써 스테이트 스트리트의 자체 펀드를 숨기려는 것으로 보인다. 어쨌든 이 추가적인 사업이 콜로니얼의 이익에 도움이 될 것이다.

제20장

입맛이 가는 곳,
레스토랑 주식

BEATING THE STREET

입맛이 가는 곳에 돈을 묻어라

나는 지금까지 레스토랑 주식을 추천하지 않았지만 1992년에는 추천해야 했다. 매년 공항이나 쇼핑몰, 고속도로 통행료 징수하는 곳 근처에 새로운 식당이 나타나는 것 같았다. 1960년대 이후 패스트푸드는 자가용을 운전하면 으레 먹어야 하는 부속물처럼 자리 잡았다. 사람들은 처음에 점심만 식당에서 먹다가 곧 아침, 마침내 저녁까지 식당에서 해결하게 됐다. 이런 음식문화의 변화와 함께 과거 음식점이 떠난 자리를 새로운 음식점이 영원히 차지하게 되면서 음식 체인점은 탁월한 성장기업이 되었다.

내가 음식점의 성장 잠재력에 눈을 뜬 것은 사회생활 초년생으로 피델리티에서 애널리스트로 일하던 1966년이었다. 그때 관심을 끈 첫 번째 기업이 KFC였다. KFC는 고속도로 개통으로 음식점 손님들이 교통이 편리한 다른 곳으로 이동하자 샌더스 대령이 절망 속에 창업한 음식 체인점이다. 손님이 줄어 파산할 지경에 이르자 66세의 이 진취적인 노인은 낡은 캐딜락을 끌고 전국을 돌아다니며 자신의 치킨 요리법을 입지가 좋은 음식점에 가르쳐주고 매출의 일정 부분을 레시피 사용료로 받았다. 그는 훗날 자신의 특징으로 굳어진 하얀색 농장주 차림이 아니라 어두운 색깔의 양복을 입고 다녔다.

KFC는 1965년에 기업공개를 했다. KFC 이전에는 매사추세츠주의 던킨도너츠가 상장했다. (이후 던킨도너츠는 32년간 계속 이익이 늘었다.) 또 고속도로 통행료 징수소 출입구 간이식당의 선구자인 하워드 존슨도 1961년부터 뉴욕증권거래소에서 거래되기 시작했다. 이어 중서부지역 에서 유명한 밥 에반스 팜즈가 1963년에 상장했고, 1960년대 중반에 는 맥도날드와 쇼니스가 주식시장에 등장했다. 이들 음식 체인점을 방 문한 수십만 명의 고객들은 장사가 매우 잘된다는 사실을 파악하고 이 들 주식에 투자해 돈을 벌 수 있었다.

당시 월스트리트 전문가들은 도넛 가게나 햄버거 가게가 유명한 니 프티 피프티Nifty Fifty와 경쟁할 수 있다는 생각에 코웃음을 쳤다. 니프 티 피프티는 1960년대 말에서 1970년대 초까지 증시를 선도했던 50 개 대형 우량주로 주로 기술주로 구성돼 있었다. 이들 니프티 피프티 는 많이 오르기는 했지만 후에 고평가된 것으로 드러나 주가가 급락했 다. 반면 쇼니스는 22센트로 공모해 액면분할한 것을 감안할 경우 최 고 36,875달러까지 상승해 168배의 수익률을 기록했다. 밥 에반스 팜 즈는 83배, 맥도날드는 400배가 올랐다. 하워드 존슨은 상장을 폐지하 고 개인회사로 돌아갈 때까지 40배가 상승했다. KFC는 펩시코에 인수 될 때까지 27.5배가 올랐다.

만약 당신이 입맛이 가는 곳에 돈을 묻어둔다는 생각으로 1만 달러 를 이들 5개 종목에 투자했더라면 1980년대 말에 당신은 200만 달러 이상을 가진 백만장자가 됐을 것이고, 1만 달러를 모두 맥도날드에 투 자했더라면 400만 달러를 가진 백만장자가 됐을 것이다. 맥도날드는 현재의 영광에 안주하지 않고 끊임없이 새로운 메뉴를 개발하는 한편 해외 시장에 적극 진출함으로써 현대 주식시장 역사상 주주들에게 가장 많은 수익을 안겨준 종목이 됐다.

햄버거 가게, 카페테리아(루비스, 모리슨스), 패밀리 스테이크하우스(판다로사, 보난자), 각종 간이식당(데니스, 쇼니스), 아이스크림 가게, 요거트 가게, 국내 음식점, 국제적인 음식점, 커피전문점, 피자점, 스칸디나비아식 바이킹 식당, 뷔페 등은 미국 전체 투자자들의 눈앞에서 하나 이상의 고수익 종목을 탄생시켰다. 우리는 어떤 식당이 인기가 있고 잘 관리되고 있는지, 어떤 식당이 잘 정돈되지 못하고 시대에 뒤떨어졌는지, 어떤 음식 체인점이 포화상태에 이르렀고, 어떤 음식 체인점이 추가 성장 여력이 있는지 잘 알고 있다.

베이비붐 세대가 처음으로 운전면허증을 따서 차를 타고 음식을 주문하여 포장해서 갈 수 있는 식당에 드나들기 시작했던 1960년대에 음식 체인점 주식에 투자할 기회를 놓쳤다 해도 1970년대에 만회할 기회가 있었다. 1970년대에는 인터내셔널 데어리 퀸, 웬디스, 루비스, 타코벨, 피자헛, 제리코 등에 투자했으면 높은 수익을 얻을 수 있었다. 특히 1972년에 주식시장이 전반적으로 약세를 보이면서 경영상태가 좋은 음식 체인점들이 아주 싸게 거래될 때 투자했다면 좋은 성과를 얻었을 것이다. 단 한 번도 분기 실적에서 투자자들을 실망시킨 적이 없었던 타코벨은 당시 1달러까지 떨어졌다가 즉각 40달러로 반등했고 이후 펩시코에 인수됐다. 펩시코는 청량음료 매상을 올리는 데 도움이 되는 타코벨과 같은 음식 체인점을 소유하고 싶어 했다.

1980년대에는 맛있는 해물요리와 비스킷을 즐길 수 있고 인기 있는 선물용 상품 매장까지 갖춘 크래커 배럴과, 1984년에 상장했으나 안타깝게도 내가 무시해버렸던 칠리스가 있었다. 또 스바로(1985년), 라이언스 패밀리 스테이크하우스(1982년), 우노 레스토랑(1987년)도 1980년대에 상장한 음식 체인점이다. 치치스도 투자자들에게 매우 높은 수익을 안겨줬던 종목인데 결국엔 다른 기업에 인수됐다.

전국의 모든 지역이 소도시에서 출발해 사람들의 입맛과 지갑을 사로잡아 전국으로 뻗어나간 음식 체인점의 배양지가 되었다. 예를 들어 남서지방에서는 루비스와 라이언스, 칠리스가 탄생했고, 중서부 지방에서는 맥도날드, 미니애폴리스주에서는 치치스와 인터내셔널 데어리 퀸, 뉴욕주에서는 스바로, 뉴잉글랜드주에서는 던킨도너츠가 각각 생겨났다. 또 남쪽 끝에서는 쇼니스와 크래커 배럴이, 서쪽 끝에서는 타코벨이 태어났다.

음식 체인점은 유통업체와 마찬가지로 매장을 확장해가면서 15~20년간 빠르게 성장할 수 있다. 외식산업은 경쟁이 매우 치열한 시장으로 여겨진다. 하지만 갓 문을 연 음식 체인점은 가전회사나 전자부품회사, 신발회사 등과 달리 경쟁에서 보호를 받는 측면이 있다. 예를 들어 캘리포니아주에 새로운 생선튀김 음식점이 생겼는데 이미 뉴욕주에는 이보다 더 맛있는 생선튀김 음식점이 있다고 해보자. 뉴욕주의 맛있는 생선튀김 음식점이 캘리포니아주에 새로 생긴 음식 체인점에 어떤 영향을 줄 수 있겠는가? 아무런 영향도 주지 못한다.

한 도시에서 생긴 음식 체인점이 미국 전체로 확장되기까지는 많은 시간이 걸린다. 음식 체인점은 또 해외 기업의 도전으로부터도 자유롭다. 데니스나 피자헛은 한국의 저렴한 수입품을 걱정할 필요가 없다.

외식산업에서 성공과 실패를 가르는 것은 역량 있는 경영진, 합리적인 자금 조달, 체계적인 확장 등이다. 느리지만 꾸준한 방법을 구사하면 자동차 경주대회에서는 승리하지 못하겠지만 외식산업과 같은 경주에서는 승리한다.

두 햄버거 체인점, 칠리스와 퍼드러커스의 엇갈린 운명은 이런 점에서 매우 교훈적이다. 칠리스와 퍼드러커스 모두 텍사스주에서 창업했다. 칠리스는 댈러스, 퍼드러커스는 샌안토니오가 출발지였다. 둘 다 고급 햄버거를 팔았고 둘 다 유쾌하고 차별되는 실내 환경을 갖추고 있었다. 차이점이라면 칠리스는 종업원이 테이블까지 와서 주문을 받고 음식을 제공한 반면 퍼드러커스는 셀프서비스였다는 점뿐이다. 하지만 하나는 명성은 얻었지만 큰 손해를 입었고 다른 하나는 명성도 얻고 큰 돈도 벌었다.

왜 그럴까? 한 가지 이유는 칠리스는 햄버거 인기가 예전 같지 않자 메뉴를 다른 음식으로 다양화한 반면 퍼드러커스는 햄버거만 고집했다는 것이다. 하지만 결정적인 차이는 퍼드러커스가 너무 빨리 매장을 늘리려 했다는 점이다. 1년에 100개 이상의 매장을 새로 개장하려고 한다면 문제가 생기게 마련이다. 너무 빨리 영광을 얻고자 하면 좋지 못한 입지와 좋지 못한 매장 지배인을 선택할 위험이 높고, 매장 부지를 너무 비싸게 살 수도 있으며, 종업원을 숙련되게 훈련시키지도 못한다.

퍼드러커스는 이런 함정에 빠져버렸고, 체인점을 너무 빨리 확장하려다 발목이 잡혀버린 플레이키 제익스, 위너스, TGI 프라이데이즈의 전철을 밟게 됐다. 반면 칠리스는 매년 30~35개씩 적절한 속도로 새로운 매장을 늘려나갔다. 칠리스는 창업자인 노먼 브링커의 노련한 지휘 아래 수익, 매출액, 순이익이 꾸준히 증가했다. 노먼 브링커는 스테이크 & 에일과 베니건스도 창업한 사람이다. 칠리스는 1996~98년에 매장이 400~450개로 늘어나 포화상태에 이를 것으로 예상되며 이즈음 매출액이 10억 달러가 될 것으로 기대하고 있다.

외식업체가 이익을 늘릴 수 있는 방법은 여러 가지가 있다. 칠리스가 현재 하고 있는 것처럼 매장을 늘릴 수도 있고 웬디스가 했던 것처럼 기존 매장의 매출을 늘릴 수도 있다. 어떤 외식업체는 테이블당 회전율을 높이는 대신 저렴한 음식을 팔아 돈을 버는 반면, 어떤 외식업체는 회전율은 낮지만 비싼 음식을 팔아 돈을 번다. 크래커 배럴과 쇼니스, 맥도날드가 전자라면, 아웃백 스테이크하우스와 차트 하우스가 후자에 속한다. 어떤 외식업체는 음식 판매로 최고의 수익을 올리는 반면, 크래커 배럴의 경우 음식점 한쪽에 붙은 선물용 상품 매장에서 이익을 올린다. 어떤 외식업체는 스파게티 웨어하우스처럼 비싸지 않은 재료로 음식을 만들어 높은 마진을 남기는 반면, 어떤 외식업체는 운영비를 낮춰 마진을 높인다.

외식업체가 손익분기점에 도달하려면 매출액이 매장 운영에 투자된 자본과 같아야 한다. 외식업체를 분석하는 방법은 유통업체를 분석하는 방법과 같다. 핵심적으로 봐야 할 지표는 성장률, 부채, 동일 점포 매출액이다. 동일 점포 매출액은 매 분기 늘어나는 것이 좋다. 성장률은 너무 빠르지 않은 것이 바람직하다. 1년에 새로운 매장이 100개씩 생긴다면 잠재적으로 위험구역에 들어갔다고 봐야 한다. 부채는 가능하면 아주 적거나 없는 것이 좋다.

캘리포니아주의 몽고메리 증권은 전체 외식산업을 정기적으로 분석하면서 매우 탁월한 보고서를 발표해오고 있다. 몽고메리 증권의 최근 분석에 따르면 맥도날드와 웬디스 같은 햄버거 가게는 베이비붐 세대들이 패스트푸드에서 떠나고 있는 데다 매장이 너무 많아 고전하고 있다. (현재 상위 5대 음식 체인점은 미국 전체에 총 2만 4000개의 매장이 있다.) 성장 주도력은 오봉팽Au Bon Pain이나 스파게티 웨어하우스 같이 틈새 외식업체와 여러 가지 메뉴를 제공하는 중간 가격의 패밀리 레스토랑으로 넘어갔다.

만약 1991년 초에 몽고메리 증권이 추천한 외식업체 중 상위 8개의 주식을 샀다면 12월에는 투자자금이 두 배로 늘어났을 것이다. 이 8개 주식은 다음과 같다.

베르투치스

크래커 배럴

브링커 인터내셔널(칠리스)

스파게티 웨어하우스

쇼니스

랠리스

애플비스

아웃백 스테이크하우스

이 글을 쓰고 있는 지금 몇몇은 PER 30 이상으로 고평가됐을 수도 있지만 계속 지켜볼 만한 가치는 충분히 있다. 외식산업 전체적으로는 연간 성장률이 4%이다. (외식산업도 조만간 전혀 성장하지 않는 산업이 될 것이다.) 그러나 재무구조가 탄탄한 우수 외식업체는 과거에 그랬던 것처럼 미래에도 번창할 것이다. 미국인이 식사의 50%를 집 밖에서 해결하는 한 쇼핑몰이나 우리가 살고 있는 동네 주변에서 20배 수익률을 선사할 새로운 외식업체가 등장할 것이다. 음식점에 갈 때마다 주의 깊게 살펴보면 어떤 외식업체가 고수익을 창출할 것인지 누구나 파악할 수 있다.

내가 잠재력이 있다고 파악한 외식업체는 오봉팽이다. 나는 집 근처 벌링턴 쇼핑몰에서 오봉팽을 발견했다. 오봉팽은 크루아상과 커피를 판매하는 음식점으로 프랑스의 감성과 미국의 효율성을 결합한 베이커리다. 내가 살고 있는 보스턴에서 1978년에 사업을 시작했고 1991년에 공모가 10달러로 상장했다. 나는 이 베이커리의 이름을 정확히 발음하지는 못하지만 사업 개념은 매우 탁월하다고 생각한다.

오봉팽에 가면 아침에는 플레인 크루아상을, 점심에는 햄과 치즈가 채워진 크루아상을, 디저트로는 초콜릿이 들어 있는 크루아상을 먹을 수 있다. 모든 메뉴는 3분 내에 나온다. 오봉팽의 빵은 본점에서 만들어 굽지 않은 채 각 매장에 배달되고, 매장에서는 이 빵을 부풀려 오븐에 구운 뒤 따뜻하고 신선한 상태로 손님들에게 내놓는다. 최근에 오봉팽은 신선한 오렌지 주스와 과일 샐러드를 메뉴에 추가했으며, 곧 최고의 베이글을 판매할 예정이다. 최고 수준의 컴퓨터 칩과 최고 수준의 베이글 중에서 하나를 선택해 투자하라면 나는 망설이지 않고 베이글을 선택할 것이다.

오봉팽은 1992년 초에 주가가 두 배 뛰어 1992년 순이익 전망치 기준으로 주가수익비율^{PER}이 40배나 됐다. 그러나 9개월 후에는 주가가

14달러로 떨어져 1993년 순이익 전망치를 기준으로 PER가 20배로 낮아졌다. 매년 25%씩 성장하고 PER가 20인 주식이 있다면 이건 사야 한다. 만약 오봉팽 주가가 더 떨어진다면 나는 살 수 있는 최대한으로 이 주식을 쓸어 담을 것이다. 오봉팽은 경기 침체 때도 경영을 잘했으며, 무리하지 않고 장기적으로 성장해나갈 수 있을 것이다. 오봉팽은 해외 확장에 대해서도 잠재력이 매우 높다.

제21장

—

6개월 정기점검

경영 변화 확인 후 결론짓기

BEATING THE STREET

신중하게 고른 종목들로 구성된 투자 포트폴리오는 정기적으로 점검해 관리해야 한다. 대개 6개월마다 한 번씩 점검하는 것이 좋다. 우량주나 대기업 혹은 미국의 경제지 《포천》이 선정하는 500대 기업에 포함된 종목이라 하더라도 사놓고 잊어버리는 전략은 비생산적이며 아주 위험하기까지 하다. 그래프 21-1, 21-2, 21-3은 이 점을 잘 보여준다. 어떤 투자자가 IBM과 시어스, 이스트만 코닥을 사놓고 잊어버리고 있었다면 매우 후회했을 것이다.

6개월 정기점검은 단지 신문에서 투자한 종목의 주가를 확인하는 것, 혹은 증권사의 연구 분석에 맡겨버리는 것이 아니다. 투자자라면 어떤 것도 당연하게 여겨서는 안 된다. 당신은 다음의 단계를 밟아나가야 한다. 우선 다음 두 가지 기본적인 질문에 대답할 수 있어야 한다. (1) 이 주식은 이익과 비교할 때 주가가 여전히 매력적인가? (2) 이 기업은 이익을 늘리기 위해 어떤 일을 하고 있는가?

이 질문에 대답하면 다음 세 가지 중 한 가지 결론을 얻을 것이다.

(1) 상황이 더 좋아졌다. 이 경우에는 투자를 늘려야 한다. (2) 상황이 나빠졌다. 이 경우엔 투자를 줄여야 한다. (3) 상황에 변함이 없다. 이 경우엔 투자를 유지할지 아니면 이 주식을 팔고 좀 더 매력적인 다른 기업에 투자할지 결정해야 한다.

IBM(IBM)
컴퓨터, 프린터, 복사기, 소프트웨어

〈그래프 21-1〉

508

시어스 로벅(S)
일반 소매업, 보험 및 금융 서비스, 부동산 중개업

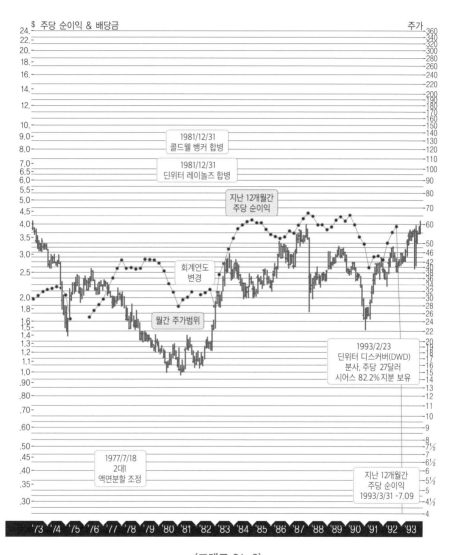

$ 주당 순이익 & 배당금

주가

1981/12/31
콜드웰 뱅커 합병

1981/12/31
딘위터 레이놀즈 합병

지난 12개월간
주당 순이익

회계연도
변경

월간 주가범위

1993/2/23
딘위터 디스커버(DWD)
분사, 주당 27달러
시어스 82.2%지분 보유

1977/7/18
2대1
액면분할 조정

지난 12개월간
주당 순이익
1993/3/31 -7.09

'73 '74 '75 '76 '77 '78 '79 '80 '81 '82 '83 '84 '85 '86 '87 '88 '89 '90 '91 '92 '93

〈그래프 21-2〉

이스트만 코닥(EK)
필름, 화학제품, 플라스틱

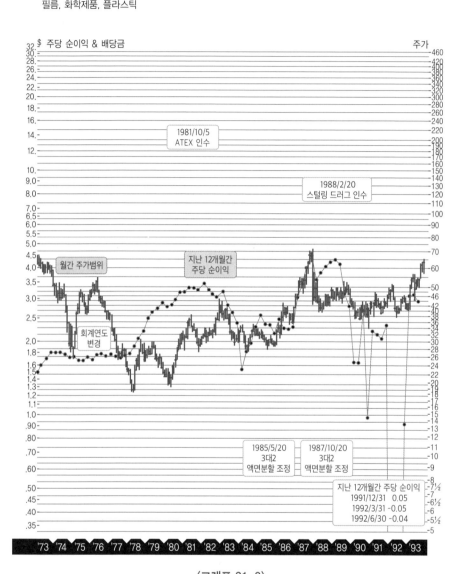

〈그래프 21-3〉

510

1992년 7월에 나는 이런 점을 염두에 두고 6개월 전인 1월 《배런스》에 추천했던 21개 종목에 대해 정기점검을 실시했다. 전체적으로 봤을 때 이 21개 종목은 그저 그런 주식시장에서 매우 뛰어난 수익률을 올렸다. 이 21개 종목은 전체적으로 가치가 19.2% 올랐다. 반면 S&P500지수는 같은 기간에 1.64%만 올랐을 뿐이다. (이 6개월 동안 이뤄졌던 액면분할과 특별배당을 모두 감안해 이 수치를 산출해냈다.)

나는 21개 기업의 가장 최근 분기보고서를 읽고 대부분의 기업에 전화를 해봤다. 어떤 기업은 상황에 별 변화가 없었고, 어떤 기업은 이전보다 훨씬 더 매력적으로 변했으며, 몇 개 기업은 차라리 더 좋은 다른 기업에 투자하는 것이 낫겠다는 생각이 들었다. 주식 투자는 이렇게 하는 것이다. 절대적으로 확실한 것은 없는 상황에서 모든 것이 유동적이다. 다음은 내가 21개 종목에 대해 어떻게 점검해 어떤 결론을 내렸는지 그 과정을 보여준다.

바디샵

1월에 바디샵이 매우 멋진 기업이긴 하지만 현재 이익 수준에 비해 주가가 너무 높다고 생각했다. 이 때문에 나는 주식을 더 살 수 있도록 주가가 떨어지기를 기다렸다. 오래지 않아 매수기회가 찾아왔다. 7월에 바디샵은 325펜스에서 263펜스로 12.3% 떨어졌다. 바디샵은 이제 1993년에 예상되는 순이익의 20배 수준으로 팔린다. 나는 매년 25%씩 성장하는 기업을 순이익의 20배 수준에 살 때는 전혀 망설이지 않

표 21-1 1992년 《배런스》 라운드테이블 추천 종목 6개월 후 점검 결과

기업	1992/1/13 주가	6개월 후 수익률(%) (1992/7/13)
얼라이드 캐피털 코퍼레이션 II	$ 19.00	6.00
바디샵	325p	- 12.31
CMS 에너지	$ 18.50	- 4.11
콜로니얼 그룹	$ 17.38	18.27
이글 파이낸셜	$ 10.97*	38.23
패니 메이	$ 68.75	- 6.34
퍼스트 에식스 뱅코프	$ 2.13	70.59
제너럴 호스트	$ 7.75	10.39
GM	$ 31.00	37.26
저먼타운 세이빙스	$ 14.50	59.31
글레이셔 뱅코프	$ 10.12*	40.91
로렌스 세이빙스 뱅크	$ 1.00	36.78
피플스 세이빙스 파이낸셜	$ 11.00	26.00
펠프스 다지	$ 32.50	48.96
피어1 임포츠	$ 8.00	3.31
소버린 뱅코프	$ 4.59*	64.50
선 디스트리뷰터스 B주식	$ 2.75	6.95
선 TV & 어플라이언스	$ 9.25*	- 10.74
선벨트 너서리	$ 6.25	- 30.00
슈퍼컷	$ 11.33	0.73
테너러 L.P.	$ 2.38	0.00
피터 린치 포트폴리오		19.27%
S&P500		1.64%
다우존스지수		6.29%
나스닥지수		- 7.68%
밸류라인		- 2.13%

※ 이 주가는 1993년 9월 30일까지 있었던 액면분할을 감안해 조정한 것이기 때문에
이 책 앞에서 밝힌 주가와 차이가 날 수 있다.

표 21-2

피터 린치 추천 종목 점검 (1992년 7월 13일 현재)	내용	행동
얼라이드 캐피털 코퍼레이션 II	약간 상승	변화없음	매수
바디샵	약간 하락	다소 악화	보유/매수
CMS 에너지	약간 하락	불투명	기다림
콜로니얼 그룹	상승	개선	매수
이글 파이낸셜	급상승	변화없음	보유
패니 메이	약간 하락	변화없음	매수
퍼스트 에식스 뱅코프	급상승	개선	매수/보유
제너럴 호스트	급상승	변화없음	매수/보유
GM	급상승	다소 악화	크라이슬러로 교체
저먼타운 세이빙스	급상승	약간 개선	보유
글레이셔 뱅코프	급상승	변화없음	보유
로렌스 세이빙스 뱅크	급상승	다소 악화	보유
피플스 세이빙스 파이낸셜	상승	변화없음	보유
펠프스 다지	급상승	변화없음	보유
피어1 임포츠	급상승	변화없음	매수
소버린 뱅코프	급상승	약간 개선	보유
선 디스트리뷰터스 B주식	약간 상승	변화없음	매수
선 TV & 어플라이언스	하락	개선	강력 매수
선벨트 너서리	약간 하락	악화	보유/매수
슈퍼커트	변동없음	개선	매수
테너러 L.P.	변동없음	약간 개선	매수

는다. 이 글을 쓰는 현재 뉴욕증권거래소 전체적으로 봤을 때 연간 성장률 8~10%인 기업들이 순이익의 20배 주가에 팔리고 있다. 바디샵은 영국 주식이다. 영국 주식은 최근 몇 개월간 심하게 두들겨 맞았다. 게다가 바디샵은 부정적인 사건까지 언론에 보도되었다.

브라질에서 나오는 견과류로 바디샵의 헤어 컨디셔너 원료를 만드는 카야포 인디언 부족의 족장이 자신의 수많은 아이들을 돌보는 포르투갈인 보모를 강간했다는 것이다. 기업에 타격을 줄 만한 악재가 무엇일까 아무리 열심히 머리를 짜낸다 해도 이는 정말 생각해내기 어려운 종류의 악재이다.

바디샵의 과거 주가를 확인한 결과 두 번의 급락이 있었다. 한 번은 1987년 블랙 먼데이 때였고 한 번은 1990년 사담 후세인 매도 때였다. 두 번 다 기업의 실적은 불황의 징조 없이 좋았다. 나는 영국 투자자들이 고성장 중소기업에 미국 투자자들만큼 익숙지 않아 주식시장에 위기가 닥치면 언제라도 주식을 내던질 준비가 되어 있고 이 때문에 주가가 필요 이상으로 급락하는 것이라고 생각한다. 영국 투자자들은 또 바디샵을 막스&스펜서 등 해외 확장에 실패한 몇몇 기업들과 동일시하고 있는지도 모른다.

바디샵을 1990년 급락 이후에 샀다고 해도 주식을 더 살 생각이라면 추가 하락에 대비하고 있어야 한다. 하지만 이때도 기업의 기본적인 경영상황은 견고해야 한다. 이것이 정기점검을 할 때 확인해야 할 사항이다. 나는 바디샵에 전화해 최고 재무책임자인 제레미 케트와 통화했다. 케트는 1991년에 동일 매장 매출과 순이익이 모두 늘었다고 말했다. 바디샵의 매장이 대부분 경기 침체를 겪은 영국과 호주, 캐나다, 미국 등에 있다는 것을 감안하면 이는 대단한 일이다.

또 다른 호재도 있었다. 바디샵이 보유하고 있는 현금으로 여러 가지 화장품 원료를 제공하는 공급업체를 인수할 계획이라는 것이다. 이는 상품 원가를 낮춰 마진이 늘어날 것이다. 쇼 인더스트리즈도 이런 방법으로 카펫 시장에서 저비용 생산업체가 될 수 있었다.

나는 전에 피델리티에서 사서로 일하다가 현재는 벌링턴 쇼핑몰과 하버드 스퀘어에서 바디샵 매장을 운영하고 있는 오랜 친구 캐시 스티븐슨에게 전화했다. 그녀는 벌링턴 쇼핑몰은 매출이 지난해보다 6% 늘었지만 하버드 스퀘어는 문을 연 지 얼마 되지 않아 매출 동향을 말하기가 어렵다고 했다. 그녀는 또 손님들이 몇 가지 신상품에 몰리고 있다며 눈과 볼, 입술에 바르는 색조화장과 자외선 차단 효과가 있는 옅은 색조로션, 발의 굳은살을 제거하는 데 쓰는 도구, 몸에 바르는 망고 보디버터 등을 소개했다. 그녀가 하는 말을 들어보니 망고 보디버터는 매장에 갖다 놓는 대로 곧장 다 팔려나가는 것 같았다. 그녀는 "그걸로 도대체 뭘 하는지 누가 알겠어요?"라고 말했다.

로션과 목욕용 오일 시장은 여전히 커서 성장할 여지가 많다. 바디샵은 미국에서 1993년에 50개, 1994년에 50개 이상, 또 유럽에서 매년 50개, 동아시아에서도 매년 50개씩 매장을 늘려나간다는 확장 계획을 고수하고 있다. 나는 바디샵이 유통업체 발전 단계 중 매우 매력적인 중간 단계, 30년간의 성장기 중 두 번째 10년기에 진입했다고 판단했다.

피어1 임포츠

피어1 임포츠는 8달러에서 9.50달러로 오르며 상승세를 타다 곧 원래 주가로 돌아갔다. 나는 이것이 월스트리트가 호재에 둔감하다는 증거라고 생각한다. 월스트리트 애널리스트는 피어1의 1분기 주당 순이익을 18~20센트로 예상했지만 피어1의 실제 주당 순이익은 17센트에 그쳤고 주가는 즉각 하락으로 반응했다. 피어1은 1992년 한 해 동안 주당 70센트의 순이익을 낼 것으로 예상된다. 그것도 사람들이 지갑을 틀어쥐고 있는 불황 속에서 말이다.

피어1은 7500만 달러의 무담보 전환사채를 발행해 조달받은 돈으로 부채를 줄였다. 피어1의 장기 부채는 이미 줄어든 상태에서 추가 감소했다.

피어1은 부채를 줄이고 재고를 감축하고 매장을 계속 확장해왔다. 피어1의 주요 경쟁업체인 백화점들은 실내장식용 가구와 소품 사업을 접고 있다. 침체가 오래 지속될수록 피어1의 경쟁업체는 더 많이 사라질 것이고, 경기가 회복될 때 피어1은 세공한 사이드 테이블과 스칸디나비아식 식기, 동양풍의 장식 칸막이 등의 시장에서 사실상 독점기업으로 부상할 것이다.

피어1이 자체 매장에서 주당 80센트, 지분 출자회사인 선벨트로부터 추가로 주당 10~15센트의 순이익을 올릴 수 있을 것이란 내 예상이 지나치게 높은 기대 수준은 아니라고 생각한다. 피어1은 여전히 선벨트의 지분을 상당 부분 보유하고 있다. 이렇게 하면 주당 순이익이 1달러이고 PER를 합리적으로 14배 적용하면 피어1의 주가는 14달러가 돼야 한다.

제너럴 호스트, 선벨트 너서리

제너럴 호스트도 피어1처럼 주가가 올랐다가 내가 추천했을 당시 수준으로 미끄러졌다. 제너럴 호스트를 재빨리 판 사람들은 30%의 수익을 올렸을 것이다. 그러나 장기 투자자들은 손익계산서상에 나타난 제너럴 호스트의 주당 순이익이 2달러에서 50센트로 급락하는 상황을 경험해야 했다.

제너럴 호스트가 이처럼 투자자들을 실망시킨 원인은 4월에 6500만 달러 규모의 상환전환우선주를 발행했기 때문이다. 조건은 금리 8%(확정금리지만 이익이 없는 경우 지급하지 않아도 된다는 점에서는 배당금과 유사)였다. 피어1도 훗날 보통주로 전환할 수 있는 전환사채를 발행했지만 제너럴 호스트는 재정상태가 취약해 더 높은 금리를 지급해야 한다는 점에서 차이가 있다.

상환전환우선주나 전환사채에 투자한 사람들은 주가가 일정 수준으로 오르면 보유하고 있던 우선주나 채권을 보통주로 전환할 수 있는 권리를 갖는다. 이렇게 되면 보통주가 많아지고 1주당 순이익이 줄어든다. 기존 보통주 주주는 1주가 가진 이익이 희석되는 불이익을 받게 된다. 앞서 제너럴 호스트는 자사주를 매입해 주주들의 가치를 높였다. 그런데 이제는 반대로 상환전환우선주를 발행해 주주들의 가치를 떨어뜨린 것이다.

피어1은 전환사채를 팔아 조달한 자금으로 부채를 갚아 이자비용을 줄였다. 반면 제너럴 호스트는 상환전환우선주를 발행해 모은 돈으로 프랑스 너서리 매장을 추가로 개선하고 보수하는 데 쓰고 있다. 이는 긍정적인 결과가 즉각적으로 나타나지 않는 매우 불확실한 투자이다.

그런 와중에 프랑스 너서리의 매출액은 주택시장의 경기 회복이 다시 주춤해지면서 불황을 넘어 거의 빈사상태에 빠지고 있었다. 제너럴 호스트가 7.75달러에 팔리던 1월로 되돌아가 보면 1992년 전체적으로 제너럴 호스트는 주당 60센트의 이익을 낼 것으로 기대됐다. 하지만 지금은 주가가 8달러인데 주당 순이익 예상치는 45센트로 줄었다.

그럼에도 제너럴 호스트는 현금흐름이 견고하고 14년 연속으로 배당금을 올려왔으며 주가는 순자산가치보다 낮은 수준이고 매장 확장을 계획대로 착실히 진행하고 있다는 장점이 있다. 쿼트론에서 제너럴 호스트의 주식코드인 GH를 쳐보고 나서 나는 가치펀드(저평가된 가치주에 투자하는 펀드)를 운용 중인 마리오 가벨리가 제너럴 호스트 주식 100만 주를 샀다는 사실을 알게 되었다. 결국 나는 제너럴 호스트를 계속 보유하기로 결정했다.

선벨트는 제너럴 호스트처럼 잔디와 묘목 등 정원용 나무와 화초를 판매하는 회사다. 선벨트의 경우 1월 이후 주가가 하락했다. 선벨트가 있는 남서쪽에 비가 계속 내리면서 사람들이 정원을 가꾸려는 의욕을 잃어버려 선벨트의 화초나 묘목을 구입하지 않았기 때문이다. 한때 8.5달러까지 올랐던 주가는 이제 1991년 상장 당시 공모가인 4.50달러로 떨어졌다. 게다가 이 역량 있는 기업인 선벨트는 주당 1.50달러의 현금도 보유하고 있다. 만약 지금 선벨트를 매수한다면 정원용 화초와 묘목 매장 전체를 주당 3달러(주가-주당 현금 보유액)에 갖게 된다. 비가 그치고 사람들이 다시 정원을 가꾸기 시작하면 선벨트의 주가에도 태양이 비칠 것이다.

다만 내가 선벨트 주식을 더 사지 않은 것은 캘러웨이즈 때문이다. 앞에서 캘러웨이즈를 정원산업의 귀족쯤 된다고 소개한 것을 기억할 것이다. 그때 나는 캘러웨이즈를 사라고 추천하지는 않았다. 선벨트가 더 쌌기 때문이다. 그러나 선벨트의 경영상황과 주가를 점검하는 동안 캘러웨이즈의 주가 역시 비 때문에 반토막이 됐다는 것을 알게 됐다.

캘러웨이즈의 상황을 좀 더 자세히 알고 싶어 투자자 관계 담당자인 댄 레이놀즈와 통화했다. 그는 캘러웨이즈 본사에 20명의 직원이 있으며 이 20명이 모두 한 사무실에서 함께 일한다고 말했다. 수화기 너머로 다른 직원들의 소리를 들을 수 있었다. 확실히 이 회사에서는 의사소통에 문제가 없을 것 같았다. 경영진의 관심을 끌려면 자기 자리에서 일어나 큰 소리로 말하기만 하면 된다.

캘러웨이즈는 13개의 매장을 갖고 있고 주당 50센트의 현금을 보유하고 있으며, 1993년에 주당 50센트의 이익을 낼 것으로 예상되고 있다. 현재 주가상 PER는 10배이다. 월스트리트에서 캘러웨이즈를 분석하는 애널리스트는 없다. 그리고 캘러웨이즈는 자사주를 사 모으고 있다.

업계 1등 기업이 실제 가치보다 싸게 팔릴 때는 업계 2등 기업이 더 싸게 팔리고 있다 해도 1등 기업을 사는 것이 더 낫다. 나는 장난감 체인점에 투자한다면 차일드 월드보다는 토이저러스를, 주택 보수용품 체인점에 투자한다면 빌더스 스퀘어보다는 홈데포를, 철강업체에 투자한다면 베들레헴 스틸보다 누코르를 선택할 것이다. 나는 여전히 선벨트를 좋아한다. 하지만 현재로선 캘러웨이즈가 선벨트보다 조금 더 낫다고 본다.

슈퍼커트

슈퍼커트 역시 강하게 오르다 3:2의 비율로 액면분할을 한 뒤에는 주가가 1월 수준으로 떨어졌다. 나쁜 소식이 두 가지 전해졌기 때문이다. 첫째는 컴퓨랜드를 성공시켰던 에드 페이버가 슈퍼커트를 떠났다는 것이다. 페이버는 체인점 사업을 어떻게 경영해야 하는지 잘 아는 사람이다. 슈퍼커트는 페이버가 자신의 슈퍼커트 매장을 직접 운영할 계획이라고 발표했지만 이 설명을 전적으로 믿기는 어렵다.

두 번째 악재는 주주위임장을 보다가 발견했다. 이전에는 주주위임장을 꼼꼼히 살피지 않고 넘어갔던 것 같다. 주주위임장에 따르면 칼튼 인베스트먼트란 그룹이 슈퍼커트의 주식 220만 주를 보유하고 있었다. 확인해보니 칼튼은 파산한 증권사 드렉셀 번햄 램버트의 자회사였다. 드렉셀의 채권단은 분명 칼튼의 청산을 요구할 것이고, 이렇게 되면 칼튼이 가진 다른 모든 재산과 함께 슈퍼커트 주식 220만 주도 팔릴 것이다. 이는 주가 하락을 유발할 것이다. 사실 슈퍼커트의 주가는 이미 오버행overhang 우려로 하락했다. 오버행이란 시장에 조만간 매물로 쏟아져 나올 대량의 주식을 의미하는 월스트리트 용어이다.

슈퍼커트만 놓고 보면 올해는 상당히 좋은 편이다. 우선 올림픽 공식 헤어 서비스 업체로 선정됐다. 내 귀밑머리를 잘라버렸던 그 미용사가 수영선수 머리를 깎게 될지도 모르겠다. 그보다 더 중요한 것은 1992년 1분기에 동일 매장 매출액이 전년 같은 기간과 비교해 6.9% 늘었다는 점이다. 뉴욕주 지방 쪽으로 새로운 매장도 몇 개 개장했다. 로체스터에서는 축하행사로 시장의 머리를 무료로 이발해주기도 했다.

동일 매장 매출액이 늘어나고 새로운 시장에서 성공하는 한 슈퍼커트 주식을 더 살 것이다. 다만 슈퍼커트가 너무 빨리 매장을 확장하려는 것이 좀 걱정되기는 했다. 슈퍼커트는 1993년에 매장을 80~100개 더 늘릴 계획을 갖고 있었다.

나는 이미 컬러 타일부터 퍼드러커스와 빌드너스에 이르기까지 전도유망한 체인점이 성급하게 더 많은 시장을 차지하고 싶어 과욕을 부리다 실패한 사례를 몇 차례 봤다. 그래서 나는 7월에 슈퍼커트 최고 경영자에게 이렇게 조언했다. "만약 목표를 15년 후에 달성하는 것과 5년 후에 달성하는 것 중에서 하나를 고르라고 한다면 15년 후에 달성하는 것이 더 낫습니다."

7개의 S&L

내가 《배런스》에 추천한 21개 종목 중 지금까지 수익률이 가장 좋은 종목은 S&L이었다. 이는 우연이 아니다. 전망이 가장 어두운 산업인데 기본적인 여건이 긍정적이라면 수익률이 매우 탁월한 종목 몇 개를 발견할 수 있을 것이다. 현재는 금리가 내려가고 있어 금융기관 전반적으로 여건이 좋다. 금리가 내려가면 금융기관은 주택담보대출을 통해 받는 이자와 일반 저축예금이나 CD에 지불해야 하는 이자 사이의 차이, 즉 예대마진이 확대돼 많은 이익을 남길 수 있다.

내가 추천한 후 저먼타운 세이빙스는 59% 올랐고, 소버린은 두 번에 걸쳐 10% 수익률의 배당금 지불을 발표한데다 주가도 64.5% 급등했다. 이글 파이낸셜은 11달러에서 16달러로 올랐고, 글레이셔 뱅코프는 40% 이상 상승했으며, 피플스 세이빙스는 26% 뛰었다. 내가 모험을 걸었던 두 개의 S&L 중 하나인 로렌스 세이빙스는 37% 올랐고, 다른 하나인 퍼스트 에식스는 70%나 치솟으며 가장 위험한 주식이 때로 가장 높은 수익을 낸다는 사실을 증명했다. 나는 퍼스트 에식스의 CEO인 레너드 윌슨에게 전화해 경영상황이 어떻게 전개되고 있는지 물어봤다. 그는 지난번에 전화했을 때 자신이 처한 위험을 "200미터짜리 낚싯대로 바다낚시를 하고 있는 상황"이라는 말로 표현했다. 최근 그의 낚싯대는 2미터 정도로 줄어든 것으로 보인다.

윌슨은 몇 가지 개선의 조짐이 나타나고 있다고 말했다. 우선 대출을 갚지 않아 소유권을 가져온 담보주택들이 팔리고 있고 무수익여신은 줄어들고 있으며 주택담보대출은 늘고 있다고 했다. 퍼스트 에식스는 1분기에 손익분기점을 넘겼을 뿐 아니라 과감하게 새로운 건설 프로젝트에 대출을 해주기까지 했다. 나는 보통 건설 대출을 좋아하지 않지만 파산 지경까지 몰렸던 퍼스트 에식스가 다시 건설 대출을 재개할 만큼 낙관적이라면 누군가는 이 지역에 미래가 있다고 생각한다는 의미이다.

윌슨은 그 지역 내 퍼스트 에식스의 최대 경쟁사인 샤무트 은행이 재정적으로 중환자 상태였다가 회복됐다는 사실에 상당히 고무되어 있었다. 퍼스트 에식스는 여전히 주가가 3.625달러로 순자산가치 7달러보다 낮았다. 만약 부동산시장이 회복세를 지속한다면 퍼스트 에식스는 주당 1달러의 순이익을 낼 수 있을 것이고, 그러면 주식은 7~10달러의 가치를 갖게 될 것이다.

로렌스 세이빙스에는 4월에 접촉한데 이어 6월에 다시 전화했다. 4월에는 CEO인 폴 밀러가 7쪽에 달하던 무수익여신 명단이 1쪽 분량으로 줄어들었고 새로운 주택담보대출이 많이 이뤄지고 있다고 말했다. 그는 앞으로의 상황에 대해 매우 낙관적인 것처럼 보였다. 그러나 6월에 전화했을 때는 다소 낙담한 것 같았다.

로렌스 세이빙스는 아직도 5500만 달러의 상업용 부동산 대출이 남아 있다. 로렌스 세이빙스의 순자산가치는 2100만 달러이다. 만약 상업용 부동산 대출의 절반이 부실채권이 된다면 로렌스 세이빙스는 파산할 수밖에 없다.

이것이 로렌스 세이빙스와 퍼스트 에식스의 가장 큰 차이점이다. 퍼스트 에식스는 순자산가치가 4600만 달러이고 상업용 부동산 대출은 5600만 달러다. 만약 상업용 부동산 대출의 절반이 부실채권이 된다 해도 퍼스트 에식스는 순자산이 남아 있어 어떻든 살아나갈 수 있다. 하지만 로렌스 세이빙스의 상황은 훨씬 더 위험하다. 만약 경기 침체가 더욱 악화된다면 또다시 연쇄 부도 사태가 일어날 것이고 그러면 로렌스는 사라지게 된다.

퍼스트 페더럴 오브 미시간

6개월 후에 나는 《배런스》에 추천했던 7개의 S&L 중 6개를 추가 매수하지 않고 보유하기로 했다. 주가가 이미 많이 오르기도 했지만 투자할 만한 더 좋은 종목이 나타났기 때문이다. 투자할 마음이 생긴 새로운 종목은 퍼스트 페더럴 오브 미시간FFOM이다.

내가 FFOM에 관심을 갖게 된 것은 피델리티의 S&L 애널리스트인 데이브 엘리슨의 소개 덕분이었다. 나는 1월에 《배런스》의 라운드 테이블에 참석하기 위해 뉴욕에 갈 때 그와 같은 비행기를 탔고 그때 FFOM에 대한 얘기를 들었다. 하지만 그때는 《배런스》에 추천하기 전에 FFOM을 분석할 시간이 없었다. 그래서 FFOM에 대한 연구는 나중에 하기로 미뤄졌다. 지금 와서 보니 그때 FFOM을 추천하지 않기를 정말 잘했다. 당시 내가 추천했던 S&L은 모두 주가가 올랐는데 FFOM은 전혀 움직임이 없었기 때문이다.

만약 모든 주식이 똑같이 오른다면 살 만한 주식은 하나도 남아 있지 않을 것이고 주식 투자자들은 주식 투자를 포기해야 할 것이다. 다행히도 주식은 그런 것이 아니다. 일단 너무 많이 오른 주식을 팔고 나면 항상 새로 투자할 만한 덜 오른 종목이 있게 마련이다. 1992년 7월에는 FFOM이 바로 그런 주식이었다.

FFOM은 시가총액이 90억 달러인 지미 스튜어트식 S&L이었다. FFOM은 상업용 대출을 피해왔고 회사 운영비는 최소로 유지하고 있었다. FFOM은 두 가지 부정적인 요인 때문에 주가가 오르지 못하고 있었다. 하나는 연방주택대출은행FHLB에서 빌린 돈이 문제였고, 또 다른 하나는 금리 선물계약이 문제였다.

대부분의 S&L은 최근 몇 년간 금리가 떨어지면서 수혜를 입었지만 FFOM은 그렇지 못했다. FFOM은 운영비 일부를 연방주택대출은행에서 대출받은 돈으로 충당했는데 그 대출금리가 고정금리였던 것이다. FFOM은 이 모든 대출이 만기가 되는 1994년까지 연방주택대출은행에 대출금리로 계속 8~10%를 지불해야 했다. 반면 FFOM에서 돈을 빌린 사람들은 금리가 낮아지자 점점 더 낮은 금리의 주택담보대출로 바꿔타기를 했다. 받는 이자는 낮아지고 내야 하는 이자는 그대로이니 FFOM의 이익은 줄어들 수밖에 없었다.

빌린 돈에 대해 8~10%의 이자를 내고 있는데 주택담보대출을 해주고 받는 이자도 이 정도 수준이라면 이익을 많이 남길 수 없다. 이는 FFOM이 배워야 할 뼈저린 교훈이었다. FFOM의 경영 전반은 수익성이 높은 편이었으나 연방주택대출은행에서 빌린 돈이 이익을 끌어내리는 골칫거리였다.

이런 불운한 상황은 연방주택대출은행에서 빌린 돈을 다 갚고 금리선물계약이 만기가 되면 바뀔 것이다. 그러면 FFOM의 이익은 폭발적으로 늘어날 것이다. 이 두 가지 문제점이 해결되면 FFOM은 1994~96년에 이익이 주당 2달러 이상 증가할 잠재력을 갖고 있다. 현재 주당 순이익은 2달러이고 주가는 12달러이다. 그러나 한번 상상해보라. FFOM이 주당 4달러의 순이익을 남길 때 주가에 어떤 일이 일어날지 말이다.

게다가 FFOM은 순자산가치가 주당 26달러 이상이다. 1989년에는 FFOM의 자기자본비율이 3.81밖에 안 돼 위험한 상태였다. 그 이후 FFOM은 자기자본비율이 위험과 안전의 경계선으로 여겨지는 5를 넘어섰다. FFOM은 1992년 초부터 배당금 지급을 재개한 것은 물론 배당금을 올리기 시작했다. 무수익여신은 전체 자산의 1% 미만이다. 단기적으로 금리가 더 내려간다면 FFOM의 주가는 10달러 밑으로 떨어질 수도 있다. 하지만 FFOM의 재정상황을 아는 투자자라면 주가가 떨어질 때 FFOM을 추가 매수할 것이다. 주요 증권사에서 FFOM을 꾸준히 살펴보며 분석하는 애널리스트는 없다.

콜로니얼 그룹

《월스트리트 저널》6월 30일자를 보니 수십억 달러의 돈이 채권형 펀드로 몰리고 있었다. 콜로니얼 그룹은 채권형 펀드 중에서도 일정 시점까지 한시적으로 세금이 면제되어 최근 폭넓은 인기를 얻고 있는 국채펀드에 특화한 자산운용사이다. 콜로니얼 그룹이 운용하는 주식형 펀드는 전체 운용자산의 9%밖에 안 된다. 많은 사람들이 현재 예측하고 있는 대로 이미 주식시장이 약세장으로 들어섰다면 사람들이 주식형 펀드에서 돈을 빼내 채권형 펀드에 투자할 것이고, 지금도 이미 수익성이 좋은 콜로니얼 그룹은 수익성이 더더욱 좋아질 것이다.

콜로니얼 그룹의 회계 담당자인 데이비 스쿤은 콜로니얼 그룹의 펀드 판매가 최근 3개월간 58% 늘었다고 말했다. 이에 따라 콜로니얼 그룹의 운용자산은 1년 전의 81억 달러에서 현재는 95억 달러로 늘어났다. 콜로니얼 그룹은 또 주당 4달러의 현금을 보유하고 있으며 현재 주가는 20달러이다. 주가에서 보유현금을 빼면 1992년에 최소 한 주당 1.80달러의 이익을 낼 것으로 보이는 기업이 주당 16달러에 팔리고 있다는 계산이 나온다. 또 한 가지 호재를 전하자면 콜로니얼 그룹은 1000만 달러의 자사주를 매입하겠다고 발표했다.

CMS 에너지

미시간주의 전력회사인 CMS 에너지는 공공서비스위원회가 회사 측에 어느 정도 도움이 되는 방향으로 전기요금 조정안을 받아들일 것이란 소문에 주가가 20달러대로 올라섰다. 하지만 공공서비스위원회가 전기요금 조정안을 거부한 후 주가는 16달러까지 떨어졌다가 다시 17.75달러로 반등했다. 현재 공공서비스위원회와 CMS 에너지 사이에 어떤 합의도 이뤄지지 않은 상황에서 신용평가 기관인 무디스는 CMS 에너지의 신용등급을 투기등급 수준으로 낮춰버렸다.

　주가가 하락한 공공설비주가 반등할 때는 정부당국이 어느 정도 수준까지 가격 인상을 수용할 것인지가 항상 이슈가 된다. 각 주마다 가격에 대한 결정이 다르고 공정한 기준이 없기 때문에 CMS 에너지는 고객에게 전기요금으로 전가하지 못하는 비용의 일부를 이익에서 부담할 수밖에 없다. CMS 에너지는 10달러까지 떨어질 수도 있다. 이렇게 주가가 하락할 때 주식을 더 사겠다는 확신이 없다면 이런 불확실한 단계에서는 CMS 에너지와 같은 주식을 아예 갖고 있지 않은 편이 더 낫다.

　나는 CMS 에너지가 장기적으로 잘해나갈 것이라고 믿는다. CMS 에너지는 돈을 많이 벌고 있고 현재 보유하고 있는 현금도 넉넉하다. 이런 현금은 궁극적으로 CMS 에너지의 이익을 늘리는 데 일조할 것이다. 미국 중서부지역에서 에너지 수요는 늘고 있으며, 이 부근에서 수요 증가를 따라잡기 위해 건설 중인 새로운 발전소는 극히 적다. 공급이 줄어들고 수요가 늘어나면 전기요금이 어떻게 되는지 곧 알게 될 것이다.

선 TV & 어플라이언스

선 TV는 내가 추천한 몇 개의 다른 종목과 마찬가지로 처음에는 올랐다가 나중에는 추천했던 당시 주가 밑으로 떨어졌다. 6월 5일에 CEO인 밥 오이스터에게 전화했다. 그는 선 TV가 400만 달러의 부채가 있다는 사실을 다시 알려줬다. 선 TV는 매우 강한 회사이다. 그리고 약한 경쟁업체들은 점점 더 사업을 접고 있다. 1월 이후 선 TV의 한 경쟁업체가 오하이오주에 있는 매장 전체를 폐쇄했고, 또 다른 경쟁업체는 가전제품 유통업에서 완전히 손을 뗐다.

선 TV는 경기 침체임에도 계속 이익을 냈다. 만약 봄이 춥지 않고 초여름이 서늘하지 않아 에어컨 매출에 타격이 없었더라면 더 많은 이익을 냈을 것이다. 초여름까지도 서늘한 날씨가 계속되자 에어컨이 잘 팔리지 않았다. 그러나 냉장고와 TV는 여전히 잘 팔렸다. 선 TV는 1993년에 새로운 매장을 4~6개 개설한다는 목표도 고수하고 있었다. 오이스터는 선 TV가 증자하거나 대출을 받지 않아도 몇 년간 매장을 늘려나갈 만큼의 자금을 갖고 있다고 말했다.

상장 합자회사: 선 디스트리뷰터스, 테너러

선 디스트리뷰터스의 재무담당 부사장인 루 치소네는 선 디스트리뷰터스의 다양한 사업부문을 하나하나 짚어가며 설명해줬다. 그의 말은 비관적으로 들려서 선 디스트리뷰터스가 1분기에 전반적으로 이익을 냈다는 사실이 오히려 놀라웠다. 가장 큰 문제는 1993년 2월에 만기가 돌아오는 2200만 달러의 부채였다. 선 디스트리뷰터스는 돈을 쓰고 싶은 욕망을 억눌러가며 비용을 줄이고 부채 상환에 대비하고 있었다. 이 때문에 다른 기업에 대한 인수활동을 중단한 상태였다. 이는 선 디스트리뷰터스에 부정적이었다. 치소네에 따르면 유리와 유압 실린더, 자동차 부품 등과 같은 선 디스트리뷰터스의 다양한 사업 분야에 속하는 기업들을 싸게 살 수 있었기 때문이다.

앞서 얘기했듯이 선 디스트리뷰터스의 주식은 두 가지 종류가 있다. 주식 A에 투자한 사람들은 1997년에 주당 10달러를 돌려받을 수 있다. 반면 주식 B에 투자한 사람들은 주식 A 투자자들에게 돈을 배분하고 남은 자산을 갖는다. 만약 경제가 회복된다면 주식 B의 가치가 5~8달러는 될 것이라고 생각한다. 선 디스트리뷰터스는 현재 주식시장에서 계속 3달러로 팔리고 있다.

반면 경제사정이 더 악화된다면 선 디스트리뷰터스는 부채를 갚을 현금을 마련하기 위해 이전에 인수했던 사업부문을 매각할 수 있다. 선 디스트리뷰터스가 갖고 있는 가치가 높은 매장들은 재난을 피할 수 있는 보호막 역할을 어느 정도 해주고 있다.

사업 부진에 빠져 있는 원자력 컨설팅 회사 테너러도 몇 가지 호재가 있었음에도 주가는 아무런 반응이 없었다. 테너러는 두 개 회사와 새로 계약을 맺게 됐다고 발표했는데 하나는 마틴 마리에타이고, 다른 하나는 미국에서 가장 큰 원자력 회사인 커먼웰스 에디슨이다. 이는 테너러의 컨설팅 사업이 효용성이 있다는 의미이다. 그렇지 않다면 왜 마틴 마리에타와 커먼웰스 에디슨이 테너러와 컨설팅 계약을 맺어 시간을 낭비하겠는가? 테너러는 집단소송 해결이 임박했다고 발표했다. 이렇게 되면 일부 투자자들이 걱정했던 것보다 소송 관련 비용이 줄어들 것이고 무엇보다도 1분기에 손익분기점을 넘길 것이다. 하지만 테너러의 주가는 이런 호재에 전혀 반응하지 않고 제자리였다.

나는 왜 처음에 테너러에 끌렸는지 생각해봤다. 테너러에 부채가 없고, 소프트웨어 사업은 휘청거리고 있지만 컨설팅 사업은 가치가 있다고 생각했기 때문이다. 게다가 주가가 2달러였다. 테너러가 1년에 4000만 달러의 매출액을 올릴 수 있다면 주당 40센트의 순이익을 남길 수 있을 것이다. 그리고 1월보다는 테너러가 연간 4000만 달러의 매출액을 올릴 수 있는 가능성이 높아졌다. 테너러는 상황이 점차 개선되고 있음에도 주가는 그대로였다. 나는 테너러를 매수목록에 올렸다.

시더 페어

MLP를 한두 개 점검하기 전에 과거에 보유했고 다른 사람들에게도 추천했던 다른 몇 개의 MLP를 다시 한 번 살펴볼 필요가 있다. 높은 배당수익률과 세제 혜택 때문에 MLP는 매우 매력적인 투자대상이다. 이번에 나는 매수목록에 MLP를 두 개 더 올렸다. 시더 페어와 유니마이다.

시더 페어는 동부 이리 호수 옆에 있는 시더 포인트 놀이공원을 운영하고 있다. 우리 가족은 8월 초에 롤러코스터를 타러 그곳에 간다. 이 가족행사가 내가 가장 좋아하는 종목분석이다.

시더 페어는 최근 중요한 발표를 했다. 앤런타운 외곽의 큰 놀이공원인 도니 파크를 인수한다는 내용이었다. 도니 파크도 여름에 종목연구를 위해 찾는 곳이다. 도니 파크가 종목코드로 FUN(재미)을 선택한 것도 이런 이유에서였다.

1992년 초에 시더 페어를 추천하지 않은 이유는 시더 페어가 이익을 늘릴 수 있는 방법을 도무지 찾을 수 없었기 때문이다. 이제 도니 파크가 그 답이 됐다. 시더 페어는 도니 파크를 인수해 새로운 놀이기구를 보강할 것이고, 이미 증명된 시더 페어의 기법으로 더 많은 방문객을 끌어 모을 것이며 비용을 줄일 것이다.

시더 페어까지 자동차로 갈 수 있는 거리에는 400만~500만 명의 인구가 살고 있다. 반면 도니 파크는 자동차로 3시간 이내에 도착할 수 있는 지역에 2000만 명이 살고 있다.

시더 페어는 그동안 기업 인수에 적극적이지 않았다. 도니 파크는 시더 페어가 지난 20년 동안 인수한 두 번째 기업이다. 이번 인수는 시더 페어에 상당히 유리해 보인다. 도니 파크의 인수대금은 4800만 달러이다. 도니 파크는 지난해에 거의 400만 달러의 이익을 남겼다. 따라서 인수가격은 순이익의 12배, 즉 PER가 12배가 된다.

시더 페어는 이 인수대금을 모두 현금으로 지급하지 않는다. 2700만 달러는 채권을 발행해 현금으로 지급하고 나머지 인수대금은 시더 페어 100만 주를 도니 파크 소유주에게 넘기는 것으로 지급하기로 했다.

이 인수대금이 적정한지 한번 분석해보자. 시더 페어는 도니 파크를 인수하기 전에 매년 주당 1.80달러의 이익을 냈다. 도니 파크를 인수하면서 신주 100만 주를 발행했으므로 이전과 똑같은 주당 1.80달러의 이익 수준을 유지하려면 180만 달러를 더 벌어야 한다. 시더 페어는 또 2700만 달러의 채권을 발행함에 따라 연간 170만 달러를 이자 대금으로 지급해야 한다.

시더 페어는 현재의 이익 수준을 유지하기 위한 추가 이익과 이자 대금 총 350만 달러를 어디에서 얻을 수 있을까? 도니 파크의 연간 400만 달러의 이익에서 얻을 수 있다. 언뜻 살펴봐도 이번 인수로 시더 페어의 주당 순이익은 늘어난다.

하지만 도니 파크를 인수하겠다고 발표했을 때 시더 페어의 주가에는 어떤 변화가 있었을까? 아무런 변화도 없었다. 몇 주째 19달러에서 움직이지 않고 있다. 이번 거래에서 이익을 얻기 위해 시더 페어나 도니 파크의 내부 정보가 필요한 것은 아니다. 신문에서 시더 페어의 도니 파크 인수 기사를 읽고 이번 거래가 과연 시더 페어에 도움이 되는지 분석해본 뒤 시더 페어의 주식을 사도 늦지 않다. 시더 페어의 주가는 여전히 도니 파크 인수 전과 똑같기 때문이다.

유니마

유니마에는 직원이 없다. 따라서 급여 지출도 없다. 유니마는 매우 단순한 업무를 하는 지주회사이다. 인도네시아에서 추출한 천연 액화 가스를 팔고 남은 차액을 모으는 것이 유니마의 일이다. 유니마는 이 차액을 매 분기마다 주주들에게 배당금으로 지급하고 있다. 이 배당금은 최근 연간 수익률이 20%에 달했다.

1999년 3분기가 되면 유니마가 인도네시아 석유 및 가스 생산업 체들과 맺은 계약이 끝나고 유니마의 주식은 아무런 가치도 없어진다. 따라서 유니마에 대한 투자는 시간과의 싸움이다. 계약이 끝날 때까지 남은 6년 반 동안 유니마가 얼마나 많은 가스를 추출해 팔고 얼마나 많은 배당금을 지급할 것인지가 관건이다.

이 글을 쓰는 현재 유니마의 주가는 6달러이다. 만약 1999년까지 주당 6달러의 배당금이 지급된다면 유니마는 그리 투자할 만한 기업이 아니다. 만약 주당 10달러의 배당금을 지급한다면 상당히 괜찮은 투자이고 주당 12달러를 지급한다면 곧바로 뛰어들 만한 흥분된 투자가 된다.

배당금의 규모는 두 가지 요소에 의해 결정된다. 하나는 유니마가 인도네시아 가스전에서 얼마나 많은 천연가스를 추출하느냐이다. 최근 유니마는 생산량을 늘렸고 그 결과 투자대상으로서 유니마의 가치도 높아졌다. 다른 하나는 천연가스 판매가격이다. 만약 원유와 가스 가격이 올라간다면 유니마의 배당금도 늘어날 것이다. 반면 원유와 가스 가격이 떨어진다면 배당금은 줄어들 것이다.

유니마는 향후 가스 가격이 올라갈 경우 이익을 얻어 상당한 배당금을 투자자들에게 제공할 수 있다. 거래비용도 비싸고 더 위험한 원유 선물이나 가스 선물에 투자하는 것보다는 유니마에 투자하는 것이 낫다.

패니 메이

사소한 악재에 주가가 필요 이상으로 하락할 때마다 투자자들은 이 위대한 기업에 투자할 수 있는 수많은 기회가 있었다. 패니 메이는 최근 회사에 유리한 법안의 국회 통과가 지체되자 주가가 50달러 중반으로 하락했다.

하지만 패니 메이는 1992년 1분기와 2분기 때 매우 뛰어난 실적을 올렸고 MBS는 4130억 달러로 늘어났다. 주택경기 침체 속에서도 대출이자를 갚지 못하는 부실채권의 비율은 5년 전의 절반 수준인 0.6%로 낮아졌다. 패니 메이는 1992년에는 주당 6달러, 1993년에는 주당 6.75달러의 이익을 낼 것으로 예상된다. 패니 메이는 두 자릿수 성장을 계속하고 있으며 여전히 PER는 10배에 불과하다.

나는 패니 메이의 최근 상황을 확인해보기 위해 대변인 재닛 포인트에게 6월 23일에 전화했다. 그녀는 국회에 계류 중인 법안이 패니 메이에 그리 중요한 사안은 아니라고 말했다. 이 법안은 패니 메이와 프레디 맥 등의 역할을 규정한 것으로 국회 통과가 거의 확실시되지만, 설사 통과되지 않더라도 패니 메이에 별다른 영향이 없으며 패니 메이는 이 법안이 있든 없든 사업을 잘해나갈 수 있다고 설명했다.

얼라이드 캐피털Ⅱ

얼라이드 캐피털Ⅱ는 벤처기업에 자금을 빌려주고 대신 그 기업의 주식을 받았다. 내가 얼라이드 캐피털Ⅱ에 끌린 이유는 파산한 S&L들의 대출채권 중 우량한 채권을 인수할 계획이었기 때문이다. 파산한 S&L의 대출채권은 정리신탁공사가 종종 할인된 가격으로 경매에 부쳐

팔았다.

내가 얼라이트 캐피털 II 를 추천한 이후 완전히 새로운 얼라이드 펀드인 얼라이드 캐피털 커머셜이 여러 종류의 대출을 했다. 이제 얼라이드 계열의 펀드는 5개가 되었다. 펀드가 늘어나면서 나는 얼라이드 캐피털 어드바이저에 관심을 갖게 됐다. 이 회사는 다른 얼라이드 펀드들로부터 경영 수수료를 받는 별도의 회사로 역시 상장회사이다. 얼라이드 캐피털 어드바이저는 얼라이드 계열의 5개 펀드를 만든 임원들이 급여를 받는 곳이었다.

경기순환주: 펠프스 다지와 GM

경기순환주는 확장의 중간 단계에 있는 유통업체처럼 매수한 뒤 계속 보유하고 있을 수 있는 종목이 아니다. 펠프스 다지는 지난 6개월간 50%가 올랐다. 펠프스 다지는 내가 추천한 21개 종목 중에서 수익률이 매우 높은 종목에 속하지만 펠프스 다지에서 쉽게 벌 수 있는 돈은 이미 다 번 것 아닌가 하는 생각이 들었다. 펠프스 다지는 1992년 초만 해도 예상되는 이익을 기준으로 할 때 주가가 너무 쌌다. 하지만 앞으로 돈을 얼마나 더 많이 벌 것인가는 1993년 구리 가격에 달려 있다.

나는 펠프스 다지의 최고경영자인 더그 이얼리에게 전화했다. 그는 주가가 오르자 월스트리트 애널리스트들이 펠프스 다지의 예상 이익을 올리고 있다고 말했다. 이는 결과에 수단을 짜 맞추는 하나의 사례이다. 앞으로 구리 가격이 올라갈지 떨어질지 아무도 알 수 없으므로 펠프스 다지의 이익을 예상하는 사람은 예언자나 마찬가지이다. 나는 현재 주가에서는 펠프스 다지를 사지 않을 것이다. 펠프스 다지를 사느니 차라리 피어1이나 선 TV, 또는 퍼스트 페더럴 오브 미시간에 돈을 묻어두겠다.

GM은 1월부터 37%까지 오른 뒤 다소 주춤하며 주가가 밀렸다. 자동차 판매는 여전히 적정 판매대수를 밑돌았다. 이 때문에 앞으로 몇 년간 자동차주가 좋을 것이라고 생각했다. 앞으로 자동차 수요는 높을 수밖에 없으며, 달러 가치가 평가절하된 것과 일본의 여러 문제점도 미국 자동차회사에 유리하게 작용해 미국 자동차회사의 시장점유율을 높여줄 것이다.

나는 GM과 포드도 좋아하지만 최근 분석한 결과 크라이슬러가 가장 매력적이었다. 크라이슬러는 1992년에 주가가 2배 급등하며 수익률 면에서 GM과 포드를 앞섰지만 나는 크라이슬러를 매수목록 가장 위에 올렸다. 나는 이런 결과에 놀랐다.

주가가 최근에 이미 두 배, 세 배, 또는 네 배씩 급등했다는 이유만으로 어떤 주식에 투자하지 않는 것은 크게 실수하는 것이다. 지난 한 달간 100만 명의 투자자가 크라이슬러에서 돈을 벌었든 돈을 잃었든 다음 달에 크라이슬러의 주가에 어떤 일이 일어날지와 전혀 관계가 없다. 나는 잠재력 있는 주식을 만날 때마다 그 주식에 과거가 없었던 것처럼 대한다. 과거가 어떻든 지금 바로 여기에 집중하는 것이다. 이전에 어떤 일이 있었는지는 아무런 상관이 없다. 중요한 것은 현재 주가 21~22달러가 앞으로 예상되는 주당 순이익 5~7달러에 비해 비싼지

싼지 판단하는 일이다.

이런 관점에서 최근에 크라이슬러와 관련된 매우 흥분되는 소식을 들었다. 크라이슬러는 파산 직전에 처해 있었지만 현금을 36억 달러 보유하고 있어 장기 부채 37억 달러를 충분히 갚을 수 있다. 현재 크라이슬러의 재정난은 과장된 측면이 있다. 크라이슬러의 재정상태는 이전보다 나아졌으며, 금융 자회사인 크라이슬러 파이낸셜은 더 낮은 금리로 돈을 빌릴 수 있을 것이고, 따라서 크라이슬러의 이익은 늘어날 것이다.

새로 나온 지프 체로키는 인기가 많아서 자동차 대금의 일부를 현금으로 환급해주는 리베이트 제도를 실시하지 않아도 파는 데 아무런 문제가 없었다. 크라이슬러는 지프와 미니밴 1대당 수천 달러를 벌어들였다. 이 두 개의 상품만으로도 어려운 자동차시장에서 40억 달러를 벌 수 있었다.

크라이슬러는 애호가들이 '비포장도로형 BMW'라 부르는 대형 픽업트럭 T300를 출시해 포드와 GM이 큰 이익을 거두고 있는 트럭 시장에 처음으로 강력한 도전장을 던졌다. 크라이슬러는 이전까지는 대형트럭을 만들어본 적이 없었다. 수익성이 높지 않은 소형차인 선 댄스와 섀도는 단계적으로 생산라인을 폐쇄했다. 크라이슬러는 또 10년 만에 처음으로 완전히 새로운 기본 자동차 디자인인 LH 시스템을 선보였다.

LH를 토대로 만들어진 이글 비전, 크라이슬러 콩코드, 플리머스, 인트레피드 등은 모두 가격이 비싸 수익성이 높았다. LH를 기반으로 만들어진 이 자동차들이 새턴이나 토러스만큼 인기를 끈다면 크라이슬러 주가는 엄청난 수혜를 입을 것이다.

크라이슬러 주가에 걸림돌이 있다면 자금을 조달하기 위해 최근 몇 년간 발행한 수백만 주의 주식이다. 1986년에 크라이슬러의 발행주식 수는 2억 1700만 주였지만 지금은 3억 4000만 주로 늘었다. 그러나 크라이슬러가 현재까지 발표한 약속을 지킨다면 1993~95년에 이익이 크게 늘어나 주식 수가 늘어남에 따라 줄어든 주당 순이익을 충분히 보완하고도 남을 것이다.

나는 9월에 TV 프로그램 〈루이스 루키서와 함께하는 월스트리트 위크〉에 복귀했다. 이는 나의 프로그램 출연 10주년 기념 방송이었고 새로운 많은 주식을 추천할 수 있는 또 한 번의 기회였다. 나는 《배런스》에 추천할 종목을 고를 때와 마찬가지로 이 방송에서 추천할 종목을 선정하기 위해 몇 주일간 준비했고 그 결과를 수백만 명의 〈월스트리트 위크〉 시청자들과 공유할 생각에 설레기도 했다.

〈월스트리트 위크〉에서는 사람들이 어떤 질문을 할지 전혀 알 수 없고 질문에 대답할 수 있는 시간은 한정되어 있다. 허락만 해준다면 할아버지, 할머니들이 손주들에 대해 끝없이 말하듯 내가 출연하는 시간 30분 전체를 최근 새로 고른 종목들을 소개하는 데 할애하고 싶었다. 그러나 언제나 그렇듯 나는 오봉팽을 정확히 발음하는 데 너무 많은 시간을 써버려 패니 메이나 퍼스트 페더럴 오브 미시간, 또 내가 좋아하는 몇 개의 S&L에 대해서는 언급하지도 못했다.

포드와 크라이슬러에 대해서도 간신히 몇 마디 긍정적인 발언을 할 수 있었다. 포드와 크라이슬러는 내가 〈월스트리트 위크〉에 처음 출연할 당시 방송에 함께 출연한 몇몇 사람들이 부정적인 언급을 했음에도 추천했던 종목이다. 나는 한 바퀴를 돌아 제자리로 돌아온 것 같은 느낌이었다.

25개의 투자 황금률

컴퓨터를 끄기 전에 내가 20년간 투자하면서 배운 중요한 교훈을 요약하고자 한다. 여기에 소개하는 투자 교훈 대부분은 이미 이 책이나 다른 곳에서 언급했던 것이다. 이 투자 황금률은 책을 끝맺는 내 나름의 방식으로 성 아그네스 학생들의 작별 합창이라고 할 수 있다.

1. 투자는 재미있고, 흥분되지만 위험하다. 기업에 대한 분석을 제대로 하지 않는다면 말이다.

2. 투자자로서의 강점은 월스트리트 전문가들에게서 얻는 것이 아니다. 당신이 이미 갖고 있는 것이다. 당신이 잘 알고 이해하고 있는 기업이나 산업에 투자하는 식으로 자신의 강점을 활용한다면 전문가들보다 더 높은 수익률을 올릴 수 있다.

3. 지난 30년간 주식시장은 전문 투자가 집단이 지배해왔다. 일반적인 믿음과는 반대로 전문 투자가 집단이 주식시장을 장악하고 있었기 때문에 개인 투자자가 주식 투자를 하기는 더 쉽다. 당신은 전문 투자가 집단을 무시함으로써 주식시장 평균보다 더 높은 수익률을 달성할 수 있다.

4. 모든 주식 뒤에는 기업이 있다. 기업이 무엇을 하고 있는지 파악하라.

5. 몇 달간, 심지어 몇 년간 기업의 실적과 주가가 따로 노는 경우도 종종 있다. 그러나 장기적으로 보면 기업의 실적과 주가는 100% 같이 가게 되어 있다. 장기적으로 기업의 성공과 주식의 성공은 100% 상관관계가 있다. 기업의 성공과 주식의 성공 사이의 괴리가 돈을 벌게 해주는 핵심 요인이다. 인내심은 보답받으며, 성공하는 기업의 주식을 갖고 있어도 역시 보답받는다.

6. 자신이 어떤 주식을 왜 갖고 있는지 납득할 만한 이유를 말할 수 있는가. '이 주식은 반드시 오를 거야'라는 생각은 별로 중요하지 않다.

7. 위험성이 큰 투기는 거의 언제나 예상을 빗나가 손실을 내게 마련이다.

8. 주식을 보유하는 것은 아이를 키우는 것과 같다. 잘 돌볼 수 있는 수준 이상으로는 보유하지 말라. 다른 일을 하면서 주식 투자를 하는 시간제 투자자라면 아마도 8~12개 기업을 꾸준히 추적하면서 상황에 따라 사고팔 수 있는 시간이 있을 것이다. 그러나 8~12개 기업을 계속 분석하되 어떤 경우라도 한 번에 5개 이상의 기업에 투자할 필요는 없다. 5개 이상의 기업으로 포트폴리오를 구성할 필요는 없다는 말이다.

9. 매력적이라고 느껴지는 기업이 없을 때는 마음에 드는 주식이 나타날 때까지 돈을 은행에 넣어두라.

10. 재정상태를 이해하지 못하는 기업에는 절대 투자하지 말라. 주식 투자에서 가장 큰 손실은 재무구조가 취약한 기업에서 발생한다. 투자하기 전에 언제나 기업이 채무 지불능력이 충분한지 대차대조표를 통해 꼼꼼히 살펴보라.

11. 집중적인 관심을 받고 있는 성장산업의 최고 인기 주식은 피하라. 비인기·저성장 산업의 위대한 기업이야말로 꾸준히 높은 수익을 안겨준다.

12. 소형주에 투자할 때는 그 기업이 흑자로 돌아설 때까지 기다린 후에 투자하는 것이 낫다.

13. 침체된 산업에 투자할 생각이라면 살아남을 수 있는 기업의 주식을 사라. 또 침체된 산업이 회복 기미를 보일 때 사라. 예를 들어 마차를 몰 때 쓰는 채찍이나 진공관 라디오는 절대 회복될 수 없는 침체산업이다.

14. 1000달러를 주식에 투자한다면 잃을 수 있는 최대한의 돈은 1000달

러이다. 하지만 인내심만 있다면 당신이 벌 수 있는 돈은 1만 달러, 심지어 5만 달러가 될 수도 있다. 펀드매니저들은 수많은 기업으로 투자를 다각화해야 하지만 개인 투자자들은 몇 개의 좋은 기업에만 집중할 수 있다. 너무 많은 주식을 보유하고 있으면 소수의 좋은 기업에 집중할 수 있다는 강점을 잃어버린다. 평생의 투자를 가치 있게 만들기 위해 필요한 것은 소수의 고수익 기업이다.

15. 모든 산업, 모든 지역에서 위대한 성장기업을 먼저 찾아낸 이들은 전문가가 아닌 주의 깊은 개인 투자자였다.

16. 주식시장이 하락하는 것은 1월에 눈보라가 치는 것만큼이나 일상적인 일이다. 대비만 되어 있다면 주가 하락이 당신에게 타격을 줄 수 없다. 주가 하락은 공포에 사로잡혀 폭풍우 치는 주식시장을 빠져 나가려는 투자자들이 내던진 좋은 주식을 싸게 살 수 있는 기회이다.

17. 누구나 주식시장에서 돈을 벌 수 있는 머리는 있지만 아무나 배짱을 갖고 있는 것은 아니다. 만약 당신이 주가 하락에 두려움을 느끼며 모든 것을 팔아치우는 성격이라면 주식 투자는 물론 주식형 펀드 투자도 피해야 한다.

18. 부정적인 소식과 걱정거리는 늘 있게 마련이다. 주말에 너무 깊이 생

각하지 말고 뉴스의 부정적인 전망들은 무시하라. 주식을 팔려면 그 기업의 펀더멘털이 악화됐을 때 팔아라. 세상이 무너질 것 같다는 이유로 주식을 팔지는 말라.

19. 금리를 예측할 수 있는 사람은 아무도 없다. 앞으로의 경제상황과 주식시장의 방향을 예측할 수 있는 사람도 없다. 이런 전망은 깨끗이 잊고 당신이 투자한 기업에 실제로 어떤 일이 벌어지고 있고 어떤 변화가 일어나고 있는지에만 집중하라.

20. 10개 기업을 분석했다면 처음에 생각했던 것보다 경영상황이 훨씬 더 좋은 기업을 1개는 발견할 수 있을 것이다. 50개 기업을 분석했다면 5개를 발견할 수 있을 것이다. 주식시장에는 언제나 투자자를 행복하게 만드는 놀라운 기회가 숨어 있다. 전문 투자가들이 간과하고 있는 탁월한 기업들이 그 기회이다.

21. 기업에 대해 전혀 공부하지 않고 주식에 투자하는 것은 포커를 칠 때 카드를 보지 않고 돈을 거는 것과 같다.

22. 뛰어난 기업의 주식을 보유하고 있다면 시간은 당신 편이다. 당신은 인내심을 갖고 기다려도 좋다. 월마트를 상장 후 첫 5년간 사지 못했다 해도 그 이후 5년 동안 월마트를 사서 보유하면 된다. 첫 5년을 놓

쳤다 해도 그 다음 5년간 투자해도 좋을 만큼 월마트는 위대한 주식이었다.

23. 주식 투자를 할 만한 배짱을 갖고 있지만 기업을 꼼꼼히 분석할 만한 성격도 아니고 시간도 없다면 주식형 펀드에 투자하라. 주식형 펀드에 분산 투자하려면 성장형 펀드, 가치형 펀드, 소형주 펀드, 대형주 펀드 등과 같이 서로 다른 운용 스타일을 가진 몇 개 펀드에 돈을 나눠 넣어라. 똑같은 성격의 펀드 6개에 투자하는 것은 분산 투자가 아니다. 또한 한 펀드에서 다른 펀드로 너무 자주 갈아타면 양도소득세를 많이 내야 한다. (우리나라는 주식에 양도소득세가 부과되지 않는다 – 역자) 투자한 펀드가 하나든, 몇 개든 펀드 수익률이 좋다면 변덕스럽게 환매하지 말고 계속 갖고 있어라.

24. 미국 주식시장은 지난 10년간 전 세계 주요 주식시장 중 여덟 번째로 총 수익률이 좋았다. 고성장 국가에서 수익을 얻고 싶다면 자산의 일부는 과거 운용성과가 좋은 해외펀드에 투자하라.

25. 잘 선정된 주식들로 이뤄진 포트폴리오나 주식형 펀드는 장기적으로 봤을 때 채권이나 MMF보다 수익률이 좋았다. 잘못 고른 주식들로 구성된 포트폴리오는 장롱 속에 숨겨둔 돈보다도 수익률이 좋지 못했다.

피터 린치의 원칙

이 부분은 원서에는 없는 부분이나 한국 독자를 위해
본문 속의 글을 에디터가 따로 모아놓은 부분입니다.

1. 오페라 관람 횟수가 미식축구 관람 횟수를 3:0으로 압도적으로 앞선다면 당신의 인생은 뭔가 잘못 돌아가고 있는 것이다.

2. 채권을 선호하는 사람은 자신이 무엇을 놓치고 있는지 모른다.

3. 그림으로 표현할 수 없는 아이디어에는 투자하지 말라.

4. 백미러로는 미래를 볼 수 없다. - 과거의 사건으로 미래를 예단하지 말라.

5. 라디오로 첼리스트 요요마의 연주를 들으면서 돈을 낼 필요는 없다. - 국공채에 투자하려면 수수료 내면서 펀드에 하지 말고 직접 하라.

6. 이왕 펀드에 투자하려면 좋은 펀드를 골라야 한다.

7. 회사 사무실의 사치스러움과 경영진이 주주들의 이익에 신경 쓰는 정도는 정확히 반비례한다. 즉 사무실이 호화스러운 기업의 경영진은 주주들에게 더 많은 이익을 돌려주려는 의지가 약하다.

8. 장기 국채 수익률이 주식의 연평균 수익률 6%보다 높을 때는 주식을 팔고 채권에 투자하라.

9. 평범한 주식들이 모두 다 똑같이 평범한 것은 아니다.

10. 아우토반을 달릴 때는 절대 뒤를 보지 말라.

11. 가장 좋은 주식은 이미 보유하고 있는 주식이다.

12. 수익을 당연하게 여기는 생각은 주가가 큰 폭으로 하락하면 확실히 치유된다.

13. 영결 나팔 소리가 울리고 있는데 다시 돌아올 것이라는 환상을 품지 말라. - 이미 끝난 주식에 미련을 갖지 말라.

14. 어떤 기업의 매장을 좋아하게 되면 그 주식을 사랑하게 될 가능성이 높다.

15. 기업 내부자가 주식을 사고 있다면 이는 긍정적인 신호이다.

16. 사업에서 경쟁은 독점력보다 절대 강할 수 없다.

17. 다른 모든 조건이 같다면 연차보고서에 컬러 사진이 가장 적은 기업에 투자하라. - 외양을 꾸미지 않을수록 실속 있는 기업이다.

18. 애널리스트마저 외면할 때야말로 그 업종 혹은 그 기업에 투자할 때이다.

19. 상황을 비관적으로 봐서 얻을 것은 아무것도 없다. 공매도 투자자거나 돈 많은 배우자를 찾는 시인이 아니라면.

20. 사람이니 기업이 이름을 바꾸는 이유는 다음 2가지 중 하나다. 결혼(합병)을 했거나 사람들이 잊기를 바라는 재난을 당했거나.

21. 영국 정부가 무엇인가를 팔려고 하면 무조건 사라. - 공기업이 민영화할 때는 주저 말고 참여하라.

추가 점검

주식 투자는 매우 역동적인 작업이다. 1992년 《배런스》 라운드테이블에 21개 종목을 추천한 뒤 앞에서 설명했듯 많은 일이 일어났다. 나는 1993년 《배런스》 라운드테이블에도 참석해 1992년에 추천했던 8개 종목을 포함해 새로운 종목들을 긍정적으로 소개했다. 지금은 이미 1994년 종목 추천을 위해 기업분석에 들어갔다.

나의 일상은 언제나 똑같다. 저평가된 기업을 찾아 분석하는 일이다. 저평가된 기업은 주로 소외된 산업이나 분야에서 발굴한다. 지난 2년간 나는 머크, 애보트 랩, 월마트, P&G 등을 포함한 이른바 블루칩이라 불리는 우량 성장주에서는 싼 주식을 찾지 못했다. 이렇게 인기 있는 종목들의 수익률이 좋지 못하다는 것은 254쪽에 소개한 주가 그래프를 분석하는 기법이 효과가 있다는 증거이다.

1991~92년에 이들 기업의 장기 주가 그래프를 보면 주가가 이익보다 훨씬 위에 있다. 이는 머크와 월마트, 그리고 1980년대 후반에는 주식시장의 스타였지만 최근 수익률이 극히 저조한 다른 대형 성장주에서 당분간 떨어져 있으리라는 위험신호이다.

인기 있는 주식들, 특히 연기금이나 뮤추얼펀드 대부분이 투자하고 있는 주식들이 큰 폭의 주가 하락으로 고전하면 월스트리트는 펀드매니저들이 그 주식들을 갖고 있었던 책임에서 벗어날 수 있는 이유를 만들어낸다. 최근 제약주가 하락한 이유는 클린턴 정부의 의료 보험 개혁 방안에 대해 우려하고 있기 때문이고, 코카콜라가 하락한 이유는 달러 강세가 코카콜라 실적에 부정적인 영향을 미칠 것이 걱정되기 때문이라는 식이다. 또 홈데포는 주택경기가 나빠 주가가 하락했다고 설명한다. 하지만 이들 주식이 하락한 진짜 이유는 현재의 이익 수준에 비해 주가가 엄청나게 고평가되어 있었기 때문이다.

우량 성장주가 고평가되면 이익이 계속 늘어나도 이익이 주가와 균형을 이룰 때까지 주가는 오르지 못하고 몇 년간 하락하거나 옆으로 횡보하는 모습을 보인다. 주가와 이익이 균형을 이루면 1993년 말에 애보트 랩이 그랬듯이 주가선과 이익선이 한 점에서 만난다(257쪽 그래프 참조). 우량 성장주는 현재 이익이 늘어나면서 고평가 상태를 벗어나고 있어 1994~95년에는 추천 종목에 오를 수 있을 것 같다.

내 경험상 P/E 등식에서 주가price를 의미하는 P는 무엇인가를 내놓지 않고는 이익earnings을 뜻하는 E보다 너무 빨리 앞서갈 수 없다.

대형 성장주가 너무 높이 오른 뒤 하락한 반면 소형주에서는 여전히 저평가된 종목들이 많이 발견된다. 115~117쪽에 소개한 뉴 호라이즌 지표는 여전히 소형주가 S&P500지수와 비교해 상대적으로 주가가 바닥에 있음을 보여준다(117쪽 그래프 참조). 소형주가 대형주에 비해 상대적으로 저렴한 상태가 지속된다면 뉴 호라이즌의 지표가 위쪽으로 방향을 틀 때까지 소형주가 대형주보다 수익률이 더 좋을 것이다.

1993년에 있었던 또 다른 변화는 에너지 회사와 에너지 서비스 회사가 호황을 누릴 정도로 천연가스 사업이 되살아났다는 점이다. 내가 기억하는 한 이런 종류의 사업은 오랫동안 침체 상태가 계속됐는데 최근에는 비용 절감과 기업들 간의 통합, 시추설비 폐쇄 등으로 인해 살아남은 기업들은 매우 사업하기 좋은 환경이 됐다.

현재 에너지 기업의 위험/수익 비율은 매우 우수하다. 천연가스 관련 주식은 대부분 너무나 심하게 난타당해 주가가 더 이상 떨어지기 어려운 반면 사업 환경이 호의적으로 바뀌면서 몇몇 기업은 주가가 상승 태세를 갖추고 있다. 나는 1993년에 에너지 기업 5개를 추천했다. 2개는 에너지 서비스 업체이고 3개는 에너지 생산업체이다.

422~424쪽에 소개한 구매를 연기해 잠재된 수요를 감안할 때 자동차도 현재 사람들이 생각하는 것보다 많이 팔릴 것이다. 자동차 산업은 하강 사이클을 경험한 뒤에는 잠재된 수요가 완전히 충족될 때까지 5~6년간 상승 사이클을 경험한다. 현재는 최근의 상승 사이클에서 단지 3년째에 들어섰을 뿐이다.

여러 명의 애널리스트와 철강을 사고파는 다양한 기업의 임원들을 대상으로 얘기해본 결과 철강 가격이 견고해지기 시작했다는 사실을 알게 됐다. 게다가 미국 철강업체들은 정부가 값싼 외국산 철강으로부터 미국 철강산업을 보호하기 위한 조치를 취해줄 것으로 기대하고 있

표 후기-1 1993년 《배런스》 추천 종목

기업명	총 수익률(%) 1993/1/11~1993/12/31	주가 1993/1/11	주가 1993/12/31
애빙턴 세이빙스 뱅크	27.78	$ 9.00	$ 11.50
AMAX, Inc. (1993/11/15까지)	47.71	16.88	＊＊＊＊
아메라다 헤스 코퍼레이션	3.78	44.00	45.13
아파치 코퍼레이션	33.12	17.75	23.38
암코	- 5.77	6.50	6.13
바디샵	37.20	164p	225p
BP ADR	46.81	44.88	64.00
브리티시 스틸 ADR	97.81	9.50	18.50
크라이슬러	49.00	36.25	53.25
시티코프	71.51	21.50	36.88
CMS 에너지	39.30	18.50	25.13
코스트 세이빙스 파이낸셜	34.12	10.63	14.25
드 비어스	84.64	13.75	24.25
뉴욕 다임 세이빙스 뱅크	20.37	6.75	8.13
페덱스	27.99	55.38	70.88
패니 메이	3.66	77.50	78.50
퍼스트페드 미시간 코퍼레이션	62.24	16.08	25.50
50-오프 스토어	- 42.71	12.00	6.88
포드	47.37	45.13	64.50
제너럴 호스트	- 18.38	9.00	7.00
GM	63.26	34.25	54.88
글로벌 마린	65.00	2.50	4.13
굿 가이즈	18.18	11.00	13.00
홀우드 그룹	- 8.89	5.63	5.13
하먼 인터내셔널 인더스트리즈	94.92	14.75	28.75
H. F. 어맨슨 & Co.	11.07	18.50	19.63
홈포트 뱅코프	66.46	7.38	11.75
인랜드 스틸 인더스트리즈	51.43	21.88	33.13
맥스코	106.06	4.13	8.50
메리셀	67.05	11.00	18.38
노스 사이드 세이빙스 뱅크	39.67	13.33	18.50
노위치 파이낸셜 코퍼레이션	62.44	5.75	9.00
피닉스 RE 코퍼레이션	80.16	15.25	27.25
레이놀즈 메탈 컴퍼니	- 13.65	53.88	45.38
서비스 프랙처링 컴퍼니	16.96	3.31	3.88
선벨트 너서리	- 40.21	5.75	3.44
선 디스트리뷰터즈	25.26	3.50	4.25
슈퍼커트	2.62	14.50	14.88
테너러 L. P.	4.72	1.31	1.38
피터 린치 1993년 총 수익률	**35.39**		
S&P500지수	11.23		
나스닥지수	13.83		
밸류라인지수	18.31		

※ AMAX의 총 수익률은 1993년 11월 15일의 합병과 분사를 반영한 것이다. 이때 AMAX의
1주는 알루맥스(ALUMAX) 0.5주, 사이프러스 AMAX 0.5주, AMAX 0.245주로 교환됐다.

다. (하지만 미국 철강업체들은 원하던 보호조치를 끌어내지 못했다.) 나는 또 유럽의 철강 설비가 노후화되고 부족하다는 얘기를 들었다. 유럽의 철강업체들은 지난 몇 십 년간 정부가 근로자의 일자리를 보존해주기 위해 지원하는 막대한 보조금을 받아 버텨왔으나 곧 폐쇄될 예정이다. 민영화 조치가 이러한 공장 폐쇄 과정을 가속화시킬 것이다. 이는 전 세계 철강 가격에 매우 긍정적인 신호이다. 나는 3개의 철강회사와 2개의 다른 금속회사를 추천하기로 했다.

내가 1993년 《배런스》 라운드테이블에 추천한 종목은 경기순환주에 치중돼 있다. 그러나 경기 회복의 초기 단계에는 마땅히 경기순환주를 사야 한다는 생각으로 경기순환주를 추천한 것은 아니다. 다만 기업과 산업을 조사해보니 경기순환주에 저평가된 좋은 주식들이 많았던 데다 이익 역시 개선되는 조짐이 나타났기 때문이다.

1992년에 추천했던 7개의 S&L은 주가가 모두 올랐다. 1993년에는 8개의 새로운 S&L을 추천했다. 나는 S&L이 전체적으로 뛰어난 수익률을 보이는 데 대해 계속 놀라고 있다. 1991년 이후 상장된 수십 개의 S&L들이 두 배, 세 배, 네 배씩 주가가 상승하고, 실망스러운 S&L은 단 하나도 없었다.

S&L 중 상당수는 최근 수년간 수익률이 꾸준히 좋았기 때문에 S&L은 샀다가 기회를 봐서 팔아야 하는 투자대상이 아니다. 이 글을 쓰고 있는 현재도 S&L에는 좋은 투자기회가 여전히 많다. 나는 재정이 탄탄한 지점을 거느리고 있으며 주가는 순자산가치보다 낮고 이익 성장률이 좋으며 조만간 더 큰 은행이나 S&L에 프리미엄을 받고 팔릴 가능성이 있는 또 다른 산업을 아직 주식시장에서 발견하지 못했다.

월스트리트의 걱정은 경기가 살아나 금리가 오르면 S&L이 저금리로 인해 누리고 있는 유리한 예대마진 이익이 사라지면서 S&L의 주가 상승이 갑작스럽게 끝맺을 것이란 점이다. 이런 주장에 나는 동의하지 않는다. 물가상승률이 두 자릿수까지 매우 빠르게 치솟아 오르는 경기 상황에서는 S&L이 타격을 입을 수 있지만 합리적인 속도의 경기 회복은 S&L에 타격을 미치지 않는다.

오히려 S&L은 경기가 완만히 회복되면서 수혜를 입고 있다. 우선 주택경기가 살아나면서 채무자가 대출을 못 갚아 소유권을 넘겨받은 담보 부동산을 더 빨리, 더 높은 가격으로 매각할 수 있게 됐다. 또 대출이자 연체율과 채권 부도율이 낮아지면서 대출을 못 갚아 담보로 잡힌 부동산의 소유권을 이전해와야 하는 건수도 줄어들었다. 그 결과 S&L의 재무구조는 견실해지고 있으며 부실채권 상각을 위해 쌓아야 하는 대손충당금도 줄어 이익이 늘어나고 있다. 또 경기가 개선되면 S&L은 신용도가 높은 개인이나 기업에 더 많은 대출을 해줄 수 있어 이익 창출력이 더욱 확대된다.

마지막으로 나는 1993년에 캘리포니아주에 있는 기업들에 관심을 갖기 시작했다. 캘리포니아주는 1993년에 깊은 경기 불황에 빠졌고 언론에 보도된 전망이 너무나 암울해 마치 캘리포니아주에 있는 기업 전체가 파산할 것 같은 느낌이 들었기 때문이다. 내가 살고 있는 뉴잉글랜드주도 1990년에 현재 캘리포니아주가 겪고 있는 것과 똑같은 상황에 빠졌다. 당시 뉴잉글랜드주에 관한 뉴스 역시 현재 캘리포니아주만큼이나 암담했다. 하지만 이런 비관적인 뉴스들을 무시하고 주가가 급락한 뉴잉글랜드주의 기업들, 특히 은행과 S&L, 몇몇 유통업체 등에 투자했다면 지금까지 꽤 좋은 수익을 올릴 수 있었을 것이다.

나는 뉴잉글랜드주가 그랬던 것처럼 캘리포니아주도 경기 침체를 극복하고 살아남을 것(지금까지 우리는 일자리 수가 늘지 않았음에도 이를 해냈다!)이란 낙관적인 전망을 갖고 캘리포니아주 기업 3개를 1993년 추천 목록에 올렸다. 내가 추천한 기업은 코스트 세이빙스 파이낸 셜과 미국 최대의 상호저축은행 지주사인 H. F. 어맨슨 & Co., TV와 오디오, 관련 전자기기 등을 판매하는 유통 체인점 굿 가이즈이다. 또 내가 가장 오랫동안 선호해온 주식 패니 메이도 추천했다. 패니 메이는 대출담보의 25%가 극심한 경기 불황에 빠진 캘리포니아주 부동산이란 이유로 주가가 하락했다.

24개월 점검

나는 507~539쪽에 1992년 초에 추천했던 종목들에 대한 6개월 후 정기점검 결과를 소개했다. 여기에 24개월 후 정기점검 결과를 덧붙인다. 주식 투자자들의 관심사는 주로 주가 등락에만 집중되기 때문에 주식을 보유한다는 것은 기업의 일부를 보유하는 것이란 사실을 잊어버리기가 쉽다. 임대건물을 소유하고 있으면 건물이 잘 유지되고 관리되고 있는지, 보수가 필요한 곳은 없는지 정기적으로 점검해야 한다. 마찬가지로 기업의 일부를 소유하고 있을 때도 기업에 새로운 경영상의 변화가 있는지 정기적으로 살펴봐야 한다.

나는 이 책에서 언급한 기업들을 최근에 다시 한 번 점검한 뒤 다음과 같은 결론을 내렸다. 얼라이드 캐피털 II는 주가에도 반영됐듯 단기적으로 좀 실망스러웠다. 회사의 잘못은 아니지만 내가 24개월 안에 이뤄지기를 바랐던 일이 실현되려면 좀 더 시간이 걸릴 것 같았다. 얼라이드 캐피털Ⅱ는 모든 자산을 대출채권에 투자할 준비를 하고 있었지만 그럴 수가 없었다. 얼라이드 캐피털Ⅱ의 계획은 정리신탁공사로부터 정부가 인수한 부실 S&L의 대출채권을 매입하는 것이었다. 신용도가 높은 연 금리 10~11%인 대출채권을 정리신탁공사로부터 사올 생각이었다.

하지만 은행을 비롯해, 파산한 기업이나 자금난에 빠진 기업을 싼 값에 인수해 되파는 이른바 벌처펀드와 다른 많은 투자자들 역시 이러한 대출채권 인수에 뛰어드는 바람에 예상치 못했던 문제가 발생했다. 얼라이드 캐피털Ⅱ는 원하던 채권을 살 수 없었고, 그렇다고 채권 매입기준까지 완화해 신용도가 낮은 더 위험한 채권을 살 수는 없었다. 따라서 얼라이드 캐피털Ⅱ는 돈을 투자하지 못하고 MMF에 넣어둔 채 연 3%의 금리만 챙길 수 있었다. 얼라이드 캐피털Ⅱ는 얼라이드 캐피털 어드바이저에 경영 수수료로 연간 2%를 지불하고 있기 때문에 이는 얼라이드 캐피털Ⅱ 주주들에게 매우 생산적이지 못한 상황이었다.

얼라이드 캐피털Ⅱ는 서서히 조금씩 채권을 매입했는데 이는 사람들이 생각했던 것보다 훨씬 더 느린 속도였다. 이런 가운데 얼라이드 펀드를 운용하는 얼라이드 캐피털 어드바이저는 1년 만에 주가가 두 배 급등하며 가장 좋은 투자대상으로 떠올랐다.

자산운용회사인 콜로니얼 그룹은 24개월간 69.7% 상승했다. 최근 몇 년간 그랬듯이 다시 한 번 수십억 달러의 자금이 뮤추얼펀드로 유입되고 있기 때문에 뮤추얼펀드를 소유하고 있거나 운용하는 기업에 투자하면 보답을 받을 수 있다.

정원 관리용 상품 판매회사(제너럴 호스트, 선벨트, 캘러웨이즈)에 대해서는 큰 실수를 했다. 나는 이 산업 전체에 대해 완전히 착각하고 있었다. 소비자들이 화초와 잔디, 묘목 등의 식물과 갈퀴, 삽, 비료 등을 역사상 최대 수준으로 사고 있다는 데 너무 감동받은 나머지 1990년대에는 정원 관리업이 1980년대의 음식 체인점처럼 급성장할 것이라고만 생각했을 뿐, 정원 관리용 상품 매장 사이에 치열한 경쟁이 벌어지고 있다는 사실은 간과하고 말았다. 식물과 화초 판매산업의 경쟁은 항공산업에서 벌어지고 있는 경쟁만큼이나 치열했다.

식물과 화초를 사려는 사람들은 대개 K마트나 홈데포 등 대형 할인매장을 방문했다. 대형 할인매장에선 매장을 따로 설치해 화초와 식물은 물론 비료와 살충제, 갓 심은 나무의 뿌리 위에 덮는 톱밥이나 퇴비, 정원을 가꾸는 데 필요한 도구들을 대규모로 갖춰두고 판매하고 있었다. 이는 할인매장에서 판매하지 않는다면 사람들이 선벨트나 제너럴 호스트에 가야 살 수 있는 것들이다. 나는 할인매장의 영향력을 과소평가했을 뿐 아니라 자영업자들이 운영하는 정원용 상품 매장의 끈질긴 생명력도 간과하고 있었다. 자영업자들은 할인점과 경쟁하기 위해 적극적으로 나서며 상품 가격을 낮췄다. 정원용 상품 체인점은 이 둘 사이에 끼어 어려움에 처했다. 홍수와 가뭄 등 최근의 극단적인 기후도 정원용 상품 체인점에 큰 타격을 주었다.

주가가 8달러일 때 매우 좋은 인상을 줬던 캘러웨이즈는 1993년 말 현재 주가가 3달러로 추락했다. 몇 개월 전만 해도 성장 잠재력으로 간주됐던 요소들이 이제는 사업의 회복 가능성으로 파악되고 있다. 캘러웨이즈는 주당 1.30달러의 현금에 부채가 없고 댈러스 지역에 17개의 건물을 갖고 있기 때문에 잠재적으로 자산주로 평가될 수 있다.

나는 선벨트가 인수 대상이 될 수 있다고 생각했는데 정말로 제너럴 호스트에 인수됐다. 안타까운 사실은 내가 추천했을 때 선벨트 주가는 6.25달러였으나 매각될 때 가격은 5달러에 불과했다는 점이다. 기원전 280년 로마군을 물리치긴 했으나 병력의 3/4을 잃어버린 피루스 왕의 패배나 다름없는 승리였다.

만약 아직도 선벨트의 가능성을 믿는다면 제너럴 호스트 주식을 사면 된다. 제너럴 호스트 역시 전망이 그리 낙관적이진 않다. 제너럴 호스트가 운영하는 매장인 프랭스 너서리 & 크래프츠의 판매실적은 실망스러웠다. 전반적으로 1993년은 프랭스 너서리 & 크래프츠에 어려운 한 해였다. 미국 전역의 날씨가 기록적으로 더웠기 때문에 사람들은 집 안에 머물고 싶어 할 뿐 밖에 나가 정원을 가꿀 생각을 하지 않았다.

앞으로 사업이 개선돼 제너럴 호스트가 번창할 수도 있다. 하지만 얼라이드 캐피털과 마찬가지로 그때까지는 내가 생각했던 것 이상으로 오랜 시간이 필요할 것 같다.

선벨트가 제너럴 호스트에 인수되기 전까지 선벨트 대주주였던 피어1 임포츠도 정원용 상품 판매산업의 일부로 다룰 수 있다. 피어1은 경기 부진으로 고전하고 있었지만 점차 실내장식을 위한 가정용 소품 시장에서 점유율을 확대해가고 있었다. 피어1은 확실히 내가 예상했던 대로 상황이 진전되고 있었다.

CMS 에너지의 운명은 단기적으로는 미시간 공공서비스위원회의 전기요금 결정에 달려 있었다. 나는 미시간 공공서비스위원회가 전기요금에 대해 어떤 결정을 내릴지 전혀 예상할 수 없다. 하지만 공공서비스위원회의 결정이 부정적으로 내려진다 해도 주가가 18.50달러라면 매수할 만하다는 사실 정도는 알고 있다. 따라서 CMS 에너지의 위험/수익 비율은 투자하기에 매우 유리한 상태이다.

1993년 3월에 미시간 공공서비스위원회는 CMS 에너지의 관점에서 볼 때 그리 좋다고 할 수 없는 결정을 내렸지만 주가는 20달러 중반까지 상승했다. 주가가 20달러 중반 수준에서는 매수가 아니라 보유하라는 것이 내 의견이다.

펠프스 다지는 비용 절감과 구리 가격 상승 때문에 1992년에 호황을 누렸다. 1993년에는 구리시장이 다소 약세를 보이면서 기업의 실적도 주가도 정체됐다. 광업주를 갖고 있다면 주식시장을 주시하면서 광산에서 어떤 일이 일어나고 있는지 살펴보는 것이 좋겠다.

바디샵은 1992년에 주가수익률이 좋지 않았지만 1993년에 기업의 경영상황은 더욱 개선됐다. 바디샵을 추천했을 때 주가는 영국 통화로 325펜스였고, 나는 투자자들에게 주가가 하락한다면 바디샵에 대한 투자를 늘리라고 말했다. 바디샵은 그 이후 정말 하락했다. 1993년 2월에 바디샵은 140센트로 급락했다. 나는 바디샵의 주가가 이렇게 많이 떨어질 줄은 몰랐다. 어떤 주식의 주가가 얼마나 많이 떨어질지 예측할 수 있는 사람은 없다. 만약 여러 종목을 보유하고 있다면 그중 하나 정도는 이 정도로 급락할 가능성이 있다.

도대체 무슨 일이 일어난 것일까? 바디샵을 다시 점검해봐야 할 때가 왔다. 만약 바디샵의 경영상황이 여전히 괜찮다면 주가가 50% 폭락한 것을 오히려 기쁘게 생각해야 한다. 싼 가격에 더 많은 주식을 살 수 있기 때문이다. 중요한 것은 바디샵의 주가가 많이 떨어졌다는 것이 아니라 왜 떨어졌는지 그 이유를 파악하는 것이다.

나는 바디샵에 전화해 경영상황을 물어봤다. 바디샵은 여전히 부채가 없었고 새로운 시장으로 사업 확장을 계속하고 있었다. 이는 모두 긍정적인 것이다. 하지만 바디샵은 자국 시장인 영국에서 판매가 극히 부진해 타격을 입었다. 분명 영국 사람들은 경기 침체 때문에 샴푸나 비누에 쓰는 돈을 줄여야 했을 것이고, 이는 선구적인 소비자들에게는 불행한 상황이었을 것이다. 기존과 다른 개념의 바디샵 제품을 쓰던 선구적인 소비자들이 4파운드를 주고 해초와 자작나무 성분이 들어간 샴푸나 라술 진흙 비누를 사는 대신 더 저렴한 일반 샴푸와 비누를 샀을 것이다.

바디샵 매장이 몰려 있는 4개국 중 3개국인 영국, 캐나다, 호주는 모두 경기 침체를 겪었다. 나머지 하나인 미국에는 바디샵과 비슷한 개념의 샴푸와 비누, 오일을 판매하는 경쟁업체들이 등장했다. 하지만 바디샵의 향후 성장동력은 경쟁 없이 매장을 확장할 수 있는 프랑스와 일본 같은 다른 나라에서 나올 것이다. 나는 바디샵이 글로벌 기업의 30년 성장주기 중에서 두 번째 10년에 들어섰다고 생각한다. 바디샵은 1992년에 내가 처음으로 주목하기 시작했을 때보다 상황이 더 좋아졌다. 피델리티에서 사서로 일하다가 그만두고 바디샵 매장을 두 개 운영하는 내 친구는 매장을 두 개로 늘린 것을 매우 기뻐하고 있었다. 1993년 1월에 바디샵을 다시 추천했다. 그때 바디샵의 주가는 1992년 내가 처음으로 바디샵을 샀을 때에 비해 절반 수준이었다.

선 디스트리뷰터스는 주주들의 세제 혜택이 사라지는 1997년을 4년 앞둔 1993년 9월에 각종 사업부문 매각을 고려 중이라고 발표했다.

투자자들은 선 디스트리뷰터스가 사업부문을 매각할 것으로 예상하긴 했지만 MLP로서 누려온 세제 혜택이 사라지는 1997년이나 돼야 이러한 매각이 이뤄질 것으로 생각하고 있었다.

선 디스트리뷰터스가 매각되면 A주식을 가진 주주들은 주당 10달러를 받게 되고 B주식을 가진 주주들은 A주식 주주들에게 주고 남은 자산을 나눠 갖게 된다. 나는 1992년과 1993년에 《배런스》에 B주식을 추천했다.

선 디스트리뷰터스는 B주식의 가치를 극대화하기 위해 부채를 줄이고 비용을 절감해왔다. 선 디스트리뷰터스는 회사 매각을 고려 중이라고 발표하기 몇 개월 전에 장기 채권을 갚기 위한 자금조달 계약에 합의했다. 선 디스트리뷰터스의 장기 채권은 잠재적으로 주식 공급 물량이 될 수 있기 때문에 매우 좋은 소식이다. 이 소식은 연차보고서에 발표돼 있었다. 게다가 선 디스트리뷰터스의 연간 순이익 규모는 경기 침체에도 불구하고 꾸준히 늘었고 잉여 현금흐름도 주당 1달러 수준을 유지했다. 이는 이론적으로 B주식 1주당 내재가치에 1달러씩 더해진다는 의미이다.

선 디스트리뷰터스는 여러 가지 호재를 갖고 있으면서도 주가는 오르지 못한 채 정체돼 있었다. B주식은 2년 이상 2.5~3달러 수준을 벗어나지 못하다가 사업 매각을 고려하고 있다고 발표한 1993년 9월에 4.40달러로 올랐다. 주식시장은 투자자의 인내심을 시험한다. 하지만 기업을 믿는다면 인내심이 보상받을 때까지 그 주식을 갖고 기다려야 한다.

B주식은 1997년까지 그대로 유지되면 8달러 이상으로 오를 수도

표 후기-2 1992년 《배런스》 추천 종목 24개월 후 점검

기업명	총 수익률(%) 1992/1/13~1993/12/31	주가※ 1992/1/13	주가 1993/12/31
얼라이드 캐피털 코퍼레이션 II	- 14.11	$ 19.00	$ 14.25
바디샵	- 30.77	325p	225p
콜로니얼 그룹 A주식	69.70	17.38	28.00
CMS 에너지	43.30	18.50	25.13
이글 파이낸셜*	101.81	10.97	20.50
패니 메이	19.34	68.75	78.50
퍼스트 에식스 뱅코프	222.68	2.13	6.75
제너럴 호스트	- 1.32	7.75	7.00
GM	87.45	31.00	54.88
저먼타운 세이빙스	287.15	14.50	54.75
글레이셔 뱅코프*	117.37	10.12	21.00
로렌스 세이빙스 뱅크	225.00	1.00	3.25
피플스 세이빙스 파이낸셜	85.42	11.00	18.75
펠프스 다지*	60.97	32.50	48.75
피어1 임포츠	23.53	8.00	9.75
소버린 뱅코프*	250.90	3.83	13.13
선벨트 너서리	- 44.99	6.25	3.44
선 디스트리뷰터스	65.87	2.75	4.25
선 TV & 어플라이언스*	130.48	9.25	21.25
슈퍼커트*	31.26	11.33	14.88
테너러 L. P.	- 42.11	2.38	1.38
피터 린치 1992년 포트폴리오 총 수익률	80.43		
S&P500지수	19.19		
나스닥지수	25.77		
밸류라인지수	33.07		

※ 액면 분할 조정

있다. 나는 B주식의 매각 가능성에 대해 1970년대 후반에 펩시코에 인수된 타코벨에 대해 느꼈던 것과 같은 생각을 갖고 있다. 타코벨의 주주들은 재빨리 이익을 취했다. 하지만 사업을 계속한다면 즉각 주식을 팔았을 때보다 10배나 되는 수익을 안겨줄 수 있는 잠재력을 갖고 있다.

내가 계속 주시해온 MLP인 테너러는 회복 중에 있지만 아직 완전히 회복한 것은 아니다. 부채가 있었다면 테너러는 이미 옛날에 망했을 것이다. 간신히 연명하고 있는 회사에 투자할 때는 치료비를 지불할 현금이 충분한지 살펴봐야 한다.

테너러는 주가가 올랐다가 떨어졌다. 이 글을 쓰고 있는 지금 테너러의 주가는 내가 1992년 1월에 처음 추천했을 때의 절반 수준이고 1993년 1월에 다시 한 번 매수를 추천했을 때 수준과 비슷하다. 테너러는 새로운 최고운영책임자COO를 영입했고, 은행에는 200만 달러가 있으며 이는 자사주를 매입하는 데 사용됐다. 테너러는 또 전력 컨설팅 사업에서 새로운 고객들을 유치했으며, 문제가 있는 프로젝트는 6개에서 2개로 줄였다. 정부와 맺은 계약과 관련한 분쟁은 아직 해결되지 않았으나 재판에서 질 경우 감당할 수 있을 만큼의 돈을 보유하고 있다. 재판에서 이긴다면 그야말로 덤이다. 테너러가 회복되지 못한다면 청산가치는 주당 1달러이고 회복된다면 주가는 4달러까지 오를 수 있을 것이다.

계속 주시해왔지만 1992년에 추천하지 않았던 다른 2개의 MLP도 언급하고 넘어가고자 한다. 놀이공원 운영회사인 시더 페어는 필라델피아 인근의 도니 파크를 인수한 뒤 계속 번창했다. 나는 가족들과 1993년에 도니 파크를 방문했다. 도니 파크에는 세상에서 가장 높은 후룸라이드 중 하나가 있다. 더 중요한 것은 시더 페어의 배당수익률이 6%이며 1997년까지는 투자했을 때 세제 혜택을 받을 수 있다는 점이다. 또 시더 페어는 새로운 놀이기구를 추가하고 경쟁업체를 인수하면서 성장을 계속하고 있다. 나는 시더 페어를 인수할 매수자, 특히 새로운 놀이기구를 현재 운영 중인 놀이공원에 추가하고 싶어 하는 거대 엔터테인먼트 기업들이 많다고 생각한다. 디즈니는 이미 하키팀을 인수해 '마이티 덕스Mighty Ducks(힘센 오리들)'란 이름을 붙였다. 그러니 디즈니가 이미 잘 알고 있는 놀이공원을 인수한다면 얼마나 잘 운영할지 생각해보라. 도니 파크는 부에나 비스타 월드로 바뀔 수도 있다. (부에나 비스타는 디즈니의 사업부문을 칭하는 이름이었으나 디즈니는 2007년 5월에 이 이름을 더 이상 사용하지 않는다고 밝혔다 - 역자) EQK 그린 에이커스는 롱 아일랜드에 쇼핑센터를 소유하고 있는 합작회사로 부담이 되던 채무 대부분을 자금을 조달해 해결했다. 이 외에 1993년에는 좋은 소식이 2가지 더 있었다. (1) 홈데포가 EQK 자산의 일부를 인수하기로 했다. 이는 EQK의 부채를 줄이는 데 도움이 됐다. (2) 주요 대주주이자 최고경영자가 분기보고서의 주주들에게 드리는 글을 통해 주식 5만 6000주를 추가 매수하겠다고 밝혔다.

EQK는 채무 재조정에 성공했다고 발표한 뒤 주가가 올랐으나 곧 바로 오르진 않았다. 이 역시 주식에서 높은 수익을 거두기 위해 반드시 내부 정보를 알 필요는 없다는 사실을 보여준다. 호재가 공식적으로 발표되고 언론에 공개된 뒤에도 월스트리트는 이에 곧바로 반응하지 않는다.

EQK는 회사를 현재의 합자회사에서 부동산투자신탁REIT으로 전환할 수도 있다고 밝혔다. (합자회사는 자본을 출자한 주주들이 회사 채권에 대해 출자한 자본의 한도 내에서만 연대책임을 지는 회사이고, REIT는 투자자들로부터 자금을 모아 부동산에 투자해 수익을 투자자에게 배당하는 회사나 투자신탁을 말한다–역자) REIT가 되면 재무구조가 건실해지고 돈을 더 낮은 금리로 빌릴 수 있다. REIT로 전환하려면 주요 사업 파트너인 에퀴터블에 새로운 REIT의 지분을 제공해 보상을 해줘야 할 것이다. 하지만 REIT라는 새로운 구조에서 EQK는 시더 페어가 다른 놀이공원을 인수했듯이 재정적 영향력을 이용해 쇼핑센터를 더 살 수도 있다.

슈퍼커트는 깜짝 놀랄 만한 발표를 했다. 다른 사업 파트너와 합작 회사를 설립해 뉴욕주에 매장을 200개 추가로 열겠다고 밝혔다. 슈퍼커트는 매장을 확대하는 데 필요한 돈을 빌렸고 이로 인해 1993~94년 이익은 축소될 것이다. 애널리스트들은 슈퍼커트가 1994년에 주당 80센트의 이익을 남길 것으로 예상하고 있지만 나는 이보다 더 적어질 수 있다고 생각한다.

장기적으로 새로운 매장을 많이 열면 슈퍼커트는 성장속도가 빨라질 것이다. 슈퍼커트의 주가수익 비율은 주식시장 평균보다 계속 낮았다. 슈퍼커트는 이발업계의 선두기업이지만, 지금 투자자들은 좀 더 완만히 성장하며 업계 선두기업이 아닌 기업들에 더 많은 관심을 기울이고 있다. 슈퍼커트에서 머리를 손질하고 감으려는 손님들은 여전히 줄을 설 정도로 많다. 무엇보다도 중요한 동일 매장 매출액은 가격을 전혀 올리지 않았음에도 지난해에 비해 4~5% 늘었다.

최근 슈퍼커트의 분기보고서에는 이발료를 3달러 할인받을 수 있는 쿠폰이 들어 있었는데 이것이 슈퍼커트 주식을 갖고 있어야 하는 또 다른 이유가 될지도 모르겠다. 하지만 나는 보스턴의 슈퍼커트에서 머리를 깎은 후 할인 쿠폰이 있어도 슈퍼커트에서 다시 이발할 생각은 없다.

오하이오주에 있는 가전 유통매장인 선 TV & 어플라이언스는 인상 깊은 해를 보냈다. 1993년에 동일 매장 매출액은 15.2% 늘었고 지난 2년간 11개의 새로운 매장을 열었다. 선 TV는 본사가 있는 지역에서 큰 성공을 거둔 뒤 피츠버그와 클리블랜드, 로체스터에 진출했고, 이제 곧 버펄로와 시러큐스에도 매장을 개장할 계획이다. 선 TV는 오대호 한쪽 끝에서 다른 쪽 끝까지 매장을 확대해 경쟁업체가 선 TV 매장 사이에 끼어들기 어렵게 만들었다. 선 TV는 연간 20%씩 성장하고 있으며, 1994년 이익을 기준으로 할 때 주가는 20배 수준이다. 선 TV의 주가는 지난 24개월간 두 배 이상 뛰어올랐다. 만약 주식시장 조정으로 선 TV가 하락한다면 나는 선 TV를 더 사고 싶다.

GM은 미국의 3대 자동차회사 중 가장 존경받지 못하는 회사지만 향후 몇 년간 주가수익률은 가장 좋을 것으로 예상된다. 나는 1993년 초에 3개 자동차회사 모두를 다시 추천했고 이 중 크라이슬러가 지금까지 수익률이 좋았지만, 내가 GM을 좋아하는 이유는 해외에 자동차를 많이 수출하고 있기 때문이다. 유럽이 경기 침체에서 벗어나면 GM이 가장 수혜를 입을 것이다.

미국은 최근 자동차 구매 붐이 일어나고 있으며 422~424쪽에서 설명했던 자동차 구매를 연기해 잠재돼 있는 자동차 수요는 여전히 남아 있다. 이러한 자동차 구매 붐이 끝나기 전에 GM은 미국 내 자동차 사업이 흑자로 돌아서기를 기대하고 있다. GM은 미국 자동차시장의 30%를 차지하고 있으므로 이익을 낼 수 있어야만 한다. 포드는 시장 점유율 20%, 크라이슬러는 10%로 각각 이익을 내고 있다. GM은 이미 트럭 사업부의 경우 흑자로 돌아섰으며 비자동차 사업부 역시 상황이 좋은 편이다. 따라서 GM이 미국 내 자동차 사업에서 손익분기점만 맞출 수 있다면 주당 10달러 이상의 이익을 올릴 수 있다.

이는 IBM과는 다른 실적 개선 사례이다. IBM은 흑자로 돌아서기 위해 미국 내 컴퓨터 판매사업이 이익을 내야만 했다. 반면 GM은 미국 자동차시장에서 이익을 내지 못해도 실적 개선이 가능하다.

패니 메이는 여전히 월스트리트로부터 과소평가되고 있으며 주가 역시 저평가 상태를 지속하고 있다. 그래도 사람들이 점점 패니 메이의 진가를 발견해가고 있으므로 주식시장의 확실한 승자의 자리에 좀 더 가까워지고 있다. 패니 메이는 성장하는 산업에서 점유율을 확대해가고 있다. 패니 메이는 3분기 연속 실적이 매우 좋았음에도 1993년 말에 주가는 연초와 비교할 때 아주 조금 올랐을 뿐이다.

패니 메이는 직원이 3000명밖에 없는데도 20억 달러의 이익을 창출하고 있다. 또 패니 메이만큼 예측 가능하거나 측정 가능한 사업도 없다. 월스트리트는 언제나 꾸준히 성장하는 예측 가능한 기업을 찾는다. 그렇다면 도대체 무슨 문제가 있어서 패니 메이를 외면하는 것일까?

패니 메이를 둘러싼 가장 최근의 걱정은 금리가 낮아짐에 따라 수백만 명의 집 주인들이 금리가 더 싼 주택담보대출로 갈아탈 것이고, 그렇게 되면 패니 메이의 이익이 급감할 것이란 전망이다. 몇 년 전만 해도 금리가 높다며 패니 메이의 실적을 걱정하는 사람들이 있었다. 패니 메이의 대출은 대부분 임의상환사채이다. 임의상환사채는 만기 전에 언제든 부채를 상환할 수 있으므로 금리가 하락하면 더 싼 금리로 돈을 빌려 이전의 비싼 금리로 빌린 대출을 갚으면 된다. 따라서 패니 메이는 금리가 하락하면 자금을 조달하는 데 드는 비용이 줄어든다. 사람들이 더 낮은 금리의 대출로 갈아타면서 발생한 매출 감소는 자금조달 비용을 절약한 돈으로 충분히 상쇄할 수 있다.

패니 메이에 대한 또 다른 걱정은 캘리포니아주의 경기 침체로 엄청난 타격을 입을 수 있다는 전망이다. 패니 메이의 담보 부동산 중 25%가 캘리포니아주에 있기 때문이다. 패니 메이는 몇 년 전에 텍사스주의 경기 침체로 타격을 입은 적이 있지만 그건 지나간 일이다. 패니 메이는 이후 은행이나 S&L로부터 주택담보대출을 인수할 때 좀 더 엄격한 기준을 적용했다. 패니 메이가 갖고 있는 주택담보대출은 평균 10만 달러 이하이다. 또 캘리포니아주 주택담보대출의 담보인정Loan-To Value, LTV 비율은 평균 68%로 캘리포니아주의 어떤 대출 기관보다도 높다. 패니 메이의 연체율은 7년 연속 하락했고, 심지어 전국적인 경기 침체 때도 꾸준히 낮아져 현재는 역사상 가장 낮은 0.6%에 불과하다. 이는 패니 메이의 내부 정보가 아니다. 패니 메이는 연체율을 묻는 모든 주주들에게 이 사실을 이메일로 알려준다.

패니 메이에 대한 세 번째 걱정은 학자금 대출을 담당하는 샐리 메이와 관계가 있다. 클린턴 대통령과 의회는 최근 정부가 학자금 대출 업무를 더 잘할 수 있다고 밝혔고, 그 결과 샐리 메이는 큰 타격을 입었다. 정부가 더 잘할 수 있다는 주장은 우체국의 실적을 봤을 때 의심스럽지만 설사 그렇다 해도 걱정할 일이 아니다. 정치인들이 샐리 메이와 경쟁하는 정부기관을 세워 희망하던 대로 학자금 대출 업무를 더 잘할 수도 있다.

하지만 패니 메이는 샐리 메이와 전혀 관계가 없다. 지난해에 국회는 정부가 후원하는 기업들의 역할을 재정의하는 법안을 통과시켰으나 패니 메이에는 아무런 영향도 없었다. 패니 메이의 이익은 1993년에 거의 15% 늘었고 1994년에도 10~15% 증가할 것으로 예상된다. 현재 주식시장의 평균 주가수익 비율을 감안하면 패니 메이의 주가는 120달러가 되어야 한다.

나는 이미 이글, 글레이셔, 퍼스트 에식스, 저먼타운, 로렌스, 피플스 세이빙스 파이낸셜, 소버린 등의 S&L에 관해 새로 보완된 정보를 소개했다. 기업공개를 하는 상호저축은행에 투자하는 것이 현명하다는 점을 거듭 강조하고 싶다.

미국에는 아직 상장하지 않은 상호저축은행과 S&L이 1372개나 있다. 만약 가까운 곳에 S&L이나 상호저축은행이 있다면 예금계좌를 만들라. 5만 달러를 상장하지 않은 S&L 50개에 1000달러씩 나눠 예치해 둔다면 S&L이 상장회사로 전환될 때 주주로 참여할 가능성이 높아진다. 저축금융기관의 숫자는 인수·합병을 통해 계속 줄어들고 있기 때문에 모든 상호저축은행과 S&L이 궁극적으로는 상장회사로 전환될 가능성이 높다.

뉴스 속보

이 책을 마무리할 때 정부기관인 저축은행감독청OTS이 저축은행의 상장을 전면 보류시켰다는 소식이 들려왔다. 일부 저축은행의 임원들이 주식을 싸게 살 수 있는 옵션을 자신들에게 부여해 상장을 통해 부당한 이익을 취했기 때문이다. 일부는 주식을 아예 무료로 받은 사람도 있다고 한다. 정부는 기업 내부자가 이런 식으로 부당한 이익을 취하는 것을 막기로 했다. 현재 국회에서는 청문회가 진행 중이고 저축은행의 상장과 관련한 사항들이 전면 재검토되고 있다.

나는 정부의 이런 조치에 대찬성이다. 그동안 전국적으로 예금자의 2%만이 S&L이 상장할 때 유리한 공모가에 주식을 살 수 있었다. 나머지 98%의 예금자는 자신이 살고 있는 지역의 저축은행에 투자할 수 있는 이런 유리한 기회를 거절해왔다는 얘기이다. 일단 규정이 바뀌어 기업 내부자들이 값싸게 주식을 받아 부당한 이익을 취할 수 없게 되면 상장은 다시 진행될 것으로 예상한다. 이런 사안이 어떻게 진전되는지 주시하면 이득이 생기는 대표적인 시사정보이다.

변치 않는 투자의 동반자

이 책은 피터 린치의 두 번째 책으로《피터 린치 주식 투자》란 제목으로 이미 한 번 국내에 소개된 적이 있다. 하지만 600페이지에 달하는 분량 때문에 적지 않은 부분이 생략되어 소개됐다. 이번엔 그때 빠진 부분까지 모두 포함해서 국내 최초로 완역했다는 데 큰 의의가 있다.

어떤 책이 1차 독자라 할 수 있는 역자에게 감동을 주지 못한다면 그리 좋은 책이거나 흥미 있는 책이라고 할 수 없을 것이다. 그런 점에서 피터 린치의 이 책은 역자에게는 물론 주식 투자자에게까지 양서이자 매우 재미있게 읽히는 매력적인 책이라고 말할 수 있다.

성공한 주식 투자자들은 주식 투자에 성공하려면 이러저러 해야 한다고 말하지만 듣는 사람 입장에선 그 조언들이 구체적으로 다가오지 않는 경우가 많다. 예를 들어 '주식은 쌀 때 사서 비쌀 때 팔아야 한다'

는 너무나 당연한 투자금언을 보자. 도대체 주가가 쌀 때란 언제이고 비쌀 때란 언제란 말인가. 주가가 기업의 실제 가치보다 싼지 비싼지 계산하는 기법이 있다고는 하지만 선뜻 와닿지 않는 것이 사실이다.

이 책의 가장 큰 장점은 구체적이라는 것이다. 책의 후반부를 보면 피터 린치가 1992년에 미국에서 가장 권위 있는 투자 주간지《배런스》에 추천한 21개 종목을 왜 추천했는지 상세히 설명한 내용이 나온다. 우리에겐 생소한 기업들이지만 이해하는 데는 전혀 무리가 없다. 그 기업의 특성에 따라 우리나라의 어떤 기업이든 대입시켜도 무관하기 때문이다. 피터 린치가 왜 그 기업을 사라고 추천했는지 이유를 따라가다 보면 거장을 바로 옆에 두고 배우듯 종목 고르는 방법이 체화되는 경험을 할 수 있을 것이다.

이 책의 더 큰 가치는 6개월 후, 2년 후 피터 린치가 추천한 그 종목들의 수익률을 소개하고 그 종목 추천이 성공이었는지, 실패였는지 점검한다는 점이다. 이 결과를 보면 성공한 주식도 있고 실패한 주식도 있다. 아무리 투자의 거장이라 해도 10개 종목에 투자해 10개 종목 모두 성공할 수는 없다. 예상치 못한 상황으로 혹은 미처 생각하지 못했던 문제로 인해 실패할 수도 있다. 그렇기 때문에 중요한 것은 여러 종목에 분산 투자해야 하고, 투자한 뒤에는 정기적으로 수익률을 점검하여 성공한 이유, 실패한 이유를 파악해 종목 고르는 실력을 기르는 밑거름으로 삼아야 한다는 점이다.

이 책이 현재 효용성이 큰 또 다른 이유는 1970년대 말 제2차 오일쇼크로 인한 인플레이션 때의 피터 린치의 경험이 소개되어 있다는 점이다. 피터 린치에 따르면 당시엔 은행이 우량 기업에 돈을 빌려줄 때 적용하는 최우대 금리마저 두 자릿수로 뛰어올랐다. 근본 원인은 다르지만 지금보다 심각한 상황이었다. 현재 원자재와 농산물 가격이 급등하며 인플레이션 위험에 처해 있다는 점을 감안하면 피터 린치의 그 당시 경험은 투자 결정을 하는 데 많은 도움이 될 것이다.

이 책은 또 펀드 투자를 할 때도 현명한 친구 같은 역할을 해준다. 펀드 종류별로 특징을 설명하고 이기는 펀드 고르는 법을 간략하고 알기 쉽게 알려주기 때문이다. 그러니 이 책은 직접 주식에 투자하는 사람은 물론 펀드에 투자하는 사람에게도 필독서라고 할 수 있다. 특히 직접 종목을 골라 투자하지 않는 펀드 투자자라 하더라도 어떤 방법으로 종목을 고르는지 알고 있다면 좋은 펀드를 고를 때 참조가 된다는 점에서 더욱 그렇다.

인생이란 마음먹은 대로 되지 않는다고 한다. 주식 투자도 마찬가지다. 주식 투자가 마음먹은 대로 되지 않기는 피터 린치 같은 거장도 마찬가지였던 것 같다. 이 책을 보면 그도 투자해서 손해 본 주식, 투자하지 않아서 후회했던 주식들이 적지 않다. 너무 일찍 팔아서 땅을 쳤던 주식들도 있다. 그렇다면 이렇게 많은 실수 속에서도 그가 전 세계 펀드 업계에 신화적인 수익률을 남기며 성공한 펀드매니저로 은퇴할 수 있었던 비결은 무엇일까. 첫째는 투자해 손해 본 주식보다 수익을 거둔 주식이 더 많았다는 점, 둘째는 상황이 극단적으로 비관적일 때조차 낙관적인 전망을 버리지 않고 주식시장을 떠나지 않았다는 점, 이 두 가지이다.

손해 보지 않으려는 투자가 중요하긴 하지만 투자하다 보면 재무제표를 보나 경영진을 보나 정말 잘될 것 같은 기업인데 예상치 못한 외부 여건 때문에 실패하는 경우도 있다. 사람은 미래를 알 수 없으므로 이런 실수는 피해갈 수 없다. 그렇다면 방법은 하나밖에 없다. 이런 실수를 만회할 수 있게 다른 기업에도 함께 투자하는 것이다. 피터 린치는 5개 종목에 투자하면 1개는 놀랄 만한 수익을 안겨주고 1개는 실망스럽고 3개는 그저 그럴 것이라고 말한다. 이때 놀랄 만한 수익이 실망스러운 수익을 만회할 정도가 되고 그저 그런 3개 종목의 수익률이 은행 예금 금리를 웃돌 정도라면 성공한 투자라고 할 수 있다. 수비도 하되 높은 수익률을 낼 만한 종목에 투자하는 공격도 병행할 것. 그리고 분산 또 분산!

둘째는 항상 주식시장에 머물러 있어야 한다는 것, 즉 장기 투자해야 한다는 점이다. 우리는 미래를 예측할 수 없기 때문에 주가가 더 떨어질지, 더 오를지, 언제 떨어질지, 언제 오를지 알 수 없다. 피터 린치 같은 주식 투자의 귀재마저도 주식시장의 타이밍은 맞히지 못했음을 이 책을 읽어보면 알 수 있다. 그러니 타이밍을 맞히려는 약은 투자보다는 오래 버티는 우직한 투자가 승리한다는 점을 이 책을 통해 다시 한 번 깨달을 수 있다.

어떤 일이든 쉬운 일은 없다. 인생도 주식 투자도 실패와 좌절의 연속이다. 하지만 피터 린치가 실패와 좌절 속에서 늘 낙관적인 태도로 투자할 만한 종목들을 발굴했듯 이 책을 읽는 여러분도 어둠 속에서 빛을 발견하는 밝은 눈을 갖게 되기를 기대한다. 이 책은 외롭고 쉽지 않은 주식 투자의 길에 현명하고 든든한, 변치 않는 친구가 되어 줄 것이다.

마지막으로 역자 입장에서 자산운용업계의 전설적인 이름인 피터 린치의 책을 번역할 수 있는 기회를 얻게 되어 영광이라 생각한다. 이 책의 출간을 앞두고 있는 지금까지 1년 6개월간은 마치 아이를 10개월간 배에서 키워온 듯한 기분이었다. 만만치 않은 양 때문에 힘들었던 기억은 책이 출간되는 것만으로도 충분히 보상받을 듯하다. 이 책은 내 인생의 보람, 단지 영어를 한글로 옮기는 작업밖에 한 일이 없는 나의 이름조차 높이는 큰 성과로 기억될 것임을 믿어 의심치 않기 때문이다.

다만 아쉬운 점은 원고가 교열 과정에 있을 때 바쁜 부서로 발령을 받아 마지막 정리 작업에 최선을 다하지 못했다는 것이다. 그 점은 영영 아쉽고 피터 린치와 피터 린치를 좋아하는 많은 분들께 미안한 감정으로 남아 있을 듯하다. 하지만 이 책은 주식 투자자라면 펀드매니저든 개인 투자자든 관계없이 평생을 간직해두고 계속 읽어봐야 할 책이다. 앞으로 2쇄, 3쇄를 찍으며 점점 더 완벽하게 고쳐나갈 수 있으리라 믿으니 독자 여러분의 넓은 아량을 기대할 뿐이다.

옮긴이 **권성희**

연세대학교 식품영양학과를 졸업하고 《한국경제신문》
에서 유통부와 문화부 기자를 지낸 후 경제주간지 《한경
BUSINESS》 창간 멤버로 참여했다. 이후 'KTB네트워크'
홍보실에서 홍보 마케팅 차장을 역임하고 2000년에 《머
니투데이》에 입사하여 국제부와 증권부를 거쳐 현재 머
니투데이 방송(MTN) 경제증권 부장으로 일하고 있다.
《그들은 어떻게 유명해졌을까》, 《돈 잘 버는 여자들의
9가지 원칙》, 《준비하는 엄마는 돈 때문에 울지 않는다》
를 썼고, 옮긴 책으로는 《가치투자의 비밀》, 《미래 시장을
잡는 독점의 기술》, 《존 템플턴의 성공론》, 《존 템플턴의
행복론》, 《리치 우먼》 등이 있다.

감수자 **이상건**

사회 문제에 대한 많은 관심 덕분에 서강대학교 신문방
송학과를 9학기 만에 졸업했다. 제대 후 동부생명, 《ROI》
경제잡지 기자로 재직하며 경제 콘텐츠 생산자로서의 길
을 걷기 시작했다. 대한민국 대표 '금융 콘텐츠 전문가'로
각종 칼럼 집필과 라디오, TV 방송 등에 출연하고 있으
며 한경와우TV, 《이코노미스트》 금융 재테크 팀장을 거
쳐 현재 미래에셋투자와연금센터 전무로 일하고 있다. 저
서로는 《돈 버는 사람은 분명 따로 있다》, 《부자들의 개인
도서관》, 《이채원의 가치투자》(공저) 등이 있다.

피터 린치의
이기는 투자 (개정판)

초판 1쇄 발행 2008년 5월 20일
개정 1쇄 발행 2021년 12월 8일
개정 7쇄 발행 2024년 7월 12일

지은이 피터 린치·존 로스차일드
옮긴이 권성희
감수자 이상건
펴낸이 유정연

이사 김귀분
기획편집 신성식 조현주 유리슬아 서옥수 황서연 정유진 **디자인** 안수진 기경란
마케팅 반지영 박중혁 하유정 **제작** 임정호 **경영지원** 박소영

펴낸곳 흐름출판(주) **출판등록** 제313-2003-199호(2003년 5월 28일)
주소 서울시 마포구 월드컵북로5길 48-9(서교동)
전화 (02)325-4944 **팩스** (02)325-4945 **이메일** book@hbooks.co.kr
홈페이지 http://www.hbooks.co.kr **블로그** blog.naver.com/nextwave7
출력·인쇄·제본 (주)상지사 **용지** 월드페이퍼(주) **후가공** (주)이지앤비(특허 제10-1081185호)

ISBN 978-89-6596-480-3 03320